MEXICO: la restauración autoritaria

EL GOBIERNO CORRUPTO E INEPTO DE LÓPEZ OBRADOR

EMETERIO GUEVARA RAMOS

INVIERNO DEL 2023, Decima quinta edición

DEDICATORIA

A los milennials que tienen en sus manos su futuro. Sabemos que en el año
de 2024 tomarán las decisiones adecuadas.

CONTENIDO

AGRADECIMIENTOS

A todos aquellos mexicanos que siguen creyendo y luchando por un México mejor.

1 PREFACIO

Este libro es resultado de la inquietud despertada al realizar un trabajo final en 1980 para la clase de maestría «Economic of Less Developed Countries» (Economía de los países menos desarrollados) presentada en el Southern Oregon State College, de Ashland, Oregón (hoy Southern Oregon University), estaba en inglés lo que constituye el análisis hasta esa fecha. Posteriormente, ya en español, se hace una ampliación de los apuntes con una extensión original de 55 páginas, que, en versiones diferentes, se originaron en 1985 y 1993, para ser utilizados para las clases de Análisis Económico y Planificación Económica en México, impartidas en los postgrados de la Facultad de Contabilidad, la Facultad de Relaciones Industriales y la de Arquitectura.

En el año 2001 se hace una actualización y se siguen utilizando en las mismas materias. Finalmente, en los años de 2007 y 2013 -2014 se agregan los sexenios de Vicente Fox y Felipe Calderón respectivamente. En esta edición 15 agregamos los primeros años de Andrés López Obrador. El resultado es una mayor extensión y el agregar material sobre los últimos años. Los agregados son analizados de una forma casi idéntica, pero sin la precisión metodológica que implicaron los primeros hasta 1980, debido a que se requería una estructura y una metodología estricta para presentarlos como trabajo final en Estados Unidos, mientras que la segunda parte (1980-2023) que posibilita una mayor libertad y flexibilidad hasta un punto tal que difícilmente serían identificados como secuencia del desarrollo del trabajo anterior. Lo reciente del último sexenio también dificulta el análisis por la poca madurez de los análisis existentes, aunque los datos duros posibilitan un buen acercamiento a este sexenio.

El propósito de actualizarlo es debido a que en los últimos años han sido publicados varios trabajos sobre el impacto del modelo neoliberal y los efectos de políticas públicas sobre pobreza, marginación y narcotráfico.

Ahora que López Obrador afirma que el neoliberalismo ya fue exterminado y que vivimos una época diferente, es necesario un análisis crítico y serio sobre lo que ha acontecido en el país a partir de diciembre del 2018. Además, es imprescindible incorporar los acontecimientos más recientes, la pandemia y la desinversión, que han afectado a la economía mexicana.

A pesar de los pronósticos optimistas de los textoservidores oficialistas, la actual problemática es la más difícil que el país haya afrontado en los últimos setenta y cinco años. En 1982, 1994 y 2008 teníamos opciones para resolver aquellos problemas, hoy estas son inexistentes. Todas las cartas están puestas en un modelo económico que descarta, en el lenguaje, todo lo neoliberal, sin embargo, el pilar más neoliberal, el Tratado Comercial con Estados Unidos y Canadá es la salvación actual, y que no necesariamente será la solución a los problemas que enfrentaremos a partir de 2025. En el futuro aparece una única opción: consolidar una base amplia de contribuyentes que nos lleve a una recaudación cercana a 24 puntos del PIB y reducir el gasto público en áreas no prioritarias, sin ello, el país no tiene futuro.

Una de las razones que me impulsaron a emprender este trabajo fue la conveniencia de abordar varias cuestiones que habían sido omitidas en el trabajo anterior o que habían sido tratados en forma ligera. Aquí incluyo, además de las ampliaciones de varios temas no mencionados antes, referentes a los problemas estructurales de la economía mexicana que aún subsisten a pesar de los esfuerzos realizados para eliminarlos.

El lector debe recordar que este libro describe en forma panorámica lo ocurrido en el país en 83 años. He tratado de presentar las ideas principales que aquí se revisan de modo que el lector que quiera profundizar en un tema específico consulte los textos originales para comprender totalmente una época determinada. Pero este libro no debe ser considerado como sustituto de las obras comentadas. Por el contrario, su objetivo es ofrecer al lector una comprensión suficiente de lo que se puede decir de cada tema, de forma que pueda profundizar en aquellos que le parezcan más interesantes. Si el libro consigue sus fines despertará el apetito del lector en medida suficiente para inducirle a que adentre en alguna de las etapas de la historia económica y política de México.

Con respecto a los lectores especializados en el tema, confiamos en que el libro les ofrezca una perspectiva útil para enmarcar la literatura atingente al tema, y que les dé a conocer algunas ideas y trabajos que desconocían. Sin embargo, no pretendemos haber cubierto toda la literatura relevante.

Aquella de la que nos hemos ocupado inevitablemente reflejará la existencia de prejuicios en la selección que derivan de la «perspectiva» del autor; esta última es, en gran parte, la de un economista, y más concretamente, la de uno que mantiene una considerable deuda intelectual con Keynes y Friedman, aunque esto parezca contradictorio.

México: la restauración autoritaria

Por razones pedagógicas he intentado evitar afirmaciones explícitas sobre quién dijo algo por vez primera. Aunque esta práctica hace difícil evaluar cuales han sido las contribuciones seminales al tema, y la importancia relativa de las otras no debe inferirse necesariamente de la forma en que nos referimos a ellas.

Dadas las características de esta obra, el utilizar material que dista en el tiempo a veces hasta setenta años, soy consciente de que no siempre algunos de los lectores estarán de acuerdo con mis interpretaciones de tales ideas por lo que el lector debe tener en cuenta esta posible discrepancia.

Uno de los objetivos de este libro es analizar los sexenios y la actuación de los presidentes y sus gobiernos. Las propuestas de cambio y reforma política que fueron motivo de negociaciones y transacciones entre los actores políticos (partidos políticos y actores institucionales), y tuvieron enmiendas, cortes y supresiones en las cámaras legislativas, que al final fueron insatisfactorias y de corto alcance en el incremento de derechos y libertades políticas, sin embargo, se avanzaba si se quiere, poco a poco, pero en 30 años se construyó un entramado democrático que ahora el inepto y Corrupto de López Obrador está destruyendo para restaurar la presidencia imperial de los setenta y restaurar un presidencialismo autoritario.

Otro de los objetivos es realizar un viaje histórico para analizar las características e instituciones de la democracia mexicana y las primeras reformas políticas que permitieron la primera alternancia, en un entorno de transición democrática. Esas reglas que nos dimos y que tanto tiempo trabajo costó, hoy están siendo demolidas por un inepto y corrupto que se dice el líder de la cuarta transformación.

Adicionalmente analizamos las características del entorno político y sus instituciones para determinar el papel de los medios de comunicación masiva y la responsabilidad de los partidos políticos en un proceso donde la descalificación de los competidores es una de las constantes y las propuestas sólidas están ausentes, lo cual, en mayor medida, es responsabilidad de los partidos políticos. Esos medios que hoy son cooptados o amenazados desde el gobierno para tratar de borrar toda crítica a su enorme ineptitud y a su corrupción rampante.

Desarrollaremos también la vinculación entre los partidos políticos, el Estado, los medios de comunicación y la sociedad civil en la sustentabilidad democrática. Esos medios que hoy están al servicio del presidente, de sus caprichos, de sus componendas con corruptos, que hoy se hacen de la vista gorda y reciben con impudicia el pago de sus favores vía contratos de publicidad.

El libro que presentamos es producto de la reflexión de varios proyectos académicos y políticos realizados al amparo de la Universidad de Guanajuato y de las reuniones de la Sociedad Mexicana de Estudios Electorales (SOMEE), en la cual tuve la fortuna y el privilegio de participar en su nacimiento; de investigaciones y de ponencias en distintos foros y de otros tantos anhelos y utopías personales. También de los estudios en la Southern Oregon State University que dieron origen al análisis hasta 1980. Refleja una discusión necesaria, iniciada en los eventos SOMEE y en algunos círculos intelectuales, académicos y políticos del país. Los ejes que dan unidad a la obra que presentamos son la pluralidad de pensamiento, el análisis crítico y el rigor en su elaboración. El autor comparte también la necesidad de reflexionar, criticar propositivamente, antes que celebrar, los resultados de nuestro avance democrático que hoy está bajo ataque. Analizamos también el proceso de cambio global, ese cambio que se produjo con una velocidad sorprendente que nos rebasaba y, como consecuencia, México se rezagaba con respecto a otros países del mundo.

En ese entorno de desigualdad, marginación y pobreza, la frustración de los jóvenes es justificable pues culpan de su situación de marginación a un sistema político que no produce cambios rápidos ni produce desarrollo económico y tampoco genera los empleos requeridos y los sueldos deseados. Y ellos tienen prisa.

Por último, deseo expresar mis agradecimientos a todas las personas que de una forma directa o indirecta intervinieron en mi formación económica, especialmente a mis maestros, el Dr. Byron Brown y el Dr. Michael Waigel de la Southern Oregon University. Con ellos tengo una inmensa deuda por el tiempo y el esfuerzo que dedicaron en mi etapa de formación que despertó en mí el interés por la economía. También mi gratitud a John W. Barchfield de quien abrevé de su sabiduría y visión analítica durante 10 largos años de discusiones interminables. Gracias a las diversas personas que contribuyeron con sus críticas a los manuscritos anteriores.

Guanajuato, Gto. invierno de 2023

2 DE DONDE VENIMOS Y A DONDE VAMOS

INTRODUCCION

El escribir un libro sobre cualquier tema implica seleccionar aquellos aspectos particulares que deben ser objeto de énfasis. El presente panorama del análisis del inicio del período de industrialización del país, del de las grandes crisis y de la transformación estructural incluyendo, para terminar, el análisis de los acontecimientos actuales que marcan el derrotero de México al final de la segunda década del tercer milenio, con especial referencia a los problemas y políticas económicas. Me sorprendería bastante si muchos lectores especializados no estuvieran en desacuerdo con los puntos enfatizados que hemos elegido. Sin embargo, puede ser útil en este sentido que explique cuáles han sido mis objetivos. He intentado escribir un libro que esboce las principales características del escenario que México ha recorrido en las últimas siete décadas, y por otra parte que explique los instrumentos de política económica que han sido empleados en cada modelo aplicado en el país. Se trata, por tanto, de un intento de examinar los aspectos económicos y un poco los aspectos sociales. Hemos intentado incorporar los resultados de la investigación empírica reciente allí donde era posible, con el fin de evitar una aproximación al tema fundamentalmente teórica y generalizada. Aislar eventos y sintetizarlos presenta dificultades de diversa índole, por ello trataremos de presentar sólo aquella información relevante para nuestro objetivo.

Asumimos una perspectiva histórica porque el análisis del desarrollo más reciente no explica la génesis de los problemas originados por el modelo de desarrollo «hacia dentro».

Así, nos planteamos la necesidad de reconstruir a grandes trazos el itinerario histórico del desarrollo de México en una perspectiva de análisis que explique la dinámica peculiar de los cambios clave que han ocurrido en las coyunturas por las cuales ha atravesado el país.

Para ello, se analizan primero los acontecimientos que marcaron la tendencia de la industrialización en México y las políticas que la impulsaron. En seguida, los problemas que se derivan del modelo económico seguido por México. Por último, se incluye un análisis de los eventos más recientes que determinarán lo que la actual administración puede hacer en lo que resta de esta década para proseguir la consolidación o la modificación del modelo económico actual. Al final se encuentran los anexos estadísticos en el cual se fundamentan la mayoría de los argumentos aquí expresados.

EL PLANTEAMIENTO DEL DESARROLLO

El proceso de industrialización de México presenta un carácter sostenido sin serios contratiempos o fracturas desde 1940 hasta 1981. Si bien es cierto que este proceso se caracteriza por períodos más o menos largos e intensos de expansión interrumpidos periódicamente por etapas de desaceleración más o menos profundas y críticas, en cada período surgen actividades dinámicas, se modifica el liderazgo y jerarquía entre distintas ramas industriales y ocurren cambios entre los agentes centrales del proceso; las etapas de agotamiento de la expansión se caracterizan por intentos infructuosos de la política macroeconómica por sostener el ritmo de crecimiento, seguidos por tensiones crecientes en la balanza de pagos y la desaceleración de la inversión y la producción. El período que se analiza abarca desde los años cuarenta hasta nuestros días. Se eligió por ser la época donde se empieza a fincar el desarrollo industrial del México moderno.

Con anterioridad a esta fecha durante el sexenio 1934 a 1940, el presidente Cárdenas había consolidado en el país el aspecto político; cuando arriba al poder el General Manuel Ávila Camacho en 1940, las estructuras centrales del nuevo sistema habían tomado ya forma y consistencia.

La primera etapa. Al generar el país la infraestructura necesaria para industrializarsey consolidar el crecimiento económico mediante la sustitución de importaciones de bienes de consumo y el incremento de las importaciones en bienes de capital, México aplica innovaciones tecnológicas para llegar a la producción en masa. El impulso a la industrialización fomentada por el Estado y apoyado por grupos de inversionistas nacionales y extranjeros permite al país alcanzar un crecimiento económico extraordinario.

Aunque la pérdida del dinamismo del comercio internacional volvía altamente vulnerable la economía del país que exportaba materias primas y productos agrícolas para sostener su desarrollo. Lo que habrá de distinguir al período histórico de 1940 1970 es, por un lado, una notable estabilidad política, y, por otro lado, un ritmo veloz de crecimiento y diversificación de la economía. Se conoce como el modelo de desarrollo estabilizador, tiene como característica un crecimiento sostenido de 6.2 por ciento promedios anuales, tasas bajas de inflación y un alto nivel de empleo con salarios bajos, la protección de la industria nacional, el inicio de la intervención del Estado en materia económica y la generación de la problemática social. El crecimiento del país es impresionante, cada década casi duplica su producción, por ello, la producción del país en 1970 es ocho veces más la de 1940, y es de dieciséis para 1980.

Este crecimiento es único en la historia de los países subdesarrollados por lo cual se le asigna el calificativo del milagro mexicano. Sin embargo, si bien es cierto que el país crece y se industrializa, también lo es que la riqueza no se distribuye llegando a provocar problemas estructurales' al coexistir un sector moderno con uno de un atraso ancestral, la riqueza con la pobreza y los altos niveles de bienestar con la secular marginación. Paralelamente, amparados en altos aranceles y por la prohibición de importación de gran cantidad de productos, los empresarios mexicanos se acostumbran a la ausencia de competencia en el mercado interno, la protección a la industria, que se hace para fortalecerla y propiciar su consolidación y desarrollo, produce una «parálisis» o esclerosis en los empresarios porque al tener la protección no se preocupan por mejorar los precios, la calidad y renovar la planta industrial de sus empresas.

Para que hacerlo si tienen un mercado cautivo y sin competencia. La protección del Estado a la industria nacional propicia el logro de las ganancias fáciles a costa de una demanda que no tiene alternativas y debe conformase con lo que ofrece el empresario mexicano. Así mismo, el gobierno propicio que los salarios se mantengan artificialmente bajos para que exista una acumulación de ganancias que, en el largo plazo, permita la reinversión y el crecimiento económico acompañado por la generación de empleos.

Con una baja capacidad adquisitiva las masas se alejan del mercado interno propiciando su depresión. Aunque este problema se ve parcialmente solucionado por el incremento de la capacidad adquisitiva de los sectores medios. Adicionalmente surgen como problemas sociales graves el déficit de vivienda, la cobertura educativa, el acceso de los mexicanos a la salud y la seguridad social y surgen las ciudades perdidas con problemas de equipamiento urbano.

La segunda etapa. Este período abarca desde 1970 hasta 1981, se conoce como el modelo de desarrollo compartido.

Durante su vigencia se da un gran impulso a los programas de bienestar social, el desempleo prácticamente desaparece, el crecimiento del PIB es de 6.5 por ciento en promedio anual, se promueve la inversión en el campo, se incrementan los salarios en términos reales, hay altos niveles de inflación y el estado es el rector de la economía con un gran sector paraestatal. En estas fechas se redefine la misión del Estado y pasamos de un Estado guardián al Estado del bienestar. También concluye la orientación del «desarrollo hacia adentro». Es cierto que este es el periodo dorado para las clases populares que por fin prueban las mieles del desarrollo, después de soportar sobre sus hombros durante cuarenta años la carga del crecimiento del país, pero también se generan problemas derivados del exceso del Estado en su intervención económica que hace que los empresarios se dediquen a especular en lugar de realizar inversión productiva. La intervención gubernamental asfixia a la iniciativa privada distorsionando los mecanismos del mercado.

La urgencia por modernizar la planta industrial del país deriva del agotamiento de un modelo que ya no funciona y es necesario sustituir. Por ello se intentan reformas a fondo en el ámbito económico para enfrentar la ineficiencia, corrupción y despilfarro de recursos que realiza la clase política ansiosa de conservar el privilegio, la arbitrariedad y el paternalismo que la distinguía.

Ante tal tarea y con un contexto internacional desfavorable, el crecimiento económico no es el factor único que debe transformarse sino también el ámbito tecnológico y científico y el sistema político.

La globalización y el incremento en el comercio internacional se presentan como coyuntura. El epílogo de esta transformación nos lleva al colapso financiero y a la peor crisis que el país que el país haya enfrentado en su época moderna.

La tercera etapa. En este periodo incluyen los años de 1982 a 1989 es de crecimiento cercano a cero y se le conoce como la década perdida. Todos los indicadores económicos se desploman, se detiene el crecimiento, se incrementa el desempleo, aumenta la pobreza extrema, se pierde capacidad adquisitiva del salario, la inversión en infraestructura social se detiene y la inflación se convierte en el peor de los problemas para el país. Se orienta el «desarrollo hacia afuera», hace crisis la deuda externa y se instrumentan los programas de cambio estructural, la redefinición del papel del estado en la economía y el inicio de la desaparición del sector paraestatal. A partir de 1988 se inicia la total aplicación del modelo neoliberal en el que se fincan las esperanzas de la recuperación económica.

La necesidad de estabilizar la economía ante un fuerte choque perjudicial en los términos de intercambio y un elevado servicio de la deuda externa conduce al estancamiento de la producción y a salarios reales y a un ingreso per cápita cada vez menores.

La ruptura del desarrollo del país propicia que cuatro décadas de crecimiento acelerado se detengan bruscamente al no estar dispuestos ya los acreedores internacionales a financiar la deuda externa de México, que crecía rápidamente. La crisis que sobrevino condujo a una completa revisión y reorientación de la estrategia de desarrollo del país, e inició el proceso de conseguir el equilibrio macroeconómico.

Al mismo tiempo que se abandonó la anterior estrategia de desarrollo dirigido por el Estado, a través de la sustitución de importaciones, se instrumentan las formas macroeconómicas de amplio alcance con el objeto de revitalizar el papel de las fuerzas del mercado y racionalizar la estructura de incentivos económicos. Sin embargo, con la renegociación de la deuda externa y a la austeridad fiscal, la economía comenzó a crecer una vez más en 1989.

La cuarta etapa. A partir de 1989 se inicia la llamada aplicación del modelo neoliberal que ya empieza a delinearse desde 1985, con el supuesto de que nuevamente recuperaríamos la capacidad de crecimiento. Se esperaba crecer a tasas históricas del seis por ciento a partir de 1990. La transformación de México que lo lleva de ser un país predominantemente rural, exportador de productos primarios, a ser la decimotercera potencia económica y una importante nación comercial en el mundo (OCDE, 1992: 13) se ve frustrada ante los acontecimientos económicos de 1994 cuando el ingreso per cápita de México ya es del mismo nivel que el de los países de la Organización de Cooperación y Desarrollo Económicos (OCDE) como Grecia, Portugal y Turquía.

Pese al éxito alcanzado en el control de la crisis de los ochenta, en 1995 el país enfrenta los más graves problemas económicos. Nuevamente la inflación va en aumento, sobrepasa la inflación experimentada por sus principales socios comerciales, amenazando con erosionar la competitividad internacional generada con la devaluación de 1994. El resurgimiento del elevado déficit de la balanza comercial en 1994 sugiere que aún es insuficiente el ahorro interno para financiar el auge de la inversión doméstica. Además, subsisten problemas de pobreza rural, desigual distribución del ingreso y de la riqueza, y precarias condiciones de empleo para una gran parte de la fuerza del trabajo.

Aunque el panorama para 1997 parece más halagador no puede decirse que se haya superado la etapa de grave riesgo. Sin embargo, la economía se estabiliza en sus bases macroeconómicas y vuelve a crecer a los niveles de los años 88-93.

La quinta etapa. El año 2000 termina con un alto crecimiento y se da la alternancia en la Presidencia de la República que pasa a manos del Partido Acción Nacional. Los resultados económicos son decepcionantes pese al bono democrático y los altos niveles de precios petroleros. Desde esta fecha hasta 2018 el crecimiento económico de México es de 2.3 por ciento promedio.

La sexta etapa. En el año 2018 se vuelve a dar la alternancia y llega al poder Morena y empieza la debacle económica y la destrucción de las instituciones del país.

El estado mexicano: las instituciones como fuentes de su legitimidad

La irrupción violenta de las masas campesinas, obreras y populares en la revolución de 1910-1920, significa la vigorosa presencia popular en el escenario de la lucha de clases por el control del poder político y del Estado. De aquella revolución quedará marcada la sociedad mexicana hasta nuestros días. Por una parte, la marca de la institucionalidad revolucionaria, y por la otra el caudillismo como forma de gobierno.

El balance inmediato de la lucha revolucionaria de 1910-1920 arroja la derrota política y militar de los ejércitos revolucionarios campesinos y populares que se levantan en armas en 1910. En 1920, después del asesinato de Emiliano Zapata y de la rendición de Francisco Villa, el movimiento revolucionario campesino será definitivamente derrotado. Lo cual no debe situarse solamente en el terreno militar, sino principalmente en el terreno político. La derrota política de los revolucionarios adopta la forma de «revolución pasiva» (revolución restauración), debido a la incapacidad de los campesinos para plantearse el problema del Estado nacional.

En la primera década revolucionaria (1910-1920), la brutalidad había sido física y material. Por causa directa de la guerra habían muerto 250 mil personas y otras 750 mil por motivos atribuibles indirectamente a ella: el tifo, la influenza española, el hambre (Krauze, 1997). Buena parte de la élite dirigente del Porfiriato (políticos, intelectuales, sacerdotes, militares, empresarios) desapareció por la muerte o el exilio. Lo mismo ocurrió con los cuadros medios y las generaciones emergentes. La burocracia pública porfiriana (64 mil personas en 1910, incluidos 36 mil miembros del ejército y la marina) pasó «a mejor vida» o al retiro. La devastación de la riqueza fue impresionante: cerraron minas, fábricas y haciendas, se desquició el sistema bancario y monetario, desapareció casi todo el ganado, la orgullosa red ferroviaria sufrió un desgaste del que nunca se repondría. Sólo el santuario petrolero de Veracruz había permanecido intacto.

Tal como lo señala Gramsci: «Se puede aplicar el concepto de «revolución pasiva» ... al criterio interpretativo de las modificaciones moleculares que en realidad modifican progresivamente la composición precedente de las fuerzas y devienen por lo tanto matrices de nuevas modificaciones (Gramsci, 1980a: 80-121). Estaríamos en presencia de una «revolución sin revolución»; de una «revolución pasiva».

En su segunda etapa (1920-1935), la violencia había sido étnica, política, religiosa y social. Los «broncos» sonorenses habían peleado ferozmente contra los yaquis, los católicos y, sin descanso, contra sí mismos. La violencia étnica había tenido como objetivo único terminar para siempre con la centenaria insurrección de los yaquis. El propósito se logró, y de esa forma pagaron los generales sonorenses el apoyo invaluable que aquellos bravos indios habían prestado a sus ejércitos durante la Revolución. Por otra parte, la guerra civil librada dentro de la propia dinastía sonorense había hecho retroceder un siglo la vida del país: cada región tenía su caudillo revolucionario convertido en cacique, nuevo dueño de vidas y haciendas que soñaba con alcanzar la silla presidencial. Noticia diaria eran el crimen de cantina, el asesinato político, la «puñalada trapera», el envenenamiento, las ejecuciones sumarias. Finalmente, entre 1926 y 1929, cien mil campesinos del centro y el occidente del país se habían levantado en armas contra el «César» Plutarco Elías Calles. En la sierra o en las células secretas de las ciudades, los cristeros se sentían «una máquina al servicio de Dios y de las almas buenas».

Una de las claves de este proceso en México fue la incapacidad de las fuerzas revolucionarias campesinas y populares para plantearse el problema del Estado nacional, y con ello, comprender el objetivo de su oposición dialéctica.

Tras el asesinato de Obregón por un militante católico, Calles había cerrado la violenta década de los veinte con dos soluciones destinadas a perdurar: la fundación del Partido Nacional Revolucionario como partido de Estado y los arreglos definitivos con la Iglesia. Sin embargo, la violencia social persistía: en varias zonas del país, las bandas agraristas -vinculadas con los gobiernos locales o estatales- acentuaron su lucha a muerte contra los pequeños y grandes propietarios rurales independientes.

Antes de la llegada de Cárdenas al poder en diciembre de 1934, los diputados de los diversos bloques en el seno del PNR seguían «echando bala» en los casinos, los prostíbulos o las propias cámaras. Ya en pleno cardenismo, los sindicatos de la antigua CROM peleaban contra los nuevos sindicatos de tendencia socialista. Cada día aparecía tirado en las calles un líder: hoy «rojo», mañana «amarillo». Todas estas luchas tenían un origen ideológico de fondo: la querella entre la concepción sonorense de la Revolución (centrada en el progreso económico promovido por el Estado, orientada hacia la propiedad privada, antirreligiosa y simpatizante, en cierta medida, del fascismo) y la concepción cardenista (centrada en la justicia social tutelada por el Estado, orientada hacia la propiedad colectiva, proclive a adoptar dogmas socialistas y simpatizante, hasta cierto punto, del comunismo). El triunfo definitivo de Cárdenas sobre el callismo y la claridad misma de sus definiciones sociales detuvieron el baño de sangre, pero no impidieron el último levantamiento militar de la Revolución, el del general Cedillo. El estereotipo de México como el país de las pistolas estaba bien ganado, aunque frente a los horrores que el mundo comenzaría a vivir en ese año, la violencia mexicana parecería un juego de niños.

Junto a las balas estaba su anverso: las obras. En 1940 la Revolución mexicana podía enorgullecerse de haber creado nuevas instituciones económicas y políticas, una red de carreteras, buenas obras de irrigación, miles de escuelas, innumerables servicios públicos. Cualquiera que hubiese vivido en México durante las fiestas del Centenario —y bastaba tener cuarenta años para estar en esa condición— podía constatar que los cambios eran inmensos.

En 1940, igual que en 1910 con Porfirio Díaz, los presidentes seguían teniendo un poder absoluto, pero ya no era vitalicio. Fuera de esta conquista —nada despreciable en el mundo de Hitler, Stalin y Mussolini—, la cosecha democrática era más bien escasa. Los revolucionarios no se desvelaban por ello: la legitimidad del nuevo Estado no provenía de las urnas de la democracia sino de las legendarias balas de la Revolución. De la famosa frase de Madero «sufragio efectivo, no reelección», el Estado revolucionario escamoteaba tranquilamente la primera parte, pero respetaba, eso sí, de manera escrupulosa, la segunda. Tras el asesinato de Obregón, era difícil que un presidente se aventurara a reelegirse.

Los gobiernos de la Revolución —y Cárdenas, más que todos— habían distribuido casi el quince por ciento del territorio nacional (alrededor de 26 millones de hectáreas), entre 1 812 536 campesinos. Varias zonas del país conservaron la forma de propiedad individual, pero en 1940 alrededor de la mitad de la población rural correspondía a la nueva clase de ejidatarios. Había 20 mil ejidos en el país, casi mil de ellos colectivos. Criticada por muchos, a veces por los propios campesinos, se había operado una auténtica revolución en la propiedad de la tierra.

«Revolución pasiva» y «bloque histórico»

Para que la «revolución pasiva» y el conjunto del hegemónico triunfen, las clases y grupos dominantes que pretenden demostrar la necesidad de una nueva unidad histórica del capitalismo deben reconocer y apoyarse en innovaciones efectivas en el campo de la producción y ser capaces, además, de proyectarlas en una nueva utopía social actuante, o «catarsis», en capacidad de desencadenar la energía política de la sociedad. (Ordóñez y Montiel, 2010: 4).

La especificidad de la «revolución pasiva» se dará en una nueva síntesis entre la estructura y la superestructura; en un nuevo «bloque histórico»

Esta unidad histórica se concreta y se sintetiza en el concepto de bloque histórico que constituye una unidad orgánica entre la estructura económico-política y las superestructuras complejas, esto es, el conjunto tupido de actividades teórico-prácticas de las clases y grupos sociales, así como individuales, en torno a un proyecto histórico común que implica, por tanto, una unidad de elementos contrarios y diversos; siendo la estructura económico-política el «punto de referencia y de origen dialéctico de las superestructuras». (Ordoñez y Montiel, 2010: 4)

El rol esencial de esta capa aparece en el análisis dinámico del «bloque histórico y, fundamentalmente, en el ejercicio de la hegemonía» (Portelli, 1973: 63). Serán los intelectuales quienes darán cohesión al bloque histórica. «En una perspectiva histórico-social, los intelectuales constituyen el «cemento» que articula a las diferentes clases y grupos sociales que confluyen en el «bloque histórico», siendo, por tanto, los «funcionarios» encargados del ejercicio de la función hegemónica» (Ordoñez y Montiel, 2010: 5).

En 1910, la exigua clase obrera de México conocía la experiencia de la huelga, pero los patrones la veían como un acto excepcional de desacato, un atrevimiento que ameritaba la intervención represiva de la fuerza pública. En 1940, gracias a la legislación obrera que partió del artículo 123 constitucional y a la política obrerista de Calles y Cárdenas, los trabajadores no sólo ocupaban un sitio legal y legítimo, sino visible y preponderante. Desde los años veinte, la Revolución se había vuelto tan obrerista como agrarista. En 1940 todavía se escuchaban los ecos de sus multitudinarias manifestaciones, cuando sus contingentes colmaban el Zócalo con mantas alusivas a la emancipación del proletariado y sus líderes anunciaban la aurora de una sociedad sin clases. A todo lo largo del país, cientos de sindicatos correspondientes a todas las ramas de la economía nacional se aglutinaban en secciones y federaciones. La CTM comenzaba por entonces a integrar verticalmente a la clase obrera mexicana. Se había operado una auténtica revolución en el trabajo.

En 1910, existía la percepción de que Díaz había entregado los recursos de México al extranjero. La Revolución reaccionó propiciando un reclamo de afirmación nacional tanto en la esfera económica como en el ámbito cultural: México para los mexicanos. Este impulso culminó con la expropiación petrolera de 1938. Hombres y mujeres de todas las clases sociales recordarían aquel 18 de marzo de 1938 como el primer gran triunfo mexicano en la arena internacional del siglo XX. Al recobrar la soberanía - concepto clave de la mentalidad política mexicana- sobre los recursos del subsuelo, las nuevas generaciones sintieron que el horizonte se abría, lleno de promesas y posibilidades. Sin llegar ni siquiera remotamente a los extremos xenófobos y racistas de los países europeos que por esos mismos años desataba la guerra mundial, en México se había operado una auténtica revolución nacionalista.

En México, el surgimiento, desarrollo y consolidación del moderno Estado mexicano estará determinado por la síntesis del ciclo de revoluciones sociales populares y de masas y por el ciclo de «revolución pasiva» que lo acompaña y lo resuelve políticamente.

El llamado de Madero a los campesinos para que se levantaran en armas contra el dictador opresor no era nuevo para ellos; ya antes se habían levantado en armas convocados por los criollos para liberarse de la opresión colonial y también habían apoyado a los liberales para derrotar a los conservadores y al ejército invasor de Napoleón.

Paradójicamente, mientras los campesinos hacían las revoluciones, su situación antes del inicio de la lucha revolucionaria de 1910 no era muy diferente a la de la Colonia. La tierra era propiedad de los antiguos y nuevos terratenientes y salvo algunas comunidades como en el estado de Morelos, que mantenían una autonomía relativa, basada en tradicionales formas comunitarias de producción y defensa, el resto de los campesinos se encontraba atomizado, dividido y explotado en una enorme cantidad de haciendas heterogéneas entre sí.

Obregón se impone al resto de los caudillos políticos y militares revolucionarios, y toma las riendas del proyecto político del país, porque se situaba en el «ojo del huracán revolucionario». Su carácter multifacético lo llevó a compartir muchas ideologías: «Fue socialista, capitalista, jacobino, espiritualista, nacionalista y pro estadounidense, sin que le preocuparan las consideraciones doctrinarias, a pesar de que durante su presidencia se estableció una ideología: el nacionalismo revolucionario» (Meyer, 2001: 218).

Obregón había derrotado al más poderoso ejército campesino: la División del Norte y con esto, a la insurrección campesina. Su bien ganado prestigio militar se confirmó al contener al orozquismo en Sonora y encabezar la última rebelión armada victoriosa en contra de un gobierno constitucional: la rebelión de Agua Prieta. Esta hegemonía del poder militar le convertía en el peón clave para pacificar al país y establecer así (como «revolución pasiva»), las bases económicas, políticas, burocráticas y militares del moderno Estado mexicano. Obregón estaba consciente de su posición en este ajedrez político desde su victoria militar sobre los campesinos y se propone utilizarla para consolidar su hegemonía.

De los cambios en el ámbito religioso, los propios revolucionarios en 1940 preferían no acordarse. La vuelta gradual a la «política de conciliación» con la Iglesia fue el silencioso homenaje que la Revolución rindió al porfirismo. No fue fácil arribar a este punto. Todavía durante el cardenismo se libraron las últimas batallas cristeras, conocidas como «la Segunda». En general, en esos años la actitud gubernamental respecto a la Iglesia fue de dureza. Poco a poco, las relaciones se fueron haciendo menos tensas. Luego de 1940, muchos revolucionarios, incluyendo los generales más sacrílegos como Joaquín Amaro, purgaban sus culpas volviendo mansamente al redil de la fe o donando todos sus bienes a la Compañía de Jesús. Pero había otros cambios sustanciales. El porfirismo había privilegiado la educación superior sobre la popular. Porfirio Díaz reconoció el problema cuando era ya muy tarde. En treinta años, gracias a las políticas de educación (erráticas y dogmáticas muchas veces, pero al menos persistentes) el analfabetismo en

México: la restauración autoritaria

México se había abatido del 84 al 52 por ciento.

¿Había sido mayor la construcción que la destrucción? ¿Los cambios se habían traducido en un orden más libre, más justo, más próspero, más civilizado, más auténtico que el antiguo? Los muertos de la Revolución no tenían voz, las víctimas no tenían voto, los «revolucionados» no se hacían esas preguntas. El pueblo no creía demasiado en los cambios venidos de la mano del hombre, sino de la de Dios y la naturaleza. Sabía que el gobierno provenía de la Revolución y no ponía en duda su derecho de mandar. Quienes contestaban afirmativamente aquellas preguntas eran los revolucionarios, muchos de ellos todavía vivos en 1940. Participantes y simpatizantes, veteranos y aspirantes, generales, escritores, abogados, hasta las voces disidentes se sentían parte de la Revolución. Eran «los otros», los «malos revolucionarios» quienes la habían traicionado, desvirtuado, incumplido, desviado, corrompido. En 1940, la Revolución, esa inmensa promesa, seguía vigente.

El punto culminante del ascenso de la revolución campesina se da en 1914, cuando los campesinos se unifican (formalizando su alianza en el acuerdo de Xochimilco) y forman el primer gobierno campesino revolucionario popular con sede en la Ciudad de México. A partir de aquí, se iniciará la debacle política y militar del movimiento campesino. Ante la ausencia de un proyecto nacional, encargarán «el asunto del gobierno» a la pequeña burguesía radicalizada, que finalmente abdicó en favor de los constitucionalistas. Por otra parte, los campesinos no fueron capaces –salvo los campesinos zapatistas– de llevar a la práctica, al calor de la lucha revolucionaria, el reparto de la tierra conquistada por la que se habían levantado en armas; debilitando así su principal proyecto político a saber: el Plan de Ayala. Otro factor que incidió en la derrota del movimiento campesino fue el desencuentro con sus principales aliados de clase: el naciente movimiento obrero.

Si la Revolución terminó por convertirse en el gran mito del siglo XX mexicano, no fue sólo por la traumática experiencia de sus años de guerra, el atractivo romántico de sus caudillos, el vértigo destructivo que llegó hasta 1940 o el impulso constructivo que comenzó a apuntar desde 1920, sino por un rasgo específico: su originalidad cultural. Como la planta del maguey, la Revolución nació y se nutrió de la tierra de México. Para encontrar su rostro no volteó hacia afuera y adelante, sino hacia adentro y atrás. Una vez derrotados los ejércitos campesinos, y sometido a control el movimiento obrero, la lucha por consolidar el poder político posrevolucionario enfrenta a dos fracciones de la burguesía: la oligárquica y conservadora dirigida por Carranza y la liberal progresista (capitalista) de los sonorenses, dirigida por Obregón. Se desata entonces una lucha interburguesa que se resolverá en contra de Carranza, con su asesinato, y a favor de los sonorenses, con Obregón a la cabeza.

El aislamiento material y espiritual del país durante los años de la primera guerra mundial, había propiciado un proceso de recogimiento e introspección, un sentido de autonomía que muchos vivieron como un «descubrimiento de México».

Manuel Gómez Morín escribía en 1926, refiriéndose al año de 1915: «Y con optimista estupor nos dimos cuenta de insospechadas verdades. Existía México. México como país con capacidades, con aspiración, con vida, con problemas propios.» No era la primera vez que un grupo de mexicanos buscaba construir un nuevo orden sobre los cimientos de una cultura nacional, mexicana, propia.

Durante los años de la guerra, centenares de miles de personas, hombres y mujeres, ancianos y niños, abandonaron por su voluntad o en contra de ella el «terruño», la hacienda, o la «patria chica», y viajaron en ferrocarril por el país en una especie de turismo revolucionario, a un tiempo aterrador y alucinante. Como en un campamento gigante o una interminable peregrinación, haciendo la Revolución o huyendo de ella, el pueblo de México ocupó el escenario. Era natural que esta trashumancia se reflejara intensamente en los temas del arte. Como había previsto Andrés Molina Enríquez en su profética obra: Los grandes problemas nacionales (1909), los artistas comenzaron a mezclarse con el pueblo y a reflejar sus pasiones y conflictos. Así, a ras de suelo, los pintores descubrieron el verdadero paisaje de la vida mexicana.

Al calor de este entusiasmo, se vivió un auténtico renacimiento cultural. Su manifestación más notable fue el muralismo, representado principalmente por Diego Rivera, José Clemente Orozco y David Alfaro Siqueiros. Con el paso del tiempo, este movimiento fue manipulado por los sucesivos gobiernos, en beneficio propio. De la innovación se pasó a la receta, de la autenticidad a la caricatura. En 1940, la Revolución era aún el tema predominante del arte público, pero lo era, sobre todo, por una razón: pintores y novelistas, artistas gráficos y escritores vivían subvencionados por el Estado revolucionario, que de esa forma acallaba las críticas (señaladas siempre como reaccionarias o antimexicanas) y se hacía una eficaz propaganda. El apoyo indujo la máxima popularidad de los artistas, pero a la vez mutiló -con la notable excepción de José Clemente Orozco- su capacidad crítica.

Algo similar ocurrió en la literatura. En un primer momento, cuando el humo de la metralla no se disipaba del todo, floreció el género llamado «da novela de la Revolución». Sus más altos exponentes fueron Mariano Azuela, Martín Luis Guzmán y José Vasconcelos. Ofrecían una visión dramática y pesimista de los hechos. Años más tarde, el gobierno cardenista fomentó a través de concursos la reiteración de este tipo de novelas, pero condicionando en ellas una idealización de la lucha armada. Algunas fueron muy leídas, pero resultaron de una pobre factura artística.

México: la restauración autoritaria

En 1940, la pintura y la literatura «revolucionarias» se habían vuelto, en sentido estricto, reaccionarias, es decir, se habían quedado fijas en el pasado. En ambos casos, la innovación estaba en otra parte, en grupos e individuos que creaban libremente, con ventanas abiertas al mundo y por fuera del manto estatal. Sin embargo, el tema revolucionario gravitaba aún en otras zonas del arte, la cultura y el pensamiento. Dos películas filmadas en los años treinta por Fernando de Fuentes, se convertirían en obras clásicas: Vámonos con Pancho Villa y El compadre Mendoza. Los periódicos publicaban diariamente testimonios, recuerdos, versiones, ataques y contraataques de sobrevivientes. Las casas editoriales sacaban a la luz memorias de los veteranos. Esta vigencia era natural: los generales revolucionarios eran todavía los amos y señores del país. La Revolución, ese gran mito de fundación, seguía ocupando la imaginación colectiva de México.

Hacia 1940, la transformación de la Revolución en un poderoso Estado era una realidad. La fuerza, el prestigio y la vocación del Estado provenían de la propia lucha revolucionaria, pero su legitimidad residía igualmente en los varios estadios históricos cuyos hilos, sorprendentemente, recogía. En la cultura política de México seguían vigentes el Estado nacional juarista y el Estado «integral» porfirista, aunados, en una sólida madeja, con entramados mucho más antiguos, virreinales.

Una vez tendidos los hilos del ejercicio del poder político al interior y con el exterior, Obregón se avoca a promover el desarrollo económico capitalista y afianzar el control del Estado posrevolucionario. Este proyecto, sin embargo, no le tocará dirigirlo a Obregón, debido a su asesinato en 1928. Será el también sonorense, Plutarco Elías Calles quien sobre las bases del obregonismo lo consolide.

Calles pertenece al llamado «Grupo Sonora», que se caracterizó por un manejo pragmático de los asuntos burocráticos y militares del Estado de Sonora; siempre dentro del marco jurídico de la Constitución de 1917. Compartían con los liberales de La Reforma, la estrategia económica de crear una gran base de «agricultores» autónomos y libres para la apropiación de la renta de la tierra. En lo político, la búsqueda de su propia identidad como burguesía nacional, los lleva a tomar una posición nacionalista que estableciera los límites de la intervención del capital y gobiernos extranjeros, particularmente del norteamericano. Finalmente, otro rasgo de este grupo fue el de su enriquecimiento a partir de la rapiña del aparato del Estado, que se tradujo en su beneficio personal y en su metamorfosis a empresarios capitalistas.

Después de ganar las elecciones y tras la derrota de la conspiración de de la Huerta, Calles asume la presidencia el primero de diciembre de 1924. Le tocar heredar el apoyo del caudillo y el de los militares obregonistas. Una vez dueño del poder político en 1928, Calles se propone la «institucionalización del caudillismo», esto es, la institucionalización del aparato burocrático militar del Estado, bajo su liderazgo. Calles se propondrá y logrará la fundación del primer partido oficial (partido del gobierno), el Partido Nacional Revolucionario, que se transformará en PRM en 1938, durante el gobierno de Lázaro Cárdenas y en el PRI en 1946, durante el gobierno de Manuel Ávila Camacho.

El PNR surge del plan político callista que pretendía incorporar a su proyecto a la burocracia civil y militar del país, a los caciques locales, a los obreros, a los campesinos y en general a todas las organizaciones populares y partidos locales, en un organismo político partidario que cumpliera la doble función de acumular fuerzas políticas a su favor y de organizar y controlar a la sociedad civil, ubicando los poros (económicos políticos, religiosos, morales, legales, educativos, militantes, etcétera.) por los que habría de penetrar el ejercicio del poder político del Estado en México. El PNR cumplirá su función a medias; su consolidación ten- dría que esperar hasta la fundación del PRM en 1938, durante el período de gobierno de Lázaro Cárdenas:

Los caciques resultaron decisivos tanto para la organización del Partido Nacional Revolucionario, como para el triunfo de la candidatura de Lázaro Cárdenas. Su destrucción definitiva, al menos en su forma tradicional, fue obra del divisionario de Jiquilpan, escudado en su alianza con obreros y campesinos organizados. (Cárdenas, 1992:164).

Una vez asesinado Obregón y con las riendas del PNR en sus manos, Calles se quitará la máscara constitucionalista y liberal, girando a la derecha. En 1930 Calles declara terminado el reparto de tierras y somete a los obreros a la Ley Federal del Trabajo que se expide en 1931 y que era un instrumento indispensable para el gobierno posrevolucionario en su proyecto de reglamentación de las condiciones contractuales para la compra y venta de fuerza de trabajo y desarrollo del capitalismo en México.

Al callismo le sucederá el período histórico conocido como «Maximato», caracterizado por la imposición de Portes Gil, Ortiz Rubio y Abelardo Rodríguez como presidentes de la República al servicio del «jefe máximo de la Revolución Mexicana» (Calles). El agotamiento del proyecto callista se manifiesta en el colapso del «Maximato» y en la salida de Calles del país, tras su enfrentamiento con Cárdenas.

El «cardenismo»

Durante la primera mitad de la década de los años treinta, la ausencia de un proyecto popular revolucionario y de un partido dirigente se conjugaron con el agotamiento y crisis de las formas de dominación autoritarias y caciquiles del «Maximato». En esta coyuntura se crea un vacío de dirección política que vino a ser ocupado por los dirigentes cardenistas, herederos de las demandas de los campesinos, obreros y masas populares, quienes se proponían avanzar hasta el límite en que se detuvo la revolución campesina y popular de 1910-1920: el cabal cumplimiento de la Constitución de 1917; nada más, pero tampoco nada menos.

El cardenismo como corriente política al interior del México pos-revolucionario debe ser ubicado en la doble perspectiva de ruptura y continuidad de la lucha revolucionaria de 1910-1920. Ubicar el doble carácter de ruptura y continuidad del cardenismo, significa paralelamente ubicar la clave del establecimiento y consolidación del poder político del Estado en México. Cabe decir que este trabajo se enmarca en la corriente que bien define Luis Barrón: «y aunque la violencia generaliza- da haya terminado en 1920, consideran que los cambios revolucionarios siguieron, al menos, hasta 1940, cuando el proyecto cardenista de cambio social llegó formalmente a su fin» (Barrón, 2004:18).

Es importante destacar que cuando Lázaro Cárdenas llega a la presidencia, han transcurrido cinco lustros desde el inicio de la lucha revolucionaria. Será precisamente durante este cuarto de siglo donde madurarán los rasgos más característicos del ejercicio del poder político en México. Por una parte, la herencia del caudillismo revolucionario ha centralizado el poder en la figura del hombre fuerte de la burocracia política, generalmente militar (Obregón, Calles...); Cárdenas no intenta modificar el caudillismo sino institucionalizarlo, abriendo la brecha al presidencialismo, tal como se presenta en la sociedad contemporánea.

Por otro lado, la corporativización y absorción de las organizaciones de trabajadores al interior del aparato del Estado no es —tal como destacan muchos autores— obra exclusiva y ni siquiera original del cardenismo. Esta corporativización se inicia desde las primeras alianzas de Obregón con el naciente proletariado y con los campesinos inconformes por el incumplimiento de «tierra, libertad y justicia». Esta corporativización madurará durante el periodo de Calles. Así, al llegar Cárdenas a la presidencia, los intelectuales orgánicos de la clase en el poder se han ubicado ya en los centros de poder y control de las organizaciones obreras y campesinas más representativas.

Será a partir de la corrupción y del uso de la violencia contra la disidencia como la burocracia política enajenará la conciencia de los líderes menos claros del movimiento obrero y campesino, quienes por temor a la represión o por su apetito de «metamorfosearse» en capitalistas y terratenientes, mediatizarán la estrategia de lucha de los trabajadores hacia formas de colaboración y vasallaje respecto a la burocracia política del Estado. Estas relaciones de dominación, ya se han establecido y maduran- de manera contradictoria- cuando Cárdenas asume la presidencia (los casos de Morones y Lombardo Toledano son ilustrativas).

Lo novedoso durante el régimen de Cárdenas no será la

corporativización de los trabajadores en una central campesina (CNC) y otra de obreros (CTM), sino que ésta se consolida invirtiendo, «poniendo de cabeza» los términos de esta; esto es, no serán los trabajadores los que se movilizarán para apoyar el proyecto del gobierno, sino que será éste el que creará las condiciones de aquella movilización. Esta dominación política sobre los sectores de trabajadores se dará durante el cardenismo como dijimos, cuando los intelectuales orgánicos del proletariado y de los campesinos han sido ya cooptados y asimilados al aparato económico y burocrático del Estado; el cardenismo solamente institucionaliza -como «revolución pasiva»- aquella corporativización.

Por otra parte, los cardenistas no aspiraban al socialismo, al que nunca se propusieron explícitamente. Lázaro Cárdenas proponía un capitalismo nacionalista, tal como lo expresa él mismo en vísperas de las elecciones de 1940: "es indispensable realizar los principios del plan sexenal, que señala la formación de una economía nacional dirigida y regulada por el Estado que libere a México del carácter de país de economía colonial, campo de explotación del esfuerzo humano, donde el aliciente esencial del capitalismo no es otro que la obtención de materias primas con mano de obra barata. La formación de una economía propia nos librará de este género de capitalismo, que no se resuelve siquiera a reinvertir en México sus utilidades, que se erige en peligro para la nacionalidad en los tiempos aciagos, y que no nos deja a la postre más que tierras yermas, subsuelo empobrecido, salarios de hambre y malestares precursores de intranquilidades públicas" (Cárdenas, 1976: 244).

Los cardenistas no se proponían entonces arribar al comunismo, sino a una democracia liberal con algunos rasgos socialistas de la vida económica y política. Tal como lo decía Cárdenas en febrero de 1940 en medio del enfrentamiento con la «derecha».

No hay pues en México un gobierno comunista. Nuestra Constitución es democrática y liberal, con algunos rasgos moderados de socialismo en sus preceptos, que norman la propiedad territorial, principalmente para fines de restitución, y en los mandatos que se refieren a las relaciones entre el capital y el trabajo, que no son, ni con mucho, más radicales que las de otros países democráticos y aun de algunos que conservan instituciones monárquicas. (Cárdenas, 1976: 415).

La educación socialista, junto con la administración obrera de las empresas del Estado, el cooperativismo y las formas colectivas de producción en la agricultura se plantean como alternativa hacia nuevas formas de vida. Como decía el propio Cárdenas respecto a la educación socialista: la admisión del socialismo científico en las escuelas públicas significa solamente la exposición de los conocimientos modernos, que no pueden ser ocultados y que tienen perspectivas abiertas al porvenir, no como sistema dogmático y absoluto, sino otra orientación hacia nuevas formas de vida social y de justicia (Cárdenas, 1976:69).

Los cardenistas proponían un socialismo superestructural que en lo material apenas se ubicaba en la reforma agraria liberal y en la estatización y expropiación de algunos sectores de la economía, así como en la rectoría económica del Estado (Córdova, 1976). La intervención del Estado se daría, desde luego, permitiendo un sistema de economía mixta en el que el capital debería someterse al interés social:

No es deseo del Gobierno (afirmaba Cárdenas) que empresario alguno renuncie a sus derechos y entregue los elementos de producción que posee. Pero debe considerarse que, si bien esos elementos se encuentran bajo el dominio de personas determinadas, que los administran para su provecho, en un sentido amplio y general, las fábricas, la propiedad inmueble, incluso el capital bancario, integran el cuerpo de la Economía Nacional [sic.]; y el interés social se lesiona cuando los propietarios se abstienen de ejercer correctamente sus funciones, escudados en un concepto anacrónico de la propiedad (Córdova, 1976: 183-184).

Por lo anterior, el capitalismo debería de ajustarse a la legalidad: no se explicaría jamás que un régimen cuya dinámica tiene por norte la realización de un programa de transformación de las condiciones económicas y sociales, consintiera en que las empresas privadas, que deben ser sujetas a la aplicación de las leyes, adquieran capacidad suficiente para sustraerse a esas mismas leyes (Córdova, 1976).

En este precepto de legalidad constitucional se ubica el límite «revolucionario» de las reformas cardenistas. Como decía Lázaro Cárdenas en un discurso ante los empresarios de Saltillo el 3 de mayo de 1939:

Al través de los recorridos que he efectuado por todo el país, he tenido ocasión de explorar en forma plebiscitaria las aspiraciones de las grandes masas. Lo que el gobierno ha venido haciendo no es otra cosa que imprimir modalidades prácticas a esos anhelos populares y teniendo fundamentalmente como base las normas de la Constitución y los procedimientos legales. Los preceptos legislativos, en su forma y en su espíritu, han sido guía y pauta en los actos guberna- mentales. Es tan honda la convicción social, y la de que se cuenta con la aprobación y el apoyo moral de las grandes masas del pueblo, que con conocimiento de causa se dan plenas libertades al grupo opositor para que actúe sin reservas, muchas veces contrariando ellos mismos los mandatos de la ley y llegando al abuso deliberado y ostensible (Cárdenas, 1976: 67-77).

En rigor, el cardenismo también surge como límite a la contrarrevolución de los sonorenses, que ponía en peligro el proyecto de restauración de la burguesía en su conjunto, al profundizar las contradicciones capitalistas y con ello aumentar la posibilidad para la antítesis de identificar su propio proyecto histórico de clase, independiente de la burguesía y del Estado.

Hay que resaltar que, en todo caso, el repliegue de las fuerzas de derecha, después de la victoria popular sobre el callismo, no significó su derrota, debido precisamente a la contradicción básica del cardenismo de intentar «humanizar al capitalismo», lo que impulsó a la burguesía y su acumulación de capital. La utopía del régimen cardenista era plantearse medidas «socialistas» en el marco del capitalismo.

En el plano internacional, la recuperación económica del capitalismo y la función de proveedores de mercancías durante la SGM, provocan un fortalecimiento de la burguesía nacional, así como el establecimiento de nuevas alianzas entre los sectores de la burguesía que la robustecen durante los últimos años del gobierno de Lázaro Cárdenas.

Por otra parte, los intelectuales del cardenismo no representaban una unidad ideológica. Por el contrario, podemos distinguir dos facciones: una, la de los moderados que se habían colocado dentro del cardenismo como opositores del callismo, en espera de mejores condiciones propicias a los intereses de sus aliados latifundistas y capitalistas; entre ellos se encuentran Manuel Ávila Camacho y Miguel Alemán Valdés. Otro grupo es el de los cardenistas radicales de izquierda como Francisco

J. Múgica, Ernesto Soto Reyes y Heriberto Jara, entre otros, quienes, en ausencia de un proyecto orgánico con las masas obreras y campesinas, pronto fueron relegados por la burocracia campesina y sindical y por la derecha conservadora dentro del PRM.

El desplazamiento del sector de izquierda del cardenismo queda evidenciado si se analiza el segundo plan sexenal elaborado por el PRM para el período 1940-1946 en él que se modifican las tesis cardenistas originales sobre la lucha de clases, la que en este segundo plan sexenal se proclama como «pacífica» y con una participación mesurada de obreros y campesinos. La justificación a este viraje era que no sería aconsejable forzar la lucha de clases hasta sus últimas consecuencias: «puesto que la oportunidad histórica señala como previa la reparación gradual de injusticias sociales y la necesidad de hacer de México una patria fuerte, rica, capaz de sustraerse a influencias extrañas que puedan entorpecer su transformación interna» (Medin, 1982: 219). Lo anterior no significaba sino una reconciliación con la burguesía y una clara apertura hacia el régimen de colaboración de clases en un proyecto de capitalismo que lo liberara de las trabas y de las hostilidades a condición, según el PRM, de que se mantuviera respeto a las justas aspiraciones del pueblo y «apegada a los preceptos de las leyes» (Medin, 1982: 217).

En los hechos, las reformas cardenistas e incluso los movimientos huelguísticos no habían mermado las ganancias de los capitalistas; por el contrario, habían sentado las bases para el posterior desarrollo acelerado de las fuerzas productivas y de las relaciones sociales de producción capitalista. A fin del sexenio de Lázaro Cárdenas, la burguesía comienza a darse cuenta de que las reformas cardenistas no atentaban en contra de sus intereses; por el contrario, los capitalistas resultaron beneficiados por la organización cardenista de la producción y del trabajo.

El reparto agrario terminó por operar como un instrumento de control político del Estado sobre los campesinos. Zapata, anarquista natural, se hubiese opuesto a él: su proyecto era la utópica reconstitución del calpulli comunal de los pueblos prehispánicos, aldeas autosuficientes, igualitarias, recelosas del poder central. Sobre todo, en su momento cardenista, el Estado revolucionario no actuó de otro modo. Heredero histórico de la Corona, representante de la nación y -para todo efecto práctico- soberano del suelo y subsuelo, actuando contra la voluntad de los afectados (y aun de muchos beneficiados) el Estado repartió la tierra y se reservó la tutela (política) sobre millones de campesinos. Muy pocos, en 1940, ponían en tela de juicio el concepto social de tutela; sólo señalaban la miseria de los tutelados y criticaban la concepción de los tutores.

El del muralismo revolucionario tenía que ser, simétricamente, la historia mexicana. La eficacia «catequista» del muralismo fue desde luego menor y más elitista que la de sus antepasados franciscanos o agustinos, pero convirtió a la ideología revolucionaria a varias generaciones de estudiantes que veían cotidianamente los frescos en sus escuelas y sentían que ser político era una forma -bien remunerada- de cumplir una misión.

Don Porfirio había restaurado la práctica -si bien no de manera formal sino tácita- a través de lo que Andrés Molina Enríquez llamó su política de «amificación» con los diversos grupos de criollos, mestizos e indios.

Un rasgo esencial de continuidad, lejos de atenuarse con los años, esta concentración imperial de la autoridad se acentuó. Tristemente el rumbo histórico del país siguió dependiendo de la voluntad de una sola persona: el señor presidente en turno, que proyectaba su vida en la del país convirtiendo a la historia nacional, por momentos decisivos, en una biografía del poder.

En tiempos de Cárdenas se volvió social y político. El general misionero quiso restituir al indio a su posición novohispana como una categoría aparte, requerida de una jurisdicción especial. El reconocimiento de los derechos comunales y la creación de un Departamento de Asuntos Indígenas, eran señales evidentes de atención que los indios de México habían esperado desde tiempos de la Independencia. A diferencia de Díaz, que los citaba en Palacio Nacional, Cárdenas había acudido personalmente a sus poblados, comía y dormía con ellos, tomaba nota, gestionaba soluciones concretas y sobre todo escuchaba, siempre escuchaba. Quizá por eso los indios parecieron decir un adiós definitivo a las armas.

En una palabra, la legitimidad del nuevo Estado abrevaba en dos poderosas fuentes: la que Max Weber llamó la «rutinización del carisma» (en este caso, el carisma de los generales revolucionarios) y la rica tradición política de México, sobre todo de la etapa virreinal, actualizada por don Porfirio. Por eso mismo, el nuevo Estado no era democrático. De hecho, Madero se habría vuelto a levantar contra él, como hubiesen querido levantarse las clases medias que en 1929 siguieron a Vasconcelos y en 1940 apoyaron a Almazán. Por las manos de ese Estado corría mucha sangre, sobre todo la de los cristeros, los yaquis, los campesinos opuestos a las bandas agraristas, los obreros enfrentados al sindicalismo oficial, los jóvenes vasconcelistas, y la sangre de otros movimientos o personas que se habían atrevido a ejercer la oposición. Y, sin embargo, el nuevo Estado mexicano no tuvo mayores tentaciones totalitarias: no incurrió en el terror ideológico ni en la represión masiva, no abolió el mercado ni burocratizó a la sociedad. Otro López, más corrupto, más inepto, vendría en el 2018 a utilizar esos métodos, intentarlo y casi lograrlo.

En 1940, este Estado había logrado integrar orgánicamente a las diversas etapas de la historia mexicana. En la fuerza de su presidencia imperial, según Krauze, y en ese concepto de vida hacia adentro y hacia atrás fincaba su legitimidad. Pero la inmersión podía llevar a la inmovilidad y la asfixia. ¿Cabía profundizar en el espíritu y la obra de la Revolución? Muchos lo creían y lo deseaban. Algunos buscaban orientar el proceso hacia el socialismo. Otros pretendían revertirlo, o al menos introducir en él ciertas rectificaciones de fondo. Una minoría defendía la necesidad de volver al ideal de Madero, la libertad y la democracia como únicas fuentes de legitimidad. Otros, en fin, como el general Cárdenas, pensaban que la profundización era idealmente deseable pero prácticamente imposible: había que detener el ritmo del proceso y quizá modificar el rumbo.

¿Qué tanto? ¿Hacia dónde? No era a él a quien le correspondería esa responsabilidad.

Por tres largas décadas, México había sido una nación vuelta sobre sí misma: una isla histórica. Entre 1910 y 1940, el péndulo de la historia mexicana había oscilado hacia la tradición, hacia las raíces. A partir de 1940 volvería a oscilar, esta vez hacia el llamado impostergable del futuro.

3 EL INICIO DE LA INDUSTRIALIZACION: LA DECADA DE LOS CUARENTA

1. EL INICIO DEL PENDULO

La sucesión presidencial era la prueba de fuego en la vida política de México. Por equivocarse de candidato en 1920, Carranza provocó una rebelión y pagó el error con su vida. Por escoger a Calles y no a De la Huerta en 1924, Obregón desató la guerra civil entre los sonorenses. Por olvidar el precepto maderista de la «no reelección», Obregón fue asesinado en 1928. El «Jefe Máximo» vio desfilar tres presidentes nombrados por él hasta que el cuarto, Cárdenas, lo mandó al exilio. En 1939 era Cárdenas quien debía ejercer el más delicado de los arbitrios presidenciales. Su elección desconcertó a muchos partidarios de la Revolución, no sólo a los radicales, amigos de Múgica, sino a observadores ponderados, como el intelectual Daniel Cosío Villegas, cuyo ojo crítico vigilaría el sexenio desde el primero hasta el último día: «Mi decepción llegó, no en el periodo de Cárdenas, sino en la sucesión de Cárdenas. Cuando yo me di cuenta de que Cárdenas apoyaba a Ávila Camacho, que era indiscutiblemente de temperamento y de tendencia conservadora, «supe que la Revolución mexicana iba a dar la vuelta... Cárdenas podía haber inventado a un hombre que hubiera proseguido su obra, no frenado. Pero el giro hacia Ávila Camacho representó un cambio de rumbo» (Krauze 980)

No era fácil «inventar» candidatos. Muchos años más tarde, Cárdenas mismo reveló los motivos de su decisión:

"...el señor general Múgica, mi muy querido amigo, era un radical muy conocido. Habíamos sorteado una guerra civil y soportábamos, a consecuencia de la expropiación petrolera, una presión internacional terrible. ¿Para qué un radical si yo ya dejé un instrumento revolucionario?... A nuestra salida del poder los obreros estaban organizados; los campesinos también y la Reforma Agraria se encontraba en marcha... los miembros del ejército habían sido incorporados al partido de la Revolución".

"¿Era éste, o no, un instrumento de progreso para que México continuara su liberación? De lo que haya ocurrido después no soy yo quien vaya a calificarlo; me siento perfectamente limpio" (Roberto Blanco Moheno, entrevista al General Lázaro Cárdenas Impacto, 22-03-1961)

Para Cárdenas, el acto del destape significaba la cesión real del poder. Su instinto político le decía que no podía estirar más la cuerda de las reformas, a riesgo de romperla y sumir al país en una nueva guerra civil. Así arribó a la convicción de que México necesitaba paz. Paz para asimilar el vértigo en que había vivido por treinta años, paz para decidir cómo habría de usar el «instrumento revolucionario», y paz, sobre todo, porque las circunstancias externas lo reclamaban. A su amigo y colaborador, el ingeniero Adolfo Orive Alba, le confió años después: «quería que hubiera paz en el país, y el que podía asegurarla en una época conflictiva como la que el mundo comenzó a vivir por la segunda guerra mundial era Manuel Ávila Camacho.» (Krauze, entrevista, 4-09-1992)

Las disputadísimas elecciones de 1940 debieron confirmar a Cárdenas en este diagnóstico. Las clases medias del país apoyaron al general Juan Andrew Almazán, el hombre que al frente del Partido Revolucionario de Unificación Nacional prometía poner fin a la agitación social e ideológica del cardenismo.

Las fuerzas organizadas por «el instrumento revolucionario» apoyaron a Ávila Camacho. El día de las elecciones, las bandas organizadas por el Partido de la Revolución Mexicana (PRM) provocaron sangrientos zafarranchos: hubo por lo menos treinta muertos y más de ciento cincuenta heridos. Cárdenas, al parecer, estuvo dispuesto a admitir el triunfo de Almazán, pero el «instrumento» cerró sus filas, se decretó el triunfo del candidato oficial por un margen inverosímil, Almazán salió a La Habana y, para desazón de sus seguidores, al poco tiempo declaró que no encabezaría una nueva revolución.

Las elecciones habían llevado al país al borde de un nuevo abismo. ¿A dónde lo habría llevado Múgica? pudo pensar Cárdenas, con alivio, mientras el primero de diciembre de 1940 cedía la banda presidencial a su lugarteniente de toda la vida, el suave y conciliador personaje oriundo de Teziutlán.

La década que abarca de 1940 a 1950 constituye la entrada de México a la etapa de donde la industrialización se convierte en el perno que la política sostenía y desarrollaba. En este periodo se dejan atrás las formas de gobierno caudillista- personalistas que habían constituido la característica del siglo XIX y de las primeras cuatro décadas del siglo XX con gobiernos emanados de «la Revolución Mexicana».

Los gobiernos de Manuel Ávila Camacho (1940-1946) y de Miguel Alemán (1946-1952) se identificaban con esa tendencia modernizadora que se extiende desde la economía hasta la política. Las reformas económicas, políticas y sociales se habían dado ya durante el gobierno de Cárdenas, con la nacionalización del petróleo y los ferrocarriles, ambos plataforma que el régimen de Ávila Camacho aprovecha para estimular el desarrollo de una industria nacional que se ve como el único camino para el mejoramiento global del país.

De la industrialización comenzó a hacerse depender el bienestar de todos los mexicanos; de proyecto para la construcción económica del país pasó a ser, además, condición para la futura realización de las reformas sociales encomendadas por la Revolución al Estado.

El desarrollo de la economía mexicana a partir de 1940 es un proceso en el cual el país pasa de una economía predominantemente agrícola a una industrial. Es la historia del desarrollo de una base industrial moderna con todas las consecuencias y características de este tipo de proceso. Ello incluye la supeditación de la agricultura a la industria, incremento en la urbanización, aumento del sector terciario y la creación de obras de infraestructura necesarias para llevar a cabo esa industrialización.

La modernización política, el impulso a la industrialización y la vinculación política - militar con los estados Unidos son los elementos que unidos nos explican el viraje que México da hacia la derecha. La rectificación de la visión cardenista comprendió la marcha atrás en la política educativa, la sustitución de la dirigencia sindical. El retroceso en el reparto agrario y la aparición de una orientación hacia la redefinición del rumbo de la política y la economía del país.

Las razones inmediatas del crecimiento de la industria mexicana a partir de 1940 las dio en gran parte la Segunda Guerra Mundial. La contienda aumentó la demanda externa de ciertos productos mexicanos, a la vez que eliminó la competencia del exterior en otros campos relacionados con el mercado interno. Por supuesto, este ambiente propicio fue explotado a fondo debido a la confianza del sector empresarial debido a la consolidación política iniciada por Cárdenas.

Esta situación y la capacidad industrial ya instalada pero no empleada permite a la economía mexicana hacer frente al aumento de la demanda. Las industrias ya establecidas incrementan rápidamente su producción, como ocurre con las industrias del acero, cemento y papel, así como la de química que nace y se consolida en este período. El periodo de 1940 a 1950 estuvo caracterizado por la instauración de una estrategia de desarrollo de largo plazo en torno a la industrialización y en donde el Estado tiene un papel protagónico.

La precariedad del desarrollo industrial y la falta de formación empresarial moderna llevaron al Estado a intervenir en el ámbito económico. Y lo hace incluso en detrimento de otros objetivos sociales, para asegurar la renovación industrial y el crecimiento sostenido.

Desde sus inicios Ávila Camacho buscó un clima de entendimiento con los inversionistas nacionales y extranjeros que propiciara el deseado desarrollo industrial. Se reconoce a la empresa privada como el motor del desarrollo y se promete mantener tranquilo al movimiento obrero y a la izquierda, al mismo tiempo que se desarrolla un esquema de estímulos a la inversión que incluía financiamiento, exenciones fiscales e inversiones directas del Estado en infraestructura para la industria.

La nueva estrategia de desarrollo implicó una transformación en la calidad de la intervención estatal en favor del capital privado en al menos cuatro aspectos:

1. En el sentido estratégico del intervencionismo.
2. En el ritmo de la intervención.
3. En la modificación de la correlación de fuerzas en el interior del Estado.
4. en la relación del Estado con las clases sociales (Cordera, 1979: 119).

Con estos cambios el desarrollo económico adquirió una nueva orientación en donde el sector privado tuvo mayor importancia.

Lo anterior significo no sólo que el Estado ayudara a configurar las condiciones indispensables para asegurar la expansión privada, sino también, que modificara sus relaciones y alianzas con el resto de los agentes sociales sin perder por ello su capacidad rectora (Camacho, 1980:52-53).

Alentadas por la existencia de un amplio mercado para sus productos y por la voluntad industrializadora del gobierno, surgen numerosas empresas pequeñas y medianas.

Al mismo tiempo la inversión extranjera que tradicionalmente se concentraba en la industria extractiva y en los servicios, se desplaza hacia la manufactura para caracterizar el periodo que también se conoce como de «sustitución de importaciones».

LA INDUSTRIALIZACIÓN

A principio de la década de los cuarenta, esta estrategia de desarrollo no contaba aún con un plan detallado. Conforme avanza ese periodo fue imponiéndose una estrategia que en lo político implicó la institucionalización de las relaciones de poder y en lo económico un patrón de desarrollo basado en la sustitución de las importaciones (Blanca Torres, 1979: 282)

La sustitución de importaciones significó un proyecto de desarrollo orientado a impulsar un crecimiento estable basado en impulsos internos a la economía nacional y en una diversificación de la producción industrial que sustituyera paulatinamente las importaciones (Tavares: 32-33). Para ello, el Estado recurrió a una política expansionista que garantizó de inmediato el excesivo aumento de la demanda interna y una tasa de utilidades atractiva para la inversión privada.

En este esquema de desarrollo fue indispensable una definición de las principales funciones y modalidades de participación entre los actores económicos.

Así, al capital privado se le asignan las ramas productivas de bienes de consumo y el Estado se reserva la producción de insumos estratégicos y la infraestructura básica. Para fomentar la industrialización existe la Ley de industrias de Transformación, expedida en 1941, que incluye exenciones fiscales desde cinco hasta diez años al demostrar que entraban en el rubro de «nuevas» o «necesarias».

Las modificaciones posteriores a la ley extendieron los beneficios a plazos más largos. Otro de los elementos de apoyo es la modernización del Banco de México y la ampliación de las funciones de Nacional Financiera, para estimular el crédito y la formación de capitales a través de una política oficial de financiamiento selectivo a empresas industriales y agrícolas.

Con todo lo anterior se consolida la tendencia proteccionista para la producción nacional, si bien en un principio las condiciones económicas producidas por la guerra no hacían urgente una protección excesiva, después de 1946, y lo largo del periodo de Miguel Alemán, se establecen una serie de tarifas arancelarias que buscaban disminuir o evitar definitivamente la competencia desigual que los productos manufacturados en el exterior hacían a los de manufacturación mexicana. Más tarde se establece el sistema de permisos previos de importación que permite el crecimiento de la planta industrial pero que también produce la distorsión de la economía mexicana.

Debido a que la no existir competencia el precio, la calidad y la preocupación por introducir tecnología de punta reducen la competitividad de los productos mexicanos y se convierte desde entonces -y hasta nuestros días - en un problema de difícil solución.

El entorno proteccionista y de apoyos fiscales y crediticios beneficia a la industria manufacturera y le permite crecer a un ritmo de 7.5 por ciento anual durante toda la década.

Parte del éxito en este rubro debe atribuirse a la relativa estabilidad política laboral. Así, mientras la industria crece, el Estado adquiere su carácter de director del proceso económico, al erigirse como promotor del desarrollo industrial, como elemento clave para la conciliación de conflictos obrero – patronales.

También como garante de la inversión extranjera, y aún más, como inversionista en aquellos rubros prioritarios en que la empresa privada no deseaba o no quería arriesgarse.

De esta manera, el gobierno genera una dependencia de la economía de la inversión pública, al ser el promotor de un desarrollo de la industria fuertemente vinculado al Estado. Los antecedentes políticos y económicos de esta década están en las acciones de Cárdenas, quien crea la Confederación Nacional Campesina, lo que constituye un impulso a la organización de este sector (Suarez Gaona, 1987). También se alienta a los obreros a utilizar la huelga como un arma efectiva, creando la Confederación de Trabajadores de México como una forma de disminuir el poder de la CROM.

La expropiación de las compañías petroleras le da el control sobre la economía y así se consolida la estabilidad política y económica de México. Al inicio de la década de los cuarenta con el cambio de Gobierno de Cárdenas, Ávila Camacho asume la presidencia de la República y se beneficia de las condiciones favorables existentes para continuar con el proceso de industrialización mediante la «sustitución de importaciones» e introduce un estilo diferente de gobernar. El gobierno realiza las acciones adecuadas con relativa facilidad y habilidad para consolidar los sectores empresariales nacionales y extranjeros. Las palabras clave son ahora: moderación, estabilización, unidad nacional. Se sostiene que es una política que corresponde a un mundo lleno de conflictos y tensiones.

EL SEXENIO DE ÁVILA CAMACHO

El régimen de Ávila Camacho abandona la línea socialista de Cárdenas y canaliza sus recursos en la construcción de una infraestructura que apoye y facilite la tarea de la empresa privada. Mientras que Cárdenas dedica el 37.6 por ciento del presupuesto federal a actividades destinadas al crecimiento económico, Ávila Camacho aumenta la proporción a 39.2 por ciento.

Por otra parte, el control político sobre las demandas de incrementos salariales en los sectores populares y la continuación del proceso inflacionario acentuado por la demanda producida por la Segunda Guerra Mundial coadyuva aún más a que los beneficios del crecimiento económico vayan a parar preponderantemente al factor capital, mientras que el poder adquisitivo de los obreros y campesinos se mantuvo estancado y en algunos años del sexenio disminuye.

Ávila Camacho favorecido por la excepcionalidad de la Segunda Guerra Mundial, logra la pacificación política y social del país. Esta situación favorece el sometimiento de las masas obreras y campesinas dando como resultado que el populismo desarrollista, al ser privado de sus bases, ceda ante el empuje industrializador, el cual, a su vez, pasa a depender en mayor o menor grado del Estado.

La solución dada por Ávila Camacho fue impulsar el desarrollo industrial con apoyo de la inversión extranjera dentro de un cierto margen de control estatal. Estas circunstancias influyen para que en México se opere un cambio radical en la orientación de la política económica en comparación con la etapa cardenista. El terreno para el énfasis en el desarrollo económico está ya bien abonado: la reforma agraria había aumentado el nivel de vida de los campesinos, el movimiento, el movimiento obrero había mejorado su poder de compra, la industria estaba siendo protegida (y enfrentaba menos competencia extranjera) y financiada a través de créditos.

Las posibilidades de desarrollar el mercado nacional se habían ampliado, por lo tanto, como nunca. El cierre del mercado internacional también favorece la tendencia hacia un desarrollo interno, entonces se enfoca al desarrollo educativo (Brandenburg, 1964).

Este cambio radical, priorización de la industrialización y descuido del campo, es fruto fundamental de la falta de oposición de los sectores populares. El cardenismo había permitido a las masas mejores niveles de vida, a través de la elevación de sus ingresos. Paradójicamente, esto frena su espíritu de organización y sus líderes empiezan a subordinarse a los intereses del gobierno, quien los controla a través de canonjías y otros estímulos.

Este control llega a ser un hecho consumado con Miguel Alemán, quién usa prácticas represivas contra los obreros y campesinos, además de violar sus derechos eliminando prácticamente la democracia de las organizaciones sindicales.

Dentro de la estrategia de crecimiento, con Ávila Camacho se da un viraje a la inversión en favor de lo económico con menoscabo de lo social (Wilkie: 72).

Dentro de este proceso destaca la diversificación de las entidades públicas hacia el sector industrial.

Es la época en que el gobierno empieza a hacer las primeras inversiones experimentales en empresas manufactureras (Vernon, 1979: 114); de esta forma, el estado se compromete en las características del desarrollo industrial. El proceso de modernización y el crecimiento de las ciudades significan una demanda creciente de servicios básicos, agua, luz, drenaje, infraestructura, etc. que son proporcionadas por el estado en forma insuficiente. La causa principal del aumento del gasto público orientado hacia la industrialización.

Ese es el compromiso del Estado de participar directamente en la ampliación de la planta productiva nacional como exigencia del propio desarrollo económico y de su permanencia en el largo plazo (Torres, 1979: 286)

El nacionalismo impulsado por Cárdenas, con apoyo y en favor de los sectores populares, fue desvirtuado por Ávila Camacho. Con la industrialización y el desarrollo se pretende dar solución a las reivindicaciones populares. Esta fue una situación que gran parte de la industria norteamericana aprovecha, pues las garantías y facilidades que México les ofrece, al encargarse el estado de la infraestructura básica, les asegura las mejores condiciones de mercado.

Las inversiones extranjeras se vuelcan al sector financiero y comercial. La política oficial proporciona condiciones operativas de tipo monopolista y se desvirtúa la pretendida reivindicación de las masas que hasta ese momento se habían sacrificado en aras del progreso de México.

Como resultado de estas acciones la economía nacional se deforma adquiriendo un claro matiz de dependencia externa. Además, se hace muy estrecho el entrelazamiento entre quienes dirigen y gobiernan el estado y los nuevos sectores económicos.

En el ámbito internacional, Ávila Camacho enfrenta dos problemas. El primero, conseguir algún arreglo con las compañías petroleras expropiadas; el segundo, la coordinación de planes para la defensa hemisférica del continente americano. Después de la expropiación, las compañías petroleras establecen un frente único para tratar con el gobierno de México o para actuar en su contra. El trato de Cárdenas con la Sinclair Oil Company había ya debilitado la posición de las compañías y mejoraba la imagen de México en el exterior porque mostraba la buena voluntad del gobierno mexicano de compensar a las compañías petroleras.

Durante el sexenio de Ávila Camacho la inversión directa y el control del crédito permiten al Gobierno dirigir el curso del proceso económico. El capital extranjero, entonces su rival más poderoso en relación con la hegemonía económica ya no tiene el poder abrumador y casi absoluto del pasado. En las primeras cuatro décadas el capital extranjero llega a ser el 50% del total de la inversión en México.

La situación cambia dramáticamente a partir de 1938 con la expropiación petrolera. A partir de entonces el capital externo queda en un segundo plano y desde 1940 hasta 1987 es únicamente entre el 6 y 10% de la inversión extranjera total efectuada en el país.

El gobierno de Ávila Camacho es de transición gracias a su política conservadora y a las condiciones de la época, prepara el camino hacia un estilo diferente en la política postrevolucionaria (Padgett, Wilkie, Vernon). Ávila Camacho afirma que «desde el primer día de mi gobierno proclamé el sincero olvido de agravios políticos» (los presidentes op. cit. vol. IV p. 52).

VIENTOS DE GUERRA

Aunque al estallar la guerra el gobierno mexicano se declaró neutral, para 1941 demostró que su posición era definitivamente contraria a las potencias del Eje y favorable a los Estados Unidos. El 17 de julio de ese año, el gobierno norteamericano dio a conocer una lista con los nombres de cerca de mil ochocientas personas y compañías a las que suponía relacionadas con Italia y Alemania, e incluía algunas empresas e individuos de nacionalidad alemana residentes en México. El gobierno de Ávila Camacho suspendió las relaciones comerciales con Alemania, a la vez que retiraba a los cónsules mexicanos acreditados en ese país. Al mismo tiempo ratificó a las representaciones diplomáticas de los países invadidos, lo que significaba desconocer las conquistas alemanas.

En su respuesta al informe presidencial de septiembre de 1941, Alejandro Carrillo -secretario de Lombardo Toledano y líder de la diputación obrera- justificó la necesidad de cooperación con Estados Unidos: ambos países, argumentaba, estaban «obligados a caminar juntos no sólo por razones geográficas, sino también por razones de gran responsabilidad histórica en bien del hemisferio occidental y en bien de los pueblos de todos los continentes». Fue la primera declaración pública oficial en que se afirmaba tajantemente la necesidad de cooperación bilateral.

El 30 de octubre de 1941, el gobierno promulgó reformas y adiciones a los artículos 129 y 145 del Código Penal: el primero incluía sanciones para quien alterara el orden interno o proporcionara información a un gobierno extranjero en tiempo de paz; en el segundo se preveía el delito de disolución social. Ambos servirían también para combatir a los grupos políticos opositores al régimen revolucionario.

Con el ataque japonés a Pearl Harbor, México rompió relaciones diplomáticas y consulares con el Eje y favoreció la solidaridad continental concediendo permiso a barcos y navíos de cualquier país americano para fondear en aguas y puertos mexicanos. El mismo decreto autorizaba al ejecutivo a permitir, en caso de urgencia notoria, el tránsito por territorio nacional de fuerzas pertenecientes a otras repúblicas de América. Simultáneamente, el presidente Ávila Camacho tomó las primeras medidas de colaboración militar con los Estados Unidos. El 10 de diciembre fue creada la Región Militar del Pacífico, que reunía bajo un mando único las zonas militares de Baja California, pero Ávila Camacho estaba decidido a entregar el poder a los civiles. Sólo el secretario de Relaciones Exteriores, Ezequiel Padilla, se indisciplinó y lanzó su candidatura fuera del partido oficial. Por su parte, el PAN ofreció la candidatura a Luis Cabrera, quien declinó por razones de edad.

Para el primer domingo de julio de 1946, día en que se llevaron a cabo las elecciones, el partido oficial había estrenado nombre: ya no era el PRM sino el PRI, Partido Revolucionario Institucional. De nueva cuenta, hubo zafarranchos y muertos, pero no en las proporciones de 1940. La propaganda oficial que pintaba a Padilla como un aliado de los norteamericanos surtió efecto: su popularidad no era comparable con la de

Almazán. Pero el PRI no quiso correr riesgos, y para remachar el triunfo puso en marcha novedosas técnicas de fraude electoral que se volverían tradicionales. Las cifras finales fueron: alemán 77.9 por ciento, Padilla 19.33 por ciento.

Fue en aquel mes de noviembre de 1946, en medio de la euforia generalizada por el arribo del «Cachorro», cuando Daniel Cosío Villegas escribió su ensayo «La crisis de México». Lo publicó a principios del año siguiente en la afamada revista de ideas que circulaba desde México hacia toda la América Latina: Cuadernos Americanos. Fue la nota disonante de la fiesta. Cosío Villegas decretaba nada menos que la muerte de la Revolución mexicana: «México viene padeciendo hace ya algunos años una crisis que se agrava día con día; pero como en los casos de enfermedad mortal de la familia, nadie habla del asunto, o lo hace con un optimismo trágicamente irreal. La crisis proviene de que las metas de la Revolución se han agotado, al grado de que el término mismo de revolución carece ya de sentido. Y, como de costumbre, los grupos políticos oficiales continúan obrando guiados por los fines más inmediatos, sin que a ninguno parezca importarle el destino lejano del país.»

Cosío hablaba de la Revolución como un hecho histórico y un programa nacional que, habiendo correspondido «genuina y hondamente a las necesidades del país», se encontraba ahora in articulo mortis. Tocó detalladamente, uno por uno, sus propósitos originales -el impulso democrático, la vocación popular de justicia social y mejoramiento económico en el campo y la ciudad, el afán nacionalista, la cruzada educativa- explicando en cada caso el modo en que habían sido desvirtuados o abandonados.

«Todos los revolucionarios fueron magníficos destructores, pero resultaron inferiores a la obra que la Revolución necesitaba hacer»: Madero destruyó el porfirismo, pero no construyó la democracia, Calles y Cárdenas destruyeron el latifundio, pero no crearon la nueva agricultura mexicana. Hasta el nacionalismo mexicano había sufrido una extraña transformación. En tiempos de Vasconcelos «los festivales de música y danza no eran curiosidades para los ojos carnerunos del turista, sino para mexicanos, para nuestro propio estímulo y beneficio». Del espíritu apostólico original de la educación casi nadie se acordaba.

Pero la Revolución no debía ser un ciclo histórico cerrado. «El único rayo de esperanza -bien pálido y distante, por cierto- era que la propia Revolución depurara a sus hombres y reafirmara sus principios.» México había encontrado su camino en la Revolución. Abandonarlo no era sólo un error, era un suicidio: «Si no se reafirman los principios, sino simplemente se les escamotea; si no se depuran los hombres, sino simplemente se les adorna con ropitas domingueras o títulos... ¡de abogados! entonces no habrá en México regeneración, y, en consecuencia, la regeneración vendrá de afuera, y el país perderá mucho de su existencia nacional a un plazo no muy largo (Medina, 1979)»

Se desató una jauría. Alguien lo llamó «el enterrador de la Revolución». El secretario particular del nuevo presidente le habló para amenazarlo. Marte R, Gómez escribía a un amigo consternado por el ensayo: «Afortunadamente ni Cosío Villegas ni México agonizan... México se despertará con el tónico vientecillo de un fresco mañanero y se pondrá a caminar. Hará nuevas carreteras, más presas, otras escuelas» (Gómez, 1947).

Después del «Cachorro de la Revolución», el hombre más feliz de México era el presidente Ávila Camacho. Su estilo personal había dado buenos resultados: paz con el exterior, orden en el interior, progreso en las ciudades.

Ávila Camacho y Alemán «eran hombres muy parecidos -recuerda un inteligente político veracruzano, amigo de ambos-; tenían una enorme amistad... Pasaban temporadas en La Herradura montando a caballo, las esposas -doña Cholita y doña Beatriz- eran muy amigas, inclusive el señor presidente Ávila Camacho fue compadre del licenciado Alemán. Tengo entendido que él y doña Cholita bautizaron al último hijo del licenciado Alemán, a Jorgito» (Krauze, entrevista, 2-11- 1992).

Y como emblema de los nuevos y neoporfirianos tiempos, el general y el licenciado se reunían también en el campo, pero no en el campo de batalla, ni entre campesinos, sino en el campo de golf. La guerra le da a Ávila Camacho la oportunidad de romper con las políticas establecidas en el plan sexenal, y comienza a gobernar según su visión y su sentir. La orientación no es ya hacia una clase en particular sino hacia todos los mexicanos.

El concepto del individuo como consumidor aparece, siendo que la «preocupación fundamental...estriba en crear el mayor bienestar posible para cada mexicano, alcanzarlo implica dar existencia en el país a las condiciones que permitan a cada uno satisfacer con holgura sus necesidades por las crecientes facilidades de acceso a la cultura» (pág. 183).

De aquí se puede deducir la distancia enorme que existe en el contenido ideológico de Cárdenas y de Ávila Camacho. La lucha de clases ha sido sustituida por la armonía, la conciliación, la justicia social: «hemos procurado activar la obra de habilitación económica y conformación ética que demanda el propósito de sustentar nuestra vida sobre cimientos de inalterable concordia y de positiva justicia social» (p. 266)

La incipiente clase empresarial mexicana se beneficia espectacularmente con las medidas económicas que el Gobierno toma a su favor, y a partir de 1940, a pesar de algunas crisis de confianza en el Gobierno Mexicano por parte de las clases empresariales, la élite política y económica van convergiendo cada vez más en un proyecto común de desarrollo.

Los puntos centrales de este proyecto son los siguientes:

1. Sustituir en lo posible las importaciones de bienes de consumo con producción interna.
2. Lograr un crecimiento de la producción agrícola suficiente para poder exportar y hacer frente al incremento de la población.
3. Hacer crecer la economía a un ritmo mayor que el crecimiento poblacional.
4. Propiciar un alto nivel de inversiones.
5. Incrementar el nivel de vida de la población en general.
6. Mantener el control nacional sobre los recursos básicos y la actividad económica en su conjunto.
7. Canalizar la inversión extranjera hacia las actividades económicas donde los inversionistas mexicanos tenían temor de invertir. Pero siempre manteniendo mayoría de capital mexicano.
8. Desarrollar la infraestructura industrial y agrícola con recursos estables.
9. Proteger a las clases populares de la disminución de su poder de compra.

El gobierno de Ávila Camacho alienta la participación de las organizaciones empresariales en la definición del proyecto de desarrollo, esta participación se da a través CANACINTRA con la concertación o alianza del sector empresarial con el Estado y con la clase obrera organizada con un proyecto que incluye los siguientes puntos:

1. Intervención del Estado para planear, promover y dirigir el desarrollo económico; 2. Protección a la industria nacional contra los productos importados y, por ende, derogación del tratado comercial con Estados Unidos en 1942, que favorece las importaciones; 3. Limitación del capital extranjero invertido en la industria; 4. Expansión del mercado interno; 5. Reconocimiento a la legitimidad del movimiento obrero oficial; y 6. Continuación del reparto agrario.

Esta propuesta se instrumenta y produce una división entre los empresarios afiliados a la Coparmex que propugnaban su adhesión al liberalismo económico y se oponían al a intervención excesiva del Estado en la economía nacional. Como la transformación y modernización del país demanda de una política de financiamiento de largo plazo con altos niveles de capital y baja rentabilidad, estos financiamientos los otorga el Estado por no ser redituables para los bancos privados.

La institución responsable del financiamiento de la industrialización es Nacional Financiera (Ayala, 1988: 249). Esta es la institución más importante en los años cuarenta de financiamiento de la industrialización.

Así, la responsabilidad del desarrollo recae en el Gobierno y en la iniciativa privada nacional. Los enclaves dominados por el capitalismo foráneo pierden importancia por las medidas del Gobierno Mexicano.

Ávila Camacho entiende como una necesidad mantener la democracia, entendida ésta en el sentido de cumplir con los postulados de la revolución mexicana, pero con una orientación centrista. Doctrinalmente se opone a cualquiera de los dos extremos: socialismo y capitalismo despiadado. Por ello es fácil entender el giro dado a su política alejándose de la orientación «socialista» de Cárdenas.

EL SEXENIO DE MIGUEL ALEMAN

La verdad es que la Revolución había muerto, pero la realidad es que no podía morir. La rueda de la política que «lo concatena todo» alrededor del político «que es su eje», necesita a la Revolución para continuar el movimiento. para construir, para destruir.

En 1946, México había entrado en la zona inédita de la mentira institucional. Justo Sierra le había escrito a don Porfirio en 1899: «vivimos en una monarquía con ropajes republicanos» (Krause, 1997:83). Tenía razón, pero lo cierto es que Porfirio Díaz mentía poco. No disimulaba el ejercicio de su poder absoluto, monárquico, y tampoco simulaba que México fuese ya la república representativa, democrática y federal que consignaba la Constitución. Su secreto no era la simulación, sino una especie de tutela o salvaguarda histórica sobre la nación, hasta que ésta asumiera por sí misma la Constitución. En la propia entrevista con Creelman había declarado sin ambages: «hemos conservado la forma de gobierno republicano y democrático; hemos defendido y mantenido intacto la teoría; pero hemos adoptado en la administración de los negocios nacionales una política patriarcal, guiando y sosteniendo las tendencias populares.» (López Portillo y Rojas, 1921:365)

La Revolución, vista en su conjunto, tampoco simuló. Continuó siendo tan monárquica como el porfirismo -o más-, y tan poco republicana, representativa, democrática y federal como aquél, pero las profundas reformas que introdujo en la vida del país fueron «revolucionarias» en el sentido verdadero de la palabra. Calles cambió de muchas formas la vida social, económica, política del país y llevó su espíritu revolucionario al extremo de pretender acabar con la religión católica. De todo podía acusársele menos de ser un impostor de la Revolución. En cuanto a Cárdenas, su reforma agraria, su política obrera, la expropiación petrolera y la integración de las masas trabajadoras al PRM lo acreditaban como un revolucionario no sólo en el sentido mexicano, sino aun en el socialista, tan influyente en su época. Equivocada en muchos aspectos, destructiva en varios otros, la Revolución mexicana había sido un movimiento auténtico, no un disfraz de revolución (Krauze, 1997:84).

A partir de 1940 y con el paso del tiempo, las metas de la Revolución se habían borrado sin ser resueltas. La misma indignada reacción oficial contra el ensayo de Cosío Villegas probaba el acierto de su diagnóstico. El prescribía «una depuración de los hombres y una reafirmación de los principios» (Cosío Villegas, 1957: 27-51). La salida práctica que encontró «la familia revolucionaria» fue distinta: depuró, en efecto, a sus hombres, abriendo la puerta a una nueva generación de jóvenes abogados, pero ésta, una vez en el poder, cambió radicalmente los principios originales simulando que, al hacerlo, los cumplía.

En 1946, el partido que llevaba al poder al nuevo presidente de México había mudado de nombre y se daba el lujo (o incurría en el lapsus freudiano) de adoptar uno que en sí mismo implicaba una contradicción en los términos y, por ello, una mentira, pero una mentira asumida como verdad: el PRI, «Partido Revolucionario Institucional».

En el eje del poder, en 1946 y como en tiempos de don Porfirio, como en tiempo de los tlatoanis o los virreyes, estaba el nuevo presidente. Alrededor suyo giraba la rueda, que es el pueblo. El eje se movía y movía al pueblo. Era «el mayor creador y el destructor más grande». La rueda del poder se volvió una fiesta de disfraces, algunos se disfrazaban por cinismo, otros por inconsciencia o por albergar la sincera convicción de que su disfraz no era tal. La rueda creció hasta casi abarcar al país entero. La Revolución había muerto, pero en el Zócalo, frente al balcón presidencial, la multitud clamaba: «¡Viva la Revolución!»

El nuevo presidente, Miguel Alemán Valdés, instauraría el régimen de una revolución simulada: la revolución institucional. La mayoría de los mexicanos se avendría por propia voluntad a él. Sectores muy amplios prosperarían bajo su sombra. La historia verdadera de cómo esa mentira se volvió realidad es más dramática que la farsa y el tinglado político.

El «Cachorro de la Revolución» no era sólo una afortunada frase de campaña. En el caso de Miguel Alemán Valdés era el sello mismo de su destino. Era hijo del general Miguel Alemán González, uno de los primeros precursores de la Revolución, hombre que en la vida no había hecho otra cosa que seguir haciendo la Revolución.

El universitario Alemán era tan nacionalista como Lombardo proyanqui. Tenía otros planes en mente. Aplicaría su convicción capitalista al país, no como un medio sino como un fin. Por las buenas, como el heterodoxo Cosío Villegas, solitario y resentido. Por las buenas, organizando mesas redondas para planear la solución de los problemas nacionales, en León la industria del zapato; en Acapulco el turismo; el azúcar en Cuernavaca; el petróleo en Ciudad Madero, Tamaulipas. Por las buenas, señores por las buenas, como el amigo Fernando Casas Alemán recomendaba a los latifundistas tras el triunfo de su candidato en las elecciones de julio de 1946: «El cuatro de diciembre quebraremos la piñata. A ver qué nos toca.»

Les tocó la colación completa. Los sonorenses y Cárdenas habían conformado sus gabinetes con una proporción alta de personas de clase humilde. Con Alemán la gente de clase media y alta desplazó por entero a la de clase popular. El reclutamiento de sus amigos y maestros fue, en verdad, impresionante, al menos once de los viejos compañeros de banca de Alemán llegaron a altos puestos públicos. Otros amigos no tuvieron puestos sino toda suerte de oportunidades, lícitas e ilícitas, para prosperar económicamente.

En el poder

En 1946 es presidente de la República el Lic. Miguel Alemán primer civil que ocupa el cargo después de la revolución. Es época de reajustes y proseguir el fomento de la industrialización: el país pasa por una etapa de reducción en su actividad económica como consecuencia del fin de la Segunda Guerra Mundial.

Es en este sexenio cuando el éxodo de los habitantes del campo a las ciudades empieza a ser considerable y a provocar problemas de ocupación; así mismo, la salida de trabajadores a los Estados Unidos aumenta a ritmo acelerado.

México sale de la euforia de la guerra. Con esta había acumulado un poder de compra que se canaliza hacia el establecimiento de las condiciones propicias para la inversión. Alemán al tomar posesión cuanta con reservas acumuladas que pueden orientarse hacia el fomento de la industrialización. Se abren todavía más, de par en par, las puertas al capital extranjero. La reforma agraria se frena fuertemente. El cambio también es cualitativo: se impulsa al pequeño propietario para oponerlo al ejido; la infraestructura de irrigación favorece a la propiedad privada, se protege al latifundio, los salarios se mantienen deliberadamente bajos para permitir la acumulación de utilidades que propicien la reinversión (Wilkie, 1967, p. 88)

Desde el momento en que se cruza la banda presidencial, Alemán toma acciones definitorias. Ha prometido la modernización de México por la doble vía del crecimiento industrial y el incremento de la producción agrícola; sus actos inmediatos lo respaldan. Una de sus primeras medidas consiste en reformar la legislación agraria de Cárdenas, el artículo 27 en particular, introduciendo -como sugería el PAN en un proyecto rechazado inicialmente por la Cámara- el amparo para propiedades agrícolas o ganaderas que tuviesen ya, o estuviesen en posición de tener, certificados de inafectabilidad. En esencia, la reforma protegía a la propiedad privada de cualquier amenaza de expropiación y fijaba las superficies máximas de pequeña propiedad de acuerdo con los diversos cultivos y condiciones: 100

hectáreas en el caso de tierras de riego, 300 para cultivos comerciales como el azúcar o el plátano, 500 para las zonas ganaderas. El cambio devolvió la seguridad y la confianza al pequeño propietario, pero se topó con la acerba crítica de la izquierda oficial (cardenista, lombardista) y con la crítica independiente.

Es una cosa curiosa que la institución de la inafectabilidad la creara el general Cárdenas. Cárdenas hacía muchas veces esas compensaciones fuera de la ley... El pecado de Alemán no fue jurídico, sino político. Pero Alemán no sintió que pecaba: estaba dispuesto a probar que su teoría de la abundancia funcionaba. Pasó por alto las críticas, aseguró el apoyo de la Confederación Nacional Campesina (para entonces enteramente servil al poder presidencial) y echó a andar el más ambicioso proyecto de crecimiento agrícola de la historia mexicana.

El subsecretario de Hacienda y Crédito Público Antonio Ortiz Mena (amigo de Alemán desde los tiempos de Eureka y vecino suyo, además de buen abogado y mejor financiero) percibió con claridad los resortes íntimos en la actitud del presidente. Alemán «proyectaba la noción veracruzana de riqueza a todo el país... Con él se inició la transformación del campo, su orientación productiva... El campo estaba muy rezagado tecnológicamente. No nos preocupábamos por la productividad... entonces se empezó a buscarla manera de producir más...y así aumentar el ingreso del campesino, se empezaron a usar semillas mejoradas, la fertilización, los pesticidas.» (entrevista a Ortiz Mena, Krauze, 3-11-1992)

La inversión del gobierno en el campo con respecto a la inversión total bruta subió de doce por ciento en el lustro de Ávila Camacho a veinte por ciento en el de Alemán. Buena parte de ella se destinó a llenar de presas las zonas potencialmente productivas del país, aquellas que ya practicaban, o estaban en condiciones de practicar, una agricultura capitalista y moderna: los estados norteños de Sonora, Sinaloa, Chihuahua, Tamaulipas y Baja California.

Con el esfuerzo de veinte años, se había puesto bajo riego una superficie de 575 mil hectáreas. El presidente Alemán, en su solo sexenio, puso en operación otras 575 mil hectáreas de riego... no había un solo estado de la nación en que no hubiera una obra hidráulica en construcción, ya sea de riego o para aportar agua potable a alguna de las poblaciones de México, grande, mediana o pequeña.

Miguel Alemán también consolida el cambio de rumbo hacia la industrialización y convierte a esta en la palabra mágica que abriría a México la entrada a un futuro moderno y próspero.

Alemán llama a la «unidad nacional» (González, 1967 Vol. IV: 512) y toma el concepto de mexicanidad como justificación y legitimación de su política económica, por cierto, política mucho más lejana a la de Cárdenas que la de Ávila Camacho.

El trabajar y crear riqueza con nuestro esfuerzo es el signo de la mexicanidad, que identifica nuestro progreso y será lo único que nos dé abundancia, creándose así una economía fuerte y conveniente para la nación al hacer más productivos los campos e intensificando el proceso de industrialización. Alemán justifica así su descuido del pequeño propietario y del campo.

Lo hace diciendo que «no es el destino de nuestro país dedicarse sólo a la agricultura». La industria no es ya un complemento como con Ávila Camacho sino el fin último (González, 1967: IV, 509). Las medidas y los programas sociales desaparecen de la política de Miguel Alemán, pareciera más que es un economista de empresa y no un abogado al servicio de la nación. México según Alemán, no evidencia una posición internacional centrista como sostenía Ávila Camacho, sino que México compartía convicciones democráticas y de respeto a la legalidad.

El proceso de modernización económica que ocurre en esta década se da al mismo tiempo que surgen nuevas fuerzas sociales; cambios en las viejas alianzas, nuevas expectativas y un contexto nacional e internacional que pone a prueba el viejo discurso de la justicia social que postula la revolución mexicana.

La estrategia de desarrollo requiere una redefinición de los acuerdos suficientes que impidan la ruptura del pacto social y, al mismo tiempo, se modernice. Se establece una nueva relación con los empresarios (Blanca Torres, 1979: 279). Se pretende que el empresario contribuya al bienestar social colectivo, al generar empleos y riqueza (Medina, 1979: 37).

El apoyo de Alemán a los empresarios se institucionaliza con mecanismos precisos para el otorgamiento de amplia protección aduanera a las manufacturas nacionales, se devalúa el peso para limitar las importaciones y se sigue una política suavemente antiinflacionaria que reduce la capacidad adquisitiva de amplios sectores de la población y con ello el mercado interno pero que produce una más rápida acumulación del capital. Al mismo tiempo que se apoyaba al capital nacional, se abren las puertas al capital extranjero considerado un elemento vital para dinamizar la economía nacional y para aliviar la presión de una balanza deficitariamente crónica a partir de 1946.

México se convierte en el paraíso de la inversión extranjera por el prestigio de su estabilidad política y de las grandes oportunidades que ofrece un país que se convierte en una de las economías más sólidas de los países en vías de desarrollo en el mundo.

Con Alemán el Estado se convierte en el motor de la industrialización del país. La mitad del gasto público se invierte en infraestructura de transporte y carreteras y una cuarta parte en petróleo, electricidad y en la creación de empresas de apoyo.

Consecuentemente, ocurre una reducción proporcional en el gasto dedicado a la educación, salud, servicios urbanos, aspectos que son pospuestos en aras de la entrada a la modernización industrial. La culminación del cambio en la relación entre el Estado y los trabajadores se concreta en un control más estricto del movimiento obrero y la expulsión de la izquierda de las organizaciones.

Lo cierto es que el éxito económico del esquema alemanista fue su mejor argumento. De los 934 ensayos de explotación agrícola colectiva registrados en 1940, en 1950 sólo restaban 688: muchos habían cerrado o adoptaban pautas de producción individual, como ocurría en Nueva Italia. En los ejidos era clara la tendencia a la renta de parcelas y otras formas disfrazadas de la producción mercantil. El presidente empresario realizaba el sueño de los sonorenses: crear la agricultura moderna mexicana. Lo que aquellos generales no pudieron imaginar -y quizá hubiesen reprobado- es que la agricultura subsidiase al nuevo paradigma de riqueza mexicana: la industrialización centralizada en la ciudad de México.

Alemán dijo alguna vez, tal vez seriamente, que quería que «todos los mexicanos tuvieran un Cadillac, un puro y un boleto para los toros». En su sexenio se consumieron muchos puros, se llenaron domingo a domingo las plazas de toros y se vendieron, si no 25 millones, algunos cientos de Cadillacs. Se decía que Alemán «enseñó a México a pensar en millones», y que en su tiempo «había paz, había tranquilidad, había fuentes de trabajo». Ambas cosas eran ciertas. Alemán cambió la escala de la economía y muchos mexicanos se beneficiaron con ello.

Alemán dotó a la industria de infraestructura eléctrica, energética, de comunicaciones y transportes, ¡a trató como la niña de sus ojos. «En el periodo inicial de la postguerra -recordaba un importante empresario mexicano- el gobierno empezó a ayudar a las empresas con leyes impositivas, impuestos a la importación, fondos de inversión en la Nacional Financiera, y se asociaba como inversionista si dichas empresas no tenían el capital suficiente, como sucedió con la industria siderúrgica. Fue un gran esfuerzo para ayudar al sector privado, y la política iniciada por el presidente Alemán persistió hasta los años setenta.

La industria creció a un promedio del 7.2 por ciento anual. En 1940, había 13 mil establecimientos industriales en México, el 65 por ciento de los cuales se dedicaba a la producción de alimentos y de textiles. En 1950 eran ya 73 mil, y aquella proporción había bajado al 48 por ciento. Las áreas más dinámicas eran las de productos químicos, celulosa y papel, siderurgia. La política de sustitución de importaciones tomó carta de naturalización. ¡Hasta surgió la fábrica de refrescos Jarritos para competir con la Coca Cola! Muchas de las empresas importantes del país se fundaron entonces: Condumex (conductores eléctricos), ICA (la mayor constructora del país), Grupo Chihuahua (celulosa), Telesistema Mexicano (Hoy Televisa), Industrias Ruiz Galindo, Industrias Resistol, Industrias Nacobre. La inversión extranjera (norteamericana, sobre todo) fluyó hacia diversas áreas: se abrieron fábricas textiles, huleras, químicas. Aunque la industrialización alemanista privilegiaba la zona centro del país, y en especial la capital, irradió riqueza a la provincia. Se crearon empresas como TAMSA en Veracruz (fabricantes de tubos de acero), Sosa de Texcoco, Celulosa de Chihuahua.

El carácter deficitario de este crecimiento, el hecho de que las nuevas industrias importasen más de lo que exportaban, era visto como un fenómeno natural de despegue. Pocos imaginaron entonces que se volvería crónico. La gran mayoría de estas inversiones tenía, además, un rasgo en común: se localizaban en la ciudad de México. Esta centralización debió llamar la atención de los planeadores de la época, pero lo cierto es que también se le veía como un hecho natural. Lo que ocurría, en el fondo, es que el nuevo paradigma, antes industrial, era urbano, y urbano de la ciudad de México. El moderno sueño reforzaba un resabio antiguo de imperialismo azteca y español. La ciudad de México volvía a ser, como en tiempos de los aztecas, el «ombligo de la luna».

La economía mexicana en la década de los 40s

El modelo de desarrollo mexicano durante la década de 1940 a 1950 depende en gran parte del desarrollo de la agricultura, la canalización de grandes recursos oficiales y privados para consolidarla trae consigo la multiplicación de obras de irrigación favoreciendo al pequeño propietario sobre el ejidatario, en parte por considerar a este último menos productivo. Todo ello para consolidar la industrialización del país que se convierte en el objetivo primario y fundamental.

Es obvio que, sin una agricultura dinámica, la industrialización no puede mantenerse. De 1943 hasta 1950 la proporción del presupuesto federal gastada en mejoras a la agricultura y proyectos de irrigación fue entre 8% y 10% del total. Los gobiernos posteriores olvidaron definitivamente la visión Cardenista de construir una sociedad agraria con una base industrial pequeña que sirviera a sus necesidades y emerge el modelo mexicano; una sociedad urbana centrada en la gran industria y apoyada en la agricultura.

A partir de 1940 el crecimiento económico sostenido crea una atmósfera de optimismo y casi de euforia que vacila ante ciertos problemas, uno de los más inmediatos fue la balanza de pagos.

Las importaciones crecen más rápidamente que las exportaciones. En 1948 se devalúa el peso mexicano de $ 4.85 a $6.88 pesos por dólar. En 1950 se devalúa nuevamente y la tasa se fija en $ 8.65 pesos por dólar. Se descubre que el talón de Aquiles de la economía es el sector externo.

Para ese momento, México cuenta con un aparato técnico y

burocrático capaz de formular e implementar políticas crediticias fiscales y monetarias que aceleran los procesos de desarrollo. Esto se hace a través de toda una red de bancos e instituciones de crédito oficial y privadas que captan recursos y distribuyen el crédito a las diferentes ramas de la economía. Dentro de este complejo financiero destacaron dos instituciones: El Banco de México (el Banco Central), y Nacional Financiera. Esta última se convierte en la agencia de desarrollo más importante del Gobierno. Las instituciones de la Banca privada tuvieron que obedecer a la política dictada por estas instituciones que fueron cuantitativas al inicio para más tarde llegar a ser cualitativas.

El modelo de desarrollo mexicano va a estructurarse atendiendo sobre todo a las fuerzas del mercado (oferta y demanda). No incluye la planificación y por consecuencia la coordinación de actividades. Generalmente la planificación es sólo sectorial o parcial, pero nunca global. Es hasta 1958 cuando se crea la Secretaría de la Presidencia en un esfuerzo de vigilar, encauzar y centralizar la acción económica oficial.

Al cabo de la guerra comenzaron a arribar marcas francesas (y en los cincuenta, marcas norteamericanas), pero las barreras arancelarias volvían prohibitivos los precios de importación. Decidieron fabricar sus productos en México y cubrir el creciente mercado interno. Un industrial viajó a Estados Unidos para comprar maquinaria usada. Al finalizar la época de Alemán contaba ya con cinco máquinas de offset y una planta propia. En el muro de la entrada, discurrió una idea «revolucionaria»: encargar a Fanny Rabel, discípula de Diego Rivera, un mural con una alegoría de la imprenta: en el campo, al aire libre, una maestra rural enseña a leer a un grupo de humildes campesinos; a su lado, el joven empresario, su socio y sus obreros, trabajan en su máquina Chandler; dos niños vocean unos diarios con las frases «Todo México debe saber leer», «La imprenta al servicio de la cultura»; a lo lejos, en un extremo, casi imperceptible, aparece el humo de la ciudad.

También en aquel mural había una involuntaria simulación. Todo era muy hermoso, pero todo era mentira. La fábrica estaba en la ciudad de México, no en el campo; la maestra que enseñaba el abc a los campesinos era en realidad una muy citadina secretaria; la fábrica producía cajas plegadizas para cosméticos, no cartillas de alfabetización; la imprenta no estaba al servicio de la cultura, sino de los perfumes Yardley, Jean Patou o Emir. Cuestión de paradigmas, pero el joven empresario se sentía revolucionario

«Estamos haciendo patria», anunciaban los letreros en las muchas obras públicas que se hicieron durante el sexenio de Alemán. Era la época de «las grandes realizaciones». La industria de la construcción tuvo un desarrollo sin precedente. Las carreteras se volvieron lo que los ferrocarriles en el porfiriato: el símbolo del progreso. Se construyeron más de once mil kilómetros en el sexenio. La de Cuernavaca, primera supercarretera, con carriles separados de ida y vuelta; la de México a Ciudad Juárez; la de Acapulco, con un modesto puente (que parecía impresionante) sobre el río Mezcala. Significativamente, Alemán realizó también importantes obras ferrocarrileras, como la que, cruzando el desierto de Altar en Sonora, vinculó a Baja California con el resto del país. Cuando Alemán inauguró la vía, no cortó un listón sino una cadena con soplete, para simbolizar lo arduo de la tarea cumplida.

La fiebre constructora incluyó otros ámbitos, además del de las presas y carreteras. Se terminó la obra titánica de conducción de aguas desde la laguna del río Lerma hasta la ciudad de México (en su remate, Diego Rivera realizó una escultura-pintura de Tláloc, el dios de la lluvia azteca). Se inauguró la moderna red de aeropuertos (México, Acapulco, Tijuana, Ciudad Juárez, entre otras ciudades).

El turismo era una actividad prioritaria para Alemán. Antes de su gestión, Acapulco era poco más que un risueño y tranquilo puerto enmarcado por el viejo fuerte de San Diego, testigo mudo del siglo XVII, cuando, repleta de sedas, especias y porcelanas, llegaba a Acapulco la Nao de China. Había unos cuantos hoteles de tradición española o estilo colonial californiano, playas con palapas y sillas de madera, barcazas de pescadores en el mar. Alemán lo «revolucionó». Construyó el aeropuerto, urbanizó la bahía aledaña a Puerto Marqués, y amplió la gran calzada panorámica que circunda a la bahía accediendo, sin demasiado rubor, a que la bautizaran Costera Miguel Alemán. En su periodo, y con el impulso que Alemán continuó prestándole en los años cincuenta, Acapulco comenzó a llenarse de modernos hoteles y un ambiente cada vez más internacional que presagiaba la época del jet set

El fortalecimiento de la industria

La evolución económica del país en esta década se caracteriza por el crecimiento rápido del producto interno bruto. Basado en la ampliación del mercado interior y por la modernización vinculada al avance industrial.

El dinamismo económico se expresa en todos los sectores, a excepción de la industria extractiva. El proceso de modernización influye en la evolución sectorial de la economía. La migración del campo a la ciudad produce una demanda adicional de bienes y servicios básicos y de servicios de vivienda que estimula la producción nacional.

Esta ampliación del mercado fue satisfecha por empresas pequeñas y medianas (Cordera y Ruiz: 23). El incremento de las manufacturas en las exportaciones es notable pasando del 3 por ciento en 1940 al 30 por ciento en 1945 (Reynolds, 1973:245). La industrialización ocupa un lugar preponderante en la política, pues se plantea como la única respuesta posible y duradera frente a las vicisitudes del resto de la economía donde la minería atraviesa por una crisis y disminuye la producción minera en general y el uranio y otros metales radioactivos son incorporados a las reservas nacionales.

En 1941 los ferrocarriles vuelven al control directo del gobierno que promete respetar las conquistas obreras; a los dos años inicia su reconstrucción y reorganización. A mediados de 1944 empiezan a funcionar las primeras máquinas de motores diésel en el país. El estado adquiere totalmente el ferrocarril mexicano. En este año hay una notable repatriación de fondos mexicanos procedentes del extranjero (Estados Unidos); el peso se revalúa de 6 por dólar a 4.85, cantidad en la que se fija su paridad.

A partir de 1948 las plantas recién establecidas buscan una reducción en los aranceles aduaneros con el fin de ensanchar sus actividades.

Ante la baja actividad en la construcción las cementeras se enfrentaron a condiciones adversas provocadas por la sobreproducción. En 1949 la industria textil atraviesa por una crisis y se inician los debates en torno a su modernización.

El comercio exterior es motivo de preocupación, porque sigue el Déficit en la Balanza Comercial.

Entre 1946 y 1952 «una serie de factores propiciaron, directa o indirectamente, el desarrollo del país. Entre ellos puede citarse: la nueva situación política, que favoreció las inversiones públicas en agricultura y además vigorizó el comercio interno de productos agrícolas. La expansión de las redes de transportes y de la infraestructura en general que facilitó la apertura de las nuevas tierras y permitió el mejor acceso a los mercados y el crecimiento de estos. Además, las inversiones en capital humano que después hicieron posible la adopción y adaptación del cambio tecnológico en el sector agrícola.

La reforma agraria propició que a través del reparto de tierras se llevara a cabo una política de redistribución del ingreso. La existencia de un mercado mundial en expansión estimuló la producción de bienes agrícolas para fines industriales orientados básicamente hacia el mercado externo, con lo cual se creó un vigoroso sector de exportación que proporcionó las divisas necesarias para el financiamiento del desarrollo del país (Ayala, 1988).

La sustitución de importaciones se orienta a los bienes de consumo; sin embargo, se incrementan las importaciones de bienes de capital e insumos estratégicos que se traducen en un déficit crónico de la balanza comercial industrial. Esta situación se sostiene principalmente por la entrada de inversión extranjera directa.

En resumen, el sistema económico adquiere, en el sector agropecuario y en el industrial, una mayor flexibilidad productiva, que después pierde. Todo esto se conjuga con el uso más amplio de créditos del exterior ya que a nivel de la deuda externa era bastante baja en esas fechas. Al aumentar el endeudamiento e incrementar las importaciones y la oferta total, sin que se produjeran trastornos mayores a pesar del aumento de la inversión pública.

La ciudad de México

La ciudad de México con tanta fabrica lucía decadente. De pronto llegó Alemán. La fisonomía de la ciudad cambió vertiginosamente y para siempre. Sus 3 millones de habitantes vivían experiencias nuevas: el tráfico, el primer rascacielos, prodigio de ingeniería hidráulica en una zona de alta y severa sismicidad y un subsuelo blando. Pero, sobre todo, las nuevas avenidas, brazos que partían de la ciudad habitada hacia los extremos del valle, absorbiendo los viejos pueblos, cruzando llanos deshabitados. Sólo Alemán podía tener la mentalidad visionaria de entubar el río de la Piedad y construir la primera vía rápida, dotada de pasos a desnivel (Viaducto Miguel Alemán, 1950), abrir la avenida División del Norte o ampliar la ya muy larga avenida de los Insurgentes hasta la Ciudad Universitaria, que se construía a pasos agigantados en los pedregales del sur.

México contaba ya, desde el principio de los tiempos con una sólida tradición urbanista. Alemán encauzó esa tradición contagiando con su audacia a su propia -y muy nutrida- generación de arquitectos. En 1949 se estrenó en la ciudad de México la primera vivienda vertical del país, el multifamiliar Miguel Alemán. Fue obra de Mario Pañi. El proyecto original preveía la construcción de 200 viviendas. Pañi propuso que en el mismo reducido terreno podía construir 1 000 y se asoció con el joven ingeniero Bernardo Quintana, reciente fundador de la empresa constructora más importante de México, la ICA. El multifamiliar contaría con 1 080 departamentos y sería notable por hacer realidad las propuestas de Le Corbusier antes de que este terminara de construir la unidad de Marsella (1946-1952).

Cobijada muchas veces por el dinero público, la arquitectura privada se contagió del vértigo constructor. Grandes tiendas departamentales norteamericanas, como Sears y Woolworth, construyeron sus sedes en la calle comercial de los Insurgentes; aparecieron los primeros edificios de (y con) estacionamiento; una novedad más del periodo fue la apertura de la colonia residencial Jardines del Pedregal de San Ángel. Aquella vastísima extensión de lava, producto de la erupción del volcán Xitle hace dos mil años, parecía destinada a permanecer como una rareza natural en el valle de México, un paisaje lunar de exuberante vegetación (pirules, palos bobos, diversas variedades de cactus) habitado sólo por iguanas y víboras de cascabel. En el concepto de su creador, el arquitecto Luis Barragán (inspirado por el pintor de los volcanes mexicanos, el extravagante Dr. Atl), las formaciones rocosas se volvieron acantilados, islas floridas entre jardines. En el Pedregal los políticos alemanistas construyeron mansiones. Significativamente, dos senadores del PRI y futuros presidentes de la república fincarían en aquella zona: Adolfo López Mateos y Gustavo Díaz Ordaz. El Pedregal era, a no dudarlo, la colonia de la Revolución Institucional.

Si la nueva ciudad de México era el espejo del alemanismo, la Ciudad Universitaria fue el espejo de ese espejo. En un terreno volcánico localizado en el Pedregal de San Ángel, con la participación de varios arquitectos (casi todos de la generación de Alemán), se construyó un inmenso conjunto en el que destacaban varios edificios: la Biblioteca Central de Juan O' Gorman, los frontones de Alberto T. Arai, el Pabellón de Rayos Cósmicos de Félix Candela y el estadio en el que Augusto Pérez Palacios aprovechó una concavidad en el terreno para rodearla con un terraplén de tierra (técnica con que se construían las presas) y asimilar su obra a los conos volcánicos del valle que se miran desde las graderías.

Con un costo aproximado de 25 millones de dólares, la Ciudad Universitaria era el monumento del presidente a su régimen. Por eso para culminarla, en el centro de la inmensa explanada, erigió una estatua. Representaba, naturalmente, al presidente Miguel Alemán.

El sector externo en la década de los 40s

El sector externo durante esta década muestra una firme tendencia al alza, acentuada indudablemente por los factores de una naturaleza internacional. Sin embargo, a partir de 1947 existe una tendencia hacia la reducción de las exportaciones tendiendo hacia una balanza comercial desfavorable.

México es un país cuya economía se estructura en función de su comercio exterior, la prosperidad interna puede medirse con apreciable precisión por el crecimiento de sus exportaciones, pero esto es un aspecto del mecanismo del comercio exterior. Las importaciones han crecido superando las exportaciones y a partir de 1947 conducen al déficit comercial y, después de este año, la balanza comercial presenta un continuo saldo desfavorable.

La balanza desfavorable se explica no solamente por el mayor aumento relativo del precio unitario de los artículos importados por México, frente a los que exporta; sino también por el mayor tonelaje de compras (Ayala, 1988: 255-256). El aumento de las importaciones es el fruto de la demanda acumulada durante los años de la Segunda Guerra Mundial, época en la que nuestro país no pudo satisfacer las necesidades de su consumo y menos aún las de su industria de transformación, cuyas necesidades fueron difiriéndose para ser atendidas en la postguerra.

Al mismo tiempo, el cambio que venía operándose en el país hacia el objetivo de la industrialización propicia que el valor de los equipos, refacciones y partes sueltas sean notablemente superior al de los productos de consumo inmediato.

México efectúa importantes negocios con algunas naciones europeas, la guerra modifica esta situación principalmente en nuestras importaciones, ya que no es posible sustituir fácilmente el destino del gran número de nuestros productos.

En el período 1940- 48, por primera vez en su historia, nuestro país tiene una elevada participación de productos y artículos industriales en su comercio de exportación. Los casos más importantes comprenden: la industria de tejido de algodón; su crecimiento en cantidad y valor aparece en toda su importancia desde 1942 y se mantiene con un incremento constante hasta 1946 (Ayala, 1988: 251-254). El grupo de máquinas, aparatos y herramienta, bienes de capital esenciales para la industrialización tiene un crecimiento continúo produciendo importantes efectos en la economía de México.

En 1950, cuando desaparecen las restricciones de guerra y Estados Unidos está en condiciones de atender la demanda de los importadores de bienes de capital su participación aumenta hasta el 21.3% respecto al total de la importación.

En la industria textil la importación de equipos y maquinaria, con sus accesorios se eleva durante el período. En la industria del transporte automotor se registra también incremento en la importación de bienes de capital. En tanto que el sistema ferroviario importa material fijo, rodante, refacciones y carros de ferrocarril y plataformas.

La industria de armado de automóviles de pasajes y carga hace compras al exterior de éstos, las tres cuartas partes fueron realizadas en los años 1945 a 1948. La política de subsidios del Gobierno Federal se refleja en el incremento del valor total de las importaciones de productos vegetales (trigo, harina de trigo, maíz y azúcar) y animales (manteca de cerdo, huevos y leche). A pesar de los avances hasta aquí registrados en materia industrial México observa un predominio en la exportación de productos agrícolas y minerales y la importación se canaliza hacia los bienes manufacturados.

EL MILAGRO MEXICANO

La política industrial seguida durante la década de los cuarenta inicia una etapa de crecimiento acelerado de la economía que se prolonga hasta 1981. Del exterior esta etapa recibe el nombre del «milagro mexicano». El crecimiento del país es de los más altos y sostenidos por mayor tiempo en el mundo lo cual coloca a México entre las 15 de las economías más grandes del mundo.

El desarrollo industrial trajo consigo un enorme cambio en la composición social del país. En la medida en que aumenta la población empleada en la industria y los servicios, aumentan las migraciones del campo hacia los centros urbanos en donde se concentran las plantas industriales con el consiguiente crecimiento exagerado de las ciudades y la destrucción de la vida rural. El país empieza adquirir una imagen urbana. El ejido deja ser considerado como fundamento del proceso agrícola del país y se le da importancia a la pequeña propiedad que encubre el latifundio.

Así, el crecimiento de la economía, la industrialización y la urbanización del país no significaron mejores niveles de bienestar para las mayorías, al contrario, la concentración de los ingresos y la perdida de la capacidad adquisitiva van configurando la separación entre los que tienen mucho y aquellos que nada tienen.

Además, como la inversión pública se canaliza hacia la industrialización del país, surgen los problemas sociales que se agravan año con año: educación, salud, vivienda y equipamiento urbano.

Estos se convierten en el reto ya que hay que proporcionárselos a una población creciente. Estos serán los grandes retos en la nueva orientación de la economía en su rumbo hacia la industrialización.

La consolidación de la institucionalización política

El sistema político mexicano difería de las dictaduras comunes y corrientes de América Latina. El mexicano es un régimen institucional y, por ello, moderno. Se centra en la investidura de la presidencia (en la silla presidencial), no en la persona de un tirano que ha irrumpido en la escena política e instaurado un régimen de excepción ligado a su carisma o a su fuerza. El principio cardinal de la «no reelección», es otro rasgo moderno. Opera para la presidencia, las gubernaturas, las presidencias municipales, las diputaciones y senadurías, tanto federales como estatales. Es el dogma intocable que resguarda efectivamente al país contra la permanencia de un hombre en el poder y aún contra su influencia dominante y prolongada.

La diferencia específica del sistema mexicano con los regímenes totalitarios revelaba otro de sus aspectos modernos: el respeto, no total pero sí amplio, a las libertades cívicas. Aunque la nación se subordinaba al presidente y el presidente no se subordinaba a nadie, existían amplios márgenes de autonomía en la vida económica, social, religiosa y cultural. La política era coto exclusivo de la llamada «familia revolucionaria»; sin embargo, al paso de los decenios, diversos episodios y circunstancias la forzarían lentamente a coexistir con grupos independientes y opositores. No era una dictadura ni un régimen totalitario. Tampoco era una república, representativa, democrática y federal como prescribía la Constitución. No faltó quien notara la similitud entre el sistema político mexicano y el sistema político porfiriano. Con la gran salvedad de la «no reelección», ése era, en efecto, el verdadero antecedente. Cosío Villegas acuñaría otra larga expresión: «Monarquía sexenal absoluta hereditaria por vía transversal», frase exacta que sin embargo dejaba de lado el respeto formal a las formas constitucionales y la simulación de fe revolucionaria. A este régimen autoritario indefinible, quizá fue José Vasconcelos quien lo describió mejor: «Porfirismo colectivo» (Cosío Villegas, 1978)

Si la clave del contrato social porfiriano estaba en la vinculación personal de cada grupo social con don Porfirio (lo que Molina Enríquez llamó la «amificación» de México), la clave del contrato social revolucionario -explica Zaid- estaba en una reedición aumentada y mejorada del método porfiriano del «pan o palo». El supuesto, que llegó a contar con un gran consenso, era que todos los individuos y grupos podían ascender -o, por lo menos, no perder la esperanza de ascender- en la escala económica y social, a condición de hacerlo amigablemente, por dentro del sistema, y no independientemente, por fuera del sistema. Zaid detectó una similitud entre el funcionamiento del sistema mexicano y las grandes corporaciones burocráticas, como la General Motors. La empresa mexicana proporcionaba una gama amplísima de servicios a la sociedad (seguridad, estabilidad política, paz, crecimiento económico, obras públicas, infraestructura, educación, salubridad y asistencia, seguro social, etc.); pero su objeto principal era el de coordinar el poder en el país.

En su concepto, existía en México un «dinámico mercado de compraventa de obediencia y buena voluntad». Desde arriba y en cascada, el poder centralizado subastaba o concesionaba contratos, prebendas y plazas públicas al postor que le ofreciese los mejores paquetes clientelares. «La esencia de ese contrato social, el bálsamo que apacigua los ánimos, concilia los espíritus y resuelve las contradicciones, es el dinero estatal.» «La política no consiste en ganar votaciones públicas, sino ascensos internos.» Los votantes, supuestos dueños de la corporación, pierden el control frente a los funcionarios que, para todos los efectos prácticos, son los verdaderos dueños. Estos, a su vez, dependen de la voluntad del señor presidente», que es, a un tiempo, presidente del consejo de administración y director ejecutivo, por seis años, de la empresa. (Zaid, 1987:216-224)

Con la creación del PNR, Calles había disciplinado a los generales y caciques regionales, ofreciéndoles el «pan» del poder cada seis años, pero amenazándolos con el «palo» en caso de la menor disidencia. Cárdenas, por su parte, abandonó la peregrina idea de acabar con la Iglesia (ni «pan» ni palo»), dio al «instrumento» (como él le llamaba) la definitiva rectoría económica del país y la propiedad del petróleo fortaleció al PNR integrando directamente, corno ejércitos políticos de reserva, a las masas campesinas y obreras, a los burócratas y los militares.

A despecho de su respeto por las formas republicanas, siguió siendo el caudillo, el hombre fuerte al margen de la ley, el que hacía la ley e imponía su ley: «don Porfirio» antes que «el señor presidente». Con el sistema se consolidó «la secreta supremacía del modelo azteca». Ambos, el tlatoani y el presidente se amparan siempre en la legalidad. Su poder es absoluto, casi sagrado, pero no reside en su persona sino en su investidura. «El tlatoani - agrega Paz- es impersonal, sacerdotal e institucional» (Paz op. cit 136-138).

El momento cumbre, la prueba de fuego del sistema ocurría cada seis años: la sucesión presidencial. Se trata del «tapadismo». Un cónclave de nobles y jefes militares deliberaba en secreto sobre el nombre del elegido al trono. Este permanecía oculto hasta que el grupo de notables lo «pepenaba». (Según otras fuentes, el tlatoani anterior, antes de morir, lo había designado.) En todo caso, ocurría el develamiento, el «destape» y el elegido podía mostrarse al fin «delante de la gente... todos lo miraban».

Ya en la era revolucionaria, Carranza murió por «destapar» equivocadamente a Bonillas (1920), y Obregón por querer seguir los pasos de don Porfirio (1928). Calles pudo destapar con absoluta tranquilidad a Cárdenas (1934), pero a Cárdenas le costó trabajo hacer lo propio con Ávila Camacho (1940) cuyo destape estuvo a punto de armar una nueva revuelta. Todavía en 1946, el destape de Alemán enfrentó algunos problemas, pero en 1952 empezó a ajustar claramente sus reglas hasta alcanzar, hacia 1958, un refinamiento azteca.

Una vez destapado, el elegido recorre todo el país en una larga campaña presidencial. Su campaña es una peregrinación cívica para que el pueblo vea y reconozca al destapado. Lo acompaña una caravana de aspirantes a puestos públicos. Sus jóvenes oradores son «jilgueros» que cantan los primores de la Revolución mexicana. En cada lugar se le recibe con «bombo y platillo», se «echa la casa por la ventana», se organizan festejos, mesas redondas, discursos. El candidato escucha peticiones y quejas, recibe cartas, hace promesas: escuelas, drenaje, caminos. Ordena a sus secretarios que tomen nota. Aunque dice que necesita del voto popular, en realidad no lo necesita porque gracias al voto del «Gran Elector» -el presidente saliente- las elecciones están ganadas de antemano. Nadie se engaña sobre el resultado.

La sumisión del proletariado

«No deben realizarse paros ilícitos», había advertido con toda claridad Alemán el primero de diciembre de 1946, en su discurso de toma de posesión. Unos días más tarde, recibe la primera amenaza de paro por parte del sindicato petrolero. Su respuesta es inmediata: la madrugada del 19 de diciembre los soldados ocupan las instalaciones de la refinería de Atzcapotzalco y las gasolinerías. La distribución y expendio de gasolina no paró un solo día. Para los líderes se trataba de una agresión. Para los alemanistas era una acción necesaria. «Desgraciadamente», recordaba Marco Antonio Muñoz, gobernador de Veracruz entre 1950 y 1956, «los líderes se habían convertido en abusadores... acostumbraban a hacer paros ilegales de la noche a la mañana... ¿cómo íbamos a fomentar y fortalecer la economía de un país que estaba sujeto al capricho de sus líderes? Tuvo que constreñírseles ... Cuando un grupo quiere romper el orden, el gobierno pone el orden y lo hizo el presidente Alemán, haciendo sentir que la paz pública está sobre un grupo.» (Krauze, entrevista, 3-11-1992)

En una comida de amigos en que estaba con ánimos de hablar claro, Alemán narró las entretelas del caso. Antes del paro había instruido a Antonio Bermúdez, el hábil y capaz director de Petróleos Mexicanos, para que concediera al sindicato un aumento de salario de diez por ciento con opción de subir al quince por ciento. Los líderes lo rechazaron: querían varios puntos más. Luego de la intervención del ejército, las partes habían vuelto a la mesa de negociación. Ahora eran los líderes quienes aceptaban el quince por ciento, pero la empresa se bajó de nueva cuenta al diez por ciento original. Los líderes no tuvieron más recurso que aceptar. Hubo una comida de reconciliación a la que asistió el presidente. Ya con copas, los líderes comentaron:

«—Pero si nada más lo estábamos calando, señor presidente.» A lo que Alemán contestó, entre burlas y veras:
«—¡Pues ya me calaron, hijos de la chingada!». (Krauze, entrevista).

También la acción de Alemán había calado hondo en el ánimo de los sindicatos de industria más poderosos del país, que «pusieron sus barbas a remojar». En marzo de 1947, la mayoría de ellos abandona la CTM (telefonistas, mineros, petroleros, telegrafistas, tranviarios, electricistas, obreros del cemento) y trabajan junto con los siempre combativos ferrocarrileros en la integración de una nueva central independiente del régimen, la Confederación Única de Trabajadores, CUT. Su contingente aproximado es de 200 mil obreros. El caudillo de la nueva organización en ciernes es el líder de los ferrocarrileros Luis Gómez Z. Días antes había contendido para encabezar la CTM, pero la alianza de Lombardo Toledano y Fidel Velázquez lo había neutralizado.

Mermada pero no vencida, apoyándose en multitud de sindicatos pequeños y en el reclutamiento al vapor de burócratas y organizaciones campesinas, la CTM soporta el temporal y cambia su lema: en lugar del socialista «por una sociedad sin clases» adopta el nacionalista «por la emancipación de México». Lombardo inspira el cambio, pero desde mediados de 1946 ha anunciado su propósito de formar un partido político independiente del gobierno, el Partido Popular. Fidel Velázquez había prometido apoyarlo, pero a los pocos meses la alianza entre el obrero y el intelectual se rompe con un anuncio histórico: ningún obrero de la CTM podía participar en otro partido que no fuera el PRI. Menos en un partido de «comunistas» como pretendía formar Lombardo. La ruptura de Lombardo con la CTM en noviembre de 1947 comenzaría a sellar el pacto entre el gobierno y la organización sindical más importante de México.

El movimiento obrero tendría un caudillo suprasexenal, un Porfirio Díaz de la clase trabajadora: Fidel Velázquez. Nacido en 1900 en San Pedro Atzcapotzaltongo, Estado de México, en su niñez había trabajado en el campo. Ya en la ciudad de México fue aprendiz de carpintero. Trabajador de la compañía lechera El Rosario, creó en 1924 la Unión Sindical de Trabajadores de la Industria Lechera. Hacia 1929, su radio de acción se había ampliado de manera notable: dirigía la Federación Sindical de Trabajadores del D.F. afiliada a la poderosa CROM de Morones. Desde entonces fungía como el representante mayor del grupo de líderes conocido como «las cinco lobitos»: Amilpa, Yurén, Sánchez Madariaga, Quintero y Velázquez. En los años treinta, se desligó poco a poco de la CROM de Morones (que se desmoronaba tras el asesinato de Obregón) y se acercó a la CGOCM de Lombardo Toledano. Con él, fundó la CTM en 1936 y segregó a los comunistas en 1937. En tiempos de Ávila Camacho, mientras Lombardo viajaba por América Latina como secretario de la CTAL, Velázquez afianzaba su liderazgo en la secretaría general de la CTM. Cuando en 1947 Lombardo intentó separar a la CTM del PRI y atraerla a su nuevo Partido Popular, los «lobitos» y el viejo lobo Fidel, se negaron a acompañarlo en la aventura. desde entonces, la clave del éxito de Fidel Velázquez consistiría en tener una idea precisa de los límites de su poder. A diferencia de Morones, secretario de Industria y Trabajo de Calles que había soñado con ser el presidente de los mexicanos, Velázquez se conformó con ser el presidente vitalicio de los obreros mexicanos. A diferencia de Lombardo Toledano, que muchas veces supeditó la práctica sindical a la teoría marxista (y quiso también ser presidente), Fidel era un ave rara, un camaleón ideológico; daba pasos a la izquierda o a la derecha, según conviniera mejor a su encomienda específica: la intermediación entre el gobierno y los obreros. Muchos intelectuales y líderes de izquierda lo consideraban un manipulador de la clase obrera, un «lacayo de los intereses del gobierno aliado a los empresarios». Pero su permanencia en el poder sindical por más de medio siglo sugiere que su desempeño ha sido notable. Puertas adentro de su pirámide sindical, Fidel Velázquez reproducía la consigna porfirista del «pan o palo». Todo se toleraba en la CTM menos la independencia de los sindicatos, cuyos movimientos más leves debían contar con la aprobación del «compañero Fidel». Sus célebres anteojos negros, el laconismo de su hablar entre dientes, su finísima ironía, pertenecen a la leyenda política de México. Para muchos, Fidel sería el político mexicano más importante de los últimos cincuenta años. Para él,

Alemán merecía ese título.

A mediados de 1948 se anunció una devaluación de casi el cien por ciento. Los sindicatos de industria fundaban la CUT. Los campos se definían. Del lado del presidente estaba fundamentalmente la CTM, columna vertebral del PRI que moderaba sus demandas en nombre de la «unidad nacionalista». También con el régimen, pero al margen de la CTM, estaban varias antiguas organizacio-nes obreras como la CROM, la CGT, los sindicatos textiles (entre todas reunían   500 mil obreros). Frente al presidente, o luchando por un margen de independencia, estaba la CUT, además de una nueva agrupación sindical formada por Lombardo (ambas contaban en total con 330 mil obreros). Entonces sobrevinieron hechos definí torios. Alemán no esperó a que el sindicato de la otra gran empresa estatal -los ferrocarriles- lo calara: fue él quien se adelantó a calarlos.

Desde principios de 1948, en la secretaría general del Sindicato de Ferrocarrileros había sucedido a Luis Gómez Z. un personaje pintoresco, Jesús Díaz de León, a quien apodaban el Charro por su folklórica costumbre de llegar a las asambleas con esa vestimenta. Una vez en la silla de montar sindical, el Charro ejecutó con apoyo oficial y policiaco una suerte riesgosa: se dio un autogolpe de Estado desplazando a los miembros de su propio comité ejecutivo afines a Gómez Z. y a la tendencia comunista. Gómez Z. fue acusado de fraude, perseguido y encarcelado. A los seis meses salió libre sin que pudiese probársele la imputación de haber desviado dinero de los ferrocarrileros para la fundación de la CUT, pero carecía ya de medios para influir en la marcha del sindicato. En privado, Alemán lo llamó para aconsejarle que no agitara más. Por unos años, Gómez Z. cambió de giro y se dedicó a lo que todos se dedicaban: a los negocios. Vendió automóviles. «Mi éxito se acrecentó cada día -recuerda en sus memorias- y mis ingresos fueron siendo importantes lo que me permitió vivir con holgura y pude satisfacer ciertas excentricidades como la de iniciarme en el golf.» En cuanto a Díaz de León, a partir de entonces, a todo líder obrero que se vende en México se le ha llamado y sigue llamando «líder charro».

En el sexenio se dieron algunas huelgas (Altos Hornos, Compañía de Luz, Ford Motor Company) que las instancias oficiales declararon inexistentes. Ante la derrota de la CUT, se intentó crear la nueva Unión General de Obreros y Campesinos de México (UGOCM), pero la Secretaría del Trabajo le negó el registro. Con todo, en 1952 nacería otra central, la Confederación Revolucionaria de Obreros y Campesinos, o CROC. El presidente terminó su periodo con la misma inflexible decisión con que lo empezó: «no deben realizarse paros ilícitos». Por eso, ante la llamada «marcha del hambre» de los mineros despedidos por la empresa minera de Santa Rosita, Coahuila, quien tuvo que intervenir para calmar los ánimos obreros sin necesidad de cesión alguna por parte de la empresa fue el general Cárdenas.

Las reglas que regirían el juego por medio siglo estaban claras: con el gobierno «pan», contra el gobierno «palo». Significativamente, en diciembre de 1951, los petroleros regresaban a la CTM. Tras ellos, una larga marcha obrera volvería al redil. La CTM designó a Alemán «primer obrero de la patria» y «secretario general honorario.»

4 LA ECONOMIA MEXICANA EN LA DECADA DE LOS 1950S

INTRODUCCION

El impulso de México a la industrialización creciente de los cuarenta es la base para acelerar el crecimiento en los cincuenta. En esta década al no tener un absoluto control sobre la inflación y el desequilibrio externo se ahondan los desequilibrios estructurales y los problemas sociales se agravan, aun cuando el crecimiento económico sigue siendo de los más altos del mundo. La concentración de los ingresos empieza a ser preocupante, el aparato productivo sigue dependiendo de la inversión y el subsidio público, la generación de tecnología se estanca y la inversión extranjera se detiene. Todo lo anterior es el resultado de una política tendiente a favorecer a los grupos que tienen el poder económico y financiero con la idea de que en el largo plazo las clases populares se verán beneficiadas.

En este período la sociedad mexicana empieza a polarizarse para constituir dos Méxicos diferentes. Uno el de los altos ingresos que cada día se va pareciendo a las clases sociales medias y altas de los países en desarrollo, con una alta capacidad de compra y un alto nivel de bienestar. El otro, constituido por las clases marginadas, predominantemente rural, marginados completamente de la riqueza que en el país se genera y entrando a un círculo vicioso de pobreza, sin acceso a la vivienda, la educación, la salud y, muchas veces, sin trabajo formal.

Por el lado de la industria, existen varias ramas, la textil, la de piel, la agroindustria, la petroquímica y la de alimentos que se consolidan y dan un fuerte impulso a los centros urbanos durante esta década. La pequeña y mediana industria generadora de la mayor cantidad de los empleos da paso a la gran industria que se concentra en procesos intensivos de capital. Con ello, el país va adquiriendo los signos de la modernidad industrial, y los centros urbanos empiezan a ser el refugio de los campesinos desplazados de sus comunidades rurales por la destrucción de la vida rural vía la tecnificación del campo y por el atractivo de las luces de la gran ciudad.

Con la consolidación del proceso industrial del país, ya al iniciar la década de los cincuenta, la industria manufacturera genera cerca del veinte por ciento de la producción total y ocupa el 14 por ciento de la fuerza de trabajo, con una estructura productiva dominada por la industria de bienes de consumo generalizado y bienes intermedios necesarios para su producción, que en conjunto representan más del 70 por ciento del valor de la producción manufacturera y aproximadamente el 80 por ciento de las exportaciones de manufacturas. A esta situación se llega después de un largo proceso de sustitución de importaciones y la expansión de exportaciones de bienes de consumo e intermedios que, en buena parte, fue impuesto por las condiciones generadas por la Segunda Guerra Mundial.

Entre los agentes sociales que impulsaron este proceso pueden distinguirse varios grupos. Por un lado, podemos identificar una fracción de propietarios industriales asociados a las industrias textil, calzado, jabón, alimentos, bebidas, tabaco y siderúrgica con fuertes lazos con el capital bancario y comercial local. Por otro lado, un nuevo grupo de empresarios que se oponen a la inversión extranjera y que son partidarios de la inversión del Estado en materia de promoción y protección industrial.

Este grupo impulsa la industria química, los productos metálicos y la industria del hule donde el capital extranjero vendrá precisamente a ocupar un papel importante además de la rama de la producción agrícola.

El Estado se inclina decididamente en favor de una política de industrialización cuyos rasgos son los siguientes:

a) Una política de protección industrial a través de la introducción del sistema de permisos previos a la importación y del sistema de exención fiscal.

b) La intervención directa en la producción manufacturera en algunas ramas como la siderúrgica, fertilizantes y papel.

c) El financiamiento de largo plazo de la inversión industrial a través del aparato financiero público en donde el papel más activo lo ocupaba Nacional Financiera; y,

d) Una política de apertura del sector manufacturero hacia la inversión extranjera que terminaba de inclinar la balanza entre el «nuevo grupo» y el resto de los propietarios industriales, comerciales y bancarios.

Durante la década de los cincuenta, México toma en cuenta las experiencias de otros países en lo que se refiere a la sustitución de importaciones. Por una parte, el programa orientado a la sustitución de bienes de consumo no da los resultados esperados y aumenta la dependencia del exterior. Por otra parte, el orientado a la producción de bienes intermedios y de inversión, adoptado por Brasil que provoca el desequilibrio y ambos conducen a problemas en la balanza de pagos.

Basado en estas experiencias México consolida lo que se llama el modelo mexicano de sustitución de importaciones, que es una posición intermedia combinando las ventajas de ambos tipos.

A pesar de los problemas que implica este modelo, y los que plantea el desarrollo industrial el alto nivel de protección arancelaria y las restricciones cuantitativas, así como una industria que tomaba carices monopólicos y en algunos casos con capacidad industrial no utilizada, el hecho es que el desarrollo industrial mexicano se orienta a fortalecer la producción de bienes intermedios y de capital, y no se acentúa la rigidez y dependencia con el exterior. A la vez el turismo, la agricultura, las inversiones extranjeras y los créditos del exterior facilitaron el incremento casi continuo en la capacidad para importar los bienes básicos que requiere el país para sostener su proceso de crecimiento.

El gobierno mexicano utiliza diversos métodos de apoyo al desarrollo industrial. Estos se pueden clasificar en tres grupos principales de políticas:

1. Políticas de asignación de recursos.
2. Políticas impositivas.
3. Políticas comerciales.

La política de asignación de recursos se lleva a cabo en dos formas: la canalización de recursos a empresas industriales y la creación de una infraestructura de apoyo al desarrollo industrial. La política impositiva, en su aspecto de promoción industrial consiste en exención fiscal, que en algunas industrias alcanza el 40%. El instrumentador de los mecanismos estabilizadores de política monetaria, mediante el control que ejerce a través del encaje legal es el Banco de México.

Otro aspecto fueron las facilidades de importación y exportación para industrias «nuevas y necesarias» por períodos de cinco a diez años, según las características de los productos manufacturados.

La política comercial constituye un elemento muy importante de la política de fomento industrial y se maneja en base a modificaciones de los aranceles, precios oficiales de los artículos de comercio exterior y permisos, precios o licencias de importación. Los aranceles funcionan a base de cuotas específicas Ad Valorem. Estas últimas se aplican sobre los precios oficiales fijados por las autoridades, de modo que con sólo modificar el precio oficial es posible alterar la tasa de protección de cualquier producto. Esta política se utiliza como instrumento de industrialización, aplicando aranceles altos a las importaciones de bienes de consumo y modificando los precios relativos entre los bienes de consumo importados y los de producción interna.

Parece ser que no hay sustitución de importación neta, más bien el proceso productivo se hace intensivo en el uso de bienes de producción. En esta década en México se sustituyen los bienes de consumo duraderos y productos intermedios. Desafortunadamente, hasta la fecha no se cuenta con un estudio que estime de manera adecuada los niveles de sustitución, entre otras razones porque no existe una por sectores de origen de las importaciones industriales.

Los sectores que muestran fuerte sustitución en los insumos utilizados son: petróleo y carbón, industrias metálicas básicas, construcción y alimentos, bebidas y tabacos. En resumen, se aprecia una clara tendencia a la sustitución de bienes intermedios y a la continuación de sustitución de bienes de consumo.

El auge del sector exportador y las importaciones producen un impacto favorable en la diversificación de la estructura de importaciones y de exportaciones. México al igual que los países de América Latina se especializa en exportación de materias primas y en importador de manufacturas, con la idea de ir sustituyendo éstas últimas.

La intervención del estado en la economía

Durante este período el desequilibrio externo se volvió permanente denotando una falla estructural en la economía mexicana. El factor de inflexibilidad en la balanza de pagos surge ante las exigencias de sustitución de importaciones al concentrarse en la compra de bienes intermedios y de capital y al darse el deterioro en los términos de intercambio debido a la poca elasticidad de la demanda de productos agrícolas y de materias primas.

En 1950 se dan a conocer dos disposiciones económicas que entran en vigor en 1951. En primer lugar, se aprueba una nueva ley, por la cual se conceden facultades al Ejecutivo para intervenir ampliamente en la actividad económica nacional. Así, el gobierno está en condiciones de regular las actividades industriales o comerciales, relacionadas con la producción y distribución de artículos alimenticios, vestido, y, en general, aquellos bienes importantes para el desarrollo económico. Así el Ejecutivo tiene facultades para imponer precios topes y para determinar la forma de distribución de artículos insuficientes en el mercado y para decidir sobre los artículos que deberán producir las empresas y puede decretar la ocupación temporal de las empresas, si esta medida se considera necesaria para mantener o incrementar la producción.

En segundo lugar, se deroga la prohibición de importaciones y se sustituye por un sistema de licencias y aranceles elevados. Se persigue hacer más competitiva la industria nacional al entrar a competir con bienes extranjeros. La importación de bienes superfluos se limitará incrementando los aranceles. La recesión de 1952 conduce a la devaluación del peso mexicano.

Los años de 1955 a 1957, son años de recuperación económica, en minería se logran volúmenes de producción, lo mismo que en la industria petrolera. Asimismo, se elevaron los volúmenes de manufactura de bienes de consumo y de bienes de producción. La agricultura nacional se caracteriza por altas cosechas.

Durante 1958 surge la preocupación de la dependencia de México con los Estados Unidos, ya que éste último país inicia una declinación en su actividad económica y se teme nos afecte en gran medida. Para disminuir dicha dependencia se buscan mercados en Europa para nuestros productos. Se pretende estructurar una diversificación mayor de los países compradores y de los productos exportados. Al final de la década inicia la recesión derivada de una disminución de la inversión privada y una reducción en los niveles de la inversión pública.

En 1959 se estima que la actividad industrial es la que registra un crecimiento mayor que los otros dos sectores, el crecimiento fue del 6 por ciento. En el rubro comercial, el resultado de las transacciones de México con la exterior muestra una mejoría en comparación con años anteriores. Sin embargo, en este año la exportación de bienes de consumo disminuye en comparación con 1958.

Durante esta década se da punto final a la etapa fácil de sustitución de importaciones, el gobierno empieza con la aplicación de políticas de corte keynesiano y monetarista recomendados en ese entonces por la CEPAL que favorecía el crecimiento del mercado interno.

La devaluación forzó el proceso de concentración del ingreso y se genera de modo indirecto ahorro interno para apoyarla inversión y continuar con el proceso de industrialización. El gobierno de Ruiz Cortines no sólo no elige mecanismos estabilizadores de corto plazo sino un modelo de largo plazo que combine la generación de infraestructura mediante el gasto público e incremente las inversiones para sostener la industrialización sin incrementar la inflación.

Se implementa un esquema de crecimiento que conjuga la generación de un ahorro voluntario creciente y la adecuada asignación de recursos de inversión con el fin de reforzar los efectos estabilizadores de la expansión económica en vez de los desestabilizadores que conducen a ciclos recurrentes de inflación-devaluación (Ortiz Mena, 1980: 90). Así, con avances y retrocesos, la economía mexicana se prepara para lanzar sus productos al exterior y proyectarse en el ámbito internacional como una nación que estaba preparada para enfrentarse a los retos de la década de los sesenta.

ADOLFO RUIZ CORTINES (1952-1958)

Adolfo Ruiz Cortines asume la presidencia en medio de una gran crisis económica que alcanzaba y definía tanto los espacios políticos y económicos como el terreno de la legitimidad. Ruiz Cortines sigue lo que se llama «la política del contraste» para parecer diferente del gobierno anterior.

El primero de diciembre de 1952, día en que cada seis años se verifica el cambio de poderes, la perenne sonrisa de Miguel Alemán desapareció de su rostro. Era costumbre que el presidente entrante recibiera del saliente la banda presidencial, tomara la protesta de rigor y pronunciara su discurso inaugural. En el caso de Obregón a Calles, de Cárdenas a Ávila Camacho, de Ávila Camacho a Alemán la ceremonia había tenido un carácter cordial: el entrante alababa al saliente y delineaba su programa de gobierno. Pero esta vez el nuevo presidente se salió del libreto: una vez puesta la banda presidencial, pronunció un discurso que por su tono era ya una corrección del triunfalismo alemanista, pero su conclusión no dejó lugar a dudas. Señalando repetida y admonitoriamente a Alemán con el dedo, empleó palabras graves: «no permitiré que se quebranten los principios revolucionarios ni las leyes que nos rigen... seré inflexible con servidores públicos que se aparten de la honradez y de la decencia». Algunos testimonios coinciden en que Alemán «odió» desde ese momento «al viejo» (Krauze, Entrevista, 7-06-1995)

Era la primera, sorprendente señal de que el péndulo del poder oscilaba. Seguirían muchas más. En su gabinete, Ruiz Cortines no llamó de manera exclusiva o preponderante a los jóvenes ni a los universitarios. Lo integró con personas experimentadas, ajenas casi todas al expresidente, mayores que Alemán, aunque no tan grandes como el propio Ruiz Cortines. A lo largo de la campaña corrían toda clase de chistes en torno a su edad, se decía que había escapado de los «sarcófagos faraónicos», y cuando acudió a felicitarlo el legendario sargento de la Rosa (pintoresco personaje de ciento doce años, último sobreviviente de la guerra de Intervención) se dijo que «el presidente recibió a uno de sus nietos». Originario de Veracruz, donde el humor es una segunda naturaleza, Ruiz Cortines no se inmutaba: «no me eligieron para semental sino para presidente». Lo cierto es que no era particularmente viejo —tenía sesenta y dos años— pero comparado con el «Cachorro» Alemán, que no cumplía aún los cincuenta, parecía un anciano. Por lo demás, ningún presidente de la Revolución, ni siquiera el viejo prototípico Venustiano Carranza, se había sentado en la venerada Silla después de los sesenta años.

Con los amigos -y tenía muchos y buenos, sobre todo entre sus compañeros de dominó en su natal Veracruz- Ruiz Cortines fue implacable. Siguió practicando con ellos su juego favorito, pero les negó puestos, dinero y prebendas, y llegado el caso les infligió verdaderos sacrificios. A uno de los más cercanos, su consejero José Rodríguez Clavería, le pidió que, para trabajar en el gobierno, vendiera las acciones que poseía en varias empresas. A otro viejo compañero que se le acercaba en un acto público, le leyó las intenciones y abriéndole los brazos le dijo en voz alta: «No te imaginas la necesidad que tenía de un saludo desinteresado. Todos vienen a pedirme algo.» (Rodríguez, op cit, p. 67)

Al día siguiente de anunciar su gabinete publicó la lista completa y detallada de sus bienes patrimoniales: una casa en la ciudad de México, un rancho en copropiedad con un amigo en Veracruz, unos ahorros más bien modestos, un Lincoln 1948, el coche de su mujer y su mobiliario. El valor total era de 34 mil dólares. Acto seguido, exigió que todos los 250 mil empleados públicos hicieran lo propio, con la clara advertencia de que esas declaraciones patrimoniales se verificarían de inmediato y al finalizar el sexenio. Cuando la Secretaría de Hacienda le envió un cheque de cuatro mil dólares para sus «gastos especiales», Ruiz Cortines lo regresó argumentando que con su sueldo le bastaba. A principios de 1953 los concesionarios de automóviles quisieron seguir la costumbre de regalar al presidente un auto último modelo, pero Ruiz Cortines declinó la oferta. Su esposa, doña María Izaguirre, tenía un ascendiente enorme sobre él, pero no al grado de persuadirlo para que le permitiera conservar los más de 300 regalos que llegaron a su casa en el día de su cumpleaños: la primera dama debió conformarse con los que provenían de los antiguos amigos, ni uno más.

Había algo teatral en ese despliegue de honestidad. ¿Cuándo se había visto, por ejemplo, que un policía de tránsito (de los llamados «mordelones» en México, por ser el símbolo mismo de la pequeña corrupción), parara al chofer del presidente por dar una vuelta prohibida en U. Nunca, pero más allá de su calculada excentricidad, estos actos enviaban un mensaje claro a los burócratas y al público: Ruiz Cortines era el presidente y no toleraría la deshonestidad y el despilfarro.

Al poco tiempo, pasó de los actos simbólicos a los prácticos. Ordenó la suspensión de todos los pagos a los contratistas del gobierno con el objeto de revisar el estado de cada proyecto. En un caso, la Secretaría de Comunicaciones reportó la recepción de una factura por una carretera de 120 kilómetros que sólo existía en esa factura. Ruiz Cortines ordenó que se multase al contratista con el triple del valor que pretendía cobrar. Con los «tanprontistas» del alemanismo fue implacable: de un plumazo acabó con el monopolio de distribución petrolera que tenía Jorge Pasquel y con el de los transportes, que había reportado a su dueño, el ex director del Seguro Social, varios millones de dólares.

Mientras algunos órganos de la prensa se lanzaban sobre el expresidente Alemán con una saña que jamás exhibieron mientras aquél estaba en funciones, Ruiz Cortines trazaba su proyecto de gobierno. No se trataba de corregir el rumbo impuesto por su antecesor sino de «consolidarlo» en un marco de honestidad, decencia y moralidad». Alemán no se había equivocado en los fines. sino en los medios o, más precisamente, en la forma de usarlos. A sabiendas ya de los 35 millones de dólares que el régimen de Alemán había girado contra el presupuesto de ingresos de 1953, Ruiz Cortines señaló la existencia de varias obras públicas inauguradas pero inconclusas. «Somos todavía un país muy pobre», dijo en su Primer Informe de Gobierno el primero de septiembre de 1953, y aportó un alud de datos incómodos: el 42 por ciento de los mexicanos era analfabeta, 19 millones de campesinos vivían al margen del progreso, el 60 por ciento de la población percibía apenas la quinta parte del ingreso nacional, en los últimos diez años la población había crecido en 6 millones de personas, buena parte de las cuales no encontraba más salida que cruzar la frontera como «espalda mojada». México necesitaba absorber productivamente a esa población y para ello era imprescindible alimentarla. «Es indispensable que nuestros recursos -tan limitados aún- sean empleados con tanta atingencia y honradez que beneficien a la colectividad un plazo lo más corto posible.» Para entonces, Ruiz Cortines había discurrido ya la intervención marginal de una agencia oficial en el mercado de las subsistencias populares, como el frijol y el maíz. Era la forma de ganar la batalla contra los hambreadores» (Primer informe, 01-09-1953).

Para conjurar la «crisis de México», en 1946 Daniel Cosío Villegas había pedido una depuración de los hombres y una renovación de los principios políticos-sociales, nacionalistas y educativos de la Revolución que él consideraba abandonados. Frank Tannenbaum predicaba la corrección del modelo industrializador y una vuelta a los principios agrarios que representaba Cárdenas. El presidente Ruiz Cortines no podía convenir con las visiones de aquellos dos profetas. Aunque pertenecía a su generación (de hecho, era mayor que ambos, había nacido en diciembre de 1889), políticamente formaba parte a Revolución Institucional» y, en consecuencia, no pensaba en la Revolución como un ciclo cerrado o en crisis, menos aún como un programa agónico o muerto. Todo lo contrario: a su juicio la Revolución estaba tan viva y tan vigente como en 1910, pero necesitaba, en efecto, una vasta depuración de sus nombres.

Aunque se quería que fuera el cambio el que marcara la diferencia en su gobierno, profundiza en la misma línea que permite al gobierno consolidar el proyecto de industrialización y al mismo tiempo consolidar los mecanismos que sustentan la estabilidad política.

La industrialización del país se convierte en prioritario para el gobierno y se impulsa mediante diversos mecanismos: apoyo al sector manufacturero creando condiciones necesarias para su crecimiento, proteger a los sectores petrolero y eléctrico mediante cuantiosas inversiones públicas, brindar apoyo a la industria de la construcción, canalizar el gasto hacia la construcción de infraestructura industrial, invertir en aquellas áreas en las que el sector privado no quisiera hacerlo y regular la entrada de mercancías al país para consolida el crecimiento de la industria nacional.

La respuesta del capital nacional no es suficiente y la inversión extranjera toma el lugar de la nacional creciendo de una manera desorbitada y adquiriendo tintes monopólicos en algunas ramas económicas, además, cancelando la posibilidad de un desarrollo nacionalista tal como se había propuesta en la década pasada. La política de «puertas abiertas» a la inversión extranjera ayuda a dinamizar algunos sectores de la economía concentrándose principalmente en el sector manufacturero.

Los resultados inmediatos son positivos pues se retoma la senda del crecimiento, pero a largo plazo los costos sociales y económicos son de graves consecuencias. En la medida en que se responde a objetivos inmediatos, la política económica se dirige hacia el control de precios, lo cual provoca el estancamiento económico. Al final de su sexenio se incrementa el gasto público como una forma de reactivación de la economía tratando de lograr el equilibrio entre inflación, desarrollo y paz social.

En este periodo no se considera la reestructuración agraria, sino que el campo se considera como un sector secundario al que es necesario apoyar en forma indirecta con programas de crédito, pero canalizado hacia los grandes propietarios quiénes eran los únicos «solventes», se invierte en fertilizantes y se termina algunas obras hidráulicas. La constante fuga de capitales y la necesidad de mejorar la balanza comercial siempre deficitaria lleva a la devaluación de 1954.

Las raíces reales del problema es la falta de competitividad de los productos mexicanos derivado, principalmente, de la protección que se brinda a los empresarios que impide que se modernicen y produzcan con calidad suficiente como para colocar los productos en el exterior.

La dependencia del exterior que se fomenta en esta década se manifiesta con más fuerza en los dos últimos años del sexenio de Ruiz Cortines; los sectores primario y secundario se vuelven más vulnerables a las variaciones del comercio internacional, mientras que dependencia financiera aumenta a través de la inversión extranjera y de los créditos externos hacia el sector público.

Al igual que devaluaciones anteriores, la medida no resulta tan negativa para los empresarios quienes le sacan jugo, para la sociedad en su conjunto, y para los asalariados en particular, la devaluación significa una reducción importante de la capacidad de consumo de por sí ya disminuida. La problemática social se va agravando y los problemas de acceso a la educación, la carencia de vivienda, el acceso la salud y el equipamiento urbanos en las ciudades pérdidas de los grandes centros urbanos parecen desbordarse y salirse del control gubernamental. La reanimación del mercado mundial despierta el optimismo en los inversionistas extranjero y de nueva cuenta el flujo de capitales se dirige a México. Al salir de la crisis los empresarios mexicanos exigen su derecho a dirigir los destinos del crecimiento y el desarrollo del país. Piden se limite la inversión extranjera que ya los ha desplazado de algunas ramas importantes.

Los vaivenes de la política económica de Ruiz Cortines garantizan las bases de una fase prolongada de desarrollo estable.

En lo social no ocurre lo mismo y es que «conciliar desde un punto de vista político para crecer económicamente parecía el principio que presidió la administración de Ruiz Cortines a partir de 1954, principio que habría de prolongarse después de su gestión. La conciliación, sin embargo, se vería apoyada ahora por una política salarial más favorable unida al otorgamiento de diversas prestaciones sociales, particularmente para los sindicatos que se consideraban «neurálgicos» en la producción de bienes y servicios» (Reyna, 1979).

En diversas partes del país empiezan las invasiones a tierras, los conflictos laborales, el descontento de los trabajadores y movimientos reivindicadores en los trabajadores de la educación y de ferrocarriles. El sacrificio salarial y la disciplina sindical se rompieron con protestas de diversa índole ya que el sistema privilegiaba en forma abierta y desproporcionada a las clases privilegiadas mientras que las clases que llevaban en sus hombros la carga del crecimiento del país eran los menos favorecidos.

ADOLFO LOPEZ MATEOS (1958-1964)

La cargada

El 17 de noviembre de 1957, un ajetreo inusitado despertó a los pacíficos habitantes de la colonia del Valle, al sur de la ciudad de México. Estaban acostumbrados a las alegres muchedumbres que solían acudir cada domingo a mediodía al partido de fútbol en el cercano estadio de la Ciudad de los Deportes, y que frecuentemente asistían también a la corrida de toros que tenía lugar horas después, a unos pasos, en la monumental plaza México. Pero este domingo y estas masas había algo distinto. No venían a corear los goles ni a gritar «olé». Venían acarreados de todos los puntos del país para apoyar, aplaudir, vitorear a don Adolfo López mateos en su toma de protesta como candidato del PRI a la presidencia.

La operación se había realizado con puntualidad priísta. Mil quinientos autobuses y coches que habían transportado a los «simpatizantes» de sus lugares de origen, esperaban afuera del estadio. Atrás del estrado principal, en lo alto de las tribunas del estadio, un cartel de 30 x 15 m presentaba, a la derecha, la imagen de don Adolfo Ruiz Cortines; a la izquierda, la del licenciado Adolfo López Mateos, y medio, la leyenda: «Democracia y justicia social»

Se repartieron además pequeños carteles con pie de palo, que decían: «Viva López Mateos», «Estamos contigo, López Mateos», o bien solamente «López Mateos» y viseras para protección contra los rayos solares. Sin interrupción, los sectores del PRI, los grupos regionales y las delegaciones coreaban porras en honor del licenciado López Mateos, y las ovaciones y otras muestras de entusiasmo eran delirantes cuando la Banda de Marina al lado izquierdo del estrado principal ejecutaba piezas populares.

Impresionante, como en verdad lo era, aquel despliegue digno de los tlatoanis aztecas no representaba sino un capítulo intermedio de un vasto programa de movilización política que había empezado días atrás, en el instante del «destape», y no terminaría sino hasta trece meses después, el primero de diciembre de 1958, en la cordial ceremonia en que Ruiz Cortines, atento siempre a las formas, se despojaría de la banda presidencial y la colocaría a su sucesor López Mateos.

Sería el primer presidente orador de la historia mexicana. Ninguno de los caudillos revolucionarios -no se diga Porfirio Díaz- había sido bueno para hablar: para eso tenían a sus jilgueros, sus «picos de oro», para echar frases bonitas. Tampoco Ávila Camacho, Alemán y ni siquiera Ruiz Cortines, marmóreo en sus convicciones, habían tenido el don de la palabra. Ahora la revolución Institucional se daba el lujo de contar con un presidente orador él mejor de todos en su juventud, pero López Mateos, extrañamente, no parecía disfrutar con plenitud su nueva posición.

Nadie sabría a ciencia cierta su lugar y fecha de nacimiento, pero muy probablemente es que el cuarto hijo del dentista Mariano López y la profesora Elena Mateos y que haya nacido en Atizapán de Zaragoza el 26 de mayo de 1909.

Entre 1923 y 1925, Adolfo estudió de manera irregular en la Escuela Nacional Preparatoria. En 1926 vivía ya en Toluca, donde ingresó como interno al famoso Instituto Científico y Literario del Estado de México, hogar intelectual de Ignacio Ramírez e Ignacio Manuel Altamirano. La aplicación era cualidad suya.

En 1925 conoció a la joven Eva Sámano, maestra de profesión y de religión protestante con quien mantuvo un noviazgo que duró doce años y terminó en matrimonio gracias a la insistencia de doña Elena con su hijo.

Sus acciones

Cuando López Mateos llega a la presidencia modifica planes y programas para adaptarlos a su visión y modelo de país que deseaba construir, igual que los presidentes anteriores, e intenta salir de la profunda recesión que vive el país y de los movimientos sociales vigorosos que empujan al país hacia formas más moderna de relaciones sociales. El crecimiento acelerado de los años 50s, fincado en el uso intensivo y desmesurado de la mano de obra y de mecanismos autoritarios de control sindical, estaba llegando a su fin.

Se reconoce que el país ya no puede seguir creciendo sin una política que contemple la redistribución del ingreso y la ampliación del mercado nacional, para afianzar un crecimiento sostenido y la «paz social».

Las peticiones por el incremento de los salarios, la democratización de los sindicatos, la participación en la administración de las empresas del Estado y la solución a los problemas de vivienda, educación, salud y equipamiento urbano se empiezan a escuchar en todo el país hasta convertirse en un reclamo.

Frente a ese panorama, López Mateos elabora políticas para: neutralizar las protestas obreras, desarticulando huelgas y encarcelando a sus dirigentes; revisar las políticas fiscales de la federación con el objeto de incrementar los ingresos públicos; reorientar las inversiones del sector público hacia los sectores prioritarios de la industria; y prestar mayor atención a las obras de bienestar social. El Estado se alista para participar de manera abierta y decidida en la panificación del desarrollo del país, creando las instancias para administrar en forma equilibrada sus recursos y canalizarlos hacia áreas prioritarias.

Al terminar la década el país parece tener estabilidad social, política y económica, aunque en el primer rubro todo es un espejismo pues cada día aumenta el descontento de las clases marginadas quienes al no tener un canal institucional para hacer llegar sus protestas al gobierno empieza a construir formas no institucionales de acciones de protesta, una gran masa de la población que sufre los efectos de la marginación social, económica, política y cultural

Cuando finalizó su periodo presidencial, el saldo para López Mateos no podía ser más positivo. A través del uso resuelto del «palo» (por parte de su secretario de Gobernación, el ejército, el Estado Mayor presidencial y la policía), con el apoyo de los poderes formales (legislativo y judicial) y mediante el suministro del «pan» (por parte de todas las agencias de la creciente burocracia del poder ejecutivo), el sistema había pasado su primera gran prueba histórica. Campa y Vallejo pasarían diez años irrecuperables en la cárcel, el primero pensando en el camino, el segundo en el itacate. Y los campesinos no volverían, por largo tiempo, a tener líderes del corte de Jaramillo.

«Un solo camino: México» rezaba el inmenso letrero iluminado de la naciente Comisión Federal de Electricidad, compañía que López Mateos nacionalizó con gran bombo y platillo en 1960, al conmemorarse los 50 años de la Revolución mexicana.

A diferencia de Ruiz Cortines, que cambió a casi todos los gobernadores alemanistas, la era de López Mateos fue de olímpica estabilidad. Sólo California, en San Luis Potosí y en el siempre bronco estado de México hubo problemas que ameritaran renuncias, revocaciones u otros métodos socorridos en esos casos por los indudables «méritos en campaña». Así está citado en Gabriel Zaid:

Cuando el presidente López Mateos iba a rendir su primer informe de gobierno, [los diputados del PRI] Francisco Pérez Ríos y Ortiz Ávila recibieron una encomienda: vigilar al [diputado de la oposición] panista Molina... «Yo -recuerda Ortiz Ávila- me puse a un lado de Molina y le dije:

-Mire: yo ya no quiero bronca, pero si usted intenta interpelar al señor presidente, yo me lo sueno; usted me conoce» —amagó Ortiz Ávila—, al tiempo que, con su pistola bajo el brazo izquierdo y ocultada por el saco, apuntaba al diputado Molina.

«Y el viejo -prosigue Ortiz Ávila- nada hizo. Se estuvo quieto como hasta las doce horas, en que me dijo:

-Mire, diputado Ortiz Ávila: yo ya me voy. El presidente está diciendo puras pendejadas, no tiene caso oírlo...»

Posteriormente, López Mateos llamó a Ortiz Ávila y le dijo: «Abogado, así se maneja la política. La política debe hacerse con muchos sesos, pero si a los sesos les ponemos huevos, son más sabrosos...

Ortiz Ávila comenta: «Sí, creo que fue entonces cuando empecé a ganarme la gubernatura de Campeche.» (Krauze, 1997)

Gonzalo N. Santos, en San Luis Potosí resumía la política en una frase: la moral es un árbol que da moras o sirve para una chingada».

Era una más de las ocurrencias verbales de aquel extraño personaje cuyas regocijantes y macabras memorias alcanzarían cierta dignidad literaria, por cuyos desmanes no tenían comicidad alguna. San Luis Potosí era su coto de caza, su «califato», como cínicamente decía su amigo Ruiz Cortines. En ese feudo, el cacique imponía la «ley de los tres fierros»: «encierro, destierro y entierro»

Miles de anécdotas correrían sobre aquel viejo que «no necesitaba varios (gobernadores) para su estado, sino veladores». «Para robar nomás yo, tales por cuales», decía Santos cuando era gobernador. Y ya en el ocaso se preguntaba: «¿Qué harán hoy éstos con el dinero? En mis tiempos había poco y se hacía obra ¡y todavía quedaba para robar!» En 1958, todavía rancho El Gargaleote (donde vivía con doña Lola, tenía una extensión modesta: sólo 87 mil hectáreas.

Intelectuales comprometidos

El temple burlesco, ácido, irreverente, insatisfecho de la nueva generación intelectual, confirmaba una vez más la pertinencia para México de la teoría generacional de Ortega y Gasset. A la generación de 1915, fundadora del orden revolucionario (Gómez Morín, Lombardo y Cosío

Villegas), había seguido la generación institucional llamada por alguna generación de 1929, que con Alemán había consolidado el sistema político mexicano. De acuerdo con el ciclo orteguiano, la siguiente generación debía tener una vocación crítica, y claramente la tenía. Sin proponerse acabar con el orden revolucionario creado por los abuelos (al cual veneraban como un pasado mítico), los jóvenes pondrían en tela de juicio la forma en que sus padres lo petrificaron, desviaron y corrompieron.

Los años cincuenta, la generación de Medio Siglo dio sus últimos tributos al nacionalismo revolucionario. Siguiendo la pauta de *El laberinto de la soledad*, la obra maestra del ensayista y poeta más admirado por esa generación: Octavio Paz, los intelectuales buscaron la piedra filosofal de la «mexicanidad» en la historia colonial y prehispánica y en la fenomenología de la vida cotidiana. De pronto, los más lúcidos descubrían que los mexicanos eran, por primera vez en la historia, «contemporáneos de todos los hombres».

«París era una fiesta», escribió Hemingway. Para los mexicanos, una fiesta intelectual. Asisten a cursos de historia, filosofía y sociología en la Sorbona», leen *Esprit* y *Les Temps modernes*, rondan los cafés existencialistas, siguen con avidez las grandes polémicas de la época entre Sartre, Merleau-Ponty y Camus.

Los intelectuales conciben su papel como ligado orgánicamente a los movimientos populares, por eso se afilian al MLN, auspiciado por Cárdenas, interpretan que su deber es expresar con claridad y pasión las necesidades del pueblo. Fuentes sintetizaría su programa: «La crisis de México se resume en un imperativo: continuar el proceso revolucionario mexicano; consumar, a partir la realidad de hoy, la etapa revolucionaria incumplida y aplazada.»

A primera vista, parecía una reafirmación por parte de la generación de Medio Siglo de las tesis de Daniel Cosío Villegas y Frank Tannenbaum. Había diferencias fundamentales. Aquellos viejos admiraban el instinto popular de Cárdenas y condenaban el viraje histórico del alemanismo, eran ideólogos, no escribían desde una perspectiva marxista, y muy pronto abrigarían serias dudas sobre el futuro de la Revolución cubana.

5 EL NACIMIENTO DEL MEXICO INDUSTRIAL MODERNO

INTRODUCCION

Durante el periodo de 1960 a 1970 se consolida la economía con dos características generales: el crecimiento basado en medidas de gasto público cede su lugar al crecimiento con estabilidad económica y la producción agrícola termina de ser sustituida por la producción industrial como eje del desarrollo industrial. Y es que, como resultado de las políticas de industrialización aplicadas en la década anterior, la agricultura deja de ser el sector más dinámico y base del desarrollo global de la economía, al decaer su aportación al crecimiento del país, la industria, orientada por el Estado, toma su lugar y se convierte en el nuevo motor del desarrollo económico. La inversión canalizada hacia la construcción o adecuación de obras de infraestructura y en especial de vías de comunicación y obras para proporcionar energía eléctrica a las empresas se constituye en el nuevo impulso a la inversión extranjera y nacional.

Después de asegurar la «paz social» el gobierno de López Mateos pone en acción un plan de reordenación económica que enfatiza la necesidad de planificar el desarrollo y de distinguir los sectores preferenciales para la inversión, la idea del Estado planificador rebasa con mucho la idea de un simple supervisor de la actividad económica. Se contempla ahora como el rector de la economía que intenta presentar el lado positivo del haciéndolo parecer como un Estado de bienestar preocupado por el incremento de los niveles de bienestar de los grandes grupos marginados.

Todavía se tardaría tres años más el gobierno de López Mateos en reintegrar el desarrollo económico del país por la senda de la industrialización y este mismo tiempo necesitaría para restablecer los cauces institucionales a través de los cuales esperaba canalizar los conflictos sociales.

La realidad mexicana impacta el desarrollo económico con sus dos aspectos presentes: la ignorancia y la pobreza, por ello López Mateos considera que se requiere inversión de capital destinado a superar ambos aspectos. Contra la ignorancia se desarrollan planes para iniciar la educación técnica y contra la pobreza la atracción de inversión extranjera en proyectos productivos.

Al inicio de la década la estructura que la industria manufacturera presenta y el proceso de concentración del ingreso provocado por la aceleración inflacionaria y los efectos concentradores de la última devaluación determinan las posibilidades de crecimiento industrial hacia la producción de bienes intermedios, durables y de capital.

El capital extranjero fluye hacia aquellos sectores en que el proceso de producción es poco sofisticado (ensamblaje y químicos básicos, productos durables y electrónica). Al mismo tiempo, el capital local mantiene su posición de predominio en las industrias de bienes de consumo e intermedios tradicionales. El complemento de la falta de selectividad en la política industrial fue una política de apertura al capital extranjero el cuál se ubica en las ramas más dinámicas del período (química, hule, eléctricos y maquinaria agrícola).

Al inicio de la década, el presidente López Mateos consciente de los cambios que se suceden a nivel mundial y los bloques económicos que se configuran, hace grandes esfuerzos para dar a conocer al país en el extranjero y diversificar su comercio y relaciones. Realiza visitas a otras naciones en misiones económicas, culturales y en busca de crédito internacional. Por primera vez, México aparece en el concierto internacional tratando de que se conozca su imagen real de país en plena pujanza económica, por ello se gana el mote de López paseos.

La política de subsidios y apoyos al sector privado, financiados por endeudamiento interno e internacional produce buenos resultados al consolidar procesos industriales y permite la atracción de inversión extranjera.

El crecimiento demográfico es alto durante esta década y se convierte en uno de los principales problemas dado que ocasiona un incremento de en la demanda de servicios básicos, como resultado de ello se escapa el control sobre la escasez de vivienda, desempleo y las pocas oportunidades educativas. Los migrantes recién llegados a las grandes ciudades hacen nacer las ciudades perdidas donde el equipamiento urbano es nulo o reducido, todo ello afecta los niveles de bienestar y propicia la marginación social.
Esas son las condiciones propicias para la inconformidad que se manifiesta de formas diferentes ante la falta de oportunidades de ascenso social.

La frustración y la pobreza genera los primeros brotes de violencia en el país, grupos armados no encuentran la forma de hacer llegar por los caminos o vías legales su inconformidad y surgen las vías no institucionales: la guerrilla y el terrorismo.

Como el problema de salud también llega a su cúspide, se establece el Seguro Social obligatorio para todos los trabajadores del campo. En lo económico, la minería se encuentra en crisis a pesar de que México conserva su primer lugar como productor mundial de la plata. Entre enero y junio de 1960, se fundan mil cuarenta empresas con poco más de mil millones de capital. Estas empresas abarcan principalmente las ramas de papel, productos químicos e industriales. Se termina de pagar la deuda por la nacionalización del petróleo y se nacionaliza la compañía de luz y fuerza.

LOS PLANES DE CRECIMIENTO

Durante 1961 la iniciativa privada presenta al gobierno un programa de acción de orientación social para acelerar el progreso socioeconómico del país. Las ideas sobresalientes se resumen a continuación:

1. La iniciativa privada será un instrumento para cooperar al bien general.

2. Apoyará a la política de que el capital privado no se mantenga ocioso, sino que produzca en beneficio de la colectividad mediante inversiones productivas y creación de fuentes de trabajo.

3. Coordinará su acción con el sector público encauzando su actividad hacia los objetivos prioritarios del gobierno.

4. Contribuirá a mantener la unidad de espíritu nacional evitando la infiltración de doctrinas extrañas (refiriéndose al comunismo).

5. Orientará a los trabajadores hacia un desarrollo integral con espíritu nacional.

El anterior programa es propuesto para contrarrestar la atonía en la actividad económica.

Durante 1962 se empiezan a formar bloques de países para intercambiar productos, tecnología, ayuda, etc., Aparece la British Commonwealth integrada por Inglaterra, Canadá, Australia, Sry Lanka (antes Ceilán), Chipre, Ghana, India, Malasia, Nueva Zelanda, Nigeria, Pakistán, Sierra Leona y Tanganica. Se forma el bloque socialista integrado por: Albania, Bulgaria, Checoslovaquia, Hungría, República Democrática Alemana, Polonia, Rumania, URSS, República Popular China, Corea del Norte, Vietnam del Norte y Mongolia exterior.

En Europa Occidental hay dos bloques: Por un lado, la Comunidad Económica Europea, a la que pertenece Bélgica, Francia, Italia,

Luxemburgo, Países Bajos y República Federal Alemana. Por otra parte, Australia, Dinamarca, Noruega, Portugal, Suiza, Inglaterra y Suecia, integran la Asociación Europea de Libre Comercio.

La formación de estas asociaciones preocupa a los países de América Latina que comenzaron a integrarse en bloques económicos surgiendo la Asociación Latinoamericana de Libre Comercio integrada por Argentina, Brasil, Chile, México, Paraguay, Colombia, Perú y Ecuador.

México no obtiene ninguna ventaja al integrarse al bloque de países Latinoamericanos, puesto que todos ellos al igual que México resienten problemas económicos lo que impide una verdadera integración. Sin embargo, estas integraciones de naciones en bloques económicos es un estímulo para que México modifique su estructura económica y acelerara su industrialización.

Al inicio de la década se insiste en la importancia que reviste la planeación económica para que los países deseosos de lograr progreso más rápido y equilibrado. Así, se establecen las bases del plan de acción inmediata 1963 1965, que servirá de guía para el plan siguiente 1965 1970.

A pesar de estos problemas el PIB crece y su media anual de 6.3 por ciento se conserva. Se controla el aumento de precios. En cuanto a las relaciones comerciales y financieras con el exterior, se observa un aumento en la importación de bienes de capital. Se inicia el programa de vivienda popular a largo plazo, que es benéfico para grupos de bajos ingresos

La evolución de la economía mexicana en esta década depende en gran medida de la agricultura. Más de la mitad de la población depende de estas actividades, lo que influye determinantemente en el crecimiento del mercado interno. Para entonces, la mitad de los ingresos de divisas proceden de las exportaciones de productos agropecuarios.

Los objetivos de la política agrícola son principalmente eliminar las importaciones de productos agrícolas, mediante el desarrollo conveniente de la producción nacional. La demanda de los productos agropecuarios, al satisfacer la demanda interna sin recurrir a importaciones, favorece que se exporten algunos productos que antes se importaban.

Para fomentar la producción agropecuaria, se incorporaron al cultivo miles de hectáreas, se construyeron presas de almacenamiento, se realizaron obras de pequeña irrigación.

Con respecto a la política industrial, se pretende realizar planes de expansión de la industria, coordinando los esfuerzos de la iniciativa privada y del sector público. Para esto, el gobierno mantiene la producción en la industria petrolera y eléctrica, que se anticipa a la demanda y estimule el desarrollo.

Asimismo, propicia que las actividades industriales se extiendan a todas las entidades, con el fin de eliminar las diferencias regionales. Se desea que surja la industria rural primaria de transformación de productos agropecuarios en las mismas áreas rurales, que las artesanías se conviertan en una fuente importante de ingresos para los mexicanos. Esta política va de acuerdo con el objetivo de la política económica en general, de acelerar el desarrollo nacional.

Además, se pretende mantener el equilibrio entre las diferentes actividades, incrementar el número de empleos y fortalecer el poder de compra de la población para ampliar el mercado interno como base de la expansión económica. Las industrias química y petroquímica se desarrollan tanto en magnitud como en composición.

Las industrias ligeras, asimismo, permiten lograr la sustitución de importaciones en un gran número de productos. De esta manera, debido al acelerado ritmo de desarrollo, el sector comercio aporta durante el gobierno de López Mateos una porción creciente del Producto Nacional, absorbiendo mayor cantidad de Mano de Obra y ocupando una posición cada vez más importante dentro de la estructura económica.

POLITICA ECONOMICA Y COMERCIAL EXTERNA

Al igual que los demás países en vías de desarrollo, la balanza comercial de México es deficitaria, el desequilibrio llega a cerca de 575 millones de pesos en 1965. De ahí que el principal objetivo sea reducir el número de importaciones, puesto que este es un factor que ejerce fuerte presión sobre la balanza de pagos. Al reducir el desequilibrio comercial, se depende de los ingresos por servicios y de las entradas de capitales compensatorios para financiar el déficit y equilibrar la balanza de pagos.

Para esto se requiere que sean mayores los ingresos por exportaciones. Para reducir las fluctuaciones de los ingresos por éstas, México adopta una política de «promoción de las exportaciones», sobre todo de productos manufactureros. Se aspira a depender cada vez menos de los productos básicos de exportación. Se pugna por una creciente sustitución de importaciones por producción nacional.

Instrumentos de la política comercial

La política proteccionista tendió a frenar las importaciones de productos competitivos con los elaborados en el país, lo que a su vez se tradujo en una elevación de los precios interiores muy por encima de los exteriores agravada por los impuestos a las exportaciones. El argumento del proteccionismo era la sustitución de importaciones en un grado más avanzado, desdeñando el desequilibrio en la balanza de pagos.

La balanza comercial se caracteriza por una posición deficitaria persistente, pero tiende a decrecer por el crecimiento de las exportaciones.

El aumento del desequilibrio comercial, sobre todo en los años de 1964 y 1965 se acompaña por la caída en los ingresos netos en cuentas de servicios, originada tanto en la reducción de algunos renglones de ingresos, como producción de metales preciosos y las remesas de braceros cuanto por el crecimiento de algunos de los más importantes renglones de gastos de turistas en el exterior, salidas por concepto de comercio fronterizo y pagos por inversiones extranjeras directas e intereses sobre deudas oficiales.

En conjunto parece ser decreciente la proporción del déficit de la balanza comercial, que se financia con cargo a los ingresos por servicios y, en consecuencia, aumenta la parte cuyo financiamiento debe trasladarse a compensatorios. Los sectores que recibieron mayor impulso fueron el agropecuario y la industria eléctrica y los recursos externos se aplicaron a obras productivas y se obtuvieron garantías específicas.

El más importante es el manejo de aranceles con el fin de influir en la distribución geográfica de las exportaciones e importaciones, alentando o no la adquisición o ventas de bienes o la concurrencia a ciertos mercados. Para elevar al máximo las exportaciones, los aranceles que las gravan se abaten progresivamente. La carga arancelaria en México es aproximadamente de 60% siendo los niveles más altos de protección para los bienes de consumo duradero en un 147 por ciento. Aunque realmente los aranceles alcanzan niveles elevados, la carga protectora de México es notablemente inferior en relación con otros países de Latinoamérica.

Una de las características más sobresalientes del sector externo de la economía mexicana, durante el gobierno de López Mateos, fue el incremento de las exportaciones. El sistema de producción manufacturera en 1965 representa más de la cuarta parte del valor total de las exportaciones de productos alimenticios.

Con respecto a las importaciones se constituyen en un 80% por bienes de producción y sólo una quinta parte por bienes de consumo, lo cual es resultado del intenso proceso de sustitución de las importaciones y de la política de protección de las actividades industriales ya mencionadas.

A excepción de 1963, las importaciones de productos alimenticios se mantienen por debajo de 3% del total, lo que indica un alto grado de autosuficiencia del país. La mayor parte de las importaciones de bienes de consumo y casi la totalidad de los bienes duraderos está representada por importaciones de autos, componentes y accesorios de estos.

En materias primas y bienes intermedios, destacan los insumos de industrias, ejemplo: El caucho natural o sintético para las diversas industrias productoras de hule o neumáticos. Las importaciones de bienes de capital están dominadas por las de maquinaria y equipo industrial.

EL GOBIERNO DE DIAZ ORDAZ (1964-1970)

La noche de Tlatelolco: la marca de un sexenio y el estigma de la represión.

La noche del 27 de agosto, fue de aquella borrachera de júbilo contestatario de los líderes y estudiantes, aquella explosión de energía parricida, aquella caricatura de la revolución instantánea, aquella desacralización colectiva de los símbolos patrios y nacionales, la bandera suplantada, las campanas a vuelo en la Catedral, un amago de quemar las puertas de Palacio, las pintas y la cara del Che Guevara en sus muros, esas no les serían perdonadas.

Las mentadas, las palabras sucias y soeces tocaban una fibra sensible en Díaz Ordaz porque reflejaban su propio trato en el ámbito cotidiano y político. Ricardo Garibay, autor favorito de Díaz Ordaz que muy pronto se volvería-según testimonio del propio Garibay (1992:273-275)- su escritor a sueldo, dejó testimonio del «habla tabernaria» y la «bronquedad iracunda del idioma» con que Díaz Ordaz humillaba a sus subordinados, incluyendo, por supuesto, a sus ministros. Pero sobre todas las cosas, lo inadmisible era la burla a la investidura presidencial. Y más que eso, las frases e imágenes crueles, que multiplicaban hasta el infinito la llaga mayor, original: la «fealdad personal» del Señor Presidente.

En la visión personal del presidente, el movimiento estudiantil no era más que el último y más complejo rompecabezas en una larga serie que comenzaba con los movimientos sindicales de fines de los cincuenta y continuaba con los sucesivos conflictos de su propio sexenio: médicos, estudiantes guerrilleros. Todos tenían, a su juicio, un denominador común: eran producto de una conjura comunista. «Estaba convencido -recuerda el líder empresarial Juan Sánchez Navarro- de que había un complot internacional internamente apoyado por los grupos de extrema izquierda para cambiar toda la sociedad mexicana bajo el impulso de las doctrinas marxistas, y él tenía horror a que eso sucediera en el país.»

El propio Sánchez Navarro, visitante asiduo a la residencia oficial de Los Pinos, le llevó un folleto revolucionario escrito por «Daniel el Rojo» que circulaba entre los estudiantes. Díaz Ordaz se impresionó. Era una prueba más que avalaba su hipótesis. Llamó al colaborador y cercano amigo Jesús Reyes Heroles, intelectual, ideólogo y para esos días director de PEMEX y le dio instrucciones de imprimirlo y repartirlo que se viera hasta qué punto la «basura internacional estaba provocando la crisis». (Krauze, entrevista, 9-10-1992)

En sus memorias -publicadas en partes por Letras Libres-, Díaz Ordaz dejó testimonio detallado de otras piezas de información conspiratoria que tenía por irrefutables. La participación de grupos trotskistas -los «troskos»-

en la caída del doctor Chávez era una de ellas. Una pieza fuerte era la asistencia de varios representantes mexicanos -entre ellos Heberto Castillo- a la conferencia intercontinental en Cuba en 1967. En sus memorias, Díaz Ordaz señala: «Fue el primer caso que llegó a nuestro conocimiento de que se había resuelto abiertamente impedir la realización de los Juegos Olímpicos en México.» (Memorias. Letras libres, octubre 2008)

Un participante en aquella conferencia, Gilberto Rincón Gallardo, aseguraría años después que tales propósitos no existieron en el grupo de liderazgo, aunque los radicales así lo querían. «El deber de todo revolucionario es hacer la revolución», decía el «Che». Con el apoyo teórico de Franz Fanón y Regis Debray logró prender los primeros focos guerrilleros en África y Latinoamérica. Pero curiosamente, y a despecho de algunos discursos encendidos de los delegados mexicanos, el gobierno de Cuba trató de manera distinta el caso de México. Castro no podía ni quería olvidar la negativa de México a votar la invasión de Cuba de la OEA y el mantenimiento irrestricto de relaciones oficiales. La Revolución podía incitarse en toda la América Latina, salvo en el país desde donde Castro había comenzado su aventura revolucionaria. Sentimentalmente, no le convenía. (Krauze, entrevista agosto1995)

Otra pieza central: la intervención del Partido Comunista Mexicano en reunión de Sofía, Bulgaria, en 1967. De acuerdo con la información de Diaz Ordaz, el dirigente del PC Amoldo Martínez Verdugo habría traído de la consigna explícita de enfrentar a las juventudes comunistas (CNED) con la Federación de Estudiantes Técnicos (FNET) y azuzar de diversas formas el descontento estudiantil, todo con el propósito de obstruir la celebración de las Olimpiadas. Ya desde septiembre de 1967, pensaba el presidente, la consigna se había puesto en práctica en una «marcha de la libertad» organizada por el CNED.

Una vez estallado el conflicto, Díaz Ordaz siguió viendo a México en el espejo de Francia. Las mismas fuerzas internacionales de izquierda que habían actuado contra Francia apuntaban sus baterías hacia México. «Se salvó De Gaulle, pero hundió a Francia», le decía a su antiguo colaborador Luis Miguel Farías, líder de la Cámara; «nosotros aquí tenemos que salvar ante todo el sistema.» A mediados de agosto, Daniel Cosío Villegas recibió una carta personal del presidente. Cosío había empezado a colaborar semanalmente al Excélsior su primer artículo analizaba el movimiento estudiantil a la luz del precedente francés. Díaz Ordaz lo felicitaba: un hombre como Cosío Villegas, «tan preocupado por nuestra juventud y que todavía repara en los riesgos que corrí, es un hombre a quien puedo explicarle... por qué México no esperó, para actuar, a estar de verdad al borde de la guerra civil.» (Cosío, 260-261). El presidente se refería a la toma de la Preparatoria por el ejército.

Ortíz Mena volvió a Europa con el doble propósito de infundir confianza afuera y proyectar adentro la confianza de afuera. Después de firmar en el Louvre el crédito para la construcción del Metro de la ciudad de México, unos periodistas franceses le preguntaron:

—¿Qué nos dice de la revolución en México?

Nosotros no tenemos ninguna revolución —contestó— Ustedes sí la tuvieron. Aquí millones de obreros declararon la huelga general; en México ningún sindicato, ninguna organización campesina apoya al movimiento.

La posibilidad de un diálogo personal se había cerrado para él en el momento mismo en que los estudiantes habían dejado su «mano tendida». Que le pidieran hacerse la «prueba de la parafina» le dolía, pero no le sorprendía: «yo en lo personal, infiero -escribiría con su habitual sarcasmo-, ya tenía las incrustaciones de la pólvora en la piel de la mano porque había disparado personalmente la pistola para asesinar estudiantes» (GDO Memorias, Letras libres)

En sus memorias, Díaz Ordaz consigna varios párrafos de elogio y comprensión a sus propias fuerzas, las policiacas, y una reprobación sin cortapisas a los estudiantes, a quienes llama «los contrarios». «Desde pequeños aprendemos a odiar a la policía»; el batallón de granaderos está compuesto por sólo «quinientos o seiscientos elementos... que duermen poco» y para defenderse se proveen a sí mismos de «tubos y varillas...», «tienen la ventaja sobre los estudiantes de ser hombres hechos y derechos, curtidos por el trabajo, fuertes, rudos, ¡lo que sea de cada uno!» En las «manos contrarias», la de los estudiantes, había pistolas sustraídas de las armerías del centro.

Aunque estaba dispuesto a «aceptar honradamente que hicieron poco uso de ellas, al principio», la acción militar contra la Preparatoria le parecía justificada. El ejército entró «empujando con un camión». El «famoso bazucazo» era «un invento», lo mismo que los «muertos y heridos». Lo que no era invento era el «arsenal bastante importante» que se encontró. Díaz Ordaz no lo detallaba en sus memorias, pero el general José Hernández Toledo que encabezó la operación reportó: 10 bombas molotov, 2 botes de gasolina, 1 botella de ácido, 1 botella de gasolina, 1 botella de amoniaco.

Para cada pregunta, hallaba una respuesta, a veces tranquilizadora, otras inquietante. ¿Cuántos asisten a las manifestaciones? «Yo deseaba saber la verdad», decía Díaz Ordaz y con mapas sus expertos le demostraron que calculando tres personas por metro cuadrado no podían ser más de quince o dieciséis mil.

«¿Quiénes nutren las manifestaciones? ¿Quiénes las dirigen ocultos? ¿Quiénes lo aprovechan?» El presidente recabó la información. Lo dirigían «grupos comunistas internacionales, no hay la menor duda de ello, no actuaron siquiera con discreción, [sino] descaradamente». El movimiento no era más que «un contubernio asqueroso» de conspiradores infiltrados.

Había cubanos, soviéticos, agentes de la FBI, el MURO, el Opus Dei y el PAN, pero «los responsables eran los grupos de izquierda el Partido Comunista, la III Internacional Trotskista, el Partido Obrero Campesino, la Tricontinental: no figuraban en la dirección, pero dieron lineamientos... En aquella época todavía operaban muy solidarios los prosoviéticos y los promaoístas».

Tras ellos venía «la masa», «los de siempre». Era «inconcebible utilizar a los estudiantes contra uno de los más bellos eventos del mundo... los Juegos Olímpicos». (Ibid.) Díaz Ordaz no concedía a los estudiantes ninguna capacidad de discernimiento, ningún mérito, ninguna generosidad. Sus agravios eran invenciones. El presidente no tenía preguntas sobre ellos, sólo respuestas: en el mejor de los casos eran «idealistas» equivocados, «carne de cañón» manipulada por las figuras tutelares y venenosas de sus maestros.

Entre los posibles aprovechados estaba el PAN: un «barboncito» de Acción Nacional (Diego Fernández de Cevallos) había «tratado de meterse», pero sus discursos «no penetraron»: «frente a un grupo de diez o quince mil muchachos acelerados, los discursos de Acción Nacional resultaron... totalmente desabridos.

Los ex funcionarios del gobierno de López Mateos, resentidos con Díaz Ordaz, engrosaban simplemente la bolsa. Sólo así se explicaba que los estudiantes pudiesen financiar sus volantes, panfletos, las «planas y planas» que publicaban en los periódicos, las «pintas», los viajes y los quinientos megáfonos flamantes (con costo unitario de 2500 a 3000 pesos) que exhibían en sus manifestaciones. Algunos estudiantes «cobraban por las mañanas en la embajada de Cuba y la URSS, y en la tarde en la de los Estados Unidos», «otros nomás en un solo bando».

Según Díaz Ordaz, en aquella asamblea del 27 de agosto Heberto Castillo se había afianzado como «la autoridad máxima, indiscriminada, casi intocable». No por casualidad lo empezó a llamar «el presidentito». A Heberto Castillo le atribuía la ocurrencia de apoderarse del Zócalo y volverlo un campamento «con el propósito de molestar al presidente en sus entradas y salidas y provocar a la guardia... En lugar de informe constitucional, el diálogo, ahora en el Zócalo... naturalmente no se lo permití.» Díaz Ordaz tenía construida la escena que sucedería a semejante diálogo: «Y en este ambiente de desaforados, el presidente de la República sentado en el banquillo de los acusados, contestando preguntas y aguantando injurias y burlas. Después vendría la presión física para que firmara algún documento.»

«A Díaz Ordaz pueden atacarle lo que quieran», comentó el presidente a un amigo, «mentarle la madre o matarlo. Pero que no sienta yo que tocan a México, porque la respuesta no tendrá límite ni fin.» (Cosío Villegas).

«El Palacio Nacional es el símbolo de nuestra nacionalidad», le escribía indignado el procurador Julio Sánchez Vargas, quien había visto a ese «asiento del jefe del Estado pintado con símbolos de un guerrillero latinoamericano.»

Díaz Ordaz no creía en los gestos sino en los actos resolutivos. Su convicción era clara: «Existe la necesidad imperiosa de mantener íntegramente el principio de la autoridad.» (Krauze, entrevista, julio, 1994).

Desde la mañana del 28 de agosto, el CNH comprendió el costo de los excesos verbales y simbólicos del 27. De inmediato reiteró su disposición al diálogo y ofreció explicaciones: no había ordenado las pintas ni el izamiento de la bandera rojinegra; el repique de las campanas se había hecho con anuencia del sacerdote Jesús Pérez. Reponiéndose de las dos heridas de ocho y cuatro centímetros que tenía en la frente, Heberto Castillo suavizaba su posición: convenía el diálogo «más que nunca», pero ya no era necesario que «se transmitiera por radio y televisión, como circo romano». Por su parte, el 31 de agosto, un día antes del informe presidencial, el CNH reiteraba su voluntad de «dialogar pacíficamente, sin la presión de las fuerzas del ejército y la policía», y lanzaban una rama de olivo al presidente: «Inclusive durante la celebración de los XIX Juegos Olímpicos, nos comprometemos a barrer las calles todos los días... a servir como porteros, como intérpretes... Antes que estudiantes en una lucha para lograr mayor libertad y democracia, somos mexicanos... No estamos contra las Olimpiadas, queremos que México cumpla dignamente con su compromiso internacional.»

Ahora eran los estudiantes quienes -no sin sentimientos de ambigüedad- tendían la mano. En su informe al Congreso el primero de septiembre, el presidente diría si esa «mano quedaba tendida en el aire».

«La injuria no me ofende, la calumnia no me llega, el odio no ha nacido en mí.» Un aplauso de 36 segundos rubricó esas palabras del presidente. ¿Decía la verdad? El discurso parecía una parábola perfecta del «pan o palo».

Luego de puntualizar las atribuciones que la Constitución le otorgaba como presidente para usar la fuerza, hizo un elogio a los «modestos, heroicos 'juanes' del ejército» y concluyó con una clara amenaza: «Sé que millones de compatriotas están decididamente en favor del orden y en contra de la anarquía... No quisiéramos vernos en el caso de tomar medidas que no deseamos, pero que tomaremos si es necesario; lo que sea nuestro deber hacer, lo haremos; hasta donde estemos obligados a llegar, llegaremos.»

Ahora la discusión tomaba otro perfil y otro nivel: pasaba de lo emocional a lo intelectual y de allí a lo político. «Hace cincuenta años que el gobierno monologa con el gobierno», decía Roberto Escudero en espera aún de que el diálogo tan esperado se diera en efecto, fuera franco, público, y ante toda la nación. (Memorias GDO). Las críticas al «viejo sistema obsoleto» llamaron la atención del más viejo crítico del sistema, Cosío Villegas, que comenzaba a inclinarse a favor de los estudiantes. «México está viviendo de ideas viejas en un mundo nuevo», escribió el 13 de septiembre, «y como no hay vida pública en México, como la máxima sabiduría política es el silencio, los hombres públicos se han hecho pequeños y misteriosos.» Todo el asunto aburría a los jóvenes, que habían dejado «de divertirse con aquel circo político». No había más que un remedio, el mismo que proponían los estudiantes: «Hacer pública la vida pública del país.»

La crisis

Después de la desaceleración de principios de los sesenta, que corresponden al agotamiento de los efectos dinámicos del auge de inversión a mediados de los cincuenta, se inicia hacia 1964 1965 un nuevo período de expansión. El cambio más notable es la pérdida relativa del Estado de su liderazgo y del capital local frente al extranjero. La expansión transnacional encuentra su «período dorado».

El capital extranjero dominaba tres de las cuatro industrias de mayor dinamismo en los sesenta (automotriz, maquinaria no eléctrica y aparatos eléctricos) y difundida y creciente en la cuarta: la industria química. La acción de Estado parece perder su carácter activo y promotor, con la excepción de ciertas medidas de política industrial.

Entre otras tenemos la integración y la regulación de la rama automotriz, y se convierte en un interventor pasivo creando infraestructura y proveyendo de los insumos estratégicos a bajo costo.

El Estado también abandona su función de establecer las políticas de financiamiento a largo plazo e intervenir dentro de la provisión de financiamiento.

La expansión del capital local adopta la modernización en los métodos de producción y ejerce la competencia al capital extranjero. El crecimiento de la demanda forzó la expansión de la capacidad productiva y con ella, el progreso técnico. Se inicia también el florecimiento del negocio bancario, la intermediación comercial y los servicios.

El presidente Gustavo Díaz Ordaz, se distingue por una política «dura». Durante su gobierno (1968) explota el descontento más grande que ha sacudido al país desde 1928. Estos sucesos tuvieron su origen en la presión demográfica sobre las ciudades, la escasez en educación, servicios y empleos. Sin embargo, en este año ninguno de los factores es suficiente para poner en entredicho la estabilidad y permanencia del sistema.

Para financiar obras y proyectos públicos, se recurre a empresarios y se hacen diversas emisiones y colocaciones de bonos en el exterior. Durante este año la economía de México presentó un panorama muy crítico en cuanto a crecimiento.

Fueron los factores los que hicieron que la economía redujera su crecimiento en comparación con 1964. Primero, un marcado descenso del gasto gubernamental en obras públicas y resultados agrícolas poco favorables. Sin embargo, también hubo dos motivos de aliento.

El primero es el impulso del sistema bancario de crédito al consumo. El segundo, la mantenida inversión del sector privado, especialmente de industrias de transformación que tiene grandes oportunidades de desarrollo: Química, Petroquímica y Automovilística.

El progreso al que se alude, característico de una economía moderna y en expansión es absorbido por unas veinte ciudades, la mitad del norte del país y otras tantas de la región central. Durante 1965 se advirtió en ellas una tendencia interesante: Creación de nuevas empresas en el ramo de los servicios técnicos y administrativos para las actividades agropecuarias, comerciales, manufactureras e industriales en general, lo que se traducirá en una mayor eficiencia. La industria afirmó su posición como elemento dinámico y equilibrador de varias economías regionales.

El comercio exterior atraviesa por momentos difíciles: se intensifica la necesidad de importar bienes de capital, mientras que algunos productos sufren reveses en el mercado mundial. La inversión pública se ajusta para mantenerla en conveniente nivel.

El proyecto económico de Díaz Ordaz señala las directrices y los objetivos de su gobierno para 1966-1970:

1. Alcanzar un crecimiento económico de por lo menos 6 por ciento en promedio anual.
2. Otorgar prioridad al sector agropecuario, para acelerar su desarrollo y fortalecer el mercado interno.
3. Impulsar la industrialización y mejorar la eficacia productiva de la industria.
4. Atenuar y corregir desequilibrios en el desarrollo, tanto regionales como entre distintas ramas de la actividad.
5. Distribuir con mayor equidad el ingreso nacional.
6. Mejorar la educación, la vivienda, las condiciones sanitarias y asistenciales, la seguridad, en general, el bienestar social.
7. Fomentar el ahorro interno.
8. mantener la estabilidad del tipo de cambio y combatir las presiones inflacionarias.

Política la inversión extranjera

En 1966 Díaz Ordaz da a conocer que en materia de inversiones extranjeras se reconoce su importancia para que el desarrollo económico afirme la independencia.

En segundo lugar, de conveniencia, se encuentra las inversiones indirectas, o sea, inversiones extranjeras en título. Por último, que la inversión extranjera directa se debe asociar minoritariamente al capital nacional; que se sustituya al capital o empresas nacionales y que respete la legislación nacional y la reinversión adecuada de una cuantía de sus utilidades. Establece que no se otorgarán preferencias, delimita campos de acción dando exclusividad en la nación en la industria básica y exige mayoría de capital nacional en algunas industrias secundarias, vinculadas con las básicas.

Con respecto a las inversiones extranjeras, éstas se sujetarán a las siguientes normas jurídicas:

a). No favoritismo.

b). Los fondos invertidos y los ingresos que de ellos se deriven pueden repartirse libremente en cualquier momento.

c). No reciben beneficios o exención especial diferentes a las que gozan los inversionistas nacionales, pero están sujetos a restricciones constitucionales y legales para acudir a ciertos sectores industriales.

d. Los extranjeros que sean parcial o totalmente dueños de empresas extranjeras no pueden adquirir bienes inmuebles en una zona de 100 kms. de ancho a lo largo de la frontera y 50 kms. a lo largo de litorales nacionales.

e). Debe existir propiedad mexicana mayoritaria en empresas tales como: Emisoras de radio y Televisión, Compañías publicitarias, transportes dentro del territorio nacional, productos derivados de petroquímicas, exportación de recursos forestales y pesqueros, explotación de algunas reservas mineras mexicanas y ventas de bebidas no alcoholizadas.

f). Toda empresa que deseé nuevas concesiones de explotación debe ser propiedad al menos en 51% de su capital social, de mexicanos para que puedan obtener beneficios fiscales. Para tener acceso a concesiones especiales, se requiere un 66% de capital en manos de mexicanos.

Además de estos requisitos legales, el gobierno alienta a inversionistas extranjeros a asociarse con nacionales, para constituir empresas industriales y comerciales.

Política obrera

El ambiente que prevalece en los sesenta para los trabajadores es el de un panorama desalentador. La experiencia de la derrota de los años anteriores. La disciplina impuesta por la burocracia se discute severamente. No sólo se reafirman la crisis de los mecanismos habituales de control obrero, sino la legitimidad del régimen se ve bajo serias amenazas. La utilización de la represión armada para resolver conflictos sindicales rompe el marco de la legalidad con que el Estado encubre sus decisiones de carácter laboral. Con ello también la posición de clase del Estado queda al descubierto y su apariencia de árbitro neutral se debilita.

Díaz Ordaz, en el discurso, muestra una gran preocupación por el respeto y cumplimiento de las garantías sociales. Considera que el derecho de huelga y de sindicalización es intocable y que usados dentro de ley no son sólo instrumentos de reivindicación económica, sino también cimientos de la auténtica justicia social. Las bases sobre las cuales ha de asentarse el mayor desarrollo industrial, el mejoramiento del nivel de vida de la clase obrera, la obtención de legítimas utilidades por parte de las empresas y un progreso económico del país son:

1. Un sindicalismo sano, vigoroso y autónomo.
2. El uso de los derechos individuales o colectivos.
3. La participación de los trabajadores en las utilidades de las empresas.
4. El esfuerzo cada vez mayor de los trabajadores por incrementar la producción.

En la realidad se operaba todo lo contraigo a lo que se anunciaba.

Política económica

Durante el gobierno del Lic. Díaz Ordaz se establecen los siguientes objetivos tendientes al desarrollo económico y social del país, constituyendo la política económica de sexenio 1965 - 1970.

1. Alcanzar un crecimiento económico por lo menos del 6% en promedio anual.

2.- En materia agraria, otorgar prioridad al sector agropecuario para fortalecer un mercado interno. Acelerar el reparto de tierras. Llevar al campo la mayor cantidad posible de recursos financieros y asistencia técnica y científica. Intensificar el proceso de industrialización de los productos agropecuarios y satisfacer las crecientes necesidades alimenticias y de la industria.

3.- En materia de industrialización, atenuar y corregir los desequilibrios en el desarrollo y mejorar la eficiencia productiva de la industria.

4. Distribuir con mayor equidad el ingreso nacional. Lograr un crecimiento real del ingreso cuando menos del 6% anual.

Industria

El programa de fomento a la industrialización suscita el renacimiento de la minería. Se apoya la construcción o ampliación de 66 plantas de beneficio de minerales. En Coahuila se instala una nueva unidad coquizadora y se iniciaron los trabajos para la construcción de otra, concentradoras de fosforitas. Disminuye la exportación de azufre, el cual se emplea como materia prima en la industria de fertilizantes. Se constituyeron la Empresa Mexicana de Cobre, la Siderúrgica Lázaro Cárdenas Las truchas y el Consorcio Minero de Peña Colorada.

Se da asistencia técnica a 13 entidades para localizar futuras zonas industriales y se formuló una lista de 369 productos que podían ser elaborados en México en condiciones remunerativas, lo cual se consiguió en gran parte.

Se conceden estímulos fiscales a los productores mexicanos que envían sus artículos a las zonas fronterizas y a lo largo de la línea divisoria con Estados Unidos, se autorizó la libre adquisición de maquinaria y de materias primas para facilitar la exportación de los artículos fabricados en un intento para crear fuentes permanentes de trabajo y mejorar las condiciones de vida de miles de familias.

En materia de Hidrocarburos, se continúa la exploración, perforación y rehabilitación de pozos; aumentaron las reservas; se fundó el Instituto Mexicano del Petróleo; se terminaron 8 plantas de refinación; se inició la producción de hule sintético; se pusieron en operación las plantas de hidrógeno, dos hidrosulfurizadoras de gasolina y una reformadora de naftas; se inició la producción de hule sintético.

El desarrollo de la industria petroquímica se impulsa mediante créditos externos y nacionales; se construyeron plantas de acrilonitrilo, polietileno y de etilbenceno. Al finalizar el régimen funcionaban 217 plantas petroquímicas. Las 19 empresas eléctricas que previamente había adquirido el gobierno se integraron con la C.F.E. en una sola unidad administrativa. La industria manufacturera pesada aumenta su participación en el PIB de 8.3% (1964) a 10.2% en 1969. Las actividades industriales que registran mayor expansión cuyo promedio de crecimiento anual se indica, son: electricidad, manufactureras pesadas, petróleo y construcción.

La protección a la industria

En el decenio de los sesenta no se hacen modificaciones de importancia en la política proteccionista; se acordaron algunos cambios de orientación y los aranceles se elevaron en un promedio del 6% en 1965.
Se observa una marcada preocupación por sostener el desarrollo dentro de marcos estrictos de estabilidad monetaria y cambiaria, para el

financiamiento de importaciones y del presupuesto federal se recurre a la contratación de créditos externos y a la facilitación de la inversión extranjera directa.

Se transforman las clasificaciones y se ponen en práctica mejoramientos técnicos de distinto carácter, tanto fiscales como para afinar los mecanismos de control de las importaciones. El fortalecimiento de la posición externa de pagos, que se extiende hasta 1965, y las corrientes en rápido aumento de capital extranjero destinado a la industria, contribuyeron a hacer menos perentoria la necesidad de reformar la política comercial. Pudo observarse una ampliación considerable del sistema de licencias que obedeció hasta cierto punto a preocupaciones de pagos.

Más adelante se producen ciertas modificaciones en las orientaciones de las políticas, que se consolidaron en los últimos años de la década, las cuales tendieron a una protección con carácter menos general y amplio, y se tomaron disposiciones que las conceden teniendo más presentes los costos, los precios y el grado de competitividad internacional y el objeto de incrementar la integración de las relaciones interindustriales.

El hecho de hacer más específica la política industrial se refleja en el interés de que el sector manufacturero contribuya a fortalecer la balanza de pagos por el lado de las exportaciones y de la sustitución de bienes intermedios o de capital. En estrecha relación con lo anterior, se revela la preocupación por los efectos de un proceso ineficiente de desarrollo industrial en los niveles de precios, por el ensanchamiento de los mercados internos y por la absorción de mano de obra.

Para hacer frente a esos problemas, además de las medidas indicadas y de las que se han adoptado para alentar la colocación de manufacturas en el exterior. Existe el propósito de revisar el arancel y el sistema de controles cuantitativos con el objeto de reducir protecciones excesivas y de fijar exigencias más estrictas en lo que se relaciona con los costos de producción de las empresas que necesitan protección especial para desarrollarse.

Los programas de fabricación

En estrecha relación con el manejo de controles cuantitativos de importación, la S.I.C. impulsa desde 1965 los «programas de fabricación», con lo que se pretende incluir a productores e importadores a sustituir compras en el extranjero, integrando verticalmente, al mismo tiempo, procesos industriales por medio de la elaboración de insumos, partes y piezas que se obtienen de proveedores extranjeros.

Se trata de promover el desplazamiento gradual de importaciones estableciendo convenios a nivel de empresa y de producto que obligan a los signatarios a elaborar determinados artículos, a cambio de cuotas de importación descendentes y determinadas franquicias fiscales. Estos «programas de fabricación» son mecanismos para encauzar y fomentar paulatinamente la sustitución de insumos importados por bienes producidos localmente.

Los principales estímulos que se otorgan a las empresas que siguen los programas, son extenderles licencias de importación de los artículos que se comprometen a elaborar o son necesarios para el desarrollo normal de sus actividades productivas, y exenciones arancelarias; o sea que se les garantiza el mercado interno en algunos casos, incluso antes de comenzar a producir. Por añadidura, son autorizadas a colocar sus productos en el mercado interno a precios superiores a los del exterior con un margen convenido de antemano con la Secretaría de Industria y Comercio.

La Secretaría aprobó 32 programas de fabricación en 1965, y luego aumentaron hasta llegar a 750 en 1965 70. Algunas de las ramas beneficiadas son: La automotriz, partes y refacciones automovilísticas, equipo de construcción, química y petroquímica, equipo para radio y comunicaciones, etc., en la mayor parte de los casos son inversiones de capital extranjero mexicano; se exige que se cuente con capital mexicano mayoritario.

La etapa del fin de sexenio

Durante 1969 la economía rural está en crisis y el desequilibrio en la distribución del ingreso da lugar a un irritante desperdicio frente a una secular pobreza. La inestabilidad internacional se empeora afectando el crecimiento económico de México. Las modificaciones del franco francés (devaluación) y del marco alemán (revaluación), y las presiones externas hacen pensar en la inminente necesidad de devaluar el peso mexicano. Frente a lo anterior, el fondo monetario internacional señaló que México alcanzó en este año el mayor grado de liquidez en su historia.

Durante los últimos meses de Gobierno de Díaz Ordaz (enero noviembre 1970), se nota una desaceleración del avance económico. El receso de la economía norteamericana afecta a México. Para evitar una peligrosa espiral inflacionaria el Gobierno acentuó sus medidas restrictivas, con los cuales se limitó el crecimiento del medio circulante, escaseó el crédito y se hizo lento el movimiento financiero.

Mientras el país no contara con aquella abundancia de recursos económicos, las denominadas «clases populares» tendrían que seguir sacrificando sus condiciones de vida y de trabajo, en favor de un futuro mejor, futuro que quizá nunca llegara. Esta idea es explicita y oficialmente argumentada por Díaz Ordaz. Se supone entonces que el costo social en cual se incurre está previsto.

El apoyo a la industria nacional y a la inversión extranjera fue ilimitado. Los sesenta se convierten en el paraíso de la inversión extranjera que se asienta en el país en enclaves donde la utilidad es más alta.

Los nacientes desequilibrios

Un análisis más profundo de la evolución de la economía y principalmente de las ramas del sector industrial, indican que el modelo de desarrollo estabilizador ha llegado a su agotamiento.

Los bienes de consumo tienen un lento pero sensible descenso en su producción haciéndose urgente una forma más efectiva para incentivar su producción y no agravar más la balanza comercial con importaciones de estos bienes. En cambio, los bienes intermedios y de consumo duradero, así como la industria petroquímica y la metalmecánica tiene un crecimiento sostenido durante el periodo.

El desajuste estructural de la dinámica del sector industrial de bienes de consumo es compensado por la oferta d bienes de lujo haciéndola altamente independiente de la tecnología extranjera. El incremento en las importaciones de bienes intermedios para sostener el proceso de industrialización genera un círculo vicioso: a mayores exportaciones más endeudamiento externo y más presión sobre el peso. La estructura productiva se empieza a desarticular y a entrar en un proceso de heterogeneidad tecnológica surgiendo los nuevos desajustes. El Estado mexicano en esta década confirma su carácter de clase y de compromiso con el proyecto de industrializador y de la intervención del capital extranjero en la economía nacional.

Su papel de garante, conductor y promotor de la inversión se refleja en el cumplimiento del objetivo principal de crecimiento económico, aunque sin preocuparse por la redistribución del ingreso ni de los niveles de bienestar de los trabajadores.

La coincidencia de la política económica con la de los grandes centros financieros e industriales del mundo, no solo evidencia el fracaso de políticas nacionalistas que promulgan que para salir del subdesarrollo del país la única vía es la industrialización; y que para acabar con la pobreza y la desigualdad social primero se debe producir abundancia y riqueza para después distribuirla.

De esta manera, conforme pasan los años sesenta, se registran manifestaciones y movimientos de resistencia y de oposición que reflejan el profundo malestar social derivado de las políticas económicas y que evidencian la caducidad de algunas formas tradicionales de control y legitimación del estado mexicano.

Así, con este panorama que no parecía muy favorable, y con el doble signo de la crisis política y económica, todo quedaba listo para iniciar el siguiente período gubernamental que sería el más controvertido de las últimas cuatro décadas, el período de Luis Echeverría Álvarez.

6 LA ECONOMIA DE MEXICO EN LA DECADA
1970- 1980

MEXICO AL INICIO DE LA DECADA

Al principio de la década de los setenta el proceso de la industrialización se orienta, desde el punto de vista de la estructura productiva, crecientemente hacia la diferenciación y diversificación de los consumos modernos de bienes durables, reproduciendo el atraso en la producción de bienes de capital y desarticulando el sector agrícola.

En este período las empresas transnacionales aprovechan las ventajas relativas que México les ofrece y segmentan los mercados ante la ausencia de competencia generalizada a nivel de mercados específicos entre los distintos inversionistas.

La década de los setenta se caracteriza por una fuerte desaceleración de la expansión industrial que corresponde al agotamiento de los efectos dinámicos que las actividades líderes habían tenido en la década de los sesenta y, más precisamente al hecho de que el crecimiento de estas ramas, en el contexto de atraso de la producción interna de bienes de capital, tiende a producir tensiones crecientes de la Balanza Comercial y de Pagos.

También cabe resaltar el rápido proceso de formación y expansión de conglomerados de capital privado nacional que bajo el impulso de la propia desaceleración industrial ha venido ocurriendo a partir de 1974. Así el paso de los 25 mayores grupos conglomerados en las ventas de las 100 mayores empresas del país pasa del 35% en 1973 a 45% en 1978.

El período que se analiza trae consigo cambios importantes en la presencia económica del Estado: Es su actividad productiva la que permite el proceso de expansión de 1977 a 1981. Surge entonces la pregunta: ¿hasta qué punto, la crisis del esquema del crecimiento anterior y la magnitud de los recursos petroleros disponibles ponen al Estado en la necesidad de retomar el papel de rector en el proceso de industrialización? Esta pregunta la responderemos una vez que analicemos paso a paso, qué sucede en esta década tan controvertida en lo que al papel del Estado como rector de la economía se refiere.

Al iniciarse la década de los años setenta. México forma parte de un grupo de países a los que se les considera económicamente estables debido a su crecimiento económico, solidez monetaria, solvencia crediticia y estabilidad política.

En 1970, en México existen muchos factores que alientan el optimismo de los mexicanos, en sólo 30 años el país había sufrido una transformación radical. De una economía predominantemente agrícola y rural, se había transformado en una predominantemente urbana e industrial. México es para muchos el país subdesarrollado con una economía dinámica, con moneda sólida y buen pagador de sus deudas.

La otra cara de la economía la constituyen los siguientes factores: el crecimiento del número total de desempleados; incremento de las necesidades no cubiertas de servicios educativos, médicos, sanitarios, de vivienda y alimentación; una infraestructura de vías de comunicación terrestre obsoleta e inadecuada; y déficit creciente en la oferta de algunos bienes y servicios. Adicionalmente se da el decaimiento del mercado interno por la falta de producción de bienes y servicios y por los bajos niveles de salarios de los obreros y campesinos.

La parte más objetiva de la verdad es que el crecimiento económico, la solidez monetaria, la solvencia crediticia y el control político favorecen a los grupos de altos ingresos. Mientras tanto, millones de mexicanos empobrecen en términos relativos o absolutos y apenas les quedan alternativas inaceptables: Quedarse en el campo sin recursos para producir o emigrar a la marginación y el desempleo urbano. Esta forma de crecimiento no podía producir a largo plazo, sino una profunda crisis económica.

Parece obvio que el proceso de industrialización y la política económica adoptada no dan los frutos que de ella se esperan sobre todo en lo que se refiere a la mejoría de las condiciones de vida de las clases populares.

La distribución del ingreso en México en 1969 es el siguiente: el 50 por ciento de las familias con más bajo ingreso recibe el 15 por ciento del Ingreso Personal disponible (YPD). El 20 por ciento con más alto ingreso recibe el 64 por ciento y el restante 30 por ciento de las familias con ingresos medios recibe el 21 por ciento del YPD.

La desocupación en México es considerable y llega al 7 por ciento. Definiendo como subocupadas a las personas cuyos ingresos mensuales por trabajo son menores que el salario mínimo, cerca del 45 por ciento de la fuerza de trabajo en México en 1970 está subocupada. En el sector agrícola se incrementa el alto grado de concentración de la tierra, de la maquinaria agrícola, la poca atención por parte del sector público a las actividades agropecuarias.

La concentración del crédito, el seguro, la asistencia técnica, los almacenes, los precios de garantía, etc., en las zonas de mayor desarrollo y en ciertos cultivos, van minando el potencial de desarrollo agrícola del país y con ello, la fortaleza y las posibilidades de expansión de la industria y de la economía en su conjunto.

La industria opera con un bajo índice de eficiencia que no le permite competir con industrias foráneas y la producción nacional tiende a copiar el modelo de producción norteamericano.

Con una baja productividad, la industria mexicana obtiene por parte del Gobierno, aranceles proteccionistas, controles cuantitativos a la importación y subsidios gubernamentales. Por otra parte, se argumenta que las empresas del Estado deben vender sus productos (bienes y servicios) a un precio bajo. Se dice que de esta forma el Estado cumple su función social. También se afirma que una política de precios bajos acelera el crecimiento económico del país pues se coadyuva a la industrialización. Los resultados de seguir esta orientación son la limitación de la participación del sector público en la economía, la utilización de divisas para parcialmente suplir esas deficiencias.

Como el crédito interno no es suficiente para realizar las actividades encaminadas hacia la industrialización del país y hacia la creación de infraestructura, el Gobierno recurre al endeudamiento externo y a las inversiones extranjeras. Por otra parte, mientras más invierten las empresas extranjeras, más dinero sacan del país y en parte la balanza de pagos de México es deficitaria por esas remesas de dinero al exterior. Para financiar ese déficit el sector público se endeuda con el exterior cerrando el círculo vicioso que agrava la dependencia.

Resumiendo, México al inicio de la década de los 70s sigue en la ruta del Milagro mexicano, hay crecimiento, sin embargo, está la otra cara que es muy diferente a lo que se pudiera creer. Junto a la solidez monetaria al crecimiento económico y la aparente estabilidad, están la creciente concentración de la riqueza, los rezagos en la atención de los servicios sociales, la concentración de la propiedad de los medios de producción, la penetración del capital extranjero, la insuficiencia agropecuaria, la insuficiencia industrial, el desempleo, la represión y el debilitamiento del sector público.

LUIS ECHEVERRÍA ÁLVAREZ

Rodeado de objetos alusivos a Juárez (amigo de sus antepasados), todo en su vida parecía minuciosamente planeado para ser (y parecer) el mexicano ejemplar, el hombre salido de un manual de historia patria o de un mural de Diego Rivera. Un místico laico. Nadador, tenista, golfista madrugador, trabajador incansable todo el día, amigo generoso del gran poeta español León Felipe los fines de semana. ¿Qué más se podía pedir? El «tapado» perfecto.

Desde un principio, Echeverría se propuso introducir un cambio radical en el rumbo histórico del país. Un Nuevo Cárdenas, que volvería a los orígenes nacionalistas, campesinos, justicieros, de la Revolución (los suyos propios en su juventud); pero al mismo tiempo les infundiría el nuevo contenido ideológico que desde los años sesenta habían formulado sus coetáneos intelectuales de izquierda, los maestros universitarios que integraban aquella generación de Medio Siglo educada en el marxismo académico francés. Echeverría subrayaba su filiación al grupo, hablaba de «esta generación en cuyo nombre hemos llegado a la presidencia».

Para lograr sus fines, no vaciló en replantear por entero el esquema económico de México y repudiar el «desarrollo estabilizador»: «alentar las tendencias conservadoras que han surgido de un largo periodo de estabilidad, equivaldría a negar la herencia del pasado». Al ver destruida la obra económica de su generación y la suya propia, construida pacientemente por doce años, Ortiz Mena recordaba las inútiles clases de economía que había impartido a Echeverría en tiempos de Díaz Ordaz. «No le entraba»; no por casualidad había reprobado derecho mercantil.

Con todo, el programa de Echeverría no era un anacronismo ni sus fines sociales estaban errados. El abandono del campo y la mala distribución del ingreso eran la otra cara, lamentable, del «milagro mexicano». Había que corregirlos y el camino de moda era la aplicación de los métodos recomendados por la CEPAL (Comisión Económica para la América Latina). Grandes economistas y sociólogos latinoamericanos habían discurrido una cierta aplicación de la teoría marxista a la realidad internacional y, en particular, latinoamericana: la teoría de la dependencia. Echeverría asimilaría esas ideas como una religión. Coincidiendo con su arribo al poder, un experimento mucho más radical, el de Allende, daba inicio en Chile. México lo acompañaría de cerca en el camino.

Pero más allá de sus propósitos declarados -que Echeverría asumía sin cinismo, con verdadera convicción- su designio era esencialmente alemanista.

Quería preservar el sistema político del que era hijo. Para ello había que subir (o volver a subir) al «carro de la Revolución» a los sectores agraviados del movimiento estudiantil. A esa política de neutralización de los impulsos democráticos del 68 se le llamó -orwellianamente- «apertura democrática».

Con los maestros universitarios pertenecientes a su propia generación, la operación integradora fue sencilla. Muchos de ellos -Horacio Flores de la Peña, Porfirio Muñoz Ledo, Víctor Flores Olea, Enrique González Pedrero, entre varios otros- se incorporarían a su gabinete o tendrían puestos importantes en empresas u organismos del sector público. Otros serían sus asesores y estarían permanentemente a sueldo (Ricardo Garibay, aquel escritor pagado por Díaz Ordaz que conocía a Echeverría desde tiempos inmemoriales, recibía, según su propia confesión, 80 mil pesos o 6 500 dólares al mes). Uno de los caudillos intelectuales de la generación, el sociólogo Pablo González Casanova, autor del fundamental análisis crítico La democracia en México (1965), sucedería en la rectoría de la UNAM a Barros Sierra que, enfermo de cáncer, moriría en agosto de 1971. El más famoso de los miembros de la generación, el escritor Carlos Fuentes, se convirtió desde mediados de 1971 en un ideólogo y defensor activo del régimen echeverrista, y en 1975 aceptó la embajada en París.

Con los jóvenes de la generación del 68 la maniobra era más difícil y, en muchos casos, imposible. Muchos habían optado por la guerrilla urbana y operaban secuestrando y matando empresarios y políticos en Monterrey, Guadalajara y el Distrito Federal. Algunos pertenecían a la llamada Liga 23 de Septiembre, llamada así en recuerdo al frustrado asalto al cuartel Madera por los hermanos Gámiz en Chihuahua, en 1965. Pero había varios otros focos armados. Con ellos no habría «apertura», sino el «palo» de siempre: entre 1970 y 1976 México viviría un capítulo sordo y mal documentado de la misma «guerra sucia» que enfrentó en otros países de Latinoamérica a la generación de los sesenta con el poder público y el ejército.

A aquellos que preferían la vía pacífica, el gobierno les haría una oferta múltiple (puestos, privilegios, empleos, retórica revolucionaria, cardenista, tercermundista, socialista), un «pan» difícil de resistir. El primer acto sustantivo, en los primeros meses de 1971, fue la amnistía a los líderes del 68 -estudiantes y maestros- y a los demás presos políticos (incluyendo a Campa y Vallejo). Luego, a lo largo de todo el sexenio, el gobierno aumentaría de manera constante los subsidios a las universidades e institutos técnicos de la capital y la provincia, donde muchos jóvenes del 68 se incorporarían a trabajar. En el caso especial de la UNAM -según cálculos de Gabriel Zaid-, el presupuesto crecería 1 688 por ciento entre 1968 y

1978. Si no aceptaban un empleo académico, los jóvenes podían acogerse al árbol cada vez más frondoso del sector público cuya tasa de empleo crecería de 600 mil personas en 1970 a 2.2 millones en 1976, ubicados principalmente en las nuevas áreas educativas creadas: el sistema de secundaria técnica, industrial, agrícola y marítima (28 por ciento anual, veinte veces mayor al del resto del país). Aunque la inmensa mayoría de los líderes del 68 trató de reingresar a la vida activa en zonas de relativa independencia (las embrionarias organizaciones políticas de izquierda que encabezaba el indomable Heberto Castillo, las instituciones académicas o un periodismo de izquierda que se fortalecía al calor de la «apertura democrática»), pocos pudieron sobrevivir fuera del presupuesto.

Nunca, ni en tiempos de Alemán, el gabinete se había compuesto con una proporción tan alta de egresados de la UNAM (78 por ciento). El gobierno presumía del porcentaje de universitarios con doctorados (16 por ciento) y maestrías (7 por ciento) que colaboraban con él. Ni siquiera faltó el líder del 68 que habiendo sido señalado por Díaz Ordaz como agitador en Guadalajara y concluido sus estudios en El Colegio de México, accedería a la doble función de director del Fondo de Cultura Económica y experto económico del régimen: Francisco Javier Alejo.

En círculos intelectuales, su nombramiento no causó indignación. Después de todo Echeverría no era Díaz Ordaz. Representaba la ideología progresista que los intelectuales comprometidos habían formulado para México a raíz del triunfo de Castro: un Estado cada vez más fuerte, una iniciativa privada cada vez más acotada, el fin de los líderes charros, las inversiones para el campo, el sano alejamiento frente a los Estados Unidos: «el socialismo mexicano -escribiría Carlos Fuentes en 1973— será resultado de un proceso de contradicción... de enfrentamiento entre la nación y el imperialismo, entre los trabajadores y los capitalistas. Marx previo todo eso.» Dos años antes, en 1971, se había convencido -como muchos otros intelectuales- de que Echeverría luchaba contra los misteriosos «diazordacistas», los «emisarios del pasado», incrustados en su mismísimo círculo de poder. Había que estar con él.

«Echeverría o el fascismo», exclamaba el gran editor Fernando Benítez. Según Fuentes, no apoyar a Echeverría equivalía a cometer «un crimen histórico».

«El único criminal histórico de México es Luis Echeverría», escribió entonces Zaid, y envió su texto a La Cultura en México, ¡suplemento cultural de la revista Siempre! El director, Carlos Monsiváis, consultó con el director general de la revista -José Pagés Llergo- la publicación de esa línea y Pagés se negó con las palabras sacrosantas: «Ni contra el presidente, ni contra la Virgen de Guadalupe.» Zaid dejó de colaborar en Siempre! y concentró su actividad intelectual en la nueva revista Plural, que acababa de fundar Octavio Paz bajo el paraguas protector del diario Excélsior. En aquel periódico se estaba operando un milagro: dirigido desde agosto de 1968 por Julio Scherer García, Excélsior ejercía la libertad de prensa en un grado que no se veía en México desde los tiempos remotísimos de Madero. En Plural, Paz y un grupo de escritores no apoyaban al régimen: ejercían la crítica independiente.

A sus cincuenta y seis años, Paz había regresado a México después de una larga ausencia de más de una década. Luego de renunciar a la embajada en la India, había pasado un largo periodo de reflexión en la Universidad de Austin, donde escribió un verdadero manifiesto de radicalidad democrática: Posdata. «Cualquier enmienda o transformación que se intente -escribió- exige, ante todo y como condición previa, la reforma democrática del régimen.» Paz veía al 68 como un parteaguas histórico. Desde el legado libertario de ese año equiparaba al PRI con las estructuras petrificadas del comunismo soviético y lo criticaba por «perpetuar un régimen de transición y de excepción»: «en México no hay más dictadura que la del PRI y no hay más peligro de anarquía que el que provoca la antinatural prolongación de su monopolio político».

Si Tlatelolco había sido el lugar histórico de una regresión sacrificial, el PRI era «una verdadera pirámide». Contra esa proyección mítica del poder en la mentalidad mexicana había que empuñar las armas de la crítica, «que es el aprendizaje de la imaginación en su segunda vuelta, la imaginación curada de fantasía y decidida a afrontar la realidad del mundo».

Muchos jóvenes a quienes Paz llamó «apasionados y terribles» no creían en las armas de la crítica, sino en la crítica de las armas. Eran impacientes y estaban heridos. No querían remedios contra la fantasía; querían un sueño de venganza, heroísmo y revolución. Paz, que en la «primera vuelta» de su imaginación, en su juventud, había tenido los mismos sueños, los desilusionaba. Hubieran querido que llegara a encabezar un movimiento de masas o al menos un partido de izquierda. Paz puso en tela de juicio a la pirámide del poder, y también a «las tendencias autoritarias de la tradición revolucionaria, especialmente de su rama marxista».

Si Zaid llamaba «criminal histórico» a Echeverría, no era sólo por su activa complicidad en el 2 de octubre de 1968, sino por su nunca aclarada intervención en una nueva matanza, especie de replay de Tlatelolco, que ocurrió el jueves de Corpus de 1971. Acababan de salir libres los líderes del 68 y para demostrar que seguían en pie de lucha habían convocado a una manifestación que partiría del Casco de Santo Tomás en el Politécnico. Para sorpresa general, los esperaba una auténtica emboscada.

Los hechos ocurrieron el 10 de junio por la tarde. Grupos de jóvenes armados con grandes varillas (típicas del arte marcial de kendo) se abalanzan sobre la pacífica marcha golpeando y apresando estudiantes. Desde la azotea de una vecindad donde una familia de maestros les ha ofrecido refugio, dos jóvenes amigos atestiguan la escena:

«Una nueva oleada de garroteros se agrupa sobre la calzada... y parte a un trote marcial, colectivo, voceando «Arriba el Che Guevara» y corean sus voces. Pasan frente a nosotros, traen garrotes amarillos idénticos en una mano y piedras en la otra, llegan frente a los tanques antimotines que han quedado estacionados al principio de la calzada... y ahí reinician sus gritos Che Guevara, al tiempo que lanzan piedras contra los cristales de un comercio».

Era obvio que se trataba de un cuerpo de provocadores adiestrado para fingirse estudiantes. El batallón Olimpia redivivo. Corrió el rumor de que las casas serían cateadas, como en Tlatelolco. De pronto, «un muchacho como de trece años llega diciendo que un doctor vecino... está como loco: «dice que hay como doscientos muertos, que unos de bayoneta». Los jóvenes deciden subir a un camión de línea. «Si los detienen, digan que viven aquí», apunta el profesor. En el camión ven caras abotagadas, aterradas, ojos atónitos, ropas pringadas de sangre. El gesto seguro de un «garrotero» golpea el autobús dándole el «siga». Atrás ha quedado el ir y venir de ambulancias, el estruendo de los disparos. Al día siguiente los jóvenes se enteraron de que los garroteros habían entrado al hospital Rubén Leñero y la Cruz Verde a «rematar» a los estudiantes heridos en sus lechos.

El 11 de junio los periódicos de la ciudad, sin excepciones, vivieron un fugaz momento de libertad absoluta: reportaron los hechos con veracidad e indignación. El grupo paramilitar que había intervenido era conocido como los Halcones. A los pocos días, dos altos funcionarios renunciaban a sus puestos: el regente del Departamento del Distrito Federal Alfonso Martínez Domínguez y el jefe de la Policía Rogelio Flores Curiel. Los intelectuales integrados al gobierno tomaron como buena la versión de que el crimen había sido una trampa tendida contra el presidente progresista por los «emisarios del pasado» dentro de su propio régimen. Al separarlos se había liberado de ellos, y de la estela del 68.

Un viejo intelectual afianzaba semana a semana su pequeño poder: Daniel Cosío Villegas. Echeverría lo procuró como a ningún otro. En noviembre de 1971, le dio el Premio Nacional de Letras. Cosío, que acababa de completar el último volumen de los diez que componían su magna Historia moderna de México, aceptó el reconocimiento por «la única razón» de que en México «se comenzaba a respirar un clima de libertad política». Acogido a esa libertad y ensanchándola, Cosío publicaba sus artículos en Excélsior.

Echeverría lo desconcertaba. Su dedicación al campo le parecía tan admirable como su energía: «el presidente confunde el sexenio con un semestre». Observándolo con curiosidad científica y publicando sus hallazgos como nadie se había atrevido a hacerlo desde el tiempo de los liberales, Cosío llegó a la conclusión de que Echeverría era un «predicador»:

padecía una suerte de incontinencia verbal, tenía una necesidad «casi fisiológica» de hablar urbi et orbi. De los valores de renovación que lo impulsaban no le cabía duda. Eran sus medios los que podrían llevar al desastre.

Echeverría comenzó a retomar el camino de López Mateos y no lo dejó hasta que terminó el sexenio. En Chile fue más allendista que Allende, a Japón llevó una inmensa comitiva para gestionar, supuestamente, la apertura comercial de México. Con el mismo boato ejerció el turismo revolucionario por Gran Bretaña, Francia, Bélgica, la URSS, China, Alemania Oriental, Italia, el Vaticano, etcétera. Se trataba de «una empresa cansada y dispendiosa» -apuntaba Cosío Villegas-; movido por su marcada «inclinación egocéntrica», el presidente buscaba su «consagración internacional».

Una vez más, relucía el profeta en don Daniel: con el tiempo el presidente enviaría a su ministro de Relaciones Exteriores para «arreglar» el conflicto entre árabes e israelíes, intentaría encabezar a los países del Tercer Mundo, dictaría una Carta de los Deberes y Derechos Económicos de los Estados, buscaría el Premio Nobel de la Paz (entablando vínculos con su gran competidora, la mismísima Madre Teresa, para que se sirviera apoyarlo, cosa que la Madre hizo con ejemplar caridad) y, para cerrar con broche de oro, anunció que al término de su presidencia estaría «a disposición de los Estados miembros de las Naciones Unidas que expresen su deseo de confiarme el cargo de secretario general las Naciones Unidas». Ni Alemán se había atrevido a tanto.

Si había dinero había que gastarlo y si no, había que imprimirlo o pedirlo prestado. ¿Para qué otra cosa podía servir el crédito acumulado por el «desarrollo estabilizador»? Gastar era sinónimo de invertir, y ambas operaciones parecían buenas y productivas en sí mismas. Todos sus proyectos eran de una escala inmensa: nuevos centros turísticos, desde Cancún, Ixtapa hasta Bahía Banderas y los Cabos; nuevos centros industriales, Altamira, Lázaro Cárdenas, Cosoleacaque, etc.; nuevos desarrollos agrarios, desde el Valle del Mezquital hasta el Valle del Yaqui con inmensas inversiones en presas y canales de riego. Alguna vez, su secretario de Agricultura sugirió que los girasoles eran más productivos que el maíz. Adrián Lajous recordaría la escena emblemática que siguió, una de tantas que se repetirían diariamente en el sexenio: -Echeverría dijo: '¿Y por qué veinte? ¿Por qué no cuarenta?' Lo duplicó así, automáticamente, sin saber nada de girasoles, sin darse cuenta ni reparar el hecho de que tampoco los campesinos sabían nada. Echeverría declaró en ese tiempo: «En cinco años haremos lo que no se ha hecho en cincuenta» Creía sinceramente que un país podía desarrollarse gastando mucho dinero.

El secretario de Hacienda, Hugo Margáin, tenía un concepto distinto. Tiempo después reconstruía el episodio que lo llevó a la renuncia: «Yo le dije: Bueno, hay algunas reglas que deben tomarse en cuenta, señor presidente. La deuda interna y la deuda externa tienen un límite. Y ya llegamos al límite». Aquel día de agosto de 1973, Luis Echeverría aceptó la renuncia de Margáin lo designó embajador en Gran Bretaña), le encomendó el puesto a su amigo del alma, José López Portillo (un hombre con poca experiencia económica y política), nombró subsecretario al joven neokeynesiano Francisco Javier Alejo poniendo en sus manos la política económica del régimen, e hizo una declaración verdaderamente histórica: «A partir de este momento, la economía se maneja desde Los Pinos.»

Luis Echeverría Álvarez: el inicio

Cuando el Presidente Luis Echeverría Álvarez toma posesión reconoce los grandes retos a los que su gobierno debe enfrentar pues dice que «subsisten graves carencias e injusticias que pueden poner en peligro nuestras conquistas: la excesiva concentración del ingreso y la marginación de grandes grupos humanos amenazan la continuidad económica del desarrollo, por ello el alentar las tendencias conservadoras que han surgido de un largo periodo de estabilidad, equivaldría a negar la mejor herencia de nuestro pasado».

En ese momento, «México está atento a todas las corrientes intelectuales científicas y económicas que hacen evolucionar al hombre... La conciencia histórica se fortalece con la conciencia crítica. Nos encontramos muy lejos de haber llegado a una etapa definitiva de nuestra evolución y estamos dispuestos a renovar, en profundidad, cuanto detenga el advenimiento de una sociedad más democrática» (Echeverría, 1976).

Los retos más importantes que Echeverría tiene en el plazo inmediato son la orientación del desarrollo económico y los problemas derivados de una estructura estatal demasiado autoritaria. La economía había logrado un crecimiento espectacular en las últimas tres décadas, sin embargo, la concentración del ingreso, por un lado, y la marginación, por el otro, amenazan la estabilidad del país y el crecimiento económico.

Los problemas de los sesenta se han agravado: carencia de vivienda, educación, acceso a la salud, equipamiento urbano y se ha sumado el problema de la alimentación, debido al deterioro del salario en los últimos años. En esta década se sustituye el desarrollo estabilizador y para ello se intentan reformas profundas en la orientación del financiamiento del desarrollo y la distribución del ingreso además del apoyo a las mayorías marginadas.

En los últimos años de los sesenta se vivió una tapa de radicalización extrema tanto en el ámbito estudiantil como con los obreros y campesinos. Los canales para el quehacer político democrático estaban cerrados, de ahí el número de activistas que deciden impulsar la guerrilla urbana. las agrupaciones que surgen son variadas: el frente Urbano Zapatilla, el Movimiento Armado Revolucionario; los Comandos Armados del Pueblo, Las Fuerzas Revolucionarias Armadas del Pueblo, el Movimiento Universitario Revolucionario, La Liga Comunista 23 de septiembre, el movimiento de Lucio Cabañas, el de Genaro Vázquez Rojas. Algunos estados se ven amenazados por la ola de robos, secuestros, asaltos y entrenamientos armados y el gobierno responde con una guerra sorda y secreta aplastando los movimientos en los cuales se encontraban estudiantes que simpatizaban con la izquierda radical.

EL GOBIERNO DE ECHEVERRIA

El primero de diciembre de 1970, Luis Echeverría Álvarez llega a la Presidencia. El país atraviesa por una situación en lo que se refiere a la producción agrícola y a la captación de fondos a través del impuesto. Es por ello, que propone modificaciones en las dos áreas surgiendo la nueva Ley de Reforma Agraria y la Ley del Impuesto Sobre la Renta.

Sin embargo, Echeverría rompe con la costumbre de los anteriores presidentes de pedir la opinión al sector privado acerca de los proyectos de leyes. Esto provoca que el sector privado despliegue una campaña a nivel nacional en contra del Gobierno de Echeverría.

Las modificaciones tributarias propuestas se enmarcan en un diagnóstico de la situación económica del país, pretenden modificar el desequilibrio presupuestal, el creciente endeudamiento con el exterior y el desequilibrio permanente y en aumento de la balanza comercial.

Los medios principales para ejecutar esa etapa de consolidación son:

1. Presupuesto Federal Restrictivo
2. Política monetaria restrictiva
3. Política de creación de empleo
4. Política de incremento de producción
5. Política de control de precios
6. Política de control de incrementos salariales
7. Política de redistribución del ingreso

Con esta política económica definida en 1971, se inicia una de las contradicciones más importantes no resueltas en el sexenio 1970 1976. Por un lado, dadas las enormes carencias sociales que demandan una atención inmediata y la necesidad de consolidar la economía nacional ampliando la infraestructura y promoviendo la producción básica, requieren de una mayor acción del Estado, de incrementos en el gasto público y de una creciente participación del sector público en la economía.

Por otro lado, una política monetaria, crediticia y fiscal restrictiva se ve imposibilitada para financiar el gasto público. Los resultados económicos de esa política contradictoria se sienten de inmediato dándose una disminución económica en todo el país.

No solamente las condiciones internas sino también la crisis mundial iniciada a mediados de 1971 agrava el problema de la economía mexicana. Para enfrentar esa situación, internamente se tomaron cuatro medidas para combatir esa recesión.

1. Modificaciones fiscales

2. Mayores restricciones de crédito, acompañadas por una notable reducción en el aumento del medio circulante.

3. Una aplicación más fuerte y constante de los controles de precios.

4. Una política económica general destinada a reducir ligeramente la tasa de crecimiento interno.

Hacia fines de 1971 los problemas de la economía nacional difícilmente pueden ser superados por la vía de la política restrictiva impuesta por las autoridades hacendarías. Era claro que lo que se debía buscar era un crecimiento sostenido de la actividad económica, combinado con la estabilidad de precios y con una creciente justicia social. Para sacar a la economía de la recesión se expande el gasto público para, por vía del incremento de la demanda, reactivar la producción mediante el uso de la capacidad instalada no aprovechada generando así una mayor oferta de empleo.

Sin embargo, esta política no da resultado y en junio de 1972 el Gobierno anuncia un programa destinado a reactivar a corto plazo la actividad económica del país. El gasto público se libera y se amplían los recursos financieros destinados al crédito agrícola y agropecuario. Como la inversión extranjera contribuye a acelerar la recesión en la economía mexicana, al no invertir parte de sus utilidades, el Gobierno mexicano publica y difunde los diez criterios en relación con la inversión extranjera:

1. Ajustarse a las leyes del país

2. Ser complementarias del capital nacional y, en consecuencia, no desplazarlo o dirigirse a campos que estén adecuadamente cubiertos por las empresas nacionales.

3. Orientarse hacia nuevos campos de actividad o al establecimiento de nuevas industrias.

4. Asociarse con capital mexicano en proporción minoritaria como regla general.

5. Dar ocupación preferente a técnicos y personal administrativo, de nacionalidad mexicana y cumplir con las disposiciones legales relativas a la capacitación de personal mexicano.

6. Aportar una tecnología avanzada y contribuir a la evolución y creación de aquellas técnicas que mejor se adapten a las necesidades mexicanas.

7. Producir artículos destinados a la exportación.

8. Integrarse a la economía nacional incorporando hasta el máximo posible insumos y componentes del país.

9. Financiar sus operaciones con recursos del exterior y no recurrir al crédito interno.

10. En general apegarse y coadyuvar al logro de los objetivos y políticas de nuestro desarrollo.

Estos criterios son incorporados en la nueva ley que regiría las inversiones extranjeras. Para 1973 la iniciativa privada seguía en actitud pasiva y sin invertir. Además, prosiguen con su actitud de oposición hacia las políticas gubernamentales que reafirman el papel rector del Estado. Ante esta situación, el Estado sigue invirtiendo y creando empresas en México hasta llegar su participación a un 30 por ciento del total de la economía.
Para combatir la inflación que se genera, el Gobierno presenta un nuevo programa de 16 puntos que busca la estabilización de la economía. Los puntos del programa antiinflacionario son:

1. Ajustar el ritmo del gasto total del sector público, revisando su estructura sectorial y limitando su financiamiento estrictamente a actividades no inflacionarias.

2. En el consumo del sector público, se refuerzan las políticas de pago oportuno, planeación y racionalización del abastecimiento.

3. Vigilar que el circulante crezca en proporción a la actividad real del país.

4.- Financiar las actividades productivas a corto plazo principalmente agropecuarias, restringiendo consumos suntuarios, operaciones especulativas y acumulación excesiva de inventarios.

5. Mayor empleo de la capacidad industrial y agropecuaria para aumentar la oferta de alimentos, materias primas y bienes de consumo.

6. Estimar la inversión privada donde haya escasez de oferta.

7. Más vigilancia y control de precios sobre todo entre introductores y distribuidores.

8. Orientación al consumidor para seleccionar consumos.

9. Estricta vigilancia sobre la relación entre aumento de precios y los aumentos de los costos.

10. Fomentar la formación de cooperativas de consumo rurales, sindicales y urbanas.

11. Promover centros de ofertas y consumo por asociaciones industriales.

12. Racionalizar la exportación de alimentos, materias primas y artículos de producción insuficientes para la demanda interna.

13. Si es necesario importar granos y otros artículos por parte del Gobierno.

14. Ampliar las posibilidades de importar productos escasos en el mercado.

15. Reducir los controles y aranceles a la importación que influyen inconvenientemente en los precios.

16. Propiciar una relación adecuada entre los aumentos de salarios y los incrementos en la productividad y el costo de la vida.

El programa de los 16 puntos no tiene éxito, en parte porque el programa contempla algunas medidas restrictivas como la política monetaria, fiscal, y crediticia restrictiva. Los principales aspectos de la política de Echeverría durante sus primeros 3 años de gobierno son:

a). El rápido crecimiento del gasto público en el sector rural.

b). El rápido incremento del gasto en bienestar social, principalmente en materia de educación y construcción de vivienda.

c). La aceptación y promoción de las demandas obreras por elevaciones de salarios para ajustarlos a los incrementos de los precios.

d). La participación más activa del sector público para fortalecer el desarrollo agrícola y defender la economía de las clases populares.

e). La multiplicación de la capacidad instalada en las industrias básicas: acero, energéticos, petroquímica, textiles, etc.

f). El incremento en los precios y tarifas de los bienes y servicios más importantes que proporciona el sector público.

g). La adopción de una actitud distinta a la tradicional en relación Gobierno - Iniciativa Privada.

h). Una política exterior más agresiva.

i). La adopción de un estilo distinto de trato con los sectores populares, escuchándolos, haciéndolos participar más en la toma de decisiones.

A fines de 1973, la pauta de «freno - aceleración» mina la confianza de los inversionistas productivos, siempre amenazados por la posibilidad de nuevas medidas restrictivas. Al mismo tiempo, el gasto público en los períodos de activación tiene efectos inflacionarios.

MEXICO Y LA CRISIS ECONOMICA DE 1974 - 1976

Al diseñarse la política económica para el año de 1974, se presentan dos tendencias opuestas: por un lado, se quiere continuar profundizando las políticas monetarias contraccionistas y por el otro lado, se busca una opción diferente a la contraccionista, es decir, una política económica que subordine los instrumentos de política monetaria y fiscal al servicio de los objetivos más amplios que los puramente estabilizadores.

Ante los planteamientos opuestos, la política para 1974 busca un camino intermedio. El plan de trabajo para 1974 es «combatir sin limitar la actividad económica, las presiones inflacionarias que proviene en gran parte de los bienes del exterior que la economía requiere y de la elevación de los precios internacionales. Se hace una mejor planeación de las finanzas públicas, se modera la tendencia del crecimiento del gasto público y se atiende a captar recursos destinados al consumo para canalizarlo a fines productivos».

Otra vez la política propuesta fracasa. El año de 1974 la inflación registra la tasa más alta hasta entonces en la historia de México. En promedio, el índice nacional de precios al consumidor crece 24 por ciento. También crece la economía, aunque a una tasa anual en términos reales menor a la de 1972 y 1973. El crecimiento del PIB de 5.9%. Para 1975 la misma política es seguida con los siguientes ajustes:

1. Restringir más la economía.
2. Reducir las inversiones públicas.
3. Aumentar los ingresos públicos vía impuesto, precios y tarifas de las empresas públicas (El Estado tenía ya una participación de 35% en la economía nacional).
4. Reducir el saldo negativo con el comercio exterior.
5. Mantener el tipo de cambio de la moneda.
6. Aumentar la captación de recursos por parte del sistema financiero.
7. Tener un estricto control sobre la oferta monetaria.

Para 1975 la situación es la misma que en 1974, el embargo petrolero y los incrementos de precio del petróleo han puesto en jaque a todas las economías del mundo. No hay la recuperación económica esperada. En septiembre 15 al 17 se reúnen en París los presidentes de Estados Unidos y Francia, el canciller de la República Federal Alemana y los primeros ministros de Italia, Inglaterra y Japón. Ahí, en esa reunión de Ramboviller, la primera desde la de Londres en junio de 1933, se admite que la recesión económica en el mundo en esos dos años (1974 1975) es la más grave desde la postguerra.

A la recesión mundial que afecta gravemente las exportaciones mexicanas se suma la actividad desafiante del Sector Privado y su resistencia a invertir. De hecho, en 1975 la inversión privada disminuye en términos reales. El capital nacional inicia su fuga hacía los Estados Unidos ante el rumor de una posible devaluación. Las importaciones empiezan a crecer dada la liberación comercial y un peso sobrevaluado que hacía baratas las mercancías extranjeras.

A mediados de 1975 es ya evidente que la economía mexicana se perfila hacia una fuerte recesión económica. Ante esta situación, al definirse la política económica para 1976 triunfa la política contraccionista.

El año de 1976 se caracteriza por la propagación de falsos rumores acerca de la economía mexicana por parte del Sector Privado. También lo caracterizan la dolarización de la economía, la especulación contra el peso mexicano, la fuga de capitales, la política monetaria y de gasto restrictivo y el estancamiento de la economía.

México: la restauración autoritaria

El 31 de agosto de 1976, como resultado de las presiones internas y externas y de la situación económica se abandona el tipo de cambio de 12.50 por dólar y se deja flotar el peso mexicano. El Gobierno explica las razones de la devaluación de la moneda. En primer lugar, por la persistente salida de capitales que se traduce en aumento constante y excesivo de la deuda para cubrir la fuga de divisas. Además, se limitaba la capacidad de crédito del sistema económico que a su vez frenaba la expansión de la producción. En segundo lugar, por el fuerte desequilibrio entre exportaciones e importaciones de bienes y servicios, por deterioro de la competitividad frente al exterior, derivado de que la inflación en México es más alta que en otros países. Tercera, por la necesidad de aprovechar racionalmente la capacidad instalada y la nueva inversión, para incrementar el empleo.

Ante el rumor de un golpe de estado y de nacionalización de la banca mexicana, en noviembre 22 se publica un comunicado del Banco Central, mediante el que, a partir de esa fecha y hasta nuevo aviso «las instituciones bancarias se abstendrán de comprar y vender moneda extranjera». Esta medida es el resultado de que en los últimos días se hacen conversiones excesivas de moneda nacional a moneda extranjera. A mediados de noviembre, el dólar se cotiza a 28.48 pesos a la venta y 28.20 a la compra. Para fin de noviembre se cotiza a 21.50 pesos a la compra y 22.50 a la venta. Este nivel se mantiene hasta principios de 1980. México solicita y obtiene ayuda del Fondo Monetario Internacional para resolver sus problemas monetarios.

México establece un convenio con el F. M. I. en el que los objetivos pueden resumirse en los siguientes puntos:

1. Procurar acelerar la tasa de crecimiento, en términos reales, durante 1976 1979. Lograr el equilibrio para 1979.
2. Reducir la inflación a un 20% en 1977 y reducirlo a partir de ese año.
3. Revisar los salarios nominales y que la tasa del aumento nominal sea el equivalente a la que se registre en los principales países con los que México tiene relaciones comerciales.
4. Promover y canalizar las utilidades hacia la inversión ofreciendo garantías y asegurando una rentabilidad elevada.
5. Determinar el monto total del gasto público, reduciendo su participación en el P.I.B
6. Programar la inversión pública y el gasto corriente en función del impacto que puedan tener sobre los precios.
7. Regular las empresas paraestatales mediante mecanismos fortalecidos de control presupuestal.
8. Instrumentar una política de precios y tarifas de los bienes y servicios producidos por las empresas públicas que contribuyan a reducir el déficit

del Sector Público y que mantenga una estructura flexible en función de los aumentos de los costos y evite subsidios a los consumidores.

9. Incrementar los ingresos corrientes del sector público en 1.5% del PIB en 1977.

10. Limitar el endeudamiento interno del gobierno al momento que resulte el incremento de la captación de recursos por parte del Banco de México (Vía encaje legal) con un margen de 1,500 millones de pesos, en 1977 de creación primaria de dinero.

11. Reducir las barreras no arancelarias a la importación, así como los estímulos artificiales debidos a la exportación.

12. Reducir el endeudamiento externo mediante la fijación de topes absolutos. (3,000 millones de dólares neto en 1977).

13. Incrementar la reserva de divisas del país utilizando el 25% de endeudamiento externo neto de 1977 para reconstruir reservas en el Banco de México.

14. Retener el ahorro en pesos generados en el país dando seguridad a los depósitos, reiterando la política de libre convertibilidad de la moneda, atacando la inflación y manteniendo un diferencial atractivo en la tasa de interés respecto a las que prevalecen en el interior.

15. Regular la creación de dinero, limitando la emisión de billetes al monto en que se incrementan las reservas internacionales del país.

A. Política internacional

La política internacional empieza a ser de importancia primordial para Echeverría quien cristaliza sus esfuerzos en la carta de los Deberes y Derechos Económicos de los Estados, que resume la postura del gobierno mexicano y que se incorpora como documento de las Naciones Unidas para normar las relaciones entre los Estados. Las bases de la Carta expresan la «libertad para disponer de los propios recursos naturales. Respeto irrestricto del derecho que cada pueblo tiene de adoptar la estructura económica que le convenga y para imprimir a la propiedad privada las modalidades que dicte el interés público».

La visión de Echeverría de imponer un nuevo orden económico internacional (NOEI) lo lleva a convertirse en líder de los países en vías de desarrollo y agregar en la Carta que se debe renunciar «al empleo de instrumentos y presiones económicas para reducir la soberanía política de los Estados».

La prohibición expresa a las corporaciones transnacionales de intervenir en los asuntos internos de las naciones. Abolición de las prácticas comerciales que discriminan las exportaciones de los países no industrializados. Ventajas económicas proporcionales según los niveles de desarrollo. Amplia y adecuada transmisión de los avances tecnológicos y científicos, amenos costo y mayor celeridad para los países atrasados.

El proyecto echeverrista a de romper con la dependencia lo lleva formar el grupo de los 77, grupo que se constituye inicialmente por ese número de países que no se alinean ni con el norte ni con el sur.

EL GOBIERNO DE LOPEZ PORTILLO

Los sueños.

López Portillo creía firmemente que México es secuela de espiritualidad y mestizaje. Ese era el libreto místico de México. Por eso Quetzalcóatl era un «señor más grande que Prometeo... fue mucho más allá del fuego para dar, por la voluntad de su sangre, la santificación del orden al cosmos convirtiendo en hazaña de la libre voluntad la resignación al orden misterioso de la naturaleza». La obsesión llegó al extremo de mandar esculpir, sobre la barda exterior de su casa en el Pedregal de San Ángel, una larga serpiente policromada, su homenaje a Quetzalcóatl.

Con el ingreso al poder de un López (Mateos), otro López (Portillo), pudo «ver de cerca» por primera vez a un presidente. En esos momentos «reflexionaba en que, dentro de mí, tal vez por inercia histórica... empezaba a darse un proceso de sacralización de quien detenta el poder y me sentía obligado a analizarlo». Sin experiencia alguna en la política, López Portillo cierra su despacho y a los cuarenta años ingresa al servicio público en puestos menores

En el sexenio de López Mateos es asesor técnico del oficial mayor de la Secretaría de Patrimonio Nacional y, más tarde, director de las Juntas Federales de Mejoras Materiales en la misma Secretaría. En 1965 Díaz Ordaz le encarga la Jefatura del Consejo Jurídico de la Secretaría de la Presidencia (1965- 1968) y, en 1968, la Subsecretaría de la Presidencia. Su amigo de juventud Luis Echeverría lo hace subsecretario del Patrimonio (1970-1972), director de la Comisión Federal de Electricidad (1972-1973) y, en el momento en que se decreta que «la economía se maneja desde Los Pinos», ministro de Hacienda (1973-1976). En 1975, Echeverría lo destapa.

López Portillo debió entrar en trance místico. El destino, la historia, el misterio, el cosmos, la Providencia lo convertían en el gran tlatoani de México. Quizá se sentía más que nunca Quetzalcóatl. Pero la obra en cuatro actos que escenificaría en el gran teatro nacional era otra.

Su discurso de inauguración fue, sin disputa, uno de los mejores en la historia de México. No era un político mexicano el que lo había escrito: era un hombre de carne y hueso. Su tema no era el milagro mexicano, sino la crisis de México. Con auténtica fuerza moral, proponía un pacto de unión para superar la crisis. Era un alivio escuchar un mensaje de sensatez luego de seis años de demagogia. Las palabras recobraban su valor, su sentido. El país debía curar sus heridas, retomar el rumbo. Vendrían dos años de recuperación, dos de consolidación y dos de crecimiento. Se establecería una «alianza para la producción». Y a los pobres de nación, los desheredados, un mensaje de esperanza y una súplica genuina de perdón. «El perdón cancela el tiempo - había escrito Don Q, con genuina sabiduría-. Se pueden estrenar tiempos nuevos como hazañas de la voluntad del perdón, que es, tal vez, el acto más sublime de la voluntad del bien, de la buena voluntad.» Eso es, precisamente lo que transmitía su mensaje y lo que le ganó la adhesión instantánea de grandes sectores del país: su evidente voluntad de hacer el bien, su buena voluntad.

El plebiscito instantáneo que se dio en ese momento a su favor fue más importante que su triunfo en la votación del 6 de julio de 1976 (el PAN se había abstenido de postular candidato, López Portillo había sido candidato único a la presidencia). Pero para quienes recordaran la historia de México, aquel momento de entusiasmo podía parecer engañoso: ¿Cuántas veces habían confiado los mexicanos en un hombre providencial? ¿Por qué seguir empeñados en atar el destino nacional a la voluntad de un hombre?

Por primera vez en casi un siglo y medio, llegaba a la silla presidencial un hombre con auténtico carisma. «Muy señor de muy buen ver, vestido con sencillez. Con una sombra de melancolía en el semblante... De color cetrino, hermosos ojos negros, de suave y penetrante mirada... se podría decir que es un filósofo que vive en digno retraimiento.» La imagen es de López de Santa Anna cerca de 1840 y la cita proviene de la marquesa Calderón de la Barca, pero parece un profético daguerrotipo de López Portillo. Ambos López eran gallardos, montaban fogosos caballos, usaban largas patillas, ambos eran oradores naturales, «picos de oro» espontáneos y emotivos que cantaban al oído de la patria y la veían hipnóticamente. En Tampico, López Portillo escribe: «como siempre, quise improvisar mi discurso para lograr plena comunicación con la gente, viendo siempre a los ojos de alguien». Pero, ante todo, ambos criollos eran machos: «Fui muy macho -escribió López Portillo-, jamás un coyón rajado... Acepté el prestigio del machismo y lo viví intensamente: respondiendo a todos los retos... y con la terquedad del niño, la arrogancia del joven y la necedad del viejo, jamás me rajaré, ¡palabra de macho!»

En el trasfondo se escucha una canción de otro criollo arquetípico, Jorge Negrete: «¡Ay, Jalisco no te rajes!» En la calle o en la escuela el macho López Portillo, secundado por su cuate, el «Negro» Durazo, se lía a trancazos y bofetadas porque alguien lo vio feo o porque no lo vio. ¡No es un coyón rajado!, pero ¿qué tenía que hacer el machismo en la política?

En la política, nada, como entendieron en sus principios los dos López. Ambos fueron reacios a sentarse en la Silla. A López de Santa Anna le fastidiaba la carga insoportable del gobierno. El mando le era indiferente, sólo le importaba no perderlo. Prefería ceder el despacho diario de la política a su vicepresidente, el gran liberal Valentín Gómez Farías, y pasar largas temporadas en Manga de Clavo fungiendo como árbitro entre los partidos.

López Portillo, por su parte, se sentía raro en el puesto. En confianza bromeaba sobre su acceso al poder, lamentaba las desmesuras de su «amigo Luis», confesaba su incredulidad al caminar por los pasillos de Palacio viendo las pinturas de los presidentes que lo habían antecedido, como si hubiese sido el beneficiario de una cósmica lotería. Era el tlatoani, pero no se tomaba muy en serio. En cuestiones económicas, se veía a sí mismo, literalmente, como «el fiel de la balanza» entre los monetaristas y los keynesianos, y oscilaba hamletianamente entre esos dos polos. El arreglo funcionó por cerca de dos años.

El programa económico se ajustó a lo prometido: no hubo desbordamiento del gasto público, era el arranque de la economía, se trataba de recobrar el rumbo. Ya con la perspectiva de una riqueza petrolera insospechada, los problemas económicos del país parecían manejables.

Los arduos asuntos del gobierno los encomendaba al gran estudioso del liberalismo en México, el sagaz político veracruzano Jesús Reyes Heroles, a quien la gente conocía como «don Jesús, el del gran poder». Reyes Heroles representaba un caso atípico, por eficaz y exitoso, de intelectual-político. Abogado de profesión, humanista y bibliófilo, lector de Tocqueville y Burke, había publicado en 1957 tres volúmenes sobre el liberalismo en México. Su perfil vital correspondía a la antigua tradición española de los letrados en el poder. Gracián y el propio Quevedo habían jugado un papel importante en la corte de los Habsburgo. «El arte de reinar -decía otro de ellos, Saavedra Fajardo, en el siglo XVIII- no es don de la naturaleza, sino de la especulación y la experiencia.» Igual que sus remotos antecesores, Reyes Heroles no concebía la vida intelectual como distinta, o menos aún opuesta, a las tareas del Estado sino como una función integrada a él, que se guía por sanciones positivas. Quizá Reyes Heroles estaba más cerca de los mandarines chinos que de Maquiavelo: «No es raro que el político maneje la verdad; pero, como el que no lo es está esgrimiendo la mentira, ocurre que se engaña con la verdad. Además, ya decía un clásico barroco: la verdad disimulada no es mentira.»

«Cambiar para conservar, conservar para cambiar», era su lema. Su misión era consolidar el sistema político mexicano, pero su método era el cambio interno. La reforma política que instrumentó en 1978 otorgaba registro oficial al Partido Comunista y otras organizaciones de izquierda. Se trataba de una auténtica amnistía histórica, el reconocimiento definitivo de la izquierda como fuerza política y la renuncia de ésta a optar por la vía violenta. Esta vez la apertura política no era mentira, ni siquiera una verdad simulada: era verdad. A la postre, fue el gran aporte del sexenio de López Portillo.

Como un signo de esperanza, Octavio Paz publicaba entonces su ensayo *El ogro filantrópico*, donde matizaba sus opiniones radicales contra el Estado mexicano. La aparición Archipiélago Gulag (1973) y las revelaciones sobre las masacres de la Revolución Cultural en China, lo obligaban a corregir un tanto su apreciación de 1970 sobre el sistema y el PRI. Los fines de la Revolución mexicana le parecían vigentes. Y no eran deleznables la paz, la estabilidad, el crecimiento sostenido por tantas décadas en medio de un mundo en guerra. México debía seguir ejerciendo la crítica de los mitos históricos y las viejas estructuras mentales (la pirámide azteca, el patrimonialismo de la corte virreinal), que bloqueaban el acceso franco a la modernidad.

Pero esa modernidad -agregaba Paz, haciéndose eco del remoto zapatismo de su propio padre- debía construirse también a partir de «las formas de vivir y morir, producir y gastar, trabajar y gozar que ha creado nuestro pueblo». Encontrar el justo medio entre tradición y modernidad, desechar el peso muerto del pasado y aprovechar su legado moral, buscar una modernidad propia, «es una tarea que exige, aparte de circunstancias históricas y sociales favorables, un extraordinario realismo y una imaginación no menos extraordinaria».

Realismo e imaginación eran las cualidades de don Jesús, y de López Portillo, que lo dejaba hacer. Parecía el mejor de los mundos posibles: un sensato presidente de la economía (López Portillo) y un sabio letrado dieciochesco dirigiendo la política. Por desgracia, frente a la circunstancia más que favorable, casi providencial del descubrimiento de los yacimientos de petróleo, una sorpresiva faceta se manifestó en López Portillo. Si Santa Anna se había sentido el «Napoleón del Oeste», su sucedáneo comenzó a verse no como un alter ego, sino como el mismísimo Quetzalcóatl que gracias al petróleo conduciría a México hacia la «administración de la abundancia».

«Poco tiene que ver la profesión o actividad política con la mitomanía y la sobreestimación que conducen a los sueños de grandeza», decía Reyes Heroles. Convertido en rey, el nuevo López Portillo no podía estar de acuerdo y lo orilló a la renuncia agregando con sarcasmo: «Si Reyes Heroles persevera, llegará a ser el Ortega y Gasset mexicano».

Ahora sí quería el poder, todo el poder, para él y también para los suyos: su hermana y su primo ya tenían altos puestos; faltaba su hijo, el economista José Ramón López Portillo: le encargaría la Subsecretaría de Programación y Presupuesto y lo llamaría «el orgullo de mi nepotismo». Y faltaba una presencia aún más cercana, íntima; no la esposa, que dilapidaba fortunas en sus viajes a Europa cargando con un piano de cola para exhibir sus dotes de concertista, sino su «novia», una hermosa mujer de la generación del 68, morena como la Malinche, doctora en Física, ex esposa del hijo mayor de Echeverría: Rosa Luz Alegría. No se casó con ella, pero, según Reyes Heroles, quería nombrarla secretaria de Educación. Horrorizado de ver el destino que esperaba a la Secretaría de Vasconcelos, Reyes Heroles pudo todavía interponer su influencia, pero no disuadió a «Pepe» de nombrarla ministra de Turismo.

Julio Scherer recuerda las paredes de la ayudantía del Estado Mayor en Los Pinos, a unos metros del despacho presidencial. «Fotografías y más fotografías:

-López Portillo en un caballo blanco, López Portillo en un caballo negro, López Portillo con una raqueta en la mano, López Portillo en el momento de disparar una metralleta, López Portillo en una pista de carreras, López Portillo en esquí... López Portillo en una montaña, López Portillo en la cumbre.»

Esgrimista, atleta, boxeador, tenista, gimnasta, caballista, pintor. ¿Quién se atrevería a ponerle límites? Nadie, menos ahora que nunca. No sólo era el presidente de México, sino el jeque sexenal de los árabes de América, los mexicanos.

Un mensaje televisivo anunciaba «Petróleo: el oro negro para todos». El plan de crecimiento moderado en tres bienios se tiró por la borda. Lo sustituyó un plan de crecimiento tan desbocado, que la gestión de Echeverría pareció casi austera. «No aprovechar la coyuntura -explicaría tiempo después el presidente-hubiera sido una cobardía, una estupidez.» El petróleo será un poderoso cimiento de nuestra industria, garantizando un grado de independencia económica que el país nunca ha conocido.»

Como en tiempos de Echeverría, pero con una capacidad crediticia mucho mayor, se hacían gastos e inversiones de baja productividad inmediata (o nula, o negativa) con ingresos frescos o con créditos a corto plazo avalados por las reservas petroleras. Crecían geométricamente las plazas del sector público. El proyecto de López Portillo lo incluía todo: ferrocarriles, energía nuclear, petroquímica, infraestructura en el campo, decenas de vías rápidas en la ciudad de México, expansión de la planta siderúrgica (cuando no había demanda). La modernización total en un sexenio.

El caso de PEMEX, la mayor empresa pública de México fue ilustrativo. Las inversiones se hacían sin orden ni concierto: se tendía un gaseoducto de 750 millas y costo de 1.5 millones de dólares sin cerrar el contrato de compraventa con los Estados Unidos. Se construía la inmensa torre de PEMEX, el mayor elefante blanco de la historia mexicana, como para demostrar que también en México hay rascacielos. El sindicato de PEMEX se volvía contratista y subcontratista. En Tabasco, donde se hallaban los mayores yacimientos, nacía una impresionante ciudad. El resultado no se hizo esperar: en el balance de 1981, PEMEX debía ya el 87 por ciento de sus activos; su deuda era mayor que la de todo el sector público y representaba la quinta parte de la deuda externa total.

El faraonismo petrolero contagió también a las grandes empresas privadas, como el poderoso Grupo ALFA de Monterrey. Los empresarios regiomontanos empezaron a comprar empresas al por mayor. No discriminaban. Adquirían fábricas de cuchillos, de plásticos... empacadoras, Pagaban generosamente, sin gran regateo. Para administrar sus nuevas empresas contrataban jóvenes con fabulosos doctorados, pero nula experiencia. Les pagaban sueldos millonarios. El dinero para la construcción de esa vasta pirámide provenía de bancos extranjeros. No parecía haber límite. Su límite era el cielo.

No era el poder lo que embriagaba al presidente y a muchos mexicanos que se identificaban con él en 1980. Era la gloria, esa palabra que había cruzado los sueños criollos del siglo XIX y que ahora parecía cumplirse por fin en la biografía paralela de un país desdichado que recobraba su riqueza y un criollo arruinado que reivindicaba su linaje. Por eso López Portillo se concedió a sí mismo la erección de una estatua ecuestre suya en Monterrey. Santa Anna, tras vencer al «osado enemigo» en la guerra de los Pasteles, había hecho lo mismo en la antigua plaza del Volador, cerca del Palacio Nacional.

¿Qué faltaba en aquella apoteosis? Humillar al enemigo histórico de México. En aquel concierto de megalomanía se escucharon las voces disonantes de dos ingenieros: Heberto Castillo y Gabriel Zaid. El primero alertó a la opinión pública en la revista Proceso contra la precipitación y el despilfarro: «no hay petróleo para siempre». Desaconsejó, además, la construcción del gaseoducto.

La realidad

En el aire todavía existe un halo de rencor dirigido a un pasado que desemboca en un brutal desencanto. Al sentirnos nuevos ricos la sociedad mexicana se ve tentada a vivir una vida en la cual se despojará de la ancestral miseria y de ser subdesarrollados.

El milagro petrolero y un poco de trabajo convertirían a México en un nuevo país en el que deberíamos preocuparnos sólo de administrar la abundancia. Con la borrachera de la riqueza en el país se disfruta y se gasta más de lo que se obtiene y de lo que se produce.

La alquimia de la comunicación da salida a esa frustración culpándose al presidente del país de todos los males que los mexicanos sufrimos al despertar en medio de una amarga pesadilla. El pueblo necesita de villanos para descargar su furia y cae sobre los malvados, los corruptos, nepotistas, malversadores de fondos públicos y explotadores del sistema: el primer nivel de gobierno.

Se culpa de todo y por todo al gobierno librando de toda responsabilidad a la sociedad que es la que en última instancia se gastó el dinero que no tenía.

Se especuló y se sacaron del país millones de dólares en un acto desprovisto de todo nacionalismo y en un afán de lucro indebido. La sociedad olvida rápidamente los viajes al extranjero, los artículos de fayuca y los enormes gastos en bebidas importadas y el ahorro en dólares y en bancos en el extranjero. Este proceso rebasó al gobierno y al país, ya estaba involucrada la abuelita que también deseaba hacer negocio con la especulación y la esperanza falsa de hacer dinero fácil. Al encontrar que no éramos ricos, el sentimiento de tristeza, de engaño, por un mal gobierno resulta paradójico para un pueblo maduro y que ataca a un régimen desprestigiado para lograr sanar las heridas abiertas con el propio cuchillo y por uno mismo.

Otras realidades

En el aspecto de bienestar social, el Gobierno establece claros puntos para promover una reforma social. Esta reforma es instrumentada a través del Plan Global de Desarrollo. Con el establecimiento del sistema de Planeación Democrática nace el Estado interventor, regulador de lo privado, donde el Estado asume la regulación y la promoción de la demanda.

A partir de 1978 se decide que el petróleo sea el eje del crecimiento y el desarrollo del país que implica mantener un nivel de inversión elevado que reactiva la demanda y la producción nacional pero que obliga a la iniciativa privada a someterse a los planes gubernamentales y a un mercado regulado. Los planes se dirigen a contener la inflación, regular la balanza comercial, elevar los índices de crecimiento y controlar la deuda externa y a promover el crecimiento en los sectores de alimentos, empleos, educación y energéticos.

Para ello se elaboran el Plan Nacional Agropecuario, El Plan Nacional de Desarrollo Urbano, El pan Nacional de Empleo, el Plan Nacional de Desarrollo industrial y el Plan Global de Desarrollo que integra racionalmente los demás planes y programas.

El Plan Global de Desarrollo (PGD), en sus cuatro grandes objetivos, contempla:

1. Reafirmar y fortalecer la independencia de México en lo económico, lo político y lo cultural.

2. Proveer a la población de empleo y mínimos de bienestar atendiendo con prioridad las necesidades de alimentación, educación, salud y vivienda.

3. Promover un crecimiento económico alto, sostenido y eficiente.
4. Mejorar la distribución del ingreso entre las personas, los factores de la producción y las regiones geográficas.

La estrategia del PGD se orienta en gran medida hacia el empleo. Busca un crecimiento de 2.5 millones de empleos generados durante su vigencia. Se apoya en los sectores productores de bienes básicos, social y nacionalmente necesarios articulando por la industria de bienes de capital, dando prioridad a las actividades con mayor potencial para generar empleo permanente y productivo.

El petróleo está íntimamente ligado a la estrategia. Por ello su explotación y exportación están condicionadas por las necesidades internas de la estrategia y de acuerdo con la capacidad de absorción de la sociedad. Además, la estrategia de financiamiento del Desarrollo se basa en el ensanchamiento de las finanzas públicas, la generación del ahorro interno y la formación de capital.

7 LA ECONOMIA DE MEXICO EN LA DECADA DE LOS 80S

INTRODUCCION

Durante el año de 1980, la política económica se caracteriza por un alto nivel de gasto público y creación de dinero. Esta política provoca una reacción favorable en la producción de bienes y servicios y el PIB se incrementa en 7 por ciento este año, sin embargo, el país se enfrenta a serios problemas de insuficiencia de mano de obra calificada, de recursos financieros, de abastecimiento de materias primas, que aunada al inicio de la recesión mundial provocan problemas de exportación.

La demanda de bienes y servicios no se cubre y el equilibrio se alcanza con un crecimiento de precios. Todo esto incrementa el proceso inflacionario, la inflación se convierte en la principal barrera que altera la distribución del ingreso y reduce la capacidad de crecimiento.

Durante este año los aspectos relevantes del sector financiero son:

1. Continuación de la política monetaria expansionista.
2. Captación bancaria en aumento.
3. Incremento de la captación de dólares.

El sector industrial tiene el siguiente comportamiento:

1. La mayoría de las ramas operan con alto grado de capacidad instalada y buen número de las altas inversiones efectuadas rinden frutos hasta 1982 y 1984.

2. Persiste la insuficiencia en el abastecimiento de materias primas en las ramas de automóviles, química, textil, línea blanca y aparatos electrónicos.

3. Los cuellos de botella en el transporte agravaron la escasez de insumos.

4. La aparición durante el primer semestre de problemas laborables en renglones claves afectó el avance de las manufacturas, en especial siderurgia y automóviles.

5. Los efectos de la crecida tasa inflacionaria registrada en el año se hicieron notorios en el caso de algunas ramas de bienes de consumo en gradual descenso de ventas.

6. La inflación de costos propicia la transferencia de recursos de la manufactura hacia los artículos más rentables.

7. Las exportaciones descienden significativamente por la recesión de Estados Unidos.

A pesar de que los primeros problemas se presentan en este año, durante el V informe en 1981, López Portillo aún destila optimismo, al informar lo siguiente:

1. México alcanza un crecimiento superior al 8% por cuarto año consecutivo.

2. En los últimos cuatro años se incrementa, en términos reales, en 50 por ciento el ingreso nacional.

3. Se crean en 1981 cerca de un millón de empleos. Solamente el sector agropecuario crea 80 mil plazas ofreciendo ocupación indirecta a más de 200 mil personas.

4. Se incrementan subsidios para alentar las actividades productivas ascendiendo a 138 mil millones de pesos, para actividades prioritarias 430 mil millones de pesos. Algo que debe dejarse claro es el aspecto de la deuda externa.

En el ramo agropecuario, los logros son significativos. El SAM comienza a rendir frutos en este año y se logra la autosuficiencia en los cuatro granos básicos: Maíz, frijol, trigo, y arroz. El sorgo sufre un incremento del 31% con respecto de 1980. En producción de alimentos alcanzamos un índice del 8.1% con relación a 1980.

El año 1982 se inicia con negros augurios. Al existir presiones financieras el 17 de febrero el Banco de México se retira del mercado cambiario. El día 18 la cotización pasa de 27 pesos a 38.75 devaluándose en 40 por ciento.

Derivado de la devaluación en febrero y la decisión gubernamental de dejar el peso «deslizarse» en busca de valor real, México empieza a «dolarizarse» ante el temor de otra drástica devaluación. Esta se presenta el 5 de agosto y el tipo de cambio se establece en 70 pesos por dólar. A partir de esta fecha se establece una doble paridad cambiaria y se prosigue con el deslizamiento.

Para este mes de agosto se reconoce que el país vive «momentos difíciles» en materia económica y financiera, y padece una inflación muy elevada y una escasez crónica de divisas. En septiembre durante su VI informe de gobierno, López Portillo anuncia la nacionalización de la banca como última solución a los graves problemas que enfrenta el país.
También anuncia que el crecimiento de la economía nacional de los últimos años (1978 1982) supera en un 60% al de la economía mundial.

La producción industrial de México en 1981 equivale a tres veces la del conjunto de naciones exportadoras de petróleo del oriente medio.

México es el décimo país más grande del mundo capitalista tomando en cuenta el PIB generado en su industria manufacturera. El tamaño de ese sector es, en términos absolutos, superior al de los países desarrollados como Holanda, Suecia, Bélgica, Dinamarca y Noruega.

López Portillo acepta que, para alcanzar las metas de desarrollo propuestas, «el petróleo es el único recurso que puede proporcionar haberes excedentes para aplicarlos a resolver el resto de nuestros problemas. No aprovechar estas condiciones hubiera implicado miopía y estupidez».

El año de 1982 es crítico para la economía mexicana. Los problemas acumulados tanto internos como externos se agudizan a lo largo del año y provocan la caída del ritmo de la actividad económica, una notable aceleración en la tasa de aumento de los precios y serias dificultades en la operación de los mercados financiero y cambiario. Todo lo anterior conduce a una contratación de las operaciones de cambio con el exterior.

Los indicadores económicos no podrían ser más desfavorables:

1. El índice nacional de precios al consumidor se incrementó en 98.8%.
2. El valor de PIB a precios constantes decreció en 2%.
3. Se restringió en crédito interno.
4. El déficit en cuenta corriente de la balanza de pagos resultó menor en un tercio del correspondiente del año anterior.
5. Incremento del circulante en 61%.

El efecto más negativo de la crisis se manifiesta en el desempleo. Las ramas más afectadas son la de construcción, la turística y la automotriz. En menos escala se afecta la industria textil y del vestido, y la metalmecánica. La secretaría de Trabajo y Previsión Social afirma que de agosto a diciembre 400 mil individuos pierden su empleo, mientras que las centrales obreras situaban la cantidad en 700 mil desempleados más.

El inicio de 1983 la crisis total. Se dice que es la más grave crisis que haya sufrido el país desde 1910. A los mexicanos no se nos explica como de ser un país con la cuarta reserva petrolera del mundo y el décimo país por su producción industrial, puede estar sumergido en una crisis económica de tal magnitud.

Las palabras del expresidente López Portillo, quien ante la riqueza petrolera declara: «Debemos estar preparados para administrar la abundancia», parecen convertirse en una cruel burla.

EL SEXENIO DE MIGUEL DE LA MADRID H. 1982-1988.

En 1983, la opinión pública de México abrigaba un agravio insatisfecho. Se había esfumado una oportunidad rara y quizás irrepetible de desarrollo armónico. Con ella se había ido también la posibilidad de aliviar los problemas ancestrales del país desde tiempos de Humboldt. La conciencia de la pérdida era más aguda porque el público entreveía que la caída no había sido inevitable. La sensación de haber sido víctima de un gran engaño, las evidencias de la más alucinante corrupción, el sacrificio cotidiano e incierto que imponía la crisis, todo ello se enlazaba hasta formar un nudo difícil de desatar, un nudo hecho de angustia e incomprensión.

Desde un principio, el nuevo presidente Miguel de la Madrid prometió no prometer lo imposible. Fue muy claro en su diagnóstico del mal a vencer -la inflación- y en advertir que la medicina que suministraría al paciente -en la sala de emergencia- sería durísima. A su juicio, y al de muchos otros mexicanos, no había alternativa. Pero la pertinencia de la cura o el valor del cirujano no podían satisfacer por sí solos el agravio. Hasta el campesino más humilde había escuchado la prepotente publicidad del «oro negro para todos» seguida, al poco tiempo, por un mensaje diametralmente opuesto: «vivimos una economía de guerra». Y todo esto sin que mediase una explicación pública sobre las causas del desastre o una mínima admisión de responsabilidades.

¿Cuáles eran entonces las alternativas de integrar a los agraviados?? De la Madrid tenía un as en la manga, olvidado desde la presidencia de Madero: la democracia. Era un ideal revolucionario relegado por otros fines igualmente válidos pero distintos: el bienestar económico, la justicia social, la afirmación nacionalista, la paz y la estabilidad. Siempre se habían puesto adjetivos a la democracia: prematura, tardía, formal, burguesa. Siempre había una tarea prioritaria, una estructura que no era prudente remover, un «tigre» que era peligroso despertar. Siempre rondaban los fantasmas del caos, la desintegración nacional, el fascismo o el comunismo. Sin embargo, la lección histórica era clara. Las sociedades más diversas y las estructuras más autoritarias descubren, sobre todo en momentos de crisis, que el progreso político es un fin en sí mismo. Así lo atestiguaba el caso reciente de España, a raíz de la muerte de Franco en 1975.

La falta de límites a la silla presidencial había llegado a sus límites y «el tigre» comenzaba a despertar. En muchos poblados del sur y del centro, anclados en el México viejo, era común encontrar un alto grado de radicalización. En el sureste, algunos obispos sembraban la teología de la liberación. En el norte crecía un reclamo de autonomía que se expresaba en el renacimiento del PAN, elecciones cada vez más disputadas y adversas al PRI, la fuerza creciente de la prensa regional, la nueva actitud crítica de la Iglesia y hasta de algunos empresarios. Una vez más, como en 1908, la sociedad, las generaciones, las ideas y la geografía política estaban cambiando. Porfirio Díaz no lo ignoró, pero en vez de reestablecer la vida constitucional quiso detener indefinidamente el paso a la democracia y pagó con su régimen y su prestigio por ese agravio. ¿Seguiría sus pasos el viejo sistema político mexicano?

«El presidente en México puede hacer todo el mal que quiera y aunque quiera apenas puede hacer el bien», decía en aquellos días Octavio Paz. En 1983 Miguel de la Madrid tenía en la mano una clara oportunidad de hacer el bien: desmontar paulatinamente el sistema político mexicano y devolver el poder a la sociedad a través de los votos. Era la forma más elevada y natural de desagravio.

El presidente tenía la sensibilidad intelectual y moral para abrir paso a una democracia sin adjetivos. La duda estaba en su capacidad política porque, si bien era temperamentalmente opuesto al Gran Elector que lo destapó, carecía, como él, de experiencia política.

Nacido en Colima en 1934, hijo de una familia de clase media en la que faltaba el padre (un abogado asesinado cuando el hijo tenía tres años), De la Madrid se educó en colegios privados de la ciudad de México y en 1952 entró a la Facultad de Derecho. Su huella política inicial no fue el alemanismo, sino el ruizcortinismo: un régimen de contención. En la escuela, descubrió a la «sin par generación de los liberales». Al concluir su carrera, contribuyó tácitamente a los festejos del centenario de la Constitución de 1857 con una tesis que presagiaba las dos vertientes de su vocación, el liberal y el técnico: El pensamiento económico de la Constitución de 1857.

El contraste con su maestro José López Portillo no podía ser mayor: uno estudiaba a Hegel, impartía clases de teoría del Estado y emularía a Santa Anna; el otro citaba a Montesquieu, daba cátedra de derecho constitucional y admiraba a los liberales que supieron vindicar «el valor de la individualidad humana frente a la organización estatal». En 1962, al cumplirse el bicentenario de Rousseau, De la Madrid escribió un ensayo sobre «la soberanía popular en el constitucionalismo mexicano y las ideas de Rousseau», donde refutó la teoría de una Constitución por encima de la soberanía del pueblo. En 1964 estudió la división de poderes y la forma de gobierno en la Constitución de Apatzingán. En ese ensayo citaba a Morelos: «el influjo exclusivo de un poder se proscribirá como principio de tiranía».

Tras una estancia de dos años en la Universidad de Harvard, donde obtuvo una maestría en administración pública, se incorporó al servicio público en una serie de altos puestos relacionados con finanzas y crédito. Trabajó en el Banco de México, PEMEX, la Secretaría de Hacienda. A partir de 1979 ocupó la Secretaría de Programación y Presupuesto. En 1981 López Portillo declaró con todo cinismo lo que todos sabían, pero no proclamaban por respeto a las formas: que, así como Santa Claus no existe, tampoco el PRI, al menos para efectos de la elección de su sucesor. Y acto seguido destapó a su antiguo discípulo, su imagen en negativo: su sobrio y discreto exdiscípulo Miguel de la Madrid.

Sus propuestas de campaña electoral recordaban sus textos sobre el liberalismo y su cátedra de derecho constitucional. Proclamaba que México debía acercarse a la letra del artículo 40 constitucional y ser una auténtica república, representativa, democrática, federal. Prometía continuar la reforma política, fortalecer el poder legislativo y judicial, limitar al poder ejecutivo con actos simbólicos (el presidente pagaría impuestos y desterraría el culto a la personalidad) y sustantivos (disposiciones contra el nepotismo, obligatoriedad de declaración anual patrimonial de los funcionarios públicos). Crearía la Secretaría de la Contraloría y la Ley Federal de Responsabilidades de los Servidores (no funcionarios) Públicos. Trataría, en suma, de «volver a la sobriedad y austeridad propias del régimen republicano». La palabra democracia aparecía en dos de los postulados de campaña: «planeación democrática y democratización integral». El concepto de federalismo se reflejaba en la «descentralización de la vida nacional», cuyos aspectos más relevantes serían la reforma al artículo 115 en apoyo de los municipios -un clamor desde tiempos de Venustiano Carranza- y una descentralización educativa de la que se encargaría nada menos que don Jesús «el del gran poder».

Con Miguel de la Madrid, el siglo XIX liberal reaparecía en el discurso público al lado de la Revolución. Sólo Madero y Carranza se habían acordado de él. La política podría quizá volver a desplegarse como una dimensión de los individuos y la sociedad. El Estado perdería tal vez sus inútiles prestigios hegelianos (o tomistas) para reducirse a una imperfecta creación humana.

El votante no veía alternativa viable y quiso creer en la «renovación moral de la sociedad» que proponía De la Madrid. La interpretó como una declaración de guerra contra la corrupción. La gente quería un gobierno decente, veraz, un gobierno firme pero autocontenido. Y esperaba el desagravio. Para eso descubrió el valor del voto.

Dos años más tarde, De la Madrid viajaba en el avión presidencial a Chihuahua. Se le veía cabizbajo. Acababa de ocurrir una trágica explosión en San Juanico, un inmenso depósito de gas en la ciudad de México, y se sospechaba que era el propio sindicato de PEMEX el que lo había maquinado para presionar al presidente por el retiro de algunos privilegios adquiridos durante la «administración de la abundancia». Para ese entonces, el líder Joaquín Hernández la «Quina» llevaba años convertido en un cacique en el sentido tradicional del término. Si De la Madrid tenía datos fidedignos sobre un sabotaje, se los guardaba, pero el sindicato no tenía empacho para amagar en público al presidente: si PEMEX no invertía en el sentido en que el sindicato recomendaba, los accidentes podían seguir ocurriendo. La «Quina» parecía no conformarse con ser el presidente de los obreros petroleros. Pasando por encima del máximo jerarca Fidel Velázquez, parecía buscar, a la larga, la presidencia de los mexicanos.

De la Madrid sabía que la «Quina» y su sindicato no eran una desviación excéntrica del sistema político mexicano: eran, más bien, su consecuencia natural y extrema. Y, sin embargo, en aquel avión hablaba en privado de su propia impotencia: «El presidente no tiene el poder para hacer muchas de las cosas que la gente pide, a veces no puede imponer su voluntad al gabinete. La gente me exige que cambie al rector, que componga la prensa -una cloaca de corrupción-, pero no puedo hacerlo, no me corresponde, éste no es un régimen totalitario. No debo hacerlo.»

El país había corregido un tanto su rumbo económico, pero el presidente parecía escéptico: «Si no salimos de la inflación no salimos de nada. La crisis no disminuirá pronto porque las clases altas y medias no ahorran. Tienen hábitos excesivos de consumo y una especie de complejo frente a los norteamericanos que es difícil erradicar. Padecemos un nivel deleznable en la educación. Si la prensa fuese objetiva y profesional ayudaría mucho, pero como en la ley de Gresham de la economía, la moneda mala sube a la superficie y predomina.» Otro hombre en su situación hubiese buscado tal vez una salida populista, pero ni el gobierno en quiebra tenía posibilidades para «dar», ni De la Madrid -por convicción, responsabilidad y temperamento- hubiera jugado ese papel. Había vivido el populismo muy de cerca, y lo detestaba.

Mientras en los muros del país aparecía una significativa leyenda neoporfiriana «PRI: 55 años de paz social», Octavio Paz publicó un ensayo con una frase más ajustada a la realidad: «PRI: Hora cumplida». El presidente habló con él en privado y le comentó que la reforma democrática era imposible: el PRI se amotinaría.

E1 19 de septiembre de 1985 el mayor terremoto de la historia de México golpeó el corazón del país: la ciudad de México. El gobierno reaccionó con estupor, lentitud y torpeza. Como una señal más -por si faltara- de la petrificación del sistema, la Secretaría de Relaciones Exteriores antepuso el nacionalismo al más elemental sentido de caridad y anunció con orgullo «absolutamente en ningún caso» se hicieron peticiones de ayuda, menos a nadie a los Estados Unidos. El pueblo no sólo aceptaba la ayuda: la necesitaba. Nunca se supo el número de muertos. Se calculan cincuenta mil.

La esclerosis oficial contrastó con la valerosa actitud de la juventud. Desde los primeros momentos, las calles se llenaron de preparatorianos, estudiantes y gente del pueblo. La solidaridad de los mexicanos nuevamente dio un ejemplo imborrable. Nadie se acordó del presidente.

LA CRISIS

Es en el sexenio del Lic. Miguel de la Madrid Hurtado, Administración en la que los efectos de la crisis se manifiestan con mayor fuerza en todos los órdenes de la actividad económica del país, y cuando la capacidad rectora del gobierno se puso a prueba.

Este fue el sexenio en donde se aplica el mayor número de planes económicos en tan corto tiempo; de déficit público y de especulación contra el peso mexicano. De igual forma, en estos seis años se registran las menores tasas de crecimiento económico, de empleo y de inversión productiva. En este período se desborda el problema de la deuda externa y problema de la deuda interna adquiere importancia significativa.

Para conocer cuál fue el desempeño de esta administración al enfrentar los diversos problemas que aquejaron al país principalmente los de índole económica, cómo actuó el gobierno para resolverlos y cuáles fueron los resultados de esa actuación, a continuación, se realiza un análisis retrospectivo de los hechos y situaciones que ocurren en este período.

La situación que prevalece y determina la política económica a seguir por la administración de Miguel de la Madrid, se origina y desarrolla en los años previos a 1982. El sexenio de José López Portillo basa su política de crecimiento en el flujo de divisas provenientes de las exportaciones petroleras.

También se caracteriza por el alto grado de endeudamiento externo tanto en el sector público como en el privado; por el elevado déficit público que resultó de los gastos crecientes y de los ingresos insuficientes para sostener el ritmo de crecimiento del país; por el rezago de los precios y tarifas de los bienes y servicios que produce el gobierno; por la significación de los subsidios; por la concentración de las inversiones productivas de la industria petrolera y por la alta especulación cambiaria entre otros.

En el ámbito externo, el auge del mercado mundial del petróleo y de algunas materias primas registrado durante la década de los setenta, fue el principal factor de la producción internacional al inicio de la década de los ochenta, por esta razón se debilita el mercado mundial del petróleo, afectando los ingresos que por exportación de hidrocarburos recibía al país. Como si lo anterior no fuera suficiente, en los mercados financieros internacionales se produce una elevación de las tasas de interés que a su vez incrementan los pagos de servicios de la deuda.

Los efectos multiplicadores de estos hechos no se hacen esperar; la capacidad de generación de empleo no sólo se detiene, sino que se contrajo, la captación de ahorro se reduce considerablemente, y por ello los niveles de financiamiento y las inversiones se redujeron y las tasas de interés muestran una tendencia marcada al alza.

En suma, al finalizar 1982 el ingreso nacional, al igual que el producto, se contrae y el sistema financiero ya no capta suficiente ahorro; el sector público registra un déficit superior al 15% del PIB y el servicio de la deuda es ya desproporcionado: 40 centavos por cada peso gastado; diversos sectores de la producción se estancan; finalmente el país encuentra en una virtual suspensión de pagos con el exterior.

Bajo estas condiciones, el 1 de diciembre de 1982 la Administración de Miguel de la Madrid asume el poder, y de inmediato propone 10 puntos básicos a seguir. Puntos que conforman el programa inmediato de reordenación económica (PIRE), el cual propone como objetivos prioritarios: «Resolver en lo inmediato los problemas económicos más apremiantes y fincar al mismo tiempo las bases para que, al superar la crisis, se haya avanzado en la solución de los problemas de fondo que la propiciaron».

Después de seis meses de gobierno, la estrategia económica que se había iniciado se define con mayor precisión en el Plan Nacional de Desarrollo 1983-1988 (PDN). En dicho plan se establecen las dos líneas que definen la política económica durante prácticamente todo el sexenio; la reordenación económica y el cambio estructural.

Los primeros logros del PIRE que termina en junio de 1986 son:

a) El déficit financiero del Sector Público, como proporción del producto externo bruto (PIB), se reduce en el mismo periodo y las erogaciones de divisas por el pago del servicio de la deuda siguieron tan elevadas como antes.

b) La política restrictiva adoptada, la contención salarial y la alta inflación se reflejaron en los niveles de empleo.

Por una parte, el PIB desciende considerablemente en 1983 (4.2%), y por el otro lado la tasa de desempleo abierto se incrementa (9.2%).

c) La política de apertura comercial que se adopta y una política flexible en el tipo de cambio produce un crecimiento sensible en el volumen de las exportaciones.

d) El debilitamiento del mercado mundial del petróleo, caracterizado por una constante sobreoferta, dio como resultado una disminución en los precios internacionales del petróleo mexicano. El resultado de estos acontecimientos fue desastroso para el país debido a que se redujeron las ventas al exterior, perdiéndose casi la mitad del mercado, e internamente reduciendo la generación de divisas y los ingresos del gobierno, lo que impidió reducir su déficit público.

En suma, si bien es cierto que el PIRE desaceleró el ritmo inflacionario, también lo es que tales niveles seguían siendo elevados. De igual forma, los severos problemas coyunturales que experimentaba la economía mexicana, agravados constantemente por factores externos, impidieron que los esfuerzos encaminados a propiciar el cambio estructural fueron insuficientes y en ocasiones prácticamente no incidían en el cambio.

De igual forma, el abandono paulatino del programa de reordenación propició que la economía mexicana volviera a manifestar los desequilibrios coyunturales que la caracterizaban y que coyunturalmente se encarnará en el comportamiento desfavorable de las principales macroeconómicas. Así el desorden volvía a estar presente en el país.

El origen de la crisis.

La crisis de la Balanza de Pagos fue la culminación de varios años de políticas erróneas apoyadas por un nivel de endeudamiento externo. Esta crisis se precipitó por el agudo deterioro de la cuenta corriente y la salida masiva de capital. A principios de 1981, el gobierno mexicano no fue capaz de responder a tiempo y de manera constructiva a tres aspectos externos que eran adversos al país.

a) La caída de los precios petroleros a nivel internacional.

b) Mayores tasas de interés.

c) Una profunda recesión en Estados Unidos (el mercado que absorbe más del 60% de las exportaciones mexicanas de bienes y servicios).

Las raíces del problema se remontan a 1978, cuando el gobierno adoptó políticas demasiado expansionistas. Debido a los descubrimientos de abundantes reservas petroleras, la producción y exportación de hidrocarburos constituyen los elementos clave para la estrategia de gran crecimiento que está apoyada por un alto nivel de gasto del sector público. La producción de petróleo crudo aumento a 1.2 millones de barriles diarios en 1978 a 2.8 millones de barriles diarios en 1982.

El volumen de exportaciones de crudo aumento optimizadamente 40 por ciento anual durante este período, en tanto que el valor de estas aumentó en cerca de nueve veces. En este año, aproximadamente el 75% de los ingresos por exportaciones provenían del petróleo que proporcionaba al mismo tiempo cerca de 50% de los ingresos totales del sector público.

Retrospectivamente, la crisis que empieza en 1981 parecía inevitable, pese a que este punto de vista no era sostenido por la mayoría de los observadores. No obstante, la mayoría de los observadores consideran que los problemas de México eran manejables sin necesidad de cambios fundamentales en su modelo de desarrollo o en su sistema político.

Algunos analistas pronostican que la creciente riqueza derivada de los ingresos petroleros permitiría al gobierno evitar conflictos sociales. La crisis revela dramáticamente la debilidad fundamental de la economía mexicana y también de su sistema político. La crisis fue precipitada por la saturación de petróleo a nivel mundial, la recesión económica en Estados Unidos y las crecientes tasas de interés de los centros financieros mundiales, pero sus causas fundamentales fueron de carácter interno: Políticas monetarias y fiscal expansionistas, persistencia de la sobrevaluación del peso, excesiva dependencia del sector público en una sola fuente de ingresos (Exportación de Petróleo, estancamiento del sector agrícola, una planta industrial sobreprotegida e ineficiente, el excesivo crecimiento de la fuerza de trabajo (3.8 por ciento anual en los 70s), un modelo intensivo de capital que torno imposible crear una adecuada base de empleo, la corrupción endémica en el gobierno y la resistencia de arraigados intereses económicos políticos las reformas estructurales necesarias para atacar muchos de los problemas.

La dificultad radica en que el gobierno mexicano intenta evitar el conflicto político y superar los problemas sociales y económicos acumulados desde 1940 en lugar de pagar el precio político que las políticas distributivas trajeron consigo.

El gobierno de López Portillo procuró expandir la riqueza económica e incrementar el papel que desempeña el estado en la economía, como banquero, empresario y empleador.

Durante la mayor parte del periodo posterior a la segunda guerra mundial la acción fiscal del México figuró entre las más bajas del mundo. Los funcionarios del gobierno temían que cualquier modificación de importancia en la estructura fiscal atemorizaría al sector privado e induciría la fuga de capitales.

No obstante, en dos oportunidades se intentó hacer reformas fiscales: En 1964 y 1972 ambas fracasaron debido a la oposición de las élites empresariales y a sus aliados dentro del gobierno. Cuando el sector privado rehusó aceptar impuestos más altos, el gobierno de Echeverría optó por un gasto deficitario en gran escala, el endeudamiento externo y un enorme incremento en la oferta monetaria. El mismo sector público se incrementó notablemente.

Con López Portillo llega nuevamente la tentación de resolver los problemas estructurales básicos a través de una mayor expansión del sector estatal y fue imposible de resistir. México pidió prestado utilizando el petróleo como garantía principal. Al llegar Agosto de 1982 el servicio de la creciente deuda se suspendió y se inició el largo proceso de renegociación.

Retrospectivamente, la decisión de López Portillo no fue tan imprudente como ahora parece. En ese entonces se esperaba que los precios del petróleo subieran indefinidamente, pero empezaron a bajar a partir de 1981. Fue la brecha entre los 22 mil millones de dólares anuales que México esperaba recibir por sus exportaciones petroleras en 1982 y los 15 mil millones que realmente recibió durante ese año lo que precipitó la crisis de liquidez.

En síntesis, las opciones de política económica ocurrieron en un ambiente de incertidumbre, se asume un riesgo calculado al endeudarse significativamente a fin de lograr un crecimiento económico más alto e ingresos en el futuro.

También hubo una fuerte tendencia implícita hacia políticas expansionistas en el sector público de México. El auge petrolero se vio como la última oportunidad de transformar a México en una nación altamente industrializada. Las empresas del sector público y las privadas se expandieron indiscriminadamente, con mucha frecuencia en base a préstamos del exterior.

Realmente el auge petrolero había provocado esperanzas exageradas en todos los segmentos de la sociedad mexicana. El gobierno estaba dispuesto a conceder todas las demandas de programas sociales como también de infraestructura a gran escala, que beneficiaban al sector privado. El resultado fue un gasto excesivo, una economía recalentada y un estallido inflacionario.

Durante el sexenio anterior la inflación anual promedio es de 15 por ciento, durante el gobierno de López Portillo es de 36 por ciento. Los estrategas del gobierno parecían considerar la alta inflación como un precio desafortunado pero aceptable que era necesario pagar. En 1982 el virtual desplome de la economía mexicana y la crisis de confianza que la acompaño demostraron que este planteamiento para evitar el conflicto ya no era viable.

Lo anterior se puso de manifiesto cuando ni la nacionalización de la banca y los estrictos controles al tipo de cambio impuesto por López Portillo el 1o. de septiembre de 1982, resultaron inadecuados para conservar los capitales en el país.

PROGRAMA DE ESTABILIZACION ECONOMICA.

En diciembre de 1982, cuando Miguel de la Madrid asumió la presidencia, la inflación se hallaba a una tasa anual del 50 por ciento. El peso se había devaluado en más de un 80 por ciento frente al dólar, en menos de un año el crecimiento económico para los 12 meses precedentes había sido negativo por primera vez desde la década de los 30's. El sector público atraviesa por un déficit presupuestario sin precedentes equivalente al 18 por ciento del PIB.

Las reservas del banco central estaban virtualmente agotadas y tanto la inversión pública como privada se habían frenado totalmente. Más de 2 millones de personas están desempleadas.

En su discurso de toma de posesión De la Madrid prometió adoptar medidas drásticas. Se comprometió a luchar contra el «Populismo Financiero». Por supuesto, la nueva administración estaba ya dedicada a un programa de severa austeridad, bajo las condiciones de un acuerdo con el Fondo Monetario Internacional para salir de apuros, el cual había sido negociado por López Portillo.

Cuando se anunciaron por primera vez las condiciones del acuerdo con el FMI, hubo escepticismo casi mundial acerca de la posibilidad del gobierno de cumplir con las especificaciones, especialmente las concernientes a la reducción de déficit del gobierno que se pretendía bajar de 18.5 a 8.5 por ciento del PIB en sólo un año. Sin embargo, el gobierno De la Madrid excedió los objetivos del FMI tanto en la reducción del déficit en el sector público como en la limitación de la deuda externa, estos objetivos se lograron primordialmente mediante reportes draconianos a la inversión pública y en el gasto corriente. El gasto en obras públicas se redujo en un 50 por ciento. En términos reales, el gasto público declinó en 13 por ciento durante el primer año de gobierno de De la Madrid: Una enorme reducción sin precedente.

El objetivo principal del programa de estabilización era restablecer el equilibrio interno y externo, a través de una combinación de políticas restrictivas en materia fiscal, monetaria salarial, así como realizar algunas modificaciones en algunos sectores clave de la economía, principalmente en el tipo de cambio y la tasa de interés.

También se hicieron grandes esfuerzos para incrementar los ingresos públicos. Los precios de prácticamente todos los bienes y servicios públicos fueron elevados agudamente. Los subsidios fiscales para una amplia esfera de productos, incluyendo alimentos y otros básicos se redujeron. Se elevaron los impuestos, especialmente ISR e IVA.

La situación de la balanza de pagos de México mejoró significativamente en 1983, aunque el superávit resultó principalmente de una reducción del 42% en las importaciones. México pudo reanudar el pago del servicio de la deuda externa a costa de canalizar más del 60% de las divisas obtenidas por concepto de las exportaciones petroleras.

En la medida que México cumplía con sus obligaciones internacionales, los banqueros del exterior acordaron reprogramar 23 mil millones de dólares de su deuda a corto plazo y le ofrecieron mejores condiciones en préstamos a largo plazo. La negativa de De la Madrid de unirse a la OPEP y a un cartel de deudores Latinoamericanos reforzaría la imagen de México ante la comunidad bancaria internacional.

Hubo una significativa desaceleración en la espiral inflacionaria anulada por el incremento de los precios en los bienes y servicios del sector público. La inflación ejerció una presión especulativa contra el peso y el banco de México juzgó necesario intervenir en los mercados de moneda extranjera para estabilizar el peso a menos de 200 contra el dólar.

Aunque el sistema de control de cambios decretado por el gobierno de López Portillo fue desmantelado en gran medida por De la Madrid, la nacionalización de la banca permitió al gobierno racionar la disponibilidad de dólares. Esto ayudó a reducir la fuga de capitales durante el primer año de gobierno de De la Madrid.

El programa de estabilización del gobierno de De la Madrid falló en inducir la repatriación de los capitales que salieron de México en los últimos dos años del gobierno anterior. La reserva federal de estados unidos informó que los ciudadanos mexicanos tenían cerca de 20 mil millones de dólares depositados en los bancos norteamericanos y mucho más capital invertido en bienes raíces y otras inversiones estadounidenses.

No obstante, considerando todos estos factores, el programa de estabilización económica a corto plazo del Gobierno de De la Madrid triunfó a tal grado que sorprendió a la mayoría de los observadores del exterior que creían que este programa sería un fracaso debido a las condiciones estructurales de la economía mexicana previas al mismo.

La profundidad de la recesión y el alto costo social que significó el programa de ajuste han motivado el debate entre los economistas mexicanos y norteamericanos acerca de la dureza del programa de austeridad de De la Madrid. Por ejemplo, La escuela de Wharton de Abel Beltrán del Río ha argumentado que durante 1983 México se excedió en el cumplimiento de las condiciones de su acuerdo con el FMI, ocasionando una contracción de la actividad económica más fuerte de la necesaria para lograr la estabilización de los precios, mientras se dejaba al país con insuficiente capital para permitir la reanudación del crecimiento económico.

Con los mismos datos, el economista William Cline del instituto para la Economía Internacional (Washington, D.C.) llega a la conclusión de que en resumen... es mejor equivocarse en el sentido de excederse, como lo hizo México, que tomar medidas desarticuladas con mucho menos éxito en la reducción de la inflación, como lo hizo Brasil.

Carlos Tello concluye que: «el estilo del FMI practicado por el gobierno de De la Madrid mata, pero no cura al paciente». Según su criterio, este planteamiento está basado en la falsa premisa que, incluso en un país como México con exceso de capacidad productiva, se debe combatir la inflación reduciendo la demanda agregada y disminuyendo la oferta a través de la austeridad gubernamental, Tello asegura que este planteamiento no dio resultado y que sólo ha pospuesto la solución real a los problemas del país: renovado crecimiento económico. «Estoy dispuesto a vivir con una tasa más alta de inflación si la alternativa es no crecimiento afirma». Mientras esta relación crecimiento/inflación continuó siendo el debate político central, los indicadores económicos de 1984 mostraba una tendencia a mejorar. El principal problema siguió siendo lento o irrelevante crecimiento del PIB.

En 1985 la economía creció por segundo año consecutivo y se observaron avances importantes en el cambio estructural. El empleo registró un incremento significativo que continuó la favorable evolución que se había advertido en el año anterior.

Asimismo, la racionalización de la protección prosiguió al acelerarse la sustitución de permisos de importación por aranceles, y se adelantó en el proceso de reducción del tamaño del sector público.

A pesar de lo anterior, en 1985 se revirtió la tendencia descendente de la inflación anual que, se había dado desde abril de 1983. El mercado cambiario se mostró inestable; y el proceso de saneamiento de las firmas públicas enfrentó algunas dificultadas.

Las tendencias desfavorables de la actividad económica se debieron entre otras causas al deterioro de los términos de intercambio que sufrió el país en 1985 y a una escasa disponibilidad de crédito externo.

Esta última obligó a que requerimientos del sector público y el crecimiento de la inversión y el consumo privado se financiaran casi exclusivamente con recursos internos, los que provocó fuertes presiones en los mercados financieros y empujó al alza las tasas de interés internas. Además, de que la disponibilidad de recursos del exterior, escasa como fue, se presentará hasta la segunda parte del año, determinando un adelanto en el crecimiento de la deuda interna y, por consiguiente, un incremento en el gasto por concepto de intereses de esta.

El valor del PIB a precios constantes creció 2.7%, tasa menor en un punto porcentual a la del año anterior, los indicadores del empleo, en cambio, registraron una mejoría respecto de los niveles que habían alcanzado en 1984, gracias, en parte, a la moderación de las demandas salariales.

En el terreno cambiario, la cotización en el mercado controlado sufrió una devaluación de 20% hacia finales de julio y el tipo de cambio controlado alcanzó al término de 1985 un valor de 372.20 pesos por dólar, cifra que representó una depreciación del 93% durante todo el año, por otra parte, la cotización en el mercado libre al término de 1985 fue de 450 pesos por dólar, lo que representó una depreciación de 114% durante el año.

La inflación, al consumidor respecto del mismo período del año anterior, paso a 59.2% en diciembre de 1985. La evolución de los precios correspondió íntegramente a la depreciación cambiaria. Esto es explicable por las medidas de esterilización crediticia que se instrumentaron durante 1985, por el lapso que normalmente se da entre el aumento del tipo de cambio y el de los precios y, en parte, por el inicio del proceso de apertura comercial.

La escasa disponibilidad de recursos internos estuvo determinada por la combinación de perspectivas inflacionarias y de inestabilidad en el tipo de cambio controlado durante la primera mitad del año.

En 1985 entraron en vigor diversas disposiciones complementarias al régimen de control de cambios, ya sea para impedir las evasiones del control o para evitar que este obstaculice innecesariamente el desarrollo de la industria y del comercio exterior por su importancia cabe destacar el hecho que a partir de Noviembre el banco de México prohibió a las Sociedades Nacionales de Crédito celebrar operaciones pasivas en Moneda Nacional con Entidades Financieras del exterior y con casas de cambio extranjeras, salvo cuando la moneda nacional corresponda al contra valor en moneda extranjera vendida precisamente al Banco Mexicano. Esta moneda tuvo por objeto procurar una reducción del mercado de precios en el extranjero y dificultar las operaciones crediticias que tienen lugar fuera del territorio nacional. A raíz de su implantación, la operación del mercado de futuros del peso del país se vio entorpecida, lo que dio lugar a la desaparición de dicho mercado.

Ante esta situación fue necesario modificar la estrategia económica hacia final del primer semestre de 1986 con la adopción del programa de aliento y crecimiento (PAC), cuya vigencia se extiende desde finales del mes de junio de 1986 hasta la primera quincena de diciembre de 1987.

Sin embargo, también el PAC fue rebasado por la realidad económica que mantenía inherentes los principales problemas de índole estructural. En lo poco más de 17 meses que duró este nuevo programa, el comportamiento de las principales variables económicas dejó mucho que desear: La actividad productiva descendió a los mismos niveles de 1983; la inflación revirtió su tendencia mostrada durante la aplicación del PIRE con una mayor aceleración, los niveles de desempleo volvieron a incrementarse, al igual que el déficit financiero; las exportaciones totales descendieron como consecuencia del derrumbe del mercado petrolero; los precios del hidrocarburo bajaron hasta 50%; al mismo tiempo que continuaba la devaluación del peso mexicano.

Todos estos factores propiciaron, en los últimos meses de aplicación del PAC, un clima de elevada incertidumbre y alta especulación que no tardaron en reflejarse en la política económica. La evolución de la economía fue muy desigual durante 1987. En los primeros nueve meses la actividad económica se recuperó gradualmente y la balanza de pagos se fortaleció, gracias a la mejoría en el superávit primario de la Finanzas Públicas y el crecimiento de la intermediación financiera.

No obstante, la presencia de las presiones inflacionarias alimentó la incertidumbre en los mercados financieros y provocó una disminución en el plazo promedio de la capacitación de ahorro financiero.

Por ello, cuando en el último trimestre el colapso bursátil internacional coincidió con un agolpamiento de los prepagos de la deuda externa privada, el mercado cambiario se vio sujeto a fuertes presiones, a pesar de que el saldo de la cuenta corriente de la balanza de pagos continuaba siendo superavitario.

El repunte de la actividad económica se manifestó con especial vigor en la industria cuya producción se incrementó 2.9%, en tanto que los servicios crecieron 1.2% y el sector agropecuario disminuyó 0.3%. Las industrias de mayor crecimiento fueron la minería y la generación de energía eléctrica, en tanto que la producción manufacturera y la construcción tuvieron un menor dinamismo.

El 19 de Noviembre el Banco de México se retiró del mercado libre de divisas, ante el peligro de que mantener el tipo de cambio se tradujera en un drenaje inútil de la reserva del país. El tipo de cambio libre se elevó de inmediato 32.8%, pero en el transcurso de las siguientes semanas se redujo a un nivel cercano hasta en los 2,224 pesos por dólar, 30.9% superior al observado el 17 de noviembre.

Al comenzar diciembre, se había acumulado un severo rezago de los precios y las tarifas del Sector Público, ya que mientras que el índice nacional de precios al consumidor se había incrementado 125.8% en los primeros once meses del año, los precios de la gasolina y de la energía eléctrica residencial se habían aumentado únicamente 72% y 65% respectivamente.

Esta situación ocasionó durante 1987 una pérdida real de ingresos de cerca de 1.5% puntos porcentuales de PIB respecto de lo programado. Como respuesta a esta situación de desequilibrio creciente el 16 de diciembre los diversos sectores de la sociedad suscribieron un pacto de solidaridad económica con el objeto fundamental de abatir la inflación.

El inicio de la concertación.

La proximidad de las elecciones presidenciales en un entorno económico desfavorable y lleno de incertidumbre, agravaron las tendencias políticas y sociales. Ante esta situación y a escasos 11 meses para que finalizara su sexenio, Miguel de la Madrid, realiza una concertación entre Gobierno, Empresarios, Obreros y Campesinos que se tradujo en un pacto de solidaridad económica (PSE).

En este pacto se reconoció que el problema fundamental del país seguía siendo el proceso inflacionario recurrente, y sus efectos desfavorables sobre los ingresos de los trabajadores. Por tal motivo, las acciones de esta nueva estrategia se concentraron en atacar de raíz el fenómeno inflacionario. La finalidad de este paquete de medidas fue evitar la hiperinflación, a través de una corrección de precios rezagados y una significativa recesión.

En la primera etapa se pretendió modificar precios y salarios en forma gradual. Sin embargo, el comportamiento favorable, de variables económicas tales como las finanzas públicas, las exportaciones, el turismo y la inflación, posibilitó que la concertación para el mes de marzo optase por medidas más rígidas, y severas. Fue así que para el mes de marzo se pactó la congelación de precios, el tipo de cambio y los precios de garantía.

Marzo fue el inicio del período de hibernación para la economía mexicana. La tercera etapa del pacto (abril - mayo), la cuarta (junio, julio y agosto) y la quinta etapa (septiembre, octubre y noviembre), fue una ampliación del programa de choque aplicada desde el mes de marzo, basándose para ello en el comportamiento favorable de las variables económicas ya mencionadas.

Mientras esto sucede, otros factores muestras que los problemas estructurales siguen presentes. Entre ellos, el crecimiento del producto, del empleo, de las inversiones, de los niveles de vida, etc.

1989 terminó con negros pronósticos con respecto al futuro. La política de austeridad (Plan de Choque) continuará durante 1989 con el Plan de Estabilidad y Crecimiento Económico (PECE), para tratar de eliminar las causas estructurales de la inflación. Esto provocaría un mayor desempleo, con un desempleo de cinco millones (extraoficialmente dicha cifra podría llegar a seis millones a finales de 1989), el reto para la siguiente administración es la generación de empleos suficientes para cubrir este rezago y al mismo tiempo ofrecer opciones de empleo a los mexicanos que cada año se incorporan a la fuerza potencial de trabajo.

Otro de los retos es el de la recuperación de la capacidad adquisitiva de los trabajadores, dado que el deterioro que los salarios sufrieron en el sexenio de Miguel De la Madrid fue altamente significativo. Sin capacidad adquisitiva no hay consumo interno. Sin embargo, el principal reto será conservar la estabilidad económica al «desamarrar» los factores que fueron clave del éxito del PSE y que continúan con el PECE: Salarios, precios de los bienes privados, precios de los bienes y servicios públicos y estabilidad cambiaria.

Manejo político y reforma.

En muchos aspectos, los desafíos políticos enfrentados por el gobierno de De la Madrid cuando asumió el poder eran todavía más atemorizantes y menos tratables que los problemas financieros.

Las expectativas para la capacidad de conducción de estos desafíos de De la Madrid eran menores, aún De la Madrid era calificado como un tecnócrata políticamente inexperto: un administrador profesional del dinero público sin la sensibilidad política y sin alianzas personales con los tradicionales grupos de apoyo del PRI - Gobierno que necesitaría como presidente para mantener el orden durante un período de severa aflicción económica.

De la Madrid probó que estos escépticos estaban equivocados. Su actuación como estrategia política fue impresionante. En un momento en que el mexicano promedio creía que su país había saqueado por la élite política y cuando el sector público se hallaba prácticamente en bancarrota careció de los recursos necesarios para crear nuevamente apoyo a través de programas de bienestar social y obras públicas al estilo populista. Sin embargo, al final de su gestión el pueblo mexicano le reconoció los logros alcanzados. La política de De la Madrid de reconocer los triunfos electorales de la oposición donde se presentaban al menos a nivel municipal - representó un riesgo calculado ya que abrió las válvulas a la frustración popular en un momento en que el gobierno contaba con escasos beneficios materiales para distribuir y establecía el escenario para una confrontación eventual entre los reformistas y los de línea dura dentro del régimen. La lógica de la decisión de admitir a la oposición es clara: Ello proporcionó una alternativa al Pan como receptor del voto de protesta para que las elecciones funcionaran como válvula de seguridad social.

Como explicó un funcionario del PRI, «Las concesiones políticas están a la orden del día debido simplemente a que no contamos con el dinero para conceder las demandas económicas».

Algunos observadores políticos mexicanos pronostican que más que tratar de suprimir los resultados desfavorables en las elecciones, el gobierno aprovechará la oportunidad para continuar el proceso de liberación política, como válvula de seguridad para las presiones sociales y políticas creadas durante el programa de estabilización económica. Como lo expresó uno de ellos recientemente, «la pérdida de legitimidad del régimen ha sido demasiado severa para que se ignore. Habrá una apertura electoral».

De la Madrid y su círculo interno de asesores han demostrado claramente su habilidad para imponer un nuevo estilo político, mediante la elección de los miembros de su gabinete poco vinculados a la tradicional clase política de México, la inflexible determinación de instrumentar un programa de austeridad en todo el gobierno y sus ataques públicos a los poderosos críticos de sus políticas de De la Madrid logró transmitir una imagen de firme control y un estilo de gobierno sin compromisos ni arreglos, los cuales contrastan agudamente con el estilo más conciliador y a menudo vacilantes de sus predecesores.

A pesar de la naturaleza global del problema y de los efectos sociales y económicos del proceso de ajuste a que han sido obligados los deudores, existe aún poca disposición en escala internacional para considerar cambios del fondo en el sistema. El análisis de algunos de los principales agregados de la economía mexicana muestra claramente los costos del ajuste de 1981 a 1986 el producto per cápita disminuyó en cerca del 14% y el deflactor del PIB se incrementó a casi 15 veces su nivel de 1981.

Por otra parte, en el mismo período, el tipo de cambio se incrementó 30 veces con respecto a fines de 1981 y se estima que la población económicamente activa, se incrementó en alrededor de 18%.

Parecería evidente la necesidad de reanudar el crecimiento económico a fin de compatibilidad las demandas derivadas de tan acelerado incremento demográfico con la estabilidad como es bien sabido.

El ritmo de crecimiento de la deuda externa de México en el período 1978-1982 no tiene precedente, pues de fines de 1977, al final de 1982, la cifra se incrementó de 29,300 a 84,900 millones de dólares. Tal crecimiento tuvo como origen tanto la facilidad para obtener recursos en los mercados internacionales, como la decisión gubernamental de aprovechar la bonanza petrolera para lograr las máximas tasas de crecimiento del producto.

El comportamiento de México en este sentido no fue diferente del de otros deudores importantes. Sin embargo, como se ha subrayado repetidamente, el señalamiento de la cuota de responsabilidad de los gobiernos de la región en el origen del problema no debe oscurecer el hecho de que cualquier solución verdadera, en términos de la capacidad nacional para reanudar una trayectoria de rendimiento sostenido, y sostenible políticamente, no sólo puede lograrse por medio de la cooperación de todos los participantes: Los bancos acreedores, los gobiernos de sus países, las instituciones financieras internacionales y, en los países deudores mismos, tanto los gobiernos como los sectores privados.

El análisis de evolución del problema en el ámbito internacional y del proceso de ajuste en el nacional, durante los últimos años, tal vez sea útil para formular propuestas viables de solución. Estas, necesariamente, deberán ser de carácter cooperativo. Es útil recordar que todos, deudores y acreedores, sector público y privado, contribuyeron directamente al incremento de la deuda. De ahí la insistencia de México en la responsabilidad compartida que deben asumir también los acreedores. Debe destacarse, igualmente, que la magnitud absoluta de la deuda impide seguir considerando las posibles soluciones en términos estrictamente financieros: Las políticas comerciales tanto de los países deudores como de los acreedores deben estar directamente vinculados a cualquier solución posible.

La magnitud del proceso de ajuste económico efectuado a partir de 1983 no tiene precedentes en México y difícilmente en otra parte del mundo. Dicho ajuste se ha reflejado tanto en el sector público como en el privado.

La coyuntura a que se enfrentará la política económica durante los próximos años es particularmente compleja. Después de siete años de bajo crecimiento, una exigencia social de primera importancia es restablecer condiciones tales que brinden suficientes oportunidades para la población. La tarea de renegociación internacional es particularmente difícil, pues hasta ahora, como se ha señalado, ni los bancos acreedores ni los gobiernos de sus países se han mostrado dispuestos a negociar condiciones que compatibilicen el pago del servicio de la deuda con la satisfacción gradual de las demandas sociales y la recuperación de una trayectoria de crecimiento por parte de los países deudores.

En el ámbito económico, puede decirse que los principales problemas que será necesario resolver durante los próximos años son los siguientes.

Primero, la creación de empleos para una fuerza de trabajo que crecerá a una tasa superior a 3.4% anual de ahora a fines de siglo. Al mismo tiempo, debe absorberse un rezago de subempleo y desempleo que se calcula en alrededor de 30% a 40% de la PEA, es decir, de 8 a 11 millones de personas.

A pesar de la reducción lograda en los últimos años en la tasa de crecimiento de la población total, la PEA seguirá incrementándose a tasas elevadas como resultado de la inercia del crecimiento demográfico de años anteriores.

Segundo, el país deberá financiar un proceso de urbanización que ha propiciado el incremento de cerda de 90% en la población urbana durante los últimos 17 años.

De acuerdo con estimaciones recientes, la población urbana en 1985 era de 53.3 millones de personas. Para el 2000 se estima que será alrededor de 76 millones, es decir, 76% de la población total. Ello se compara con una proporción de 68% en 1985.

Tercero, el crecimiento deberá ser suficiente para permitir el pago del servicio de la deuda externa. Este, deberá reducirse significativamente a fin de ser compatible con la recuperación de una trayectoria de crecimiento. En 1985 los pagos por intereses fueron 47% de las exportaciones de mercancías, y en 1986, la cifra fue de 52%. Aun considerando la disminución en el monto de intereses de 10, 156 a 8, 343 millones de dólares, la drástica caída de los ingresos petroleros explica el incremento de la proporción. No importa cuán exitoso sea el país en aumentar sus exportaciones, en las condiciones actuales es simplemente imposible que la capacidad de importación permita reanudar el proceso de crecimiento y a la vez cambiar las expectativas sobre el futuro de la actividad económica. Este es un problema complejo; en la medida que sea posible transformar las expectativas, y en ello deberá influir favorablemente el factor público en los próximos años, se logrará mejorar el desempeño de la economía mexicana.

Cuarto, en algún momento en el futuro cercano de la política económica deberá permitir que los salarios reales se incrementen de nueva cuenta, dada la drástica caída que han sufrido en los últimos años. De 1978 a fines de 1988 el salario mínimo real se disminuyó en alrededor de 57%. El proceso de ajuste económico ha extrañado reducciones en el nivel agregado de la actividad económica, en el empleo, en la inversión pública y en los salarios reales. Por ello, la tarea de la que deberá hacer frente la política económica en los próximos años no tiene precedente.

La obtención de resultados positivos dependerá no sólo de que el petróleo alcance precios favorables, sino de manera fundamental de la posibilidad de efectuar reformas internas orientadas a elevar el nivel de eficiencia de la economía y, sobre todo, de la posibilidad de mejorar significativamente las condiciones de pago del servicio de la deuda externa.

Dicha evolución favorable en este último aspecto tendrá que incluir cuando menos lo siguiente:

a) La reducción de pago del servicio de la deuda que debe hacerse en divisas.

b) Una reorientación mundial de los patrones de comercio e inversión de acuerdo con la distribución de la deuda externa.

c) Una elevada tasa de incremento de las exportaciones.

Lo anterior requerirá de avances internos, pero también de cambios importantes en las políticas industriales y comerciales de los países acreedores, a fin de permitir a países como México generar superávit comercial compatibles con sus obligaciones de pago de servicio de la deuda. Ya durante los últimos años, los deudores como México se han enfrentado a un creciente proteccionismo en los países industriales. Ello dificulta el logro de superávit comercial que requiere el servicio de la deuda.

La década de los ochenta es dominada por la crisis económica, pero también ha contemplado profundas transformaciones cuyas tendencias se expresan en los noventa.

Entre estos cambios se pueden señalar, en el plano de la estrategia de desarrollo planteada por el Estado y los grupos dominantes, el papel distinto que se asigna a las relaciones entre el sector público y el privado y, en el terreno productivo, la emergencia de una economía exportadora no petrolera que propicia una dinámica económica distinta en términos espaciales y sectoriales. Todo ello, en un nuevo esquema de modalidades de relación productiva y financiera del país con el resto del mundo.

La década de los ochenta recoge una aguda caída de los indicadores económicos fundamentales, pero, sobre todo, el colapso definitivo del patrón de acumulación vigente durante las últimas décadas. Junto a los estertores del agotado modelo de crecimiento, se empieza a perfilar el tránsito hacia una nueva forma de acumulación, que todavía no logra enraizar en la estructurar económica y en el espacio nacional.

Esta nueva modalidad modifica la realización del excedente social con tasas de rentabilidad que premian la producción orientada hacia el mercado mundial y mantienen deprimidos los sectores y regiones vinculados al mercado interno. Esta fase de transición es dominada por la recesión y la reestructuración del conjunto productivo nacional.

De no darse esta reestructuración, la perspectiva sería más recesión, crecimiento lento e inestable y una ampliación de las diferencias entre clases, sectores y regiones.

La precipitación de los cambios económicos ocurridos no puede verse sólo como resultado de la política de ajuste - estabilización adoptada, sino fundamentalmente como parte de un proceso más amplio de transformación de las relaciones que han conformado las bases de operación del sistema desde los cuarenta.

LA NECESIDAD DE LAS REFORMAS

El modelo de desarrollo «hacia adentro» seguido por México desde los años cuarenta propició una industrialización sustentada en subsidios fiscales y financieros crecientes a favor del capital y el uso variable de aranceles, permisos y precios oficiales sobre las importaciones. A partir de esos años el estado empezó a crear empresas públicas para apoyar el proceso de situación de importaciones principalmente en las áreas de petróleo, petroquímica, transporte y comunicaciones, registrándose sin embargo la mayor expansión de entidades desde la década de los sesenta. El desempeño macroeconómico inicial fue destacado: entre 1953 y 1970 el PIB creció a una tasa anual promedio cercana al 6.0 por ciento, el ingreso real per cápita se recuperó 84.7 por ciento.

Aumentó significativamente la participación del sector industrial en el producto, el desarrollo se financió primordialmente a través del ahorro interno, y la inflación anual promedio, medida a través del INPC, se mantuvo en solo 3.8 por ciento.

No obstante, lo anterior, a finales de los años sesenta empezaron a evidenciarse desequilibrios que sugerían el agotamiento de la estrategia seguida: la presencia de variados objetivos en la política del estado la regulación en los mercados, la distribución del ingreso y la promoción de la industrialización fue deteriorando la capacidad financiera de las empresas públicas.

Adicionalmente, el coeficiente de importaciones a PIB, cuyo abatimiento era un objetivo esencial, empezó a aumentar como resultado de la incapacidad de la planta productiva de generar los insumos necesarios para el desarrollo. Al proliferar los procesos productivos de baja escala y pobre innovación tecnológica, y al reducirse mediante subsidios el precio relativo del capital, se desalentó el uso de la mano de obra.

Para mitigar estos efectos, el gobierno decidió fortalecer el modelo original convirtiendo la inversión pública en el motor primario del desarrollo. De 1970 a 1982 las empresas paraestatales pasaron de 471 a 1155 y en participación dentro de la inversión bruta de 19 a 30 por ciento. Por otra parte, el auge petrolero permitió abandonar el proceso de liberalización comercial iniciado en 1977 y posponer indefinidamente la adhesión de México al GATT.

Los resultados económicos en esta segunda etapa no fueron tan destacados, aun cuando el PIB continuó registrando tasas de crecimiento elevadas, el déficit fiscal y el endeudamiento externo se agravaron aceleradamente.

La inflación fue en ascenso, lo que dado el tipo de cambio fijo implicó una drástica apreciación real del peso frente al dólar y un deterioro sistemático de las reservas internacionales. En 1982 se recurrió a devaluaciones abruptas, al control generalizado de cambios y de importaciones y a la estatización bancaria, que hicieron imposible mantener el esquema de desarrollo anterior.

La reforma del estado en materia económica

Una pieza central de la nueva estrategia económica ha sido la redefinición del papel del estado en la economía, a partir de la cual el gobierno ha devuelto al sector privado de producir bienes y servicios que no son «estratégicos» y ha ido adecuando los mecanismos de regulación para permitir un funcionamiento adecuado de los mercados. Como primera implicación, se ha registrado un saneamiento sostenido de las finanzas públicas por lo menos en tres aspectos:

1. Una recuperación de los ingresos presupuestales por encima de los niveles previos a 1983. Estas medidas se vieron reforzadas desde 1987 con una reforma tributaria que amplió la base gravable de las empresas, redujo sucesivamente la tasa correspondiente del ISR de 42 por ciento en 1986 al 35 por ciento en 1992, y disminuyó anualmente la tasa marginal máxima del ISR aplicable a personas físicas de 55 por ciento en 1986 a 35 por ciento en 1992.

2. Un severo recorte del gasto programable, que como proporción del

producto pasó del 28.2 por ciento en 1982 al 22.4 por ciento durante 1983. Este factor y el anterior han hecho posible mantener significativo superávit primarios, y

3. Un financiamiento creciente a través de valores gubernamentales, que dificultaría la estabilidad macroeconómica.

Sin embargo, el gobierno tiene por delante el reto de mejorar la composición del gasto por lo menos en dos sentidos; incrementar la razón capital/corriente que aún parece baja respecto a los niveles observados en los años setenta, si bien los proyectos actuales exhiben seguramente una mayor rentabilidad, y destinar una mayor proporción al gasto social dirigido a atender necesidades extremas resultantes del deterioro en la distribución del ingreso. Como señalaremos más adelante, es en este segundo rubro donde se ha registrado el mayor progreso a partir de 1988.

Una segunda vertiente de la reforma ha sido el proceso de privatización que ha comprendido la venta de múltiples empresas paraestatales, así como la apertura a la participación privada de actividades tradicionalmente reservadas al Estado. En una primera etapa 1983 1987, se vendieron 64 empresas caracterizadas por ser empresas de tamaño medio y pequeño, típicamente sujetas a un entorno competitivo. En la segunda mitad de 1987 el sector industrial paraestatal participaba en sólo 13 de las 28 ramas productivas que mantenía en 1982, y se estaba retirando totalmente de las ramas automotriz, farmacéutica, petroquímica secundaria y diversas de la industria manufacturera, tales como refrescos embotellados, textiles y envases domésticos.

Durante esta primera fase el impacto fiscal de la privatización no fue significativo ya que no incluyó la venta de los principales monopolios estatales. Se estima que los ingresos obtenidos por la venta de empresas públicas durante esos años alcanzaron aproximadamente 2620 millones de dólares (MD). El proceso de venta fue lento porque, como en otros países, éste implicó un amplio proceso de aprendizaje, si bien se utilizaron mecanismos sencillos porque la mayoría de las empresas registraban utilidades.

A partir del segundo semestre de 1988 la privatización ha comprendido la venta de varias empresas de tamaño considerable, algunas de ellas con poder monopólico, como las aerolíneas Aeroméxico y Mexicana de Aviación, los Ingenios Azucareros, las mineras Cananea y Real del Monte, la compañía telefónica TELMEX, los 18 bancos comerciales y las siderúrgicas AHMSA y SICARTSA. Durante 1988 1991 el número de entidades paraestatales se redujo en 291, de las cuales 229 correspondieron a procesos de venta que generaron al gobierno un monto de recursos devengados de aproximadamente 14 542 MD. Cabe destacar que, durante

1991, sólo los ingresos por la transferencia del control accionario de TELMEX ascendieron a 1758 MD.

Una tercera vía de la reforma del Estado ha sido la adecuación del marco regulatorio de la actividad económica para remover obstáculos a la competencia y facilitar la participación del sector privado en la economía. Entre las modificaciones al marco regulatorio sobresalen:

1) el nuevo reglamento sobre inversión extranjera y la abrogación de la ley de control a la transferencia de tecnología que facilita la entrada de capital y tecnología foráneos.

2) el programa de autopistas y puentes concesionados a la iniciativa privada.

3) la revisión y adecuación del marco regulatorio de la industria de telecomunicaciones que complementa la privatización de TELMEX.

4) las reformas que permiten la libre comercialización e importación de azúcar suplementando la privatización de los ingenios.

5) la reclasificación de la petroquímica básica y secundaria que amplía el número de productos en esta segunda clase susceptible de control privado.

El impacto del proceso de privatización y desregulación empieza a ser significativo en términos de beneficios fiscales y de eficiencia. Se ha favorecido a las finanzas públicas no sólo a través de los ingresos de una vez derivados de la venta de las empresas, sino asociada a éstas.

Adicionalmente, la eficiencia ha aumentado mediante la reducción en costos de producción, comercialización y distribución provenientes de la desregulación y, en algunos casos, la mejora en la calidad de los bienes y servicios de las empresas privatizadas (ejemplo, aerolíneas) (ITAM, 1993:1-52).

En principio, la privatización debiera mantener inalterado el patrimonio del gobierno toda vez que el precio de venta tiende a reflejar sólo el valor presente de los ingresos netos futuros de la empresa privatizada.

Sin embargo, en algunos casos (ejemplo, bancos) los elevados precios obtenidos respecto a su valor en libros parecen estar incorporando además expectativas de un incremento en eficiencia, casos en los que el cambio de propiedad podría estar representando una mejora patrimonial para el gobierno.

La reforma comercial

La reforma comercial ha buscado apoyar la recuperación económica y financiera de México a través del impulso al comercio exterior y la mayor competencia que éste implica. Durante 1983 - 1984 desapareció el requisito de permiso para 35% de fracciones de Tarifa del Impuesto General de Importación (TIGI) y se redujo el número de tasa arancelaria.

Sin embargo, los cambios más profundos se iniciaron en julio de 1985, con la puesta en marcha del proceso de sustitución de permisos previos por aranceles, la eliminación de este requisito para 90% de las fracciones de la TIGI, y la reducción de la dispersión arancelaria a 0 50%, si bien para compensar los abruptos cambios se decidió incrementar transitoriamente el arancel promedio de 8.5 a 13.3%.

En abril de 1986 se implantó un acelerado programa de reducción arancelaria en cuatro etapas, que culminaría con una tarifa máxima de 30% en octubre de 1988.

También en ese año México se adhirió al GATT, empezó el desmantelamiento de los precios oficiales que habían servido como mecanismos indirectos de protección, y la desaparición del requisito de permiso previo a las importaciones alcanzó 92% de las fracciones.

No obstante, en diciembre de 1987 se adelantó la última etapa de la reducción programada de aranceles, haciéndose ésta más severo a través del establecimiento de cuatro tasas arancelarias entre 0 y 20% que disminuyó significativamente la dispersión en la protección efectiva, desapareció el impuesto adicional de 5% a las importaciones, 96% de las fracciones de la TIGI quedaron exentas del requisito de permiso y se abrogaron los precios oficiales

La celeridad y profundidad de la reforma comercial son evidentes al considerar que de 1985 a 1987 el arancel promedio ponderado descendió de 13.3% a 5.6%, y los permisos de importación como proporción de las fracciones de la TIGI pasaron de 10.4% a 3.9%. Además, la fase más agresiva de la liberación comercial coincidió con la abrupta caída de los precios del petróleo. Cabe añadir, que durante 1986 1897 el tipo de cambio nominal jugó un papel preponderante para atenuar parcialmente los efectos del desmantelamiento de la protección, con la depreciación real del peso frente al dólar de 16.4%. Sin lugar a duda, los resultados de la apertura comercial han sido satisfactorios. De 1985 a 1991, el comercio exterior no petrolero como proporción del PIB ascendió de 10.9% a 20.1%, y el valor de las exportaciones no petroleras aumentó más de tres veces.

En este proceso se ha dado una notoria diversificación del comercio exterior que ha incluido un mayor dinamismo de sectores exportadores como el automotriz, la petroquímica y el de hortalizas y frutas, los cuáles utilizan intensivamente las ventajas comparativas de los recursos naturales y la mano de obra, y un auge de importaciones que sirven de insumos principalmente a las industrias de exportación. Adicionalmente, existe evidencia de que la productividad laboral ha crecido en el sector manufacturero, y el empleo ha aumentado significativamente en los sectores orientados a la exportación. Por ejemplo, durante 1985 1990 la industria maquiladora registró en promedio anual un incremento en el empleo de más de 15%, y una caída en el salario real de sólo 2.3%, lo cual contrasta favorablemente con lo observado en el resto de la economía.

La apertura ha propiciado una nueva cultura empresarial basada en metas de productividad más que en expectativas de subsidios gubernamentales, como lo refleja la menor demanda por parte de los empresarios de que se garantice un tipo de cambio real arbitrariamente elevado para incentivar las exportaciones. En esta situación las empresas requieren bienes intermedios y capital para modernizar los procesos productivos.

La reforma financiera

A partir de 1983 el sistema financiero estuvo sujeto a una excesiva y desigual regulación que obstaculizó la intermediación eficiente y el apoyo a la inversión privada. A partir de la estatización bancaria se uniformó a los bancos dentro de un sistema único, se limitaron sus áreas de operación y en 1984 se autorizó sólo la participación minoritaria (34%) del sector privado en el capital social. Estas restricciones pusieron en desventaja a la banca frente a las casas de bolsa. La inestabilidad macroeconómica implicó para los bancos el estancamiento de su captación al ofrecer instrumentos a tasas fijas y canalizar obligatoriamente sus recursos al financiamiento del déficit público y al subsidio de ciertas actividades. Las casas de bolsa, por el contrario, ampliaron sus operaciones al ser los intermediarios autorizados en el mercado de valores públicos asociado para ofrecer instrumentos atractivos de captación.

A pesar de que a partir de 1985 se fueron removiendo algunos impedimentos enfrentados por los bancos y se registraron innovaciones, la severa restricción crediticia impuesta durante el primer semestre de 1988 puso en evidencia la proliferación de los mercados informales de crédito y, por ende, la necesidad de una reforma financiera que impulsara uniformemente la eficiencia de todos los intermediarios y complementara la modernización de otros sectores. Los indicadores reflejan el deterioro registrado por el sistema financiero mexicano durante 1982- 1988. Si bien el coeficiente de captación financiera a PIB permaneció prácticamente constante, la participación bancaria dentro de ésta registró un persistente descenso hasta llegar a 23.3% en 1988.

El financiamiento bancario registró aumentos sistemáticos que reflejan una severa ausencia de competitividad. Por lo tanto, se dirigió, en primer término, a liberalizar gradualmente las operaciones bancarias. En octubre de 1988, se eliminaron las restricciones al monto de emisión de aceptaciones bancarias, permitiéndose la inversión libre de esos recursos una vez cubierto un coeficiente de liquidez de 30%, y se autorizó el otorgamiento de avales bancarios sobre el papel comercial extrabursátil.

En abril de 1989, el régimen de inversión de las aceptaciones se extendió al resto de los instrumentos bancarios y se eliminó la fijación de tasas máximas de interés por parte del Banco Central. En septiembre de 1991 se eliminó el requisito de coeficiente de liquidez sobre la captación marginal bancaria en moneda nacional, otorgando una considerable libertad a los bancos sobre la cartera de sus inversiones (Indicadores económicos, 1989-1993).

En segundo lugar, en mayo de 1989 se publicó el nuevo Reglamento de Inversión Extranjera, aplicable a todas las actividades de la economía, que establece lineamientos precisos para reducir obstáculos a los flujos de capital del exterior, disminuyendo la interpretación casuística que se venía haciendo de la ley en esta materia.

Se suprimió el requerimiento de autorización gubernamental para participación sin límite en proyectos que no excedan 250 mil millones de pesos dentro de actividades no clasificadas en el anexo del reglamento; se estableció el procedimiento para autorizar la participación por encima de 49% del capital de sectores clasificados, con aprobación automática después de 45 días; y se permitió la participación extranjera en acciones " » »N" » » y a través de fideicomisos de hasta 20 años (renovables) para empresas con problemas financieros y necesidades tecnológicas o de exportación.

En tercer lugar, en diciembre de 1989 se modificaron seis ordenamientos legales con el fin de otorgar espacios equitativos a los distintos intermediarios financieros, así como reconocer y regular la formación de agrupaciones. Respecto a la banca múltiple se permitió:

1) Un manejo de descentralizado de las decisiones operativas e incentivos para la buena administración.

2) la participación minoritaria de la inversión extranjera y el incremento de la participación de particulares en el capital social.

3) la autorización de la integración de grupos financieros bancarios incluyendo a los intermediarios más importantes, con excepción de aseguradoras y casas de bolsa.

En contrapartida, se autorizó la formación de grupos no bancarios comprendiendo a todos los participantes financieros excepto a la banca múltiple, y la operación de sociedades controladoras de grupos financieros. Respecto a los intermediarios no bancarios, se permitió la participación minoritaria de la inversión extranjera en el capital social, y se liberalizaron las tarifas, comisiones y márgenes de operación correspondientes a aseguradoras y afianzados.

En cuarto lugar, en mayo de 1990, se reformó la Constitución para establecer el régimen mixto en la presentación de banca y crédito y se aprobó una nueva Ley de Instituciones de Crédito para determinar las condiciones en que el sector privado puede participar mayoritariamente en el control de los bancos.

Complementariamente, se promulgó una Ley de Agrupaciones Financieras y se adecuó a la Ley del Mercado de Valores para regular globalmente la libre asociación de intermediarios de diferentes clases, incluyendo a bancos con casas de bolsa.

La nueva legislación busca un balance entre liberalización y regulación. Por el lado de la liberalización, se reconocen diferentes formas de asociación para los intermediarios, admitiéndose agrupaciones sin controladora en torno a bancos y casas de bolsa, así como asociaciones a través de controladora para los grupos más amplios.

Esta reforma permite que los intermediarios presten sus servicios a través de las sucursales de cualquier intermediario integrante del grupo, lo cual posibilita las economías de escala en información y tecnología. Cabe advertir, sin embargo, que la asociación constituye una opción que los intermediarios financieros pueden tomar, pero de ninguna manera un modelo único o necesario para el desempeño de la banca.

Un elemento adicional de la actual reforma se relaciona con el más amplio papel concedido a la inversión extranjera, ya sea directamente en el capital social de los intermediarios como a través de las sociedades controladas.

La mayor parte del capital extranjero además de fomentar la modernización de las instituciones representa una señal de que sistema financiero mexicano se dirige hacia una mayor apertura a la competencia externa en los próximos años. La apertura es definitivamente necesaria para garantizar una mayor competencia y eficiencia entre los intermediarios financieros. La reforma introduce una regulación más severa: el requerimiento para la participación de una misma persona física o moral en el capital pagado pasa de un máximo de 15% a uno de 5%; el capital neto mínimo asciende de 3 a 6% de la suma de activos y operaciones de pasivos contingente. El fenómeno de piramidación se encuentra prohibido a través de las cláusulas que regulan la inversión de entidades integrantes en otras entidades financieras de un mismo grupo.

En suma, la nueva legislación busca reducir la tendencia de concentración del capital, las inversiones y los riesgos inherentes a ésta.

Finalmente, en noviembre de 1991 se eliminó el sistema cambiario dual con lo que desapareció el requisito de registrar las transacciones comerciales a través de un mercado controlado de cambios.

Las diferentes fases de la reforma financiera, apoyadas por los avances en otras áreas de la política económica, han empezado a brindar resultados positivos en términos de la recuperación de la captación total y la participación bancaria dentro de ésta, así como el reciente auge de la inversión extranjera y el consiguiente empuje de la Bolsa Mexicana de Valores. Un efecto central es la tendencia incipiente hacia márgenes de intermediación más estrechos toda vez que éstos se habían ampliado a medida que se agudizaba la inflación y los bancos buscaban captar parte del impuesto inflacionario.

Resultados macroeconómicos

Los resultados globales del Pacto han sido satisfactorios. En primer lugar, los avances en materia de desinflación fueron espectaculares durante las primeras dos fases del programa: en veinte meses la inflación se redujo más de 140 puntos al pasar la tasa anual de 159.2%, en diciembre 1987, a 16.8% en agosto de 1989, con 1.4% de ritmo mensual promedio durante la segunda fase. Sin embargo, durante la tercera fase los avances no han sido tan claros ya que la tasa anual de inflación fue en ascenso continuo desde octubre de 1989 a noviembre de 1990 para luego descender, registrando un promedio de 24.7% durante 1990 1991.

En segundo lugar, a partir de abril de 1990 se han venido reduciendo las tasas de interés reales internas, cuyo nivel extraordinariamente elevado durante los dos primeros años del Pactos se constituía en uno de los principales obstáculos para la recuperación del crecimiento. Por ejemplo, desde ese mes a diciembre de 1991 la tasa de interés promedio de los Cetes a un mes perdió 30 puntos porcentuales lo que representó una disminución de 27.8 puntos del rendimiento real anual correspondiente. La mayor disponibilidad para invertir a valores gubernamentales refleja una mejora en la percepción del público en torno a la solidez global del programa económico. Esto último se manifiesta en la acumulación sistemática de las reservas internacionales registrada durante el lapso considerado, que resulte de un saldo considerablemente superavitario en la cuenta de capitales. Ello ha permitido que las transferencias netas de recursos al exterior se ubicaran por debajo de 2% durante 1990 1991.

Tal vez los resultados más favorables del Pacto se refieren a la moderada recuperación del PIB per cápita y el mantenimiento del crecimiento del empleo, que si bien han registrado un dinamismo modesto arrojan un balance superior a las experiencias de estabilización previas.

A la luz de este progreso podemos concluir que los desafíos esenciales en el manejo macroeconómico frente al TLC se refieren a los elementos que garanticen un crecimiento sostenido a través de la ampliación del comercio y la inversión, entre los que destaca la consolidación de la inflación a niveles internacionales (Criterios de política económica, 1989 - 1993).

8 EL SEXENIO DE CARLOS SALINAS DE GORTARI 1988-1994.

El hombre y sus demonios

México atravesaba en diciembre de 1988 por la zona minada de una legitimidad precaria. El nuevo presidente debía actuar rápido, no para lograr legitimidad -cosa imposible, que sólo nuevas e impensables elecciones podían haberle dado- sino credibilidad, esa sensación de que en Los Pinos había un líder firme y audaz. De pronto, a principios de 1989, en un operativo ejecutado por nota, un grupo militar capturó al líder petrolero Joaquín Hernández la Quina. Se decía que «la Quina» había apoyado la campaña de Cárdenas y había financiado un libelo contra Salinas denominado «Un asesino en la presidencia» (el texto refería el homicidio accidental de una sirvienta cometido por Salinas de Gortari a los cuatro años). «La Quina» pasaría el sexenio entero en la cárcel, acusado, entre otros delitos, de acopio de armas. El mensaje era claro: Salinas de Gortari no iba a esperar a que nadie internamente del sistema político lo «calara»: era él quien «calaba». La reacción social fue una mezcla de admiración y aliento. Se dijo que el chaparrito Salinas de Gortari creció. Había un líder en Los Pinos. Tenía «huevos».

Pero no sólo huevos; también competencia en el ámbito económico y político, y lucidez para rodearse de talentos. Con Salinas entró a gobernar la joven generación que Miguel de la Madrid había propiciado. En Hacienda, Pedro Aspe Armella (egresado del MIT) ya había probado su eficacia en el proceso embrionario de privatización, corrección de las finanzas públicas y control de la inflación durante el periodo de De la Madrid. Aspe, el economista más capaz de su generación era un líder natural que formó un verdadero equipo de reformadores. En el gobierno del Distrito Federal -

donde la votación de 1988 había favorecido a Cárdenas- Salinas colocó a su antiguo amigo de la Facultad de Economía de los años sesenta, casi su hermano: el experimentado Manuel Camacho Solís (egresado de Princeton). El PRI se lo encomendó a su hijo político, el economista Luis Donaldo Colosio (egresado de Northwestern), hombre suave, conciliador, con buena pinta de charro mexicano. Otros nombramientos de importancia fueron los del astuto, brillante y austero economista Ernesto Zedillo (considerado el mejor economista de los 4 amigos, egresado de Yale) en la Secretaría de Programación y Presupuesto, y el inteligente y locuaz economista Jaime José Serra (también egresado de Yale) en la Secretaría de Comercio. Era la *Ivy Leagite* en el poder.

Salinas de Gortari había elegido un equipo a su propia imagen y semejanza. Él también era economista y había estudiado en Harvard, pero sus credenciales parecían insuperables. Llegaba al poder muy joven, a los cuarenta años cumplidos; sólo Lázaro Cárdenas y Francisco I. Madero habían llegado a una edad menor, a los treinta y ocho años. Podía presumir de ser un hijo legítimo de la «familia revolucionaria»: su padre, el economista Raúl Salinas Lozano, había sido secretario de Industria y Comercio en el régimen de Adolfo López Mateos. La carrera del hijo parecía una copia de la del padre. Ambos habían estudiado en Harvard, se habían formado en la Secretaría de Hacienda y habían alcanzado una secretaría; pero el hijo superaba al padre en varios aspectos: tenía una maestría en administración pública, así como otra maestría y un doctorado en gobierno y política económica. Su carrera administrativa había sido igualmente exitosa: a la sombra de su padrino Miguel de la Madrid, escaló varios puestos y, a partir de 1982, en su poderoso secretario de Programación y Presupuesto. En la práctica, aquella secretaría era mucho más que un ministerio: era un laboratorio del régimen siguiente. No es casual que sus dos principales subsecretarios hayan sido Aspe y Camacho.

Salinas de Gortari era un caballista consumado. Había ganado una medalla en los Juegos Panamericanos de Cali, Colombia, en 1971. «Es un especialista en salvar obstáculos», comentaba aquel valeroso full-back del PAN, Manuel Clouthier, quien murió poco después de las elecciones de 1988 en un accidente de automóvil. Una ambición profunda se creaba tras los ojos vivaces, la sonrisa inquieta y la inteligencia helada, filosa de Carlos Salinas de Gortari.

Junto a él, acompañándolo como una sombra, aparecía siempre un hombre silencioso, envuelto en el misterio. Era su asesor, José María Córdoba, hijo de republicanos españoles, veterano del 68 parisino, ex asesor de Mitterrand, tenía una cultura humanística y una perspectiva global de la que carecían los tecnócratas del «salinismo». Era el poder detrás el trono. Nunca México había conformado un mejor gabinete, ni volvería a ocurrir.

En la historia del México moderno ha habido unos cuantos

presidentes reformadores, hombres decididos a escuchar el llamado del futuro. Porfirio Díaz, Plutarco Elías Calles y Miguel Alemán eran de esa estirpe modernizadora. Echeverría fue otro, aunque con una visión diferente. Creían en el progreso económico más que en la libertad política. Esos son los nuevos Borbones, los déspotas ilustrados de la edad moderna. A esa especie imperiosa e impaciente pertenecían Salinas de Gortari y su generación.

Su proyecto de fondo era la rehabilitación plena de la mayor empresa mexicana del siglo: el sistema político mexicano. Sólo modernizándola a ella, podría modernizar al país. El plan de acción no podía incurrir en anacronismos ni repeticiones. Por definición, era imposible e indeseable volver a las épocas del populismo dadivoso que había llevado al país a la quiebra, pero tampoco se necesitaba destruir todas las prácticas del sistema. Algunas podían ser útiles. La clave estaba en hallar un diseño equilibrado y eficaz para poner en práctica la frase de oro de Jesús Reyes Heroles: «Cambiar para conservar».

En la cúspide, Salinas ejercería el poder presidencial sin la violencia de Díaz Ordaz, los sobregiros verbales de Echeverría o el boato de López Portillo, pero con una visibilidad mucho mayor que De la Madrid. Nada de reticencias: su mano firme seguiría sintiéndose, como en el caso de la «Quina». La energía juvenil del nuevo presidente, la resolución con la que pondría en práctica su nuevo programa económico y hasta la medida contra la «Quina» recordaban el arranque de Miguel Alemán.

El PRI debía entrar en un proceso de paulatina reforma. Bajo la suave mano de Colosio se pondrían las bases para un proceso de federalización dentro del partido; a largo plazo, el objetivo era transformarlo en una organización de ciudadanos, no de sectores. Colosio solía hablar con entusiasmo sobre estos esfuerzos, como si estuviesen al alcance de su mano. Quizá ignoraba el antecedente de Madrazo. Un PRI integrado por ciudadanos, un PRI con elecciones internas, no era el PRI. La primera prueba a la que se sometió el partido en 1989 fueron las elecciones en Baja California Norte. El PAN obtuvo un triunfo claro y Salinas de Gortari instruyó a Colosio para que aceptara sin ambages la derrota. Era la primera vez en la historia moderna de México (y del PRI) que un candidato de oposición -el panista Ernesto Ruffo- llegaba a la gubernatura de un estado. El fortalecimiento moral que extrajo el gobierno de esa derrota confirmaba, en retrospectiva, el error de Chihuahua. Estados Unidos no invadió Baja California, que tampoco cayó en manos de la iglesia ni de los empresarios. Había triunfado la democracia, pero el PRI bajacaliforniano no le perdonaría al régimen -ni a Colosio- la humillación.

Un grupo político se formó entonces en las zonas más turbias del priísmo de la California. Su designio vengativo estaba inscrito en su nombre: TUCAN, Todos Unidos Contra Acción Nacional».

Salinas tenía las mejores relaciones con el presidente vitalicio de los obreros. A los ochenta y ocho años, don Fidel Velázquez seguía tan activo y dinámico como en tiempos de Calles. Hombre pragmático por excelencia, atento al «itacate», cercano a las masas, desdeñoso del «camino» y la ideología, «don Fidel» reconocía el éxito del pacto efectuado en 1988 entre las corporaciones sindicales (que dependían mayoritariamente de él), el gobierno y los empresarios: la inflación había caído de manera impresionante, de 15 por ciento en enero de 1988 a 0.4 en agosto de ese mismo año. Estos resultados lo animaron a reafirmar «el indestructible pacto histórico» entre el «gobierno revolucionario y la clase obrera». En cualquier país latinoamericano, un ajuste drástico de los salarios (como el que suponía el nuevo Pacto) hubiese arrojado a los obreros a las calles en protestas multitudinarias. No en México: «es una de las ventajas del corporativismo», comentaba Salinas de Gortari. El gobierno utilizaba sus instrumentos políticos premodernos para corregir el rumbo económico y despegar hacia la siempre anhelada modernidad.

Con los campesinos, la estrategia de Salinas de Gortari fue más compleja. Las manifestaciones de crisis económica en el campo eran evidentes desde tiempos de Cárdenas: baja productividad, pobreza extrema, erosión de la tierra, éxodo a las ciudades. El gobierno de Salinas comenzó a preparar la más ambiciosa reforma económica y social desde tiempos de Alemán: nada menos que una modificación de fondo al intocable artículo 27 constitucional. Se trataba de dar al campesino la oportunidad de decidir libremente el régimen de propiedad que le conviniese, ya sea el colectivo (ejidal), o el individual (propiedad privada). Lo importante era que el campesino tuviese títulos de propiedad sobre su tierra, no meros «derechos ejidales» que en la práctica lo sometían a la tutela permanente de ese eterno e impersonal patrón: el gobierno local, estatal o federal en turno.

El sentido genuinamente liberal de esta reforma implicaba una voluntad de transformar al campesino y convertirlo en mayor de edad. Las viejas figuras autoritarias y venales del campo mexicano (el cacique, el comisario ejidal) verían disminuido su poder en la medida en que el campesino tomara conciencia de su libertad y la ejerciera. No obstante, el sistema no pretendía romper sus amarras con los campesinos. Parecía inconveniente en el sentido económico (porque los campesinos, conservadores y desconfiados, tardarían en asimilar las bondades de las reformas) y en el político: los cambios al sacrosanto legado de Cárdenas podían fortalecer a la oposición cardenista. El grupo de Salinas comenzó a concebir un programa de apoyo al campesino que, esquivando la pesada, onerosa y corrupta burocracia, atendiera directamente al campesino compartiendo inversiones y proyectos como un socio financiero. El programa tuvo un éxito notable en casi todo el país: se llamó «Solidaridad». La televisión se llenó de anuncios que pregonaban sus logros como un nuevo evangelio de progreso. Con el tiempo, las malas lenguas dirían que Solidaridad era el embrión de un nuevo partido que encabezaría Salinas al salir de la presidencia, su plataforma histórica. Nunca se confirmaron estos rumores, pero la aceptación de Solidaridad entre los campesinos era evidente. El gobierno los apoyaba no con palabras ni con proyectos administrados por burócratas: con dinero en efectivo.

El ejército permanecía tan subordinado e institucional como siempre. En la Cámara de Diputados y la de Senadores había cambios de consideración. En ambos casos predominaba la obediente máquina del PRI, pero los representantes del PAN y el PRD introducían un debate real que un sector de la prensa recogía y proyectaba a la opinión pública, dando por primera vez al poder legislativo, si no un peso real, al menos la apariencia de ser un poder auténtico e independiente. De particular importancia había sido la ruptura del ritual el primero de septiembre de 1988. El senador del PRD, Porfirio Muñoz Ledo, interpeló por primera vez en la historia al presidente (De la Madrid), despojando a la «investidura presidencial» de su aura sagrada. La opinión pública apreció la importancia del hecho, pero los jerarcas del PRI insultaron a Muñoz Ledo en pleno recinto legislativo gritándole «traidor».

El poder judicial seguía siendo débil, pero en los otros poderes formales, las gubernaturas y las presidencias municipales, el coraje cívico de los mexicanos deparaba notables sorpresas que el régimen no supo prever ni interpretar.

En la zona tradicionalmente «no tan subordinada», ocurrieron cambios impresionantes. Una parte de la prensa seguía pegada a la ubre del Estado: eran meras oficinas de información oficial. Si una bomba atómica hubiera caído en Nueva York, muchos periódicos de México hubieran cabeceado en la primera plana: «Atómica en Nueva York; Salinas consternado». Pero junto a esta sujeción voluntaria (que se repetía en el caso de los noticieros de televisión) la prensa escrita y la radio ejercían su libertad pasando por encima de las sutiles amenazas oficiales y los riesgos. Periódicos como La Jornada en la ciudad de México y El Norte de Monterrey, revistas independientes como el semanario Proceso, ponían un ejemplo de independencia que no tardaron en seguir otros órganos de la capital y la provincia. La novedad de los tiempos fue la apertura política de la radio. Siguiendo la pauta abierta por la estación Radio Red en su noticiero matutino Monitor (escuchado religiosamente por millones de personas) otras cadenas abrieron su programación a una cobertura objetiva de las noticias y a un debate político cada vez más libre.

Si la prensa y la radio se escapaban de control, el gobierno salinista diseñó un acercamiento sin precedentes con dos protagonistas colectivos de la zona «relativamente subordinada»: los empresarios y la Iglesia. La intervención de los primeros en el pacto de 1988 fue el preludio de una luna de miel que duraría todo el sexenio. No podía ser de otra forma. Las reformas económicas que instrumentaría Salinas representaban una reversión completa de los esquemas populistas de Echeverría y López Portillo. No había duda del rumbo, como con López Mateos, y «ni siquiera» titubeos, como con De la Madrid. Cuando Salinas decía que México podía ingresar al Primer Mundo, lo creía de verdad, y se refería sin dudarlo a un esquema capitalista. Los cambios macroeconómicos infundían confianza en el inversionista -sobre todo en los grupos oligopólicos nacionales-, pero la prueba tangible fue el proceso de privatización que los benefició pasando por encima de todos los tabúes. A excepción, fundamentalmente, de las industrias nacionalizadas por don Porfirio, Cárdenas y López Mateos (los ferrocarriles, el petróleo, la energía eléctrica), el gobierno cerró y subastó, a buenos precios, la gran mayoría de sus empresas. A la nacionalización de la banca instrumentada por López Portillo, Salinas la trató como lo que era: un sainete que no sólo podía, sino quería y debía revertir. Una de las primeras argucias de Salinas fue la de acercarse a la Iglesia y explorar la posibilidad de fumar la pipa de la paz.

Para ello había que modificar sustancialmente el artículo 130 de la Constitución para conceder personalidad jurídica a la Iglesia, así como plena autonomía para gobernarse en su régimen interno y hacer manifestaciones de culto externo. Ahora los sacerdotes podían opinar como les pareciera y votar. El nuevo concordato incluiría también el restablecimiento de relaciones con el Vaticano. El Estado salmista pensó extraer del acuerdo una fuerte tajada de prestigio y legitimidad, pero lo cierto es que el pueblo, religiosísimo como siempre, tomó con indiferencia la reforma, que sólo avalaba una situación de hecho. La Iglesia, por su parte, se avino astutamente a una reforma que le costaba poco, la beneficiaba mucho y confirmaba la conciliación iniciada por el piadoso Ávila Camacho.

A despecho de la llamarada provocada por el terremoto del 85, los estudiantes no eran los del 68. Aquel espíritu de los sesenta sería irrepetible. El gobierno podía darse el lujo de revertir la tendencia populista y relegar la inversión en las grandes universidades públicas. No ocurriría nada, fuera de connatos aislados de rebeldía y una romántica adhesión estudiantil a Cárdenas, que ya se había manifestado en las elecciones de 88. Por lo demás, en plena contradicción con su política económica, el gobierno salmista no «adelgazaba» en absoluto, sino mantenía el tamaño del sector público central que de ese modo podía seguir haciendo las tradicionales funciones de aspiradora social, dando empleos.

Esta filantropía era un dato central en el esquema. El «pan» que seguía previniendo el «palo». En el año de las fiestas del Centenario, Díaz empleaba a 64 381 personas, el 1.2 por ciento de la población ocupada total. En 1970. en la cima del «desarrollo estabilizador», los burócratas eran 616 607, el 4.8 por ciento de la población ocupada total. Echeverría salvó de «vivir en el error» a 2 151 890 personas y López Portillo a 3 990 702, (14 y 20.4 por ciento de la población ocupada total, respectivamente); pero De la Madrid llevó la beca nacional a 4 365 500 personas y Salinas la sostuvo en ese nivel.

Quedaba un sector con peso e influencia crecientes en la opinión pública: el de los intelectuales. Tras la turbia elección de 1988, Salinas necesitaba una urgente transfusión de legitimidad y logró reclutar a un sector importante de la intelectualidad mexicana. El presidente repitió la vieja receta porfiriana (y más tarde echeverrista) de dar «maíz al gallo» bajo la forma de viajes al extranjero (por cuenta del erario), contratos editoriales, acceso privilegiado a medios oficiales de comunicación y, desde luego, dinero contante y sonante. Con todo, en su conjunto los intelectuales mexicanos mostraron su madurez. Desde periódicos, revistas, y estaciones de radio independientes, ejercieron la crítica fundamentada del salinismo. Algunos reconocían aspectos positivos en la política económica, otros tomaban distancia o de plano la reprobaban. Pero la mayoría reclamaba la inadmisible dilación de la reforma política.

El mayor depósito de legitimidad estaba, obviamente, en la zona de la «no subordinación», territorio exclusivo de la oposición. Agraviado con plena justicia por el fraude de 1988, el PRD nació de espaldas al salinismo, como su enemigo mortal. Nada ganaba Cárdenas con acercarse a Salinas (a quien siguió llamando «usurpador», el «señor Salinas» o sencillamente «Salinas») y cuando el presidente logró un modus vivendi legal y político con el PAN, pensó que no necesitaba al PRD. El PAN probó el triunfo en Baja California y previo certeramente que la «brega de eternidades» se terminaba; pero un conjunto de factores hizo que la brega siguiera; no eterna, aunque sí prolongada. La popularidad de Salinas era tan creciente como era claro el reconocimiento internacional a sus reformas; con una estrategia de populismo dosificado, Manuel Camacho recobraba los votos perdidos del D.F.; Solidaridad entregaba luz, pavimento, escuela, empleo, trabajo y hasta títulos de propiedad a zonas campesinas pobres y marginales; para cerrar el círculo, una machacante propaganda en televisión engrandecía la obra y figura del presidente. En esas circunstancias, el triunfo del PAN en Baja California parecía excepcional.

No lo fue. En la segunda mitad de su periodo, el electorado en varios estados de la República votó masivamente por el PAN. A raíz de esas votaciones, tendrían lugar conflictos postelectorales destinados a modificar el mapa político de México. Un sector importante del México moderno había dejado de confiar en las presidencias del PRI y reclamaba la reforma pospuesta siempre: la democracia. Sólo esa reforma hubiera sentado al PRD a la mesa de las negociaciones, pero la estrategia oficial relegaba la política a un segundo plano y, por lo que hace a la izquierda, confiaba en su aislamiento definitivo.

No fue sólo con declaraciones y mercadotecnia política como Salinas ganó el apoyo de los empresarios e inversionistas de México y -en una medida creciente- del extranjero. Fue con su certero desempeño en cuando menos tres ámbitos de la política económica (además del campo): las finanzas públicas, la política monetaria y financiera, y el comercio exterior. Las revistas especializadas, los observadores internacionales, los despachos de consultoría, los gobiernos extranjeros, no se engañaron con lo que veían: México, el «patito feo» de las finanzas internacionales en 1982, pasaba a convertirse en el «chico modelo».

Echeverría y López Portillo habían destruido el paciente edificio del «desarrollo estabilizador» desquiciando las finanzas públicas. En 1986, por los efectos del terremoto y una drástica caída adicional de los precios del petróleo, el déficit fiscal había llegado a los 150 mil millones de pesos. A cargo del problema desde 1987, el futuro equipo de Salinas de Gortari -con Pedro Aspe a la cabeza- redujo el déficit de manera dramática hasta volverlo superávit en 1991. La inflación tuvo una corrección paralela. Los populistas pregonaban que «el pueblo de México tenía que aprender a vivir con la inflación»; pero el pueblo de México no aprendía. En 1987 había alcanzado un tope histórico de casi 170 por ciento anualizada. El pacto de enero de 1988 la redujo de manera efectiva y drástica. En 1991, a mitad del sexenio, la inflación era inferior al 20 por ciento.

En términos macroeconómicos o de corto plazo, la privatización buscaba equilibrar el presupuesto para bajar la inflación y volver a crecer. En un sentido estructural, pretendía desmantelar una de las enfermedades económicas de México: el estatismo. A fines de 1982, el número de empresas públicas, acumulado desde 1920, era de 1 155. Los sonorenses, Cárdenas, Ávila Camacho y Alemán habían creado empresas y habían expropiado otras, pero casi siempre con un propósito estratégico y productivo. En tiempos del populismo, el incremento de empresas públicas fue geométrico: 232 con Echeverría y 651 con López Portillo. La norma era comprar -con dinero que no pasaba por el presupuesto- empresas quebradas de la iniciativa privada. Se beneficiaban los empresarios enriquecidos que podían dormir sin riesgos; sus banqueros, que recobraban créditos incobrables; el gobierno, que podía presumir que engrandecía «el patrimonio nacional», y los burócratas, que tenían nuevos empleos para «hacer patria», cobrar o medrar, según el gusto de cada uno Quien no se beneficiaba era el público consumidor, el contribuyente y el erario, porque las empresas, en su inmensa mayoría, eran improductivas. La solución no era invertir en ellas: la solución era quebrarlas o venderlas a la iniciativa privada. Alentado por las privatizaciones que llevaba a cabo con toda naturalidad el gobierno socialista de Felipe González, Aspe promovió la quiebra en 1986 de la Fundidora de Fierro y Acero de Monterrey, siguió en 1988 con Aeroméxico y, ya en tiempos de Salinas, con la aún más legendaria compañía minera de Cananea (la cuna de la Revolución), Banpesca y cuarenta empresas públicas más. En los casos de empresas deficitarias pero viables, el gobierno puso en marcha un proceso de venta por licitación pública. Al cabo del ciclo, el 85 por ciento de las empresas públicas se habían declarado en quiebra, cerrado o vendido. Los recursos que obtuvo el erario llegaron a los 22 500 millones de dólares. La hemorragia anual que se detuvo fue de 4 500 millones de dólares.

La renegociación de la deuda pública externa fue otro éxito redondo y sonado. Se instrumentó en 1990 y logró reducciones de principal e intereses por cerca del 35 por ciento. En 1988, la deuda neta total del sector público era del 66 por ciento del producto interno bruto (PIB). En 1994 se redujo a menos de la mitad, 24.8 por ciento En el mismo periodo, el pago anual por intereses de la deuda pública total (interna y externa) pasó del 3.6 por ciento del PIB en 1988 al 1 por ciento del PIB en 1994. Otros aspectos sobresalientes de la reforma económica salinista fueron: la autonomía al Banco de México, y, el paso decisivo, el Tratado de Libre Comercio (TLC) con Estados Unidos y Canadá.

El TLC fue el acto culminante de la «perestroika a la Salinas», llamada por algunos «salinastroika». Años atrás, el solo hecho de pensarlo infringía el onceavo mandamiento mexicano: «No confiarás en norteamericano alguno.» Salinas entendió que se trataba de una convicción que tenía fundamento en la historia, pero que resultaba improcedente en la época contemporánea. Se atrevió a plantear el tratado y a promoverlo con denuedo. Su mayor acierto fue su actitud: hizo que México pensara más en el futuro que en el pasado.

Con buenos argumentos sociales y económicos (detener la emigración mexicana hacia los Estados Unidos, aprovechar la complementariedad de las economías, mejorar la competitividad de la zona frente a los bloques europeos y asiáticos) y un trabajo activo de cabildeo, inusitado en la clase política mexicana, Salinas, junto con su equipo de la *Ivy League*, logró finalmente vender la idea a los Estados Unidos. Su imagen internacional no superó la fama de Emiliano Zapata, pero llegó a las páginas de todos los periódicos y revistas prestigiados (y no prestigiados) en el planeta. Paso para siempre a la historia al ser el único latinoamericano con una beca con su nombre en la prestigiosa Harvard.

No faltaron críticos a su programa económico. La izquierda señalaba, con insistencia y con razón, que la privatización se había hecho en beneficio de unos cuantos empresarios privilegiados y, en varios casos, con métodos no del todo transparentes. Había indicios claros de corrupción. También la opinión liberal tenía sus peros: todo el programa económico había sido impuesto desde arriba, como en tiempos de los Borbones, sin debate ni participación social; ¿Dónde estaban las grandes inversiones productivas nacionales o extranjeras? ¿Dónde estaba la gran desregulación prometida?

La exportación no crecía lo suficiente porque el gobierno se empeñaba en mantener sistemáticamente sobrevaluado el peso. Lo más grave era el hecho de que todo el edificio económico pendía de un hilo: los billones de dólares invertidos a corto plazo en la bolsa de valores, no en empresas. Eran, en la atinada expresión mexicana, «capitales golondrinos». En suma, el tan publicitado milagro económico no era más que un ajuste macroeconómico que había beneficiado primeramente al sistema, la gran empresa del poder, creada por Alemán. En referencia a esa empresa y para no confundirla con el país, el crítico Gabriel Zaid escribió a fines de 1993: «la salvación del Grupo Industrial Los Pinos ha sido un éxito espectacular del presidente Salinas. Hasta el país se benefició... Mientras la gente se lo crea, el milagro puede seguir: importar fiado (de prestado), como si el ahorro externo disponible no tuviera límites. Ojalá que no termine mal.»

«No podemos permitir que nos pase lo que a Rusia.» Salinas insistía en verse en el espejo de Gorbachev, del que sacaba la conclusión de reformar primero la economía para luego (en un futuro indeterminado, cuando él y su equipo decidieran) intentar la apertura política. Fue, literalmente, un error mortal.

El momento para hacerlo era a la mitad del sexenio. La reforma económica tenía un gran éxito. El prestigio interno e internacional de Salinas era creciente. Para advertir la pertinencia de una reforma política no se necesitaba ser visionario o profeta: bastaba una ojeada realista al mundo y la historia.

Es verdad que cualquier cambio democrático se topaba con la inercia autoritaria del pasado mexicano: aztecas, novohispanos, porfiristas. revolucionarios, cachorros de la Revolución, populistas, todos los regímenes históricos de México -salvo la fugaz república liberal (1867-1876) y los quince meses del presidente Madero-, habían tenido un carácter autoritario. El aura dorada del tlatoani, el carácter ubicuo y dadivoso del virrey, la fuerza caprichos de los caudillos criollos, la política integral de don Porfirio, su legado permanente de «pan o palo», la férrea jefatura de Carranza, el militarismo de Obregón, el fanatismo-antifanático de Calles, la corporativización de Cárdenas, la arrogancia de Alemán, la intocable investidura de Ruiz Cortines, la dureza de Díaz Ordaz, el maquiavelismo de Echeverría, la farsa criolla de López Portillo, y hasta la pasividad política de Miguel de la Madrid tenían como denominador común la marca innegable del hombre del poder sobre el país. Pero era justamente la concentración de poder lo que hubiese permitido a un estadista osado y reformador, como pretendía ser Salinas, abrir el sistema. Esa era la verdadera lección de Gorbachev, no la otra. La Glasnost sería su mayor servicio a la historia rusa. Ejemplos de un partido que se eterniza en el poder para luego abrirse a la competencia, había muchos y exitosos. Allí estaba España, que construía la democracia tras veinticinco años de franquismo, y para ese momento estaba, literalmente, el mundo entero.

El año de 1989 sería recordado como el *annus mirabilis*: la Revolución de Terciopelo en Praga, la caída del Muro de Berlín, el fin de la guerra fría, la liberación de la «Europa secuestrada», como la llamó Milán Kundera. Merecería ser recordado también por un milagro menos ruidoso y dramático, pero igualmente esperanzador: por primera vez en la historia independiente de América Latina, la mayoría de los países elegía la democracia y dejaba atrás cuatro paradigmas del pasado: el militarismo, el marxismo revolucionario, el caudillismo populista y la economía cerrada. El ímpetu democrático había logrado (o lograría muy pronto), desenlaces que parecían increíbles: el retiro de los dictadores Pinochet y Stroessner, la derrota de los sandinistas por una valerosa mujer de estirpe liberal; la paz en El Salvador, donde hasta los antiguos guerrilleros se convertían cínicamente en prósperos empresarios capitalistas; el voto razonado contra el populismo en Brasil; la autocorrección del peronismo en Argentina y varios ejemplos más. A doscientos años de la Revolución francesa, un fantasma bienhechor recorría el mundo, el fantasma de la democracia; pero en Latinoamérica sólo habría tres países que cerrarían sus puertas y ventanas: dos islas geográficas (Haití y Cuba) y una isla histórica (México).

Las palabras de Justo Sierra referentes al porfirismo parecían contemporáneas: toda la evolución social mexicana habrá sido abortiva y frustránea si no llega ese fin total: la libertad.» El próspero fin del siglo XVII, cuando España se negó a dar libertad a sus colonias, había conducido a la revolución de Independencia. El próspero fin del siglo XIX, cuando don Porfirio pospuso la democracia hasta las calendas griegas, había conducido a la Revolución mexicana. ¿qué esperar una tercera cita con la historia?

Mientras pasaba el tiempo, las preguntas quedaban en el aire: ¿Por qué ponía oídos sordos a las evidentes ventajas prácticas, económicas incluso, de la reforma política? La democracia introducida de manera resuelta en los estados y municipios hubiera puesto al país en el círculo virtuoso de una descentralización efectiva (no sólo declarativa) y en la posibilidad de desmontar pacíficamente las onerosas pirámides del corporativismo burocrático, sindical y hasta académico.

¿No era ése el proyecto de libertad que impulsaba la reforma del artículo 27 en el campo? ¿O es que se era liberal en la economía y autoritario en la política?

La reforma política requería arrojo, imaginación, generosidad, facultada nada sobrehumanas. Los objetivos eran unos cuantos, pero fundamentales: concertar el divorcio del inadmisible matrimonio entre el PRI y el gobierno: prohibir las mil y una formas de transferencia económica del gobierno al PRI; prohibir el uso de los colores nacionales por parte del PRI; otorgar plena independencia del gobierno al Instituto Federal

Electoral; fortalecer en la práctica y la ley y a los poderes legislativo y judicial, duplicar al menos los ingresos de los estados, triplicar los de los municipios; fortalecer los derechos ciudadanos, sobre todo el derecho a la información, tradicionalmente conculcado por la televisión privada, aliada incondicional del sistema.

No era imposible, sólo impensable en ese momento, pero a mediados de 1991, en medio de la apoteosis general, la hybris, ese pecado capital, se apoderó de Salinas. Toda la amargura de aquella noche de julio de 1988 se volvía miel. Los votantes lo habían rechazado. Ahora él, en la cúspide del poder, los rechazaría a ellos.

La economía

La política económica de Salinas es la continuación e intensificación de los amplios lineamientos establecidos por la administración de De la Madrid, cuando Salinas fue el arquitecto de la política económica nacional estando a cargo de la Secretaría de Programación y Presupuesto. Sin las reformas iniciadas en la administración anterior la economía mexicana no habría alcanzado los resultados favorables del período 1989-1993.

La crisis política y económica que atraviesa el país redefine la perspectiva y el enfoque aplicado por los tecnócratas de orientación modernizadora y del propio Salinas de Gortari quien asume su liderazgo antes de ser presidente del país. Su propuesta de modernización conlleva dos formulaciones que expresan una modificación radical del enfoque anterior. A través de la primera reconocía la inviabilidad de la vieja relación autoritaria entre el Estado y los grupos financieros dado el cambio de correlación de fuerzas y las transformaciones en el proceso en el proceso de acumulación de capital. Con el segundo, el agotamiento de patrones históricos que posibilitaron la reproducción del sistema político estatal mexicano. Dicho agotamiento redefiniría los espacios de confrontación social y política, obligando al Estado mexicano a establecer un nuevo equilibrio entre las diversas clases y fuerzas sociales a partir de la definición de las condiciones de su hegemonía.

La estrategia económica de reducción de la inflación es el centro de atención principal, porque es precondición para iniciar y sostener el crecimiento, en parte por la necesidad de estabilización para estimular las expectativas en el proceso de inversión.

Para lograrlo se elabora el Pacto de Solidaridad Económica (PSE) que se instrumenta en diciembre de 1987, éste es la aplicación de un enfoque «heterodoxo» para combatir la inflación combinando controles de precios y salarios con ajustes fiscales y monetarios. Para establecer ambos controles se creó un mecanismo permanente de consulta y negociación con los sindicatos y con el sector privado. El control salarial se convierte así en una de las herramientas claves en la batalla contra la inflación y ese será su papel durante todo el sexenio.

El éxito del plan antiinflacionario se explica por varios factores. El apoyo de los grupos financieros cuyas empresas ejercen la función fijadora de precios de las actividades más importantes de la economía, demostró ser un mecanismo adecuado para detener la espiral inflacionaria. La reconversión industrial se vio favorecida por la estabilidad e incrementó su ritmo de crecimiento en la productividad. La parte monetaria de la inflación configurada por la expansión extraordinaria del circulante, al rehabilitar la orientación hacendaria se tuvo un efecto positivo. La apertura comercial favorece la lucha contra la inflación a través de dos medios: con el establecimiento de un mecanismo de arbitraje de precios derivado de la competencia. Por otro, al producir la liquidación de las empresas ineficientes que operaban en varios renglones del aparato productivo.

Al avanzar el desmantelamiento del obsoleto complejo empresarial con el cual el estado subsidiaba a los grandes empresarios, se desplegó una ofensiva para recuperar credibilidad política actuando en varios terrenos: medidas efectivas para desterrar a agentes sociales indeseables que se habían gestado gracias al sistema de inequidad y corrupción propio del régimen autoritario vigente (cortar cabezas de líderes y atacar el narcotráfico), y el entendimiento con la oposición de derecha para apoyar el programa liberal. Se esgrime la bandera de la izquierda con el programa de solidaridad y la renegociación de la deuda externa.

El PSE constituye el primer eje bajo el cual se despliega la política salinista de modernización. En torno al PSE se integran los aspectos nodales de la reestructuración: por un lado, la apertura comercial, la racionalización del aparato de gestión estatal y los alcances de la propiedad pública y privada. El pacto entre las cúpulas empresariales expresa una nueva concepción sobre los alcances del poder público versus el poder privado. La reforma del estado se sustentó económicamente en la privatización. Políticamente en cambio no llegó a darse un despliegue equivalente. Eso le exigía al mismo tiempo apoyarse en las propias instancias de control que consideraba superadas, como el presidencialismo o el corporativismo, pero también actuar en el marco impuesto por la tradición del partido, para evitar la ruptura de éste.

La administración salinista continuó el proceso de reforma estructural, con la negociación exitosa de la reducción y reestructuración de la deuda externa contribuyó a mejorar las expectativas acerca de la estabilización de la economía mexicana y permitió reducir las tasas de interés disminuyendo la presión en el balance fiscal y estimulando la recuperación económica. Las políticas económicas y el incremento de los precios del petróleo en 1990 permitieron regresar a la senda del crecimiento sostenido durante los primeros tres años del sexenio.

LAS REFORMAS ECONÓMICAS SALINISTAS

La viabilidad del proyecto salinista de modernización pasa a depender de su capacidad para recuperar el crecimiento económico de manera sostenida y duradera. Además de las consideraciones sociales inmediatas estaba la cuestión de su autoridad moral y la solidez de su liderazgo frente a los neoliberales.

El cambio del entorno fue generado a través de la subvaluación cambiaria y luego continuado por la apertura comercial lo que permitió aumentar la eficiencia productiva y la competitividad internacional de la industria. Pero la liberación de nuevas fuerzas dinámicas de tipo abierto e intensivo estaba destinada a provocar mayores tensiones sobre el sistema institucional vigente como lo pusieron de manifiesto los conflictos escenificados en la bolsa de valores.

Al avanzar en dos amplios frentes (el productivo y el financiero) los grandes consorcios lograron capitalizar los avances de la reestructuración global de la economía mexicana, acelerando su paso y definiendo su orientación. Las grandes empresas que se reestructuran controlan las actividades de mayor potencial de proyección internacional, lo cual las convierte en competitivas. Su capacidad competitiva se fue fortaleciendo gracias al proceso de imitación, conservación y aprendizaje de otros agentes mediante contactos con sus socios o competidores externos.

Su avance se expresó en la existencia de una tradición empresarial arraigada, en redes consolidadas de proveedores que pueden continuar ramificándose, de cuadros gerenciales, de técnicos y obreros que se han desarrollado de forma incremental. Al apoyarse en estos recursos humanos y materiales han podido llevar a cabo diversas innovaciones que produjeron ganancias significativas en el mercado exterior. Los arquetipos de estas innovaciones se encuentran en la industria del hierro y del acero, vidrio, cemento, resinas sintéticas, y fibras artificiales. Es evidente por lo tanto que este potencial productivo no fue en rigor creado por la reestructuración de los años ochenta. El papel de la reestructuración consistió en revertir su sesgo parasitario y empujarlos a una segunda etapa de desarrollo intensivo a través de la modificación radical del entorno en que operan.

El proceso de recuperación es por su naturaleza desequilibrado y ha intensificado los diversos desequilibrios heredados de la etapa histórica anterior. Además de la divergencia en las condiciones de la recuperación de rama a rama de actividad, lo que ha originado un crecimiento desigual, se produjo una exorbitante presión que desequilibró la balanza comercial debido al incremento de las importaciones de medios de producción y, en menor medida, a la difusión de nuevas pautas de consumo personal, de la misma manera los requerimientos de inversión han sobrepasado al ahorro interno disponible, pasando a plantear elevados requerimientos de capital externo.

La marcha de la recuperación económica

Los gastos de consumo privado experimentaron una notable recuperación, principalmente en lo que atañe a los bienes de consumo duradero, que experimentaron una virtual revolución gracias a la liberalización de las importaciones. El notable aumento del consumo provino esencialmente de los sectores que estaban recuperando su poder de compra, ante todo los vinculados al aparato financiero y bursátil que desempeñaban funciones de supervisión y control de operaciones productivas (gerentes, ingenieros, supervisores, etc.,). La recuperación del consumo popular aún es incipiente en virtud de que el salario obrero se recupera, pero a un ritmo mucho más lento. La reducción de las tasas de interés pasivas a partir de abril-mayo de 1990 impulsó la recuperación y creó un clima de verdadera euforia en los círculos privados que se contagió a las esferas gubernamentales.

Sin embargo, el impulso económico pasó a desenvolverse en condiciones enormemente complejas al interrelacionarse factores externos cambiantes con las transformaciones desencadenadas por la reprivatización bancaria. Se pasará a continuación a examinar la incidencia de ambos factores en el proceso de recuperación económica.

Aún en 1990 existía en los altos círculos gubernamentales y empresariales cierta aprehensión sobre sí las entradas de capital alcanzarían la magnitud requerida para cubrir el déficit de la balanza comercial, pero al año siguiente la situación cambió radicalmente cuando los flujos de capital hacia varios países de América Latina, entre ellos México, se incrementó de manera sorprendente, generando una serie de problemas nuevos sobre la gestión pública de la economía.

La extraordinaria afluencia de capital externo principalmente de inversión en cartera, atraído por las perspectivas de rentabilidad creadas por la reestructuración, tendió a potenciar el auge cuya vitalidad ya había quedado demostrada cuando este último literalmente irrumpió en el marco de una economía maniatada por controles al crédito. Pero junto a los efectos potenciadores se exacerbaron las tendencias desequilibradoras determinadas por el desigual grado de reestructuración del aparato productivo y de su capacidad para abatir los costos de producción una vez que incrementa el poder de compra interno y externo de la economía. En los sectores más avanzados, como química, caucho, plásticos, minerales no metálicos y metalúrgica básica ha continuado el incremento de productividad y de competitividad lo cual ha arrastrado a los salarios. En contraste, en las ramas rezagadas, las menos expuestas a las fuerzas creadas por la apertura como los servicios, se ha presentado un fenómeno inverso que ha significado la subsistencia de presiones inflacionarias.

En ambos casos se generan fuerzas que impactan el tipo de cambio, pero por razones opuestas. En el primer caso tiende a aumentar el valor real respaldado por el incremento de la productividad, en el segundo se produce un aumento artificial inducido por el comportamiento alcista de precios. Lo anterior significa que, aunque existe un foco de presiones inflacionarias el sector más avanzado de la economía (el que compite con las importaciones y está orientado hacia el mercado exterior) sigue conservando su competitividad internacional.

La irrupción de fuerzas expansionistas en contextos donde se presentan desequilibrios estructurales le confiere una enorme significación a la gestión estatal, ya que esta última puede acrecentar las restricciones o mitigarlas. La respuesta del gobierno se ha canalizado bajo dos grandes lineamientos. el primero ha implicado combinar controles de precios para ciertos productos y la liberalización para otros a fin de llegar a una convergencia del nivel inflacionario nacional y el de Estados Unidos.

El segundo ha consistido en «esterilizar» una parte de los ingresos del capital provenientes del exterior para evitar el aumento de las importaciones y del poder de compra interno y así contrarrestar la amplificación de los desequilibrios y su traducción en presiones inflacionarias. Paradójicamente el sector en el cual se han liberado más ampliamente los precios, el de los servicios personales (educación, transporte, servicios médicos, vivienda), se caracteriza universalmente por asimilar con mayor lentitud el progreso técnico y por tanto se rezaga imponiendo una carga al resto de la economía.

La política de esterilización es contradictoria además de costosa ya que presiona a un aumento de la tasa de interés doméstica que resulta en un estímulo más para el capital externo que busca colocación rentable.
También al favorecer las inversiones en títulos de renta fija, tiende a debilitar las inversiones en acciones inhibiendo un proceso que estimularía la reconversión productiva.

Tampoco el gobierno ha podido aplicar de manera consecuente la política de esterilización que ha sido relajada temporalmente para expandir el crédito y evitar estrangulamientos en sectores con alto potencial exportador.

Teniendo en cuenta el potencial de recuperación intrínseco que posee la economía derivada de la liberación de fuerzas dinámicas, la esterilización que se está efectuando no es sino una forma de inhibir el crecimiento. Este hecho resulta en extremo paradójico ya que significa que existe un potencial de crecimiento mayor del que puede aprovecharse al mismo tiempo que llega del exterior más capital del que puede asimilarse productivamente, resaltando de paso la limitación de los medios públicos de gestión de la economía. En consecuencia, la tendencia del crecimiento ha sido más errática.

Un factor adicional que fortaleció la recuperación durante los años de 1998 a 1993 lo constituye la repatriación de capitales y el flujo de inversión extranjera que propicia un incremento de las reservas de divisas y permite aislar el impacto del déficit en la balanza comercial que llegó a 4,139 millones de dólares en 1990, a 11,020 en 1991 y se pronostica que en 1992 puede ser del orden de los 19,000.

En materia de Finanzas Públicas, el gobierno siguió la estrategia de incrementar los ingresos mediante tres acciones. La primera se dio a través de la revisión de precios y tarifas del sector público. En la quinta fase del pacto para la estabilidad y el crecimiento económico (PECE) se aumentaron entre 10% y 33% los precios y en noviembre de 1991 se volvieron a incrementar en porcentajes entre el 10% y el 50%. En segundo lugar, se implementó una política dura de recaudación fiscal con la finalidad de aumentar la base gravable.

Por último, la obtención de ingresos extraordinarios altos por el aceleramiento en la desincorporación de empresas públicas, aunado a lo anterior y la estricta disciplina presupuestal se redujeron las tasas de intereses y se amortizó parte de la deuda interna. La reprivatización también implicó el desencadenamiento de efectos de signo contrapuesto. De un lado generó una reestructuración completa del sistema empresarial privado - monopólico que fortaleció a los grupos financieros. En ese momento no interesa destacar la enorme potencialidad que poseen al actuar como un combinado industrial y financiero más allá de su propio potencial. La atención debe concentrarse en las implicaciones del mayor poder de los grupos de capital privado una vez que se hicieron del control de los bancos y transformaron su estructura organizativa.

El estado mexicano quedó condicionado a reconocer en ellos el principal agente motor de la economía en momentos en que su poder de regulación de esta está redefiniéndose de manera precaria por efecto de la profundización de la privatización y la reducción del gasto público, retrasándose por ello la creación de un nuevo intervencionismo no burocrático ni basado en el subsidio indiscriminado. La capacidad estatal para generar alternativas quedó, en consecuencia, severamente restringida al menos en un primer momento. Para contrarrestar el agotamiento de la modalidad precedente de desarrollo el Estado ha tenido que garantizar las mejores condiciones de rentabilidad al sector privado monopólico obstaculizando las posibilidades para el desarrollo de agentes no monopólicos.

El enorme poder de las sociedades mercantiles para la explotación de tierras y bosques corrobora lo anterior y arroja serias dudas sobre la posibilidad de implementar un desarrollo socialmente aceptable.

Pero el efecto más inmediato de cambio en el estatus de la banca se dio evidentemente en el manejo del crédito. El exorbitante encarecimiento de las tasas activas de interés fue el resultado del ejercicio de poderes monopólicos en el momento que el Estado abandonaba una forma de regulación (basada en el control de un enorme complejo productivo) y aún no podría generar otro basado tanto en la aplicación de estrictas medidas de supervisión y control acordes a las condiciones concurrenciales existentes, como en la definición y uso de políticas industriales activas.

La falta de acción estatal inmediata resulta tanto más desconcertante cuanto que los mercados financieros internacionales pusieron inesperadamente en sus manos los recursos para intervenir en el mercado de dinero y capitales con el fin de romper el monopolio ejercido por la banca privada. En consecuencia, en tanto que la tasa de interés activa rebasaba la tasa de ganancia todas aquellas empresas que carecen de acceso al crédito internacional se vieron confrontadas ante severas restricciones que obviamente limitan el alcance de la recuperación en curso.

Evitando una confrontación directa con los grupos financieros el gobierno respondió al cambio en los patrones concurrenciales buscando mecanismos para ampliar el espacio económico y así contrarrestar la resurrección de fuerzas parasitarias de origen monopólico. Este esfuerzo es el que finalmente conduce a la negociación trilateral de un tratado de libre comercio.

Pero, aunque el TLC podría generar tendencias que contrapesen a los poderosos grupos monopólicos nacionales no puede dar los resultados inmediatos que se requieren para hacer frente a las nuevas restricciones que amenazan con bloquear la recuperación y su extensión al campo de la pequeña y mediana empresa. La política de contención del crecimiento se convirtió en eje de la actuación estatal a partir de la crisis de confianza.

Para responder fue necesario elevar las tasas de interés a mediados de 1992. A pesar de que en septiembre de ese mismo año se superó el shock externo el gobierno mantuvo la restricción del crédito sin aplicar otras acciones compensatorias con lo cual casi se asfixió temporalmente el proceso de recuperación, dándose paso, en los siguientes meses, a una situación de devastación social por la magnitud del cierre de empresas, despidos y acumulación de deudas impagadas. Con ello la subetapa iniciada a fines de 1988 parece haber quedado cerrada y se abre otra únicamente cuando las fuerzas de la recuperación logren ser manejadas de manera efectiva.

Las tendencias de fin de sexenio

El gobierno de Miguel de la Madrid dejó una economía inestable, con tasas inflacionarias de dos dígitos, situación que limita los planes de crecimiento, por la volatilidad existente tanto en los niveles inflacionarios como en las tasas de interés, afectándose con ello la planeación en el largo plazo, y frustrando las expectativas de crecimiento en el ingreso de la sociedad.

El año de 1988 se cierra con una tasa de crecimiento del 1.2 por ciento en el PIB, insuficiente para incrementar la riqueza de la sociedad. En este mismo año se tienen elecciones en las que resulta presidente Carlos Salinas (1 de diciembre de 1988, al 1 de diciembre de 1994), los problemas económicos continúan con su llegada al poder, ya que el país seguía teniendo deficientes comportamientos del PIB y una elevada tasa inflacionaria, así como una creciente deuda pública externa e interna, que implicaron a partir de 1988, la realización de profundos ajustes en las finanzas públicas, en la apertura financiera y comercial, así como en la privatización de las empresas paraestatales, intentándose con ello de sentar las bases del crecimiento económico, sin inflación y reducir la deuda pública (Salinas, 2000).

El proceso de apertura de México con el exterior se inicia con la incorporación al GATT en 1986, dicho proceso se intensifica en 1987, en este año el número de tasas arancelarias se redujo de 16 a 5 niveles, que iban desde la exención hasta la de 20 por ciento como tasa máxima. La disminución de las restricciones cuantitativas al comercio exterior representó la desaparición de los permisos previos de importación con menos de 2 por ciento de fracciones arancelarias sujetas a control de un total aproximado de 8 mil, presentándose con ello una intensiva apertura en las importaciones después de 1990 (Flores, 2007, Heredia, 1997).

Para cubrir el crecimiento de las importaciones se haría por medio de una expansión en el sector exportador manufacturero, el cual también contribuiría a la expansión de la economía doméstica, creando empleos y mejorando los salarios, además permitiría crear y desarrollar tecnología de vanguardia, para mejorar los términos de intercambio, y con ello la balanza comercial. En este sentido, la política económica buscaba darle un mayor impulso al sector externo, fomentando las exportaciones no petroleras, y eliminando las restricciones no arancelarias, así como atraer inversión extranjera que transfiriera tecnología al país, según el Plan Nacional de Desarrollo (PND) 1989-1994.

En este contexto, la apertura comercial tiene que ver con la necesidad de México de atraer flujos de Inversión Extranjera Directa (IED), que estimularán la producción de la industria doméstica haciéndola más competitiva y de igual manera disponer de reservas internacionales que ayuden a cubrir los déficits en la balanza comercial. La IED se convirtió en área prioritaria y se simplificaron trámites, asimismo se modificaron artículos de la Constitución Mexicana, entre ellos el Artículo 27, y se establecieron incentivos para estimular su llegada al territorio mexicano (Pacheco, 2007). Así también, se impulsaron negociaciones comerciales y se logró la firma de un ambicioso Tratado de Libre Comercio con América del Norte (TLCAN, México, Estados Unidos y Canadá), formando parte México de uno de los mercados más grandes del mundo, pero sin tener las condiciones organizativas y tecnológicas para competir con las empresas de estos países.

Carlos Salinas consideraba que por medio de los altos flujos de IED se reforzaría las reservas internacionales, así como la capacidad de exportación y se generaría un boom exportador; además con el TLCAN se estaría enviando una señal positiva a los mercados internacionales, dando certidumbre a los inversionistas para invertir y ubicarse en México teniendo acceso con mayor facilidad al mercado estadounidense y canadiense. A la política de liberalización de las importaciones se suma la política de un peso fuerte que evitará las macro devaluaciones suscitadas en los sexenios pasados, frenando con ello el alza de los precios y la tasa de interés en favor de crear nuevos negocios.

La política económica de dar un mayor impulso al sector externo estabiliza la economía en el corto y mediano plazo. El país avanza en la estabilidad de precios, la inflación durante el sexenio de Salinas en de un dígito (7.1 por ciento anual), y se logra un superávit en las finanzas públicas de 0.98 por ciento del PIB, asimismo se reduce la deuda pública de 63.5 por ciento del PIB en 1988 a 22.5 por ciento en 1994, la IED se incrementa en 8,092.5 millones de dólares, pasando de 2,880 millones de dólares en 1988 a 10,972.5 millones de dólares en 1994 (Pacheco, 2007; INEGI, 2013). Sin embargo, el ficticio mejoramiento de la economía no estuvo sustentado en una estructura productiva competitiva, sino más bien en un desequilibrio en la cuenta corriente, que tuvo como consecuencia un déficit comercial acumulado de 68, 561.8 millones de dólares (INEGI, 2010), además de una disminución en las reservas internacionales que provocan la devaluación del peso frente al dólar en el mes de diciembre de 1994.

La combinación de la política de liberalización de las importaciones y de un peso fuerte frente al dólar, generó una dinámica positiva en el comportamiento del PIB.

Durante los años de 1988 a 1994, se logra un crecimiento promedio de 3.5 por ciento, con lo cual se mejoran relativamente los niveles de ingreso comparados con los del sexenio de Miguel de la Madrid. En 1994 se alcanzan los 7,332 dólares, mientras en sus principales socios comerciales en este mismo año fueron de 26,636 dólares en Estados Unidos, Canadá 21,098, Japón 21,675 dólares y, en Corea del Sur de 11,623 dólares (OECD, 2010). Las cifras en el ingreso per cápita, muestran que a pesar de haber logrado estabilidad en los precios y en los tipos de cambio, la política económica emprendida durante el gobierno de Salinas de Gortari mejoró en una proporción pequeña los niveles de ingreso, mientras sus principales socios comerciales se mantienen con ingresos muy por encima de lo alcanzado por México, mostrando con ello que la sociedad mexicana requiere de mayores tasas de crecimiento económico para poder incrementar sus niveles de vida.

La firma del PSE permitió desatar los nudos que impedían capitalizar los avances de la reestructuración productiva impulsada inicialmente por la subvaluación cambiaria. A partir de allí comienza a profundizarse rápidamente la apertura comercial, la privatización y otras formas estructurales que sustentan el nuevo dinamismo económico.

La liberación de las nuevas fuerzas dinámicas tendió a ampliar su campo de incidencia arrastrando al resto de la economía, aunque de manera contradictoria y desequilibrada. La recuperación económica pasó a operar poco después en condiciones más complejas dada la naturaleza cambiante de los factores externos y el influjo de la nueva correlación de fuerzas entre el sector público y el privado monopólico, lo cual exigió el desarrollo de nuevos instrumentos de regulación y control estatal. Pero la respuesta institucional fue insuficiente por lo que el crecimiento real de la economía quedó por debajo del potencial y una parte sustancial del capital captado externamente fue «esterilizado».

La restricción del crédito creada por los grupos financieros que controlan los bancos se convirtió también en una fuerza restrictiva que el gobierno pareció incapaz de neutralizar a pesar de poseer los medios para ello (las enormes reservas internacionales). Pero no sólo se inhibió el crecimiento, también se retardó considerablemente la necesaria vinculación entre la progresión de la productividad y el salario, vinculación que hubiera posibilitado una más amplia recuperación salarial.

El limitado avance de la democratización y el insuficiente control social sobre el propio Estado ha dificultado también la consolidación de un nuevo tipo de gestión estatal que se requiere para hacer frente a la compleja transformación que ha experimentado la economía y la sociedad mexicana.

Una transformación de esta magnitud plantea riesgos y desafíos formidables a todas a aquellas fuerzas que desde una perspectiva popular y democrática luchan por sustentar alternativas viables. El primero y fundamental de estos riesgos consiste en visualizar las transformaciones en curso bajo una óptica ya obsoleta concluyendo que no existen condiciones de dinamismo endógeno y que el proceso actual concluirá por desembocar en una catástrofe.

El rechazo a la modernización justificada bajo éstos u otros términos podría paralizar la acción social que se requiere para neutralizar el sesgo concentrador del proceso y para abrir un nuevo campo de lucha que permita superara las carencias económicas, sociales, políticas y culturales bajo las cuales ha vivido el pueblo mexicano.

La reivindicación de un verdadero proyecto de modernización social deberá por lo tanto efectuarse en el marco de la confrontación, no sólo por el entorno mundial, sino también porque las reivindicaciones sociales requieren sustentarse en fuerzas materiales reales. La insuficiencia de los medios institucionales para encauzar y amplificar las fuerzas dinámicas que están operando una vez que se complejizó su movimiento, más la incertidumbre generada por la terminación del sexenio probablemente alentarían a algunos sectores a demandar una vuelta al populismo y al nacionalismo aislacionista para capitalizar el sentimiento de frustración si el TLC fuera rechazado.

Al contrario, el reto se encuentra en convertir el nuevo dinamismo potencial en mayor crecimiento real aprovechando el impulso para profundizar las reformas, dándoles a éstas una mayor expresión social (creación de empleo, vinculación del salario con la productividad, énfasis distribucionista del gasto público). Las mejores garantías para que este reto se cumpla se encuentran en la ampliación del protagonismo de las fuerzas sociales más amplias y el uso de los instrumentos adecuados a la magnitud del proceso transformador.

EL CAMBIO ESTRUCTURAL.

Los ajustes realizados por el gobierno en las áreas tradicionales de los instrumentos macroeconómicos incluyen las siguientes:

- Política Fiscal. - En esta área se fijó un objetivo de reducir el déficit fiscal 18% a un superávit del 8% del PIB.
- Costos de los Intereses de la Deuda Interna. - Con tasas reales de interés, altos los costos llegaron a ser del 20% del PIB y se trata de ubicarlos a niveles manejables.
- Reforma Impositiva. - La reforma en la estructura de los impuestos fortalece el balance fiscal. En este aspecto se realizó una disminución del ISR pasando del 42% al 35% y del 15% al 10% en el IVA.
- Gasto Social. - Después de haberse reducido a más de la mitad del gasto en rubros sociales, el gobierno incrementó el gasto a través del programa de solidaridad (incluye educación, salud y desarrollo urbano).
- Privatización. - La desincorporación de las empresas controladas por el estado iniciada por De la Madrid alcanza un ritmo frenético durante el sexenio Salinista. Los ingresos por este concepto permitieron la inversión en el rubro social sin crear problemas inflacionarios.
- Política Salarial. - Con Salinas se continuó con el control

salarial, regulando los incrementos a los mínimos para alcanzar los objetivos en materia de inflación.

- Paridad Cambiaria. - En este período se decide establecer una tasa casi fija de intercambio, con un deslizamiento primero de 40 y después de 20 centavos diarios.
- La Liberalización Comercial. - La apertura comercial iniciada en 1986 se acelera a partir de 1991, lo que permitió disminuir las presiones inflacionarias, incrementar la capacidad de compra y estimular las exportaciones.
- Repatriación de Capitales. - Se mantuvo el proceso de entrada fuerte de capitales externos debido principalmente a la puesta en venta de los bancos y a las inversiones extranjeras en el mercado accionario y en participaciones de empresas mexicanas (TELMEX, TAMSA, VITRO, ECT.). El gobierno mexicano autorizó a extranjeros la compra de valores gubernamentales y estableció las bases para el desarrollo de las áreas internacionales de los intermediarios financieros. Para consolidar el sistema financiero del Banco de México reglamento las operaciones de captación de dólares de los bancos.
- Reservas. - El ingreso del recurso externo permitió el aumento de las reservas brutas para alcanzar en diciembre de 1991 la cifra histórica de cerca de 17,00 millones de dólares.

A diferencia del sexenio 1982-1988, cuando el rumbo de la economía fue sumamente errático, durante los tres primeros años de gobierno de la administración salinista se mantuvo una tendencia creciente del PIB. El pacto de estabilidad y crecimiento económico cumplió eficazmente su función como elemento de control de presiones de corto plazo. Por lo anterior, la tarea estabilizadora del PECE se mantendrá en lo que resta el sexenio, aunque sólo así se podrá avanzar en la transformación estructural de la economía.

La consolidación

Al finalizar el sexenio se consolidaron varios de los cambios de fondo instrumentados por la administración de Salinas y, al término de 1994 se hicieron otras propuestas importantes para transformar viejas estructuras de la economía nacional.

Con la reprivatización se registraron grandes avances en el proceso de «Adelgazamiento» de aparato estatal, lo cual constituye uno de los objetivos estructurales, con los recursos obtenidos en los procesos de privatización se fortalecieron las finanzas públicas.

A partir de los cambios mencionados, por primera vez desde los años cuarenta, y a pesar de lo cuantioso de la inversión pública, el sector privado fue el motor principal del crecimiento.

Paralelamente al saneamiento de las finanzas públicas y del adelgazamiento estatal, la transformación estructural del origen de la inversión alcanzó su consolidación. Esto significa que el crecimiento económico de estos seis años fue el más sano de los últimos dos sexenios, cuando la inversión pública contribuía con casi el 80% de la inversión total.

El buen comportamiento de la economía mexicana devuelve la confianza a los inversionistas y a los banqueros del exterior. De esta forma, se mantienen los flujos de dólares, lo que da un mayor margen de maniobras en el manejo del tipo de cambio.

No obstante, los avances alcanzados en el sexenio, los programas de cambio estructural no han estado exentos de presiones desestabilizadoras tanto en control de la inflación como en el sector externo y la paridad cambiaria. Estas señales de alerta sólo podrán ser apagadas con la consolidación de los cambios estructurales que se realicen en el siguiente sexenio. A los tres primeros años les correspondió una tasa de crecimiento en términos del PIB de 3.1% para 1989, de 3.9% en 1990 y de 4.9% para 1991.

Con este crecimiento se hizo un período de tasas de crecimiento al alza similar al presentado durante la etapa del desarrollo estabilizador. Aunque lo anterior puede ser augurio de un largo período de crecimiento, también puede serlo del sobrecalentamiento y la consecuente generación de presiones inflacionarias. De mantenerse en ascenso la tasa de crecimiento será difícil alcanzar los objetivos inflacionarios del largo plazo. De las ramas de la economía que mejor han respondido tenemos la agropecuaria que fue una de las que registraron las tasas más altas de crecimiento. Sin duda el factor climatológico fue determinante para el incremento de 6 en términos reales. Con todo y que se alcanzó la autosuficiencia en algunos productos, el sector agrícola se mantuvo al margen de la modernización.

La reforma al artículo 27 constitucional, y se espera que, con la ley reglamentaria, se orientaran las acciones tendientes a integrar a este sector a la modernización y a impulsar la inversión.

CONCLUSIONES

La administración salinista deseaba crear las condiciones de estabilidad que permitieran a México transformarse en un país receptor de capitales externos.

Al final de la administración derivado de los sucesos políticos de la escaramuza y presentación del EZLN en el escenario nacional, la muerte de Luis Donaldo Colosio, y la de Francisco Ruiz Massieu fue cada vez más difícil recibir la cantidad de recursos necesarios para mantener las inversiones que requería el desarrollo del país. La competencia de otros destinos de capitales igualmente atractivos y el hecho de que lo piases industrializados empezaron a demandar inversión de capitales propició que disminuyera el flujo que en los años anteriores tenía México.

Aprovechando el amplio margen que le proporcionó el sistema presidencialista en la toma de decisiones, la administración salinista aplico el modelo orientado a privilegiar la acción del libre mercado, la estabilización de los indicadores macroeconómicos mediante la privatización, una estricta política monetaria y la apertura comercial. A pesar de ello para los que respaldan la política neoliberal México no puede ser ejemplo de país modelo y e coinciden varios analistas que el modelo no fracasó, lo que falló fueron los operadores y las circunstancias internas, entre las que se encuentran el tamaño de la población y las demandas de mayor democracia, el decaimiento de un sistema político anacrónico y disfuncional y los sucesos de 1994.

Muchas de las acciones emprendidas durante el gobierno de Salinas tardarán en manifestarse varios años. Sin embargo, una cosa es cierta: los cambios ocurridos en el país desde 1998 a 1994 no tienen comparación en la historia del país. El control de la inflación, el proceso de privatización y descentralización de empresas paraestatales, las reformas constitucionales para fortalecer la economía y la política, y la entrada en vigor del TLC, han cambiado el rostro de México. No es poco lo que se hizo, pero tampoco es poco lo que resta por hacer.

El sexenio de Salinas fue actor y testigo de importantes cambios de la manera de administrar al país. Adoptando como objetivo central la estabilización de la economía se llevó a cabo una drástica reestructuración basada en dos aspectos fundamentales:

a) Una reforma de la administración y la razón de ser del gobierno, que significó cambios en la política tributaria, y una reforma presupuestal que a su vez implicó una renegociación de la deuda, la privatización de paraestatales y una reorientación de los recursos para combatir la pobreza extrema, y

b) una reforma en las relaciones y las transacciones económicas, basada en la radical apertura a la competencia internacional en el área, la desregulación y modificaciones legales en materia de inversión extranjera, competencia económica, propiedad intelectual y de inversión en el campo.

El mecanismo más socorrido para impulsar la reestructuración económica fue la concertación entre los sectores que intervienen en la producción. Los pactos iniciados en 1987 se llevaron a través de todo el sexenio.

Con Salinas de Gortari le dimos el adiós al Estado empresario. El programa de desincorporación de empresas estatales tuvo como finalidad fortalecer las finanzas públicas, canalizar adecuadamente los recursos del sector público hacia las áreas estratégicas y prioritarias, eliminar gastos y subsidios no justificables, promover la productividad de la economía, mejorar la eficiencia del sector público y disminuir el tamaño de su estructura.

EL SEXENIO DE ERNESTO ZEDILLO 1994-2000

A la llegada a la presidencia de la República de Ernesto Zedillo el país enfrenta condiciones de incertidumbre en el aspecto político y un gran futuro en el aspecto económico. Derivado de los acontecimientos de enero de 1994 y el levantamiento armado del EZLN, la muerte de Luis Donaldo Colosio en marzo, el caos y de «descarrilamiento de trenes» previsto para julio, y, por último, la muerte de Francisco Ruiz Massieu en septiembre del mismo año, el país se encuentra inmerso en expectativas fatalistas que configuran el escenario donde tendrá lugar el desarrollo del último sexenio del segundo milenio.

Aunado a lo anterior, Ernesto Zedillo inicia su sexenio con críticas sobre la integración del gabinete debido a la inclusión de personas que son acusadas de estar vinculadas al asesinato de Ruiz Massieu. Antes del mes de gobierno, el 20 de diciembre, en medio de fuertes presiones cambiarias y de acciones de conversión de deuda en dólares a posiciones en pesos de empresarios mexicanos, Zedillo decide devaluar el peso propiciando una crisis de credibilidad que lleva a la salida de capitales extranjeros. Una vez más los mexicanos entramos de lleno en la incertidumbre económica después de la violenta e inesperada - para muchos - devaluación del peso - iniciada con un aumento en la banda de flotación el 19 de diciembre y que, ante la ola especulativa, fue entregada - al retirarse el Banco de México - a las fuerzas de la oferta y demanda para depreciarse en la primera semana de enero de 1995 más de 70 por ciento, rompiendo con todos los pronósticos de la política económica para ese año.

La situación es urgente en extremo, y sin embargo el gobierno de Zedillo da muestras de estar de no saber o no querer remediar la situación. Las medidas necesarias tarden días en diseñarse y se incrementa la crisis de confiabilidad.

Desde la Casa Blanca Clinton promueve la ayuda norteamericana en un paquete de cerca de 50 mil millones de dólares para estabilizar el mercado financiero y recobrar la confianza de los inversionistas extranjeros, principalmente de Europa y Japón. Se ponen de pie los viejos mecanismos del poder para seguir con las mismas políticas que cavaron el desastre, mientras los dueños de las transnacionales enfocan sus baterías a la obtención del petróleo mexicano ya que este se da como garantía por los préstamos.

El programa de ajuste económico que puso en marcha la administración del presidente Ernesto Zedillo se caracteriza por la severidad con la que se propuso contraer la economía para lograr, en el menor tiempo posible, la corrección del desequilibrio en cuenta corriente. No obstante, se observaron varios factores que suavizaron un desplome que pudo haber llegado al 10 por ciento del PIB. Uno de ellos fue la disminución de mercancías extranjeras en el mercado interno lo que origino que las ramas que habían sufrido la competencia de bienes importados pudieron recuperar parte del mercado que habían perdido. Las empresas con experiencia exportadora aumentaron sus ventas al exterior lo que se convirtió en el motor de caída de 1995 y del repunte de 1996.

EL INICIO DE UNA NUEVA CRISIS

Todo comenzó como suelen iniciarse las grandes crisis económicas que ha tenido México: con un problema de liquidez, «un problema de caja» como dijera en 1982 Jesús Silva Herzog.

El diagnóstico inicial de la crisis derivada del error de diciembre de 1994 que se manifiesta abruptamente con la devaluación del peso frente al dólar establecía que en tres o cuatro meses se estabilizarían los mercados financieros y que antes del segundo semestre de 1995 la economía se enfilaría hacia una etapa de crecimiento sostenido.

Lejos de estabilizarse, los mercados financieros se desquiciaron y se tuvo que reconocer la magnitud de la crisis: la mayor en toda la historia del México moderno (desde 1917).

Los antecedentes más próximos a diciembre del 94 se remontan a la insurrección chiapaneca que causó pánico entre los agentes económicos nacionales y propicio la salida de 3 mil 700 millones de dólares, pero los extranjeros continuaron con el flujo normal de capitales a México: entre enero y marzo llegaron 9 mil 690 millones de dólares. En el segundo trimestre de 1994 hubo una nueva estampida de capitales propiedad de nacionales hacia el exterior provocada por la muerte de Luis Donaldo Colosio, que rebasó los 3 mil millones de dólares. La salida de los capitales extranjeros se evitó con la colocación de Tesobonos con altos rendimientos. Todo porque el flujo de inversión extranjera era indispensable para seguir financiando el déficit de cuenta corriente. Al final el flujo se reduce y en el segundo trimestre solo llegaron al país 2 mil 835 millones de dólares. Esta caída del cuantioso déficit de la cuenta corriente y la fuga de capitales hicieron que al término de 1994 las reservas brutas de divisas en el Banco de México cayeran al nivel de 6 mil 148 millones de dólares, casi 10 mil millones menos que en marzo del mismo año.

Entre julio y septiembre de 1994 la balanza de pagos del país registró una entrada por más de 4 mil 200 millones de dólares y por concepto de la inversión extranjera la cifra de 4 mil 640 millones de dólares.

Sin embargo, el déficit seguía creciendo y la contracción del flujo de recursos externos amenazaba terminar con la reserva de divisas. La devaluación fue el último recurso concebido por la administración del presidente Ernesto Zedillo. Pero al no estar acompañada de un control cambiario utilizando los 16,500 millones que tenía el país a su disposición como respaldo del Estados Unidos y el FMI, no tuvo los efectos esperados. La devaluación conduce a una serie continua de cierre de empresas por el alto costo del dinero. Se desatan en cadena pérdidas de empleo e inflación y más presión sobre el peso, el dólar llega a cotizarse a seis pesos hasta llegar a alcanzar el máximo de 7.80 en enero de 1995.

Para enfrentar esas condiciones México busca, y lo consigue, el apoyo de Estados Unidos y el FMI para amortizar los Tesobonos y para apuntalar a la banca nacional en el cumplimiento de sus obligaciones con la banca mundial, se diseña juntamente con el FMI y el gobierno de Estados Unidos un plan de rescate del sistema financiero mexicano que consiste básicamente en un plan de choque. Este lleva a los resultados previstos: un desplome en producto interno bruto del 6.7 por ciento, la pérdida de más de 800 mil empleos, el cierre de 30 mil empresas y la crisis generalizada.

Contrario a lo que se cree, no fue la salida de capitales extranjeros lo que provocó la devaluación, fueron los capitales nacionales quienes, al igual que cada fin de sexenio en los últimos 24 años, sacaron sus capitales, en tanto los inversionistas extranjeros tenían más de 24 mil millones de dólares en Tesobonos con vencimiento al corto plazo.

Era debido al bajo nivel de reservas y la reducción d eso flujos externos por lo que el país no contaba con los medios para garantizar el pago de cerca de 51 mil millones de dólares en manos de extranjeros que incluía los Tesobonos más la inversión en bolsa.

La crisis que inicia en 1995 se caracteriza por el doble impacto inflacionario y recesivo causado por la devaluación de más del cien por ciento. Por ello, el plan de choque para alcanzar el camino de estabilización financiera como única prioridad para ese año, supuso la aplicación de una política antiinflacionaria draconiana y a partir de febrero de 1995 se puso en marcha un programa de ajuste económico que no sólo rompió con la tradición de los pactos y concertaciones intersectoriales, sino que abandonó los ajustes gradualistas que se hicieron en el pasado para pasar a un «secamiento» total de la economía.

Al abandonar las recetas heterodoxas, se regresó a la economía básica en la instrumentación del plan de choque basado en el manejo ortodoxo de los instrumentos de política económica.

A dos años y medio de aplicado ya muestra factores positivos: las tasas de interés registraron un retroceso para ubicarse cerca del nivel de 1994, el tipo de cambio se estabiliza en 7.73 por dólar siendo más bajo que el 7.80 de diciembre de 1995, la bolsa de valores registra ganancias y su nivel se ubica por encima del de 1994, la tasa de inflación muestra una tendencia descendente y la balanza comercial sigue mostrando saldos positivos, aunque está disminuyendo. Sin embargo, no se puede decir que la crisis ya se ha superado.

Lo que preocupa son los costos de la estabilización que se muestran en los hogares y en las empresas indican que la situación de deterioro económico aún llevará un buen tiempo. El programa de estabilización de 1995 ha sido el más severo de la historia contemporánea. Ningún país había aceptado pagar un precio tan alto por la confianza de los inversionistas extranjeros. La producción nacional cayó en más del 7 por ciento.

Los aspectos políticos de la crisis

Uno de los problemas que deberá superar el presidente de México es el de credibilidad. Para amplios sectores de la sociedad los compromisos asumidos desde su campaña son meros deseos, pero todavía no se ve como podrá alcanzarlos.

El actual drama de México no tiene precedente: la crisis de 1995 es la más grave de nuestra historia reciente. Entraña tanto el fracaso de un modelo económico como la quiebra del sistema político. Es una crisis de fin de régimen como ha sucedido ya antes en 1976, 1982 y 1988. Pero el grupo gobernante no lo entiende así y sus acciones agravan las cosas. Los gobernantes de este sexenio no quieren y no pueden enfrentar los problemas cambiando de políticas, por lo que intelectuales y partidos de la oposición, además de grandes grupos sociales, durante este año, piden la renuncia del presidente de la República.

Los analistas estadounidenses llegan a la conclusión que la crisis mexicana es claramente de origen político, producto de la falta de confianza de los mexicanos (y de los inversionistas extranjeros) en el gobierno zedillista. La crisis económica, política, social y moral que agudizaron los gobernantes actuales - que son los mismos del sexenio anterior - no es desde luego sólo económica, aunque éste sea su aspecto más inmediato, ya que las políticas neoliberales terminaron por descapitalizar al país, desmantelar la planta productiva de la nación, concentrar la riqueza en unas cuantas manos y empobrecer a la inmensa mayoría de los mexicanos.

La crisis mexicana tiene un claro origen político, y lo más sorprendente es que los gobernantes mexicanos sigan autoengañándose, atribuyéndosela a la sociedad.

El desastre lo generaron parcialmente Carlos Salinas y su gabinete con políticas económicas depredadoras, que se implementaron para no poner en riesgo las elecciones del 21 de agosto de 1994, y por el insuficiente control y el deficiente manejo de la política monetaria del Banco de México que actuó subordinadamente a la presidencia del país.

La desconfianza la acrecentó Zedillo con su discurso inaugural, con el gabinete que designó, con su impotencia para tener una respuesta patriótica ante los acontecimientos con su sometimiento a la Casa Blanca y con los fraudes electorales que convalidó en Chiapas, Tabasco y Veracruz. Y, desde luego con su empecinamiento en mantener en la gubernatura a Eduardo Robledo más tiempo del necesario, en el gobierno de Chiapas.

La dimisión de Ernesto Zedillo a la presidencia de la República fue una petición que aparece en prensa a partir del 8 de enero y dura varios meses. Se le acusa de que a tan sólo unas cuantas semanas después de haber asumido el cargo condujo a la nación a la crisis más grave de las últimas cinco décadas, el desasosiego financiero y económico, de consecuencias políticas, económicas, jurídicas y sociales todavía no calculables. En la crítica situación actual, salvar al «sistema» antidemocrático representa hundir más a México, y para ello contribuyeron las cúpulas del PAN al apoyar un modelo que decían «se los había robado el PRI», sin darse cuenta de las dimensiones de la crisis y la pobreza en que se sumió al país además de la desconfianza y falta de credibilidad generada.

La reforma de estado

El panorama político, económico y social del México actual difiere sin duda radicalmente del que se presentaba quince años atrás. Por una parte, la izquierda, precariamente aglutinada con todas sus contradicciones internas en el PRD y, por otra, una amplia gama de organizaciones civiles y movimientos sociales portadores de los valores del marxismo, el nacionalismo, el postmaterialismo y del socialismo, pueden considerarse las impulsoras más directas herederas del proceso de modernización política y cultural que supusieron los enfrentamientos después de las elecciones federales de 1988, el levantamiento de Chiapas, la conformación de Alianza Cívica, El Barzón, las ONGs, etc. a quienes la crisis económica y las transformaciones culturales, la reestructuración del neocorporativismo en el ámbito laboral, la desaparición en la sociedad del «populismo», el alejamiento del Estado de bienestar, la desaparición de las políticas keynesianas o como se les quiera llamar, todo ello nunca más volverá, y por lo tanto, para estas organizaciones es urgente la organización para defender los erosionados programas de bienestar social.

Estas presiones sobre el Estado lo han llevado a la modificación de procesos y posturas que en sí mismo, ya implica una reforma de Estado. No vemos o no queremos ver estas transformaciones que son enormes que nos enfrentan a la reforma de un estado que parcialmente reformado. El proceso actual de reforma del Estado mexicano se encuentra en un dilema que continúa el debate de la interpretación histórica que representa el inicio de una serie de profundas transformaciones que implica juzgar los alcances de nuestro desarrollo. Es tiempo de romper paradigmas y avanzar hacia una reforma que satisfaga los requerimientos de un Estado moderno que se integra al bloque de países democráticos con todas las oportunidades que ofrece el nuevo milenio.

Una adecuada valoración de los rasgos que diferencian el actual reencuentro con la reforma del Estado con las realizadas anteriormente (1977, 1985, 1989) nos proporcionará un marco de referencia para no caer en muestras de optimismo como el que vivimos después del acuerdo de los pinos el año pasado que, como lo comenté inmediatamente, no mostraba los signos de que pudiera lograr un avance significativo debido a las circunstancias de ese momento.

Sin embargo, hoy los tiempos son diferentes, los avances logrados sirven de base para interpretar que existe la disposición para avanzar y destruir los obstáculos de las inercias de los grupos de poder que se oponen a un cambio que los marginará de los beneficios que actualmente obtienen con una estructura que permite la corrupción y las ventajas de la utilización del poder para enriquecerse. Los retos son muchos, las dificultades mayores, comentaremos algunas de ellas por rubros.

La reforma política. La reforma política ha avanzado lenta pero inexorablemente y se han constituido las bases normativas e institucionales para configurar un nuevo sistema electoral que deje a todos satisfecho, ya que no puede haber una reforma «final» pues siempre será necesario realizar los cambios y ajustes que la evolución de la sociedad y de la vida política requiera.

El avance deberá darse en la misma línea ya fijada: una autoridad electoral ciudadanizada que se caracterice por ser descentralizada a permanente y que abarque por lo menos tres niveles o esferas de decisión: el que represente a los partidos políticos y esté coordinado por los ciudadanos que deben tener la capacidad decisoria, los órganos ejecutivos y técnicos y los órganos de vigilancia.

Es necesario avanzar en la ciudadanización de los órganos decisorios para consolidar la autonomía de la autoridad electoral, pero también deberán ponerse los candados necesarios en los órganos de vigilancia para evitar os posibles excesos de los órganos decisorios.

Los Tribunales electorales a nivel federal y estatal deben consolidarse como la autoridad máxima jurisdiccional de la materia al asignárseles la facultad para resolver conforme a derecho las controversias electorales.

Queda todavía mucho por avanzar en las condiciones de la competencia en un régimen de partidos pues tanto los topes a los gastos máximos como los controles al mismo todavía no garantizan la igualdad y la proporcionalidad, ya Tabasco lo demostró, tampoco la legalidad en el uso de recursos. Es así mismo importante establecer los mecanismos de acceso equitativo a los medios de comunicación. Este es el peor de los problemas por la contradicción entre la libertad de prensa y la orientación de los monopolios de la comunicación que siempre tendrán su partido y su orientación política y beneficiarán a quien ellos lo consideren adecuado a sus intereses -y siempre estos coinciden con la orientación oficial que es la única que les garantiza las prebendas y los beneficios.

Debemos llegar a una reforma política donde se fortalezca la imparcialidad de las instituciones electorales, se dé una mayor transparencia y certidumbre a los procesos electorales y se eliminen los viejos vicios. Para ello ya se ha avanzado a nivel de partidos, organizaciones civiles y gobierno en los seis grupos de grandes temas electorales: derechos políticos; organismos y autoridades electorales; competencia electoral; régimen de partidos; legalidad; y representación.

Por su parte la Comisión Plural para la reforma del estado trabajará en siete rubros: Equilibrio de Poderes y Fortalecimiento del Poder Legislativo, Nuevo federalismo; Derechos Indígenas y regiones Étnicas; Seguridad y Justicia; Nueva Relación del Gobierno con la sociedad; Medios de Comunicación; y Planeación Democrática y Desarrollo. Pero el camino por andar aún es largo y está sembrado de espinas.

La reforma del poder Ejecutivo. El presidencialismo en México produjo la práctica innegable donde un sólo poder, el ejecutivo, se auxilia de los otros para propósitos funcionales en un reiterativo pero bizarro ritual republicano y representativo, donde el régimen político descansa en el dominio abierto y ostentoso del presidente convirtiéndose en un ritual que se había insertado en la cultura política mexicana.

El poder exagerado del presidente, un poder equivalente al que caracteriza las dictaduras, que se fue consolidando y que tuvo su expresión máxima durante el período salinista cuando la presidencia volvió a resumir en ella la burocracia y al partido hegemónico que envolvió al sistema político, debe cambiar.

Afortunadamente la orientación de Ernesto Zedillo aunado a su convicción hará más fácil este proceso de transformación. Debemos llegar un régimen donde la figura del presidente del país sea la de un estimulador, catalizador o coordinador de las acciones de los diferentes órganos e instituciones políticas y gubernamentales siempre dentro de los límites de poder establecidos por la ley.

México: la restauración autoritaria

Es cierto que este cambio desestabilizará parcialmente a una sociedad acostumbrada al autoritarismo y que verá en ello un signo de debilidad. La diversidad ideológica, cultural, política y social deberá ser asumida en toda su magnitud para que el cambio se gradual y sobre bases firmes.

La reforma social. Los límites entre el Estado y la sociedad civil se han tornado inciertos. El aparato estatal ya no está en la posición de asumir sus competencias por sus propios medios y, por lo tanto, debe pedir y acudir en busca de apoyo activo a las organizaciones intermedias que están dispuestas a asumir un papel protagónico para reivindicar su estatus. A cambio requieren que se les reconozca el derecho a participar en las consultas sobre las reformas que el Estado lleve a cabo.

En un futuro cercano deberán existir mecanismos legales para permitir la participación y de esa manera legitimar la función que la sociedad civil desempeña en nuestra sociedad al mismo tiempo que se establecen las bases de una nueva relación entre las clases y los grupos sociales. No es posible vivir en una sociedad que es elitista y discrimina a los propios mexicanos convirtiéndolos en ciudadanos de segunda o de tercera en su propio país, como es el caso de los indígenas, los campesinos y los grupos que se ubican en la pobreza extrema. Para ellos habrán de encontrarse soluciones creativas que los inserten de lleno en una dinámica social donde sean los partícipes del cambio y no unos meros espectadores del mismo.   La reforma económica. Este es el rubro donde más se ha avanzado, pero en un sentido opuesto al deseado por algunos partidos (PRD y ahora se suma el PRI) al incluir a los organismos intermedios se consolida la posición de que el modelo económico actual debe modificarse, de que el neoliberalismo debe ser reencauzado.

La reforma económica deberá -en un momento dado-ser capaz de consensar el rumbo económico del país y su efecto en la sociedad. Dadas las actuales posturas este será un punto sensitivo en la reforma del estado que difícilmente convencerá y dejará satisfechos a todos a los participantes.

Como dijera Colom «El viento de la historia no ha borrado las estructuras elementales de lo que se entiende por el Estado de Bienestar». Todavía muchos recuerdan -en especial los grupos marginados - los niveles de bienestar que tenían hasta 1981. En México lo que se ha producido es una diferenciación cualitativa de sus distintos modelos aglutinada en torno una política social negociada con los actores económicos a través de pactos que con el tiempo - más de 8 años - cada vez convencen menos.

Los empresarios han sustituido el esquema de economía social de mercado por los dogmas anti-intervencionistas del neoliberalismo y por las políticas monetaristas con esquema de desarrollo económico. Esta orientación hacia dejar que el mercado sea el medio substitutivo de la regulación económica ha arrojado como resultado una depuración del sector público según criterios de rentabilidad económica y una privatización selectiva de las instituciones que apoyan la política social del Estado, llevando al debate no el papel compensador del Estado frente a la dureza de las condiciones sociales impuestas por el neoliberalismo, sino la perdida de la capacidad y deseabilidad de los instrumentos estatales para dar respuesta a nuevas exigencias que transcienden el horizonte definido por el secular conflicto entre favorecer al capital o a los trabajadores.

El dilema surge de la contradicción entre la toma institucional de decisiones y el empleo de la capacidad para decidir la política económica y social debido a las presiones de los sectores que se verán afectados por dichas políticas. En pocas palabras, es el margen de maniobra que tiene un Estado para transitar desde la implantación de políticas económicas que en el corto plazo favorecen a los grupos financieros y en el largo plazo la sociedad en su conjunto se beneficiará del crecimiento del país.

El problema es que desde tiempos de López Portillo los trabajadores han escuchado que ha llegado el tiempo de recompensarlos ya que ellos han cargado en las espaldas el mayor peso del crecimiento del país sin recibir nada a cambio. Y no solo no se eleva la capacidad adquisitiva de los trabajadores, sino que se empeoran cada vez más. Y no creo que las cúpulas que los representan -aún con su entreguismo y manipulación de las masas- quieran hacerse responsables de consolidar el modelo neoliberal que estamos siguiendo, pero ya no es posible dar marcha atrás en el modelo -por lo menos no en forma radical - a lo más que se puede aspirar es a darle una «maquillada». Este será el punto neurálgico en la reforma del estado.

Para bien del país se espera que ahora si - por fin - se comprometan los diferentes actores para que se establezcan las bases de un Nuevo Estado.

Hechos y políticas

El 1995 y 1996 el gobierno de Ernesto Zedillo naufraga a la deriva: insiste en las mismas políticas económicas del salinismo que llevaron a México al desastre, sigue apoyándose en las estructuras tradicionales del «sistema» y en los hombres del sexenio anterior, y para salvarse no atina más que a modificar la Constitución Mexicana de acuerdo a las exigencias de los grandes grupos financieros extranjeros para permitir la inversión en las empresas privatizadas, y a endeudar más al erario público.

Los dirigentes del PAN y del PRD en vez de intentar poner un alto a tanta incompetencia y a la forma en que el grupo en el poder está comprometiendo a la Nación llevándola a un mayor desastre, parecen empeñados en servirle como tabla de salvación: al grupo gobernante, al gobierno y desde luego al «sistema».

El «acuerdo» político de los partidos en 1995 es el apoyo de un grupo de dirigentes panistas y perredistas a un gobierno que se hunde en el descrédito por su falta de patriotismo y por su ineptitud, y a cambio les satisfaga sus intereses particulares: no de que detenga la entrega de las riquezas de México al exterior o de que acepte el tránsito a la democracia, sino de que les otorgue mayores espacios políticos a esos partidos.

Los «Compromisos para un Acuerdo Político Nacional», suscritos por los dirigentes del PRI, del PAN, el PRD y el PT (18 de Enero), teniendo como testigo a Ernesto Zedillo, y bautizados por la propaganda oficial como el «Pacto de los Pinos», no son en realidad «un Pacto» (ya que no entraña ningún acuerdo concreto), no comprometen en nada al gobierno (pues este no lo suscribe) y, desde luego, no propician en nada un tránsito a la democracia (ya que no hacen señalamiento expreso alguno del «Sistema de Partido de Estado» y de su posible desmantelamiento).

Este documento al que la propaganda gubernamental pretende considerar como «histórico» y que abusivamente compara con el «Pacto de la Moncloa» de España, no constituye sino un paso importante en el intento del gobierno zedillista por maniatar al PAN y al PRD en medio de la crisis y todo ello a fin de alcanzar una mínima capacidad de gobernabilidad para los próximos meses, y poder reconstruir al «sistema» y recomponer las políticas neoliberales.

El nuevo «pacto», pretende sustentar el inicio de un proceso de tránsito a la democracia, no está generando por lo más que una mayor desconfianza en las capacidades de la administración zedillista.

En este «Acuerdo» mal escrito e incongruente, el gobierno se sume, por ejemplo, como parte, pero no lo firma, ya que Zedillo aparece como «testigo». Y lo que es más sorprendente, con un lenguaje perogrullesco, se afirma en él de manera que el gobierno, (que no lo firma) «se compromete a cumplir las responsabilidades que le competen» (lo cual evidentemente es innecesario reiterarlo en un pacto entre particulares) y a propiciar la adopción de reformas democráticas sustantivas en las entidades federativas. El «Acuerdo» no puede ser visto por lo tanto desde una perspectiva institucional más que como un texto muy pobre, sin más valor político que el de ser un símbolo de otros posibles acuerdos verbales (entre Zedillo y los líderes de los partidos) y que aún visto con benevolencia, no entrañaría más que una expresión de fe de sus cuatro signatarios en «el diálogo» y «la democracia» (lo cual es evidentemente absurdo), una vaga promesa de éstos de cumplir con la Constitución (lo cual es innecesario) y un ofrecimiento de realizar «una reforma electoral» (cuyo contenido desde luego no se precisa) tras de la cual los partidos se comprometen a no volver a realizar acciones de protesta postelectoral (como si ellos pudiesen comprometer a la ciudadanía).

El pacto del 18 de enero tiene por lo tanto que entenderse como lo que no es: es decir en términos no de lo que está escrito sino de lo que no está conforme a las reglas del «sistema» y a sus valores entendidos, al más puro estilo salinista. Como una oferta que hace el gobierno de Zedillo a los partidos (al PAN y al PRD), tanto de una posible reforma a la legislación electoral (lo que está explícito) como de darles mayores espacios políticos a cambio de su «institucionalidad» (en términos del «sistema»).

Nadie lo entendió, obviamente como lo que pretendía ser: un compromiso del régimen (frente a la sociedad) para impulsar un tránsito a la democracia y a un Estado de Derecho, y todo mundo supuso (en términos del «sistema») que el «Acuerdo» significaba para el PRD las cabezas en bandeja de plata de Madrazo (Tabasco) y de Robledo (Chiapas) y para el PAN el que se creen condiciones electorales que les permitan ganar al menos dos de las cuatro gubernaturas en disputa en 1995 (que podrían ser Jalisco y Yucatán) .

El acuerdo no tiene por otra parte credibilidad alguna, ya que el gobierno de Ernesto Zedillo no puede presentarse como dispuesto a la transición democrática ya que con los hechos ha dado muestra durante varias semanas de no querer otra casa que recomponer el sistema. La transición democrática de un régimen sustentado en un Estado de Derecho, no se podrá alcanzar obviamente maquillando a las leyes electorales, como pretenden el gobierno y muchos analistas, sino que es una cuestión de régimen político.

Y Ernesto Zedillo y sus amigos protectores (Córdoba y Salinas), que lo saben bien no dan muestras de tener la menor intención de desmantelar al sistema de partido de Estado y de poner en riesgo su control de poder, sino todo lo contrario, de ahí que el escenario sea muy preocupante para México.

El gobierno zedillista no tiene la confianza que requiere no se la van a dar las cúpulas de los partidos «de oposición», aún y cuando declinen seguir siéndolo.

Ni siquiera por que la dirección nacional de Acción Nacional, en términos de las «reglas no escritas del sistema», le haya afirmado a Zedillo durante su entrevista en Los Pinos que «no aprovechará la crisis económica en beneficio suyo» (19 de septiembre). El caso del PRD es por otra parte más preocupante, ya que su convalidación de este nuevo «Acuerdo» Político permite la continuación de Roberto Madrazo en la silla de gobernador de Villahermosa.

La idea de que en medio de la crisis se podrá empujar al gobierno de Ernesto Zedillo a romper con el «sistema», es decir tanto con Salinas y sus intereses como con los dinosaurios, no tienen sustento. Zedillo está profundamente unido a los intereses priístas y en particular a los que representan Córdoba y Salinas, que siguen en lo interno, pesando como sus mentores y guías, y no está dispuesto a romper con ellos

El «Acuerdo» del 18 de enero no hubiese sido posible desde luego sin el levantamiento del EZLN y sin que mediase la grave crisis económica y política que se ahonda en el país, y ello demuestra algo que todos sabemos.

Que el fin del «sistema» de Partido de Estado no vendrá si no hay una movilización de la sociedad.

En el futuro inmediato se ha planteado que la economía mexicana puede transitar de una situación de estanflación con grandes deterioros en el bienestar popular, a otra donde se logre la estabilización de precios, la recuperación del crecimiento en forma sostenida y evitar una mayor erosión de los niveles de bienestar de la población.

El triángulo que se ha conformado alrededor de la deuda, la estabilidad y el crecimiento es tal, que a diferencia de 1988 cuando no hubo un conflicto entre la estabilización y el pago de la deuda, para 1995 existe una «crisis de estabilización» como le ha llamado R. Dornbusch.

La situación es tan complicada en este corto plazo, que, aun dejando de pagar, la economía no tiene asegurada la senda de la estabilidad y con crecimiento. Se requiere necesariamente de recursos frescos y, al mismo tiempo, mantener los niveles de reservas existentes con el fin de crear un ambiente de confianza que propicie el incremento de la inversión privada.

En la perspectiva de una negociación global con el objetivo de volver a crecer, un mayor endeudamiento no en incongruente puede ser simplemente necesario e inevitable para retornar el crecimiento: Es necesario analizar el endeudamiento desde otra perspectiva, etiquetar los recursos que lleguen y los liberados hacia una inversión productiva, lo que implica vincular los objetivos de crecimiento y desarrollo económico con la deuda externa.

En el largo plazo recorrer este sendero se antoja difícil y complicado. Aunque es imposible tener respuestas a las preguntas principales y obligadas respecto al futuro inmediato, existen algunos nudos centrales del crecimiento futuro a la luz de los cambios recientes. No se trata desde luego de hacer un pronóstico detallado, sino de esbozar posibles trayectorias a partir de las propuestas oficiales.

Gobernabilidad

Cuando pensábamos que los hechos violentos desencadenados con la muerte del cardenal Posadas hasta la de Francisco Ruiz Massieu habían terminado con la llegada de Ernesto Zedillo a la presidencia de la República y Lozano Gracia a la Procuraduría de la República se desata nuevamente la violencia en el estado de Guerrero son hechos calan en la sociedad. Tanto en el campo político, como en el de las prácticas institucionales, el deterioro de las instituciones es notable y preocupante.

Existen peligrosas perspectivas desestabilizadoras en una naciente democracia legitimada con el reconocimiento de (o la entrega del poder) triunfos de la oposición en los estados de Jalisco, y Guanajuato; propiciado, en parte por la decadencia histórica de un sistema, antaño pilar de nuestra estabilidad; nos llevan a una seria encrucijada donde el autoritarismo o la ingobernabilidad son los únicos caminos que parecen viables en el horizonte de la política mexicana.

Con todo ello, va tomando cuerpo la idea de que la ingobernabilidad remite tanto al colapso del sistema político como al modelo económico seguido en los últimos 13 años que no ha podido satisfacer las demandas sociales, como por el desarrollo político que busca extender una desmedida participación y control democráticos. Esta conciencia del peligro que implica la ingobernabilidad asumida casi unánimemente, aunado al incumplimiento de las promesas realizadas durante la campaña de Zedillo que nos hace abandonar el sueño de «bienestar para nuestras familias» hace surgir de nueva cuenta la petición de analistas serios y responsables de la renuncia de Zedillo a la presidencia de la República. Esta situación se presenta debido a una doble insuficiencia: la falta de legitimidad y consenso político y la crisis del estado de derecho.

LAS CONVULSIONES DEL ESTADO MEXICANO

Estamos viviendo una realidad que presenta una gran diferencia en lo que es el Estado de derecho y el Estado de facto, este ha crecido y se ha desarrollado paralelamente al lado de aquel destruyéndolo lentamente a partir de enero de 1994.

El Estado de facto lo encontramos en: a) un corporativismo corruptor del sindicalismo independiente y combativo que es desplazado por el charrismo; b) en el control vertical que el Estado ejerció durante décadas sobre las organizaciones civiles; c) un presidencialismo autoritario convertido en la instancia máxima de las decisiones políticas que perpetuaba el poder de su propio grupo a través de la designación de su sucesor y, además, concentrador de las facultades para decidir los senderos que deberían de seguir los estados del país; d) un partido único o de Estado que se convirtió en el instrumentador de la política del presidente y en el aglutinador del poder derivado del ejercicio de la actividad pública.

Este es el Estado de facto que hizo desaparecer al Estado de derecho y que funcionó proporcionando al país sesenta años de estabilidad económica y política. La reforma del poder judicial, pilar del programa de Zedillo hizo agua con la denuncia del magistrado Polo Uscanga y las declaraciones del juez norteamericano Ronald Hedges que sigue el proceso de extradición de Ruiz Massieu al descubrir «una historia ejemplar de corrupción en el poder político mexicano». La negativa de extradición significa un duro golpe para el Estado de derecho.

Al entrar en crisis y empezar a desgranarse y romperse en pedazos, el Estado de facto se resiste a desaparecer y los grupos que se beneficiaron con el *establishment* no quieren perder sus privilegios. Al intentar retomar la senda del Estado de derecho los grupos que se sienten afectados ante la reestructuración inician sus actividades de desestabilización del país para obligar al presidente a tomar en cuenta en su equipo o en su gabinete a los «duros» como ya ocurrió con la incorporación de Chuayffet en la secretaría de Gobernación.

Es un hecho público la disputa por el control político entre Zedillo y el grupo salinista, el resultado parece ser totalmente desfavorable para Zedillo quien, con la salida de Esteban Moctezuma de la secretaria de Gobernación, ha requerido del grupo de línea dura que se incrusta en el poder y hace que se tambalee su proyecto de gobierno.

Zedillo afirma que «después de todas estas cosas malas que nos han venido ocurriendo, empezamos a suponer que en este México hay un pequeño grupo, muy pequeñito, de malosos que quisieran que las cosas fueran como antaño» y después en la última conferencia mensual de prensa de que «detrás de los hechos criminales que se han generado en el país hay un propósito común de desestabilización social».

A pesar de que Zedillo aseguró que «mi gobierno no vive una crisis de legitimidad y aunque me llamen un presidente débil, mi régimen no transitará al autoritarismo o la línea dura» y mantendré la apertura para consolidar el diálogo nacional. Podemos preguntarnos hasta cuándo podrá sostener su postura o hasta donde la sociedad soportará esta situación. Y todavía queda el peligro de los militares, que, aunque siempre han sido leales a las instituciones, en la medida en que el país se encuentre al borde de la ingobernabilidad, surgirá en ellos la tentación de la solución radical implantando una dictadura. Claro que esto aún está lejos de suceder, pero de acuerdo con la trayectoria de incremento de los eventos de violencia ¿qué tan lejos está?

Ingobernabilidad y descomposición social

Si no hay cambio en la orientación de los programas neoliberales, se seguirán incrementando los elementos causales de la descomposición social. Cada día habrá más pobres, más desempleados, más frustración y más desencanto.

La descomposición social que se empieza a dar en el país es preocupante por dos razones: primero, porque no se ha visto todavía cual va a ser el Estado que suplirá al que aún se niega a morir pero que presenta rasgos disfuncionales para los tiempos de cambio que recorren el mundo. Segundo, no sabemos si la estructura actual resista los embates de la desestabilización concertada que amenaza con desbordarse.

Tampoco es una solución lo que los medios de comunicación extranjeros perciben ya como la instauración de un Estado policiaco - militar sin la necesidad de un golpe de Estado. Lo que ocurre actualmente en Chiapas, Sinaloa, Guerrero, Nayarit y Jalisco, donde el ejército mexicano se ha desplazado configurando un Estado militarizado. Se ha dicho que la participación del ejército se debe a una estrategia militar de contrainsurgencia y de combate al narcotráfico, pero de cualquier manera revela que el control del país se nos está escapando de las manos.

Las medidas anticonstitucionales implantadas por el jefe del departamento del Distrito Federal en el programa de Reacción Inmediata Máxima de Alerta debe ser una señal de alerta de hasta donde se está dispuesto a llegar en la vorágine de violencia y delincuencia que azota al país. Si esta es la línea débil de Zedillo ¿Cuál será la magnitud de las medidas si optara por la línea dura?

Nos encontramos ahora donde la «insoportabilidad» de una situación castrante de lo social, lo político y lo humano se ha tornado en el esterilizante sentimiento de impotencia. No es el sistema político mexicano quien necesita una reforma, sino el ethos político mexicano. Es necesario transformar la naturaleza propia del sistema, es decir, eliminar las pretensiones de validez, de orientación práctica con que asume la realidad social.

Toda teoría de la sociedad que plantee críticamente la pregunta por la legitimidad de un poder que estatuye la aceptación de la desigual distribución del producto social, no puede asumir como principio rector ni la coerción ni la simple facticidad de su normativa legal. La ingobernabilidad alude, precisamente a la demasía económica y política, contingencias que amenazan con arruinar la capacidad de variación y de autoajuste del sistema. El sentimiento de la aparición de la ingobernabilidad conduce a la tensión que genera acciones legitimadoras de unos y la refeudalización política de otros.

La violencia reaparece

La aparición del EPR propicio la movilización del ejército en los estados de Chiapas, Tabasco, Guerrero, Veracruz, Oaxaca, Hidalgo y Querétaro. Su presencia se debe, el cerco militar sobre el EZLN en el sur primero, después también al EPR. EL despliegue militar es impresionante a pesar de haber sido haberlo considerado como un ejército de «pantomima». El control de gobierno en la sociedad se empezó a perder a partir del asesinato de Luis Donaldo Colosio, de ahí la presencia militar.

Después de ser el sistema político más gobernable de América Latina por casi cinco decenios, la perdida de la gobernabilidad es un hecho en nuestros días. En sus días de gloria el entramado político contó con un entramado institucional que le permitió detectar y canalizar con gran efectividad las demandas de la sociedad. Al ir perdiendo los controles e irse democratizando la sociedad la coalición dominante (PAN y PRI restó legitimidad y efectividad al parto democrático. Además, la vieja estrategia corporativa en la que los campesinos, los obreros y la clase popular sostenía al régimen y a su gobierno empieza a deteriorase al ver disminuidas sus cuotas de poder y perder los espacios para sus «negocios».

Otros factores que inciden en la perdida de gobernabilidad tienen que ver con la eficiencia gubernamental, la capacidad de la autoridad para mantener y aplicar la ley, la inseguridad a la que están expuestos los mexicanos y un sistema de justicia que aún se vende al mejor postor. ello lleva a que el gobierno empiece a utilizar la violencia contra la violencia rompiéndose el equilibrio institucional, primero se dirige hacia la oposición (el PRD) después hacia cualquiera que se enfrente a las políticas gubernamentales, socavando con ello, las bases institucionales d un Estado de derecho.

La reforma política

La reforma electoral ha significado una luna de miel para los partidos políticos enfrascados en sacarla adelante para que sirva de marco a la contienda electoral de 1997. Las disputas en tono virulento y los enfrascamientos inútiles dieron paso a las propuestas mesuradas y resaltar más los puntos de acuerdo que de los desacuerdos.

La aprobación de la ley resultado de la reforma recorrió el inusitado camino de ser aprobada por unanimidad en ambas cámaras dando un ejemplo notable de unidad para sacar al país de los problemas posclectorales en esta etapa difícil por la que en aspectos económicos atraviesa el país.

Es cierto que como el PAN lo manifiesta, el problema seguirá siendo no la ley sino su aplicación. Y es que en las últimas reformas - hemos conocido cinco reformas electorales: las de 1979 y 1986 aprobadas por el PRI sin participación de la oposición, las de 1989 y 1883 por el PRI y Por el PAN, la de 1994 aprobada por los tres partidos, y la actual por el PRI; PRD; PAN y PT - se adelanta en la letra de la ley, pero se retrocede en su aplicación a los comicios que desde entonces se han sucedido, constituyéndose la práctica electoral en el obstáculo insalvable para alcanzar la democracia electoral.

Por primera vez en 20 años, también, el gobierno en esta reforma electoral no tuvo ni mantuvo una posición definida e intransigente desde su inicio ya que los tiempos, los temas d la agenda y las conclusiones fueron tomadas por los partidos políticos con representación oficial en el Congreso de la Unión.

Por ello es cierto que parte del mérito debemos atribuírselo a Ernesto Zedillo quien en su primer informe de gobierno aseguró y deseo que antes del segundo informe se contara ya con una nueva reforma electoral que será la base de la reforma de Estado.

La reforma adelanta el cambio en la integración el IFE (ocho consejeros electorales, un presidente, sin la presencia del secretario de Gobernación y privación del derecho a voto de los consejeros del Poder Legislativo, partidos con voz y sin voto), las nuevas reglas d financiamiento y gasto de partidos y su acceso a radio y televisión. Destaca la nueva definición del Tribunal Federal Electoral y el método de su integración a propuesta de la Corte de Justicia de la Nación. Ningún partido podrá obtener más de 300 diputados y que el máximo de diferencia entre votos y curules era del 8 por ciento lo que le da más democracia y representatividad. La novedad es la creación de la lista de 32 senadores plurinominales.

CONCLUSIONES

Es preocupante que la actual administración haya apostado todo a una sola carta: El Tratado del Libre Comercio (TLC). En esta perspectiva el éxito o no el TLC no es importante para México. Las razones son por lo menos tres: 1) La modernización y la apertura comercial que se pretende con el TLC ya ha avanzado lo suficiente y de hecho la reducción de las tarifas en los próximos diez años de vigencia será mínima; 2) El flujo de inversión extranjera que se dice se incrementará con el TLC, actualmente ya lo es y la confianza que México está ganando en el extranjero hacen prever que este será el punto decisivo. Sin embargo, con el TLC y sin una economía estable traerá consecuencias negativas para el flujo de capitales; 3) Las consecuencias políticas que se darían en caso de que revise el TLC serán catastróficas para el PRI porque con Salinas se involucraron en una dinámica desgastante para que se aprobará en su empeño en sacar a toda costa este proyecto. La revisión de las condiciones del TLC sería un fracaso para el PRI.

En todo caso otro de los argumentos que se utiliza que es el de la disminución del desempleo tampoco es decisivo. Los análisis más serios revelan que en los primeros 5 años de entrada en vigor del TLC se generarían apenas alrededor de 50 mil empleos anuales. Para un País que requiere generar un millón de empleos anuales lo anterior no es significativo.

Lo que podemos esperar en todo caso para 1997 -98 es el incremento del empleo y una reducción de la inversión externa que obligará a México a revisar su política comercial para evitar que disminuya el superávit de la balanza comercial.

9 LA TRANSICIÓN DEMOCRÁTIVA: EL GOBIERNO DE VICENTE FOX

Al sistema político mexicano, controlado por el Partido Revolucionario Institucional (PRI), se le caracterizó como autoritario, entre otras razones porque cometió reiterados y sistemáticos abusos contra los derechos humanos y por la ausencia de rendición de cuentas. Con la llegada del Partido Acción Nacional (PAN) a la Presidencia en el año 2000 se esperaba un cambio de fondo, porque una de las promesas de campaña del candidato Vicente Fox fue respetar los derechos humanos. Se esperaba que terminara con el «patrón de conducta de violación, negación y encubrimiento». Empero, los gobiernos panistas evadieron la posibilidad de que una comisión de la verdad investigara las violaciones a los derechos de los mexicanos en el antiguo régimen y permitieron que la impunidad continuara.

Fox pactó con el viejo régimen y le otorgó una amnistía de facto a los perpetradores de abusos. Calderón continuó con esa política utilizando, para ello, una estrategia de indiferencia y silencio. El panismo ha ignorado o negociado los derechos humanos. Una expresión que captura la esencia de esa política es la de «piadoso olvido». Fue utilizada por Vicente Fox en su discurso de toma de posesión para pregonar su compromiso con el cambio. Las causas de esa política y las consecuencias que tuvo fueron desastrosas para la transición verdaderamente democrática y para la seguridad nacional.

Esta política continúa porque la sociedad civil organizada que sigue luchando por la implementación de estos principios ha carecido de una agenda común que le permita materializar sus demandas de hacer justicia y conocer la verdad.

La escasa coordinación entre las víctimas y sus familiares, las organizaciones de derechos humanos, nacionales e internacionales, y los activistas e intelectuales vinculados con el tema no aciertan a resolver el dilema de crear una comisión de la verdad o una fiscalía que investigara los delitos del pasado, porque las organizaciones de las víctimas impulsaban una estrategia basada en el castigo a los culpables de los abusos para así, posteriormente, conocer la verdad de lo ocurrido.

Mientras este impasse continúa, en algunas regiones persiste o ha aumentado la represión y criminalización de la protesta social; hay abusos de militares en el contexto de la «guerra contra el narcotráfico» y se utiliza en exceso la prisión preventiva. Ante ello, los interesados en la instauración de un Estado de derecho tienen el reto de redefinir la agenda de los derechos humanos con el objetivo de refundar una democracia cuya consolidación fue frenada por el panismo.

El triunfo en unas elecciones impecablemente democráticas de Vicente Fox, candidato presidencial del conservador Partido Acción Nacional (PAN), significó para México, más que un mero cambio de gobierno, el final de 71 años de régimen político monopolizado por el Partido Revolucionario Institucional (PRI). En sus seis años de mandato, la falta de mayoría legislativa dejó en el tintero importantes reformas estructurales y constitucionales, y el sobrio crecimiento económico, acompañado, eso sí, de salud financiera y una inflación históricamente baja, dificultó la corrección de los déficits sociales. En política exterior, Fox fracasó en la obtención de Estados Unidos de un acuerdo migratorio y mantuvo unas relaciones conflictivas con varios colegas latinoamericanos. El deterioro de la paz social y el clima político al final de su mandato en 2006 no le impidió ser sucedido por el aspirante del oficialismo, Felipe Calderón, tras una cruda polémica electoral.

Propuestas del gobierno de transición

Ubicado según él en el «centro izquierda ligero», -cualquier cosa que eso signifique- y en cualquier caso en el ala menos conservadora del PAN, el político guanajuatense llegó al poder con la promesa de acometer una ambiciosa y radical reforma del Estado, de la economía y de la sociedad mexicanos, para subsanar las rémoras y déficits democráticos tras 71 años de gobierno ininterrumpido del PRI.

Una tarea formidable en la que, él mismo lo reconoció, iba a encontrar múltiples dificultades. El mandatario propuso un «desarrollo económico con rostro humano», no sometido a los dictados neoliberales, que asegurara un crecimiento equilibrado y sostenido del PIB, del 5% al 7% anual, que concediera oportunidades a la iniciativa empresarial, a la inversión extranjera y al ahorro privado como instrumentos generadores de empleo, precisando la meta de crear un millón 300 mil puestos de trabajo anuales hasta 2006, y que favoreciera el acceso de las extensísimas capas empobrecidas (alrededor de 45 millones de mexicanos sobre una población total de 98 millones) a la muy desigualmente repartida riqueza nacional.

Fox contemplaba reformas estructurales que mejorasen la competitividad de la economía, aunque en la campaña desmintió que fuera a privatizar íntegramente Petróleos Mexicanos (PEMEX, el emblemático monopolio del sector energético, que ya había segmentado sus actividades y cedido algunas sucursales al capital privado en régimen de franquicias) y la Comisión Federal de Electricidad (CFE). Éstas eran las últimas ramas productivas que quedaban en manos del Estado luego de una década de privatizaciones intensivas realizadas por las administraciones salinista y zedillista.

Su agenda incluía otras máximas preocupaciones sociales, como la corrupción generalizada, el narcotráfico, el crimen organizado y la delincuencia común, lacras todas ellas que prometió combatir con implacabilidad. Su compromiso de democratizar y vigorizar la vida social mexicana se fundamentaba en una profunda reforma educativa, la profesionalización de las administraciones públicas, medidas para asegurar el federalismo y el equilibrio de poderes del Estado. Además, el impulso de la participación de la sociedad civil sin exclusiones flagrantes, para lo que propuso introducir en la Carta Magna las figuras del plebiscito y el referéndum.

Todavía en esta línea, Fox ofreció una Comisión de Transparencia para investigar los magnicidios y otros graves abusos cometidos en las últimas décadas, en particular la brutal represión estudiantil de 1968 bajo la presidencia del autoritario Gustavo Díaz Ordaz. Con respecto al conflicto armado en Chiapas, que se hallaba estancado en su reconducción negociada desde febrero de 1996 (cuando se firmaron los luego no aplicados Acuerdos de San Andrés sobre Derechos y Cultura Indígenas), Fox se declaró dispuesto a llegar a un arreglo que pasaría por una reunión personal y sin intermediarios con los dirigentes del Ejército Zapatista de Liberación Nacional (EZLN) y la concesión de autonomía efectiva a las comunidades indígenas.

Sobre política exterior, además de su proximidad a Estados Unidos de sobra conocida, Fox expresó su deseo de continuar la cooperación tradicional con Cuba, pero sin cuestionar la actitud inaugurada por Zedillo, antes, al contrario, de reclamar un mayor respeto de los Derechos Humanos y políticas democratizadoras, lo que había supuesto un enfriamiento de las relaciones bilaterales.

Diez compromisos de Fox

Apenas unas semanas antes de las elecciones presidenciales del año 2000, el 30 de mayo de ese año, el entonces candidato Vicente Fox Quesada publicó en los diarios de la capital y en su página web personal un desplegado que en 10 puntos establecía los que serían sus compromisos con el pueblo mexicano, si lograba ganar la contienda electoral.

En una reunión histórica, el candidato a la Presidencia de la República de la Alianza por el Cambio, Vicente Fox Quesada encabezó el foro Convergencia Plural para la Transición Democrática «Puente de Esperanza, con diferentes personalidades de la política mexicana de entre las que destacan: Héctor Castillo; Francisco Curi; Ángel de la Rosa Blancas; Francisco de Paula León; Alfonso Durazo; Porfirio Muñoz Ledo; José Ojeda Jiménez; Joel Ortega Juárez; Evaristo Pérez Arreola; Layda Sansores; Ricardo Valero Becerra; entre otros. En este encuentro, Vicente Fox mencionó sus diez compromisos para asegurar la transición hacia la democracia luego de ganar las elecciones del 2 de julio:

1. mantener el carácter laico del Estado mexicano y de la educación pública.
2. promover reformas legales y constitucionales que acoten las facultades del presidente de la República; garanticen la autonomía y el equilibrio entre los poderes legislativo, ejecutivo y judicial; y hagan realidad el federalismo y el municipio libre.
3. respetar la libertad, la diversidad y la pluralidad de la sociedad mexicana; y a no usar nunca el poder del Estado para imponer estilos de vida, creencias religiosas o códigos particulares de comportamiento. A respetar la libertad de creación, la cultura y las expresiones de todos los grupos que conforman la sociedad mexicana.
4. crear las condiciones políticas para la solución pacífica del conflicto en Chiapas, y para el desarme de los grupos armados que existen en el país, con estricto apego a derecho.
5. promover acciones para eliminar toda forma de discriminación y exclusión de grupos minoritarios; y a promover políticas públicas y acciones de gobierno tendientes a lograr la equidad de género.
6. que la educación sea prioritaria y se garantice el aumento sustantivo de los recursos a la educación y la investigación, el combate efectivo al rezago educativo, así como el incremento en el promedio de escolaridad y de la calidad educativa de los mexicanos.
7. poner fin al sistema de complicidad y de privilegios y a combatir la corrupción sin salvedades, pero sin venganzas políticas ni revanchas partidistas.
8. defender la soberanía del país para que la inserción de México en los procesos de globalización sea con el objetivo superior de elevar el nivel de vida de los mexicanos, sin poner en riesgo el futuro y la independencia de la nación. No voy a privatizar PEMEX ni la CFE. Diseñaremos esquemas de financiamiento alternativos para que puedan adquirir recursos para su modernización y sus servicios beneficien en mayor medida a los mexicanos.
9. establecer como prioridad suprema del nuevo gobierno una política social

que:

a) Combata la pobreza y las desigualdades.

b) Evite que los programas sociales sean condicionados con fines electorales.

c) Impulse esquemas de desarrollo que tengan como condición la protección al ambiente.

d) Reactive la agricultura para acabar con el rezago en el campo.

e) Incluya a la sociedad civil en la gestión de las demandas ciudadanas y en la supervisión de las acciones de gobierno.

10. Culminar el proceso de reforma electoral, impulsado en la última década por la oposición, para garantizar definitivamente condiciones equitativas de competencia y transparencia.

Vicente Fox agregó además que con la alternancia gana México y ganan todos los mexicanos. Por ello invitó a toda la sociedad mexicana a sumarse, por el bien de México y de los mexicanos, a la causa de la transformación del país.

Determinar el grado de avance logrado por Vicente Fox en el cumplimiento de cada uno de los 10 compromisos de campaña adquiridos, habría sido lo primero que por lógica la obligación a analizar, sin embargo, aunque parezca mentira, no existe referencia específica a dichos compromisos adquiridos y sus logros a la fecha, en ninguna de las páginas gubernamentales actuales ni en los boletines de prensa del sexenio. Por el contrario, el Gobierno Federal publicó en 2003 y como anexo en todos los diarios, el folleto denominado «A la mitad del camino», allí se hace un análisis de tipo estadístico de los avances logrados en los primeros 3 años de gobierno, pero desde puntos de vista completamente distintos a los que se incluyeron en el desplegado del 30 de mayo de 2000.

Lo que queremos expresar claramente, es lo importante que resulta en los tiempos actuales, y que será de aquí en adelante, que los políticos dispuestos a luchar por ganar elecciones de puestos públicos cumplan con sus compromisos de campaña o que por lo menos no se olviden de darles el seguimiento adecuado, conforme avanza su gestión de gobierno. No es posible que cuatro años después del inicio del sexenio presidencial en ningún sitio aparezcan los logros o los pendientes de sus promesas de campaña.

Puede ser que algunos de los compromisos ya estén cumplidos o exista por lo menos un cierto grado de avance en los programas, pero es evidente que no se les ha dado el seguimiento como tales y ésta, no cabe duda, es una de las razones por las que Vicente Fox ha perdido una buena parte de la avasalladora popularidad con la que inició su sexenio.

Pero si a esto le agregamos que muchas de sus promesas, las más impactantes y las que el pueblo escuchó y recordó de su boca en los discursos de campaña, no se incluyeron de manera clara en los 10 compromisos anteriores, el desconcierto ha sido mayor.

Percepción de las fallas del gobierno de Vicente Fox

Incumplimiento de las promesas de campaña.

Como ya se indicó, Fox hizo una gran cantidad de promesas en sus discursos de campaña que quedaron grabadas en las mentes de los mexicanos y mexicanas (como él diría) y ninguna de ellas ha sido olvidada hasta la fecha. Veamos al menos 4 de ellas:

Crecimiento del PIB al 7% anual.

Esta promesa imaginamos que no fue debidamente analizada por sus asesores. México ni en sus mejores épocas de los años sesenta, logró crecer a ese ritmo promedio anualizado en un sexenio. En el sexenio de Gustavo Díaz Ordaz, entre 1965 y 1970 el promedio anual de crecimiento fue del 6.8 %. Resulta extraño que ya en el mismo año 2000 en que la economía norteamericana comenzaba a declinar y sabiendo que a raíz del TLC la economía de México dependía mucho de ello, se haya prometido un crecimiento tan alto.

Analizando la tabla siguiente nos refleja lo siguiente:

El crecimiento promedio de la economía de México en los últimos 6 años ha sido de solamente 2.28%, la tercera parte de lo prometido, pero también se aprecia que, salvo China, ninguna de las economías analizadas creció a niveles de 7%. Es decir que se trató de una promesa prácticamente imposible de cumplir en una etapa de desaceleración de las economías de todos los países industrializados.

En el año 2000, que fue el último del boom de la economía norteamericana México logró crecer el 6.6%. Resulta interesante ver que los principales socios comerciales de México, Estados Unidos y Canadá, han crecido a un ritmo del 2.5% anual y que Chile otro de sus socios ha crecido al 4.5%. Se aprecia que Argentina y Venezuela, tras las crisis que vivieron, crecieron alrededor del 3% en el período, y Brasil a pesar de la crisis que vivió se recuperó e incluso superó ligeramente a México, con 2.41%. Las economías con graves problemas como Perú y Colombia superaron ampliamente a México en el período, con crecimientos arriba del 4%. Junto con Chile son los más altos de Latinoamérica en el sexenio 2001-2006. Las economías que obtuvieron mayor crecimiento después de China fueron la India y Corea del Sur.

En conclusión, fue una promesa excesiva, incorrectamente evaluada e imposible de cumplir, pero los resultados obtenidos en el sexenio fueron verdaderamente pobres y altamente decepcionantes. México debió haber crecido al mismo ritmo que Chile, Colombia y Perú en niveles de 3.5 a 4.5 % por lo menos.

Generación de 1,300,000 empleos por año.

Esta cifra resulta exageradamente alta aún bajo la premisa de un crecimiento del 7% anual. Se estimaba entonces que por cada punto porcentual de crecimiento se podrían generar del orden de 100 mil empleos por año. Lo anterior significaría que, bajo dicha suposición, la generación de empleos habría sido alrededor de 700 mil por año. Por lo tanto, otra vez se muestra falta de congruencia o exagerado optimismo al prometerla.

Eliminación del impuesto por Tenencia de Automóviles.

Recordamos bien el momento en que escuchamos a través del televisor la buena nueva de que Vicente Fox (entonces candidato) terminaría para siempre con el impuesto anual de la Tenencia de Automóviles y que además el ISAN (Impuesto sobre automóviles nuevos) sería reducido. Nunca más se volvió a ocupar del tema en la Presidencia.

Terminar con la inseguridad, la violencia y el robo.

Desde la percepción de muchos, esta debió ser la más importante de las promesas de campaña de Vicente Fox, pues, aunque algunos no estén de acuerdo, consideramos que el desarrollo económico de este país habría sido mucho mejor, si tan sólo se hubiese mejorado la seguridad.

No encontramos muchas referencias a la seguridad en la página de campaña de Vicente Fox, este y muchos otros de los puntos que allí se mencionan, es notorio que no se han cumplido.

Otras de las fallas del Gobierno de Vicente Fox fueron: Falta de austeridad en el gasto; los sueldos y prestaciones de funcionarios públicos, debieron ser establecidos y regulados desde el principio a niveles razonables, de acuerdo con las posibilidades económicas de este país. El mal ejemplo del gobierno federal se ha reflejado en los excesos de gobiernos estatales y municipales.

No haber determinado con claridad y desde el principio, el rol de la Primera Dama y haber propiciado la posibilidad de su candidatura presidencial.

Haberle dedicado tanto esfuerzo al logro de las reformas estructurales y al aumento del IVA en alimentos y medicinas. Por el contrario, mejor habría sido impulsar el desarrollo de la economía interna, fundamentalmente al Turismo y ligado íntimamente con ello, la lucha frontal contra la inseguridad.

La falta de discreción y prudencia que privó durante su sexenio, pero fundamentalmente durante la campaña electoral, que también, por desgracia, fue promovida desde el año 2004.

La política exterior de México durante el sexenio de Vicente Fox

El sexenio empezó en tono muy optimista, particularmente con respecto a los cambios que muchos esperábamos en el sistema político y la situación social y económica nacional.

Y aunque la política exterior no estuviera entonces -como no lo está ahora tampoco- entre las prioridades de la sociedad mexicana en general, el sentimiento de optimismo de alguna manera se extendió también al campo de las relaciones internacionales de nuestro país. El llamado «bono democrático» -los méritos de haber transitado a la democracia tras 70 años de autoritarismo- le dio a nuestro país una legitimidad renovada en el ámbito internacional; le planteó oportunidades para que asumiera mayor influencia diplomática en distintos foros.

Vicente Fox, en concreto, tuvo la oportunidad de ocupar un lugar de influencia preponderante entre los líderes del mundo o, al menos, de América Latina. ¿Dónde estamos seis años después? ¿Cuál es el balance de este sexenio en política exterior? No es el objetivo de este espacio realizar una descripción amplia y detallada de todos los procesos, de las distintas iniciativas o proyectos realizados durante todo el sexenio. El objetivo, más bien, es acercarnos a algunos asuntos particularmente relevantes.

Desde principios de su sexenio, el presidente Fox planteó tres objetivos centrales para la política exterior de su gobierno: proyectar una nueva imagen de México frente a la comunidad internacional, priorizar la relación estratégica con Estados Unidos y fortalecer la presencia de nuestro país en los principales foros multilaterales. El primer objetivo conduciría al país a asumir la membresía plena del club de las democracias respetuosas de los derechos humanos; el segundo, a buscar un acuerdo migratorio con Estados Unidos y en términos generales profundizar la integración de América del Norte.

El tercero pretendía lograr que México ocupara en la esfera internacional «el lugar que le corresponde» a un país de su tamaño y sus capacidades económicas. El ya mencionado «bono democrático» facilitó la consecución del primer objetivo: México ingresó en fast track al club de las democracias, y pudo con un inteligente cambio de estrategia modificar radicalmente su imagen en derechos humanos. Uno de los cambios más claros en la política exterior de México se dio precisamente en este tema: el gobierno dejó de negar que el país tuviera problemas importantes de derechos humanos.

Por lo contrario, se comprometió públicamente a asumir el déficit en derechos humanos (particularmente investigando las violaciones del pasado) y aceptó abiertamente el monitoreo, la crítica y la asesoría de actores internacionales (intergubernamentales y no gubernamentales).

Más allá de aceptar el escrutinio internacional, México asumió una posición proactiva en los foros internacionales de derechos humanos, proponiendo acciones y resoluciones sobre un amplio número de temas.

De esta manera, promovió con éxito una percepción de que ya no era «parte del problema», sino «parte de la solución». Tal ha sido el reconocimiento que nuestra diplomacia ha logrado construir en este tema, que México fue electo para presidir el recién creado Consejo de Derechos Humanos de la ONU.

Sin embargo, esta estrategia no ha estado libre de contradicciones y cuestionamientos, particularmente en lo que toca a su elemento más controversial: el voto «contra Cuba» en la Comisión de Derechos Humanos de la ONU.

Ciertamente, la causalidad de esta nueva posición es poco clara: ¿fue una acción congruente en el sentido de decir: «¿Si yo he abierto las puertas a los organismos internacionales de derechos humanos, tengo que pedir que otros países también lo hagan» ?; ¿o fue parte de las «señales de amistad» que nuestra diplomacia quería enviar a Washington?; ¿o fue una manifestación clara y directa de las convicciones ideológicas del nuevo gobierno? Como sea, sus efectos han sido evidentes: mayor tensión y alejamiento diplomático con el régimen de Castro, y cierta desconfianza de otros gobiernos latinoamericanos de orientación izquierdista.

En la relación con Estados Unidos, el gobierno de Fox supuso que la afinidad ideológica del presidente de México con George W. Bush daba a nuestro país una oportunidad ideal para promover ciertos objetivos. Se pensó que México podría ser una prioridad en la agenda de política exterior estadounidense y que, en concreto, podría conseguirse un «acuerdo migratorio integral»; la famosa «enchilada completa», el objetivo número uno de la política exterior mexicana del sexenio.

En un principio, el discurso del presidente Bush alimentó en cierta medida estas aspiraciones de nuestro gobierno. Pero tras los atentados del 11 de septiembre, resultó claro que las prioridades de Washington eran otras. Para algunos analistas, y por supuesto para la propia administración Fox, los atentados «causaron» un cambio en las prioridades estadounidenses, echando por tierra las posibilidades del acuerdo migratorio, el cual, de otra manera, habría progresado. Sin embargo, podría argumentarse que con atentados o sin ellos, el «acuerdo migratorio integral» nunca fue una posibilidad real, tal como sugiere el desarrollo reciente de los debates sobre el tema en Estados Unidos.

Por otro lado, el gobierno de Fox ha argumentado que el hecho de que el tema migratorio esté hoy por hoy -y a pesar del 11 de septiembre- en la agenda política estadounidense se debe a que el gobierno mexicano «lo puso sobre la mesa». Parece, no obstante, que no es posible identificar una causalidad directa e inequívoca en este sentido; sin duda, hay elementos de política (meramente) interna que pueden también explicar la emergencia del tema en la agenda norteamericana. Como sea, al final del sexenio no hay acuerdo migratorio ni una mayor integración en Norteamérica (la cual, por cierto, pareció alejarse aún más recientemente, tras el cambio de gobierno en Canadá).

En relación con el tercer objetivo mencionado -buscar un mayor protagonismo de nuestro país en los principales foros multilaterales, - podemos recordar la organización de importantes reuniones internacionales: la Cumbre de las Naciones Unidas para el Financiamiento al Desarrollo, la V Conferencia Ministerial de la Organización Mundial de Comercio, la cumbre de la APEC, la Cumbre Extraordinaria de las Américas y la cumbre de la ALCUE, entre otras.

Sin embargo, lo más destacado en este sentido fue la participación de México en el Consejo de Seguridad de la ONU, en el cual nuestro país logró hasta el final mantener una postura contra la intervención de Estados Unidos en Irak; decisión que fue apoyada por la mayor parte de la sociedad mexicana y dio notables bonos de legitimidad interna al gobierno.

Para muchos, no obstante, participar en el Consejo de Seguridad nos causó problemas innecesarios, principalmente mayores fricciones con el gobierno norteamericano, disminuyendo aún más las oportunidades de conseguir «la enchilada completa» migratoria.

En suma, nuestra diplomacia logró proyectar una nueva imagen de México ante la comunidad internacional (una de un país democrático y amigo del proyecto internacional de derechos humanos) y fue protagonista en los principales foros multilaterales; no logró, por otro lado, ni un acuerdo migratorio ni avanzar en otros sentidos la integración en América del Norte. Dos de tres no está mal, dice el dicho.

No obstante, podría el lector no estar de acuerdo con la proyección de México como un país promotor de derechos humanos (recordemos los casos de Guadalajara, Lázaro Cárdenas y Atenco).

Candil de la calle, oscuridad de la casa.

Parece, como sea, que en derechos humanos debemos rescatar los beneficios de la apertura al escrutinio internacional para el desarrollo del proyecto de derechos humanos en México; así como iniciativas específicas que se materializaron en instrumentos internacionales o mecanismos especiales de supervisión relacionadas con los derechos de los migrantes, las mujeres, los pueblos indígenas y las personas con discapacidad.

Podría, por otro lado, concluir el lector que buscar ser protagonista en foros multilaterales trajo más problemas que beneficios. En concreto, ¿qué ganamos participando en el Consejo de Seguridad? (En ese mismo sentido se podría cuestionar qué ganaríamos participando en operaciones de mantenimiento de la paz) Las opiniones en este tema han sido ampliamente divergentes. Sin duda, ser miembro responsable de la comunidad internacional implica riesgos, no solamente beneficios.

En concreto, podemos rescatar de esta experiencia específica el haber dejado claros los límites de nuestra relación estratégica y nuestra alianza con Estados Unidos. Por otro lado, hay que considerar la utilidad instrumental que en política interna puede tener este protagonismo internacional; después de todo, no apoyar la guerra en Irak, como decía, dio importantes bonos de legitimidad al gobierno de Fox.

Pero los intereses de los gobiernos no siempre coinciden con los de sus respectivos Estados; lo cual tiene implicaciones éticas que no debemos soslayar.

No podemos dejar de señalar, finalmente, los «efectos secundarios» de haber reforzado la prioridad dada a la relación con Estados Unidos, así como los votos «contra Cuba» en la Comisión de Derechos Humanos de la ONU. Estos dos factores, en conjunto con los garrafales deslices diplomáticos de Vicente Fox, así como la fallida apuesta del Secretario de Relaciones Exteriores por lograr la Secretaría General de la OEA, distanciaron a México mucho más de lo que quisiéramos de un buen número de países de América Latina.

Si bien es exagerado e inexacto argumentar que México fue en algún momento «el líder» de la región, así como lo es decir que las relaciones con toda la zona son pésimas, es necesario reconocer que se han afectado profundamente las relaciones con Cuba y Venezuela, y que se pusieron inútilmente bajo tensión con Bolivia, Argentina y -lo más delicado- Chile. Sin duda, el que México haya perdido buena parte del prestigio -traducible en influencia- que tenía en la región no es una buena noticia, aunque el comercio con la región y (de manera particular) las inversiones mexicanas en los distintos países continúen aumentando.

De esta manera, el presidente Fox deja un panorama de zonas negras, blancas y grises en materia de política exterior. Debemos, sin embargo, ser más exigentes que indulgentes en el ejercicio de rendición de cuentas de final de sexenio y concluir que no podemos estar satisfechos con el trabajo de esta administración en las relaciones internacionales de nuestro país contra la corrupción y la criminalidad, fenómenos que golpeaban con la impunidad habitual.

Por activa y por pasiva, sobre los aspectos tangibles del bienestar económico pidió Fox tiempo y paciencia a los mexicanos, quienes, según se desprendía de las encuestas de opinión, estaban menos interesados en los planes de liberalización de las ramas de la economía que en la mejora sustancial de su nivel de vida.

En los primeros meses de 2002 el presidente restó importancia, presentándola como una coyuntura pasajera, a la recesión económica de tres décimas con que había cerrado el ejercicio de 2001.

Fox intentó también darle la vuelta a otro dato contundente arrojado por los análisis no gubernamentales, a saber, que desde diciembre de 2000 se habían destruido más de 500 mil puestos de trabajo. Ambas realidades suponían dos incumplimientos flagrantes de los compromisos electorales.

Las imputaciones de falta de liderazgo, inconsistencia en los diversos frentes de actuación gubernamental, propensión a la verborrea, excesiva dedicación a las cuestiones internacionales y, sobre todo, de no cumplir con lo prometido, siguieron lloviendo a lo largo de 2002. Fox sufría presiones desde dos frentes antagónicos: la empresa privada y los sectores políticos más conservadores de su propio partido le instaban a que avanzara sin remilgos por la senda de las reformas estructurales; al contrario, las izquierdas y los movimientos sociales le advertían contra la «tentación» de arrojarse a los brazos del «neoliberalismo».

A la sensación de debilidad del foxismo contribuían las divergencias ventiladas en el seno del Ejecutivo, sobre todo en materia de política exterior. El presidente del Comité Ejecutivo Nacional (CEN) del PAN, Luis Felipe Bravo Mena, mantenía un apoyo crítico al jefe del Estado. A mayor abundamiento, el PVEM, por decisión de su nuevo líder, Jorge Emilio González Martínez, declaró rota la alianza con el PAN el mismo día, el 1 de septiembre de 2001, en que Fox dio cuenta al Congreso de su primer Informe de Gobierno.

Los verdes, que andaban molestos por su marginación de las tareas gubernamentales, se sumaron al coro de reproches de todo el arco político opositor por la ausencia, a su entender, del cambio general prometido por la plataforma foxista.

El 2 de julio de 2001, coincidiendo con su 59 cumpleaños y el primer aniversario de su victoria electoral, el presidente mexicano contrajo matrimonio civil por sorpresa y en la más absoluta intimidad con una estrecha colaboradora desde que llegara al Gobierno de Guanajuato en 1995 así como militante activa del PAN desde 1988, Marta María Sahagún Jiménez, su secretaria de prensa en la campaña presidencial y que últimamente se había desempeñado como coordinadora general de Comunicación Social y portavoz de la Presidencia.

Fueron las segundas nupcias para los dos contrayentes: Sahagún, madre de tres hijos, Manuel, Jorge y Fernando, había obtenido en 2000 la nulidad de su primer matrimonio civil con el médico veterinario Manuel Bribiesca Godoy (a su vez hijo del que fuera diputado federal panista Manuel Bribiesca Castrejón), mientras que Fox estaba divorciado de Lilián de la Concha desde 1991.

EL CENTRO FOX

El presidente anunció en Phoenix, Arizona, en la reunión anual de la consultora de vivienda National Multi Housing Council (NMHC), la construcción en San Francisco del Rincón, en unos terrenos próximos a su hacienda, del Centro Fox, un ambicioso complejo de dependencias, al estilo de las *presidencial libraries* de los ex mandatarios de Estados Unidos, que constaría de centro de estudios, biblioteca y museo.

La institución nacía con el propósito de «administrar y operar un foro académico y un centro de estudios de las experiencias de la democracia en México y el mundo», y «construir una memoria bibliográfica, museográfica y cultural de las obras, acciones y políticas públicas que han sido exitosas en nuestro país», y «transparentar el quehacer de la administración del licenciado Vicente Fox Quesada».

Fox precisó que su centro de estudios se financiaría exclusivamente con fondos privados. En relación con este punto, en septiembre de 2007, mientras el exmandatario se hallaba en Roma para recibir el nombramiento de copresidente de la Internacional Demócrata Centrista (IDC), la prensa mexicana se hizo eco del estilo de vida ostentoso que el matrimonio Fox llevaba en el rancho San Cristóbal, el cual había incorporado al predio una piscina, un lago artificial, búngalos y primorosos jardines.

Al mostrar, orgulloso y sonriente, su hacienda renovada a los reporteros de la revista Quién, Fox dio pábulo a interrogantes sobre si los emolumentos oficiales cobrados como presidente en ejercicio y su actual pensión darían como para costear estas nuevas comodidades. En agosto Fox anunció la publicación para octubre de un libro de memorias titulado Revolution of Hope: The Life, Faith and Dreams of a Mexican President.

El tomo, escrito juntamente con el consultor de relaciones públicas Rob Allyn quien anteriormente había prestado sus servicios a George Bush en su etapa de gobernador de Texas-, seguía a otro libro autobiográfico aparecido en 1999, Fox a Los Pinos, donde el mandatario exponía su pensamiento político y sus visiones de México. Editado en inglés, aunque luego se traduciría al español, este segundo volumen iba a narrar, explicaba su autor, «algunos momentos difíciles» vividos durante el sexenio de gobierno.

En unos extractos adelantados por el Washington Post, Fox, sin duda llevado por el resquemor que le habían producido las promesas incumplidas de Bush en materia migratoria, aparecía mofándose de su «amigo para siempre», al que retrataba como «el tipo más gallito que haya conocido en mi vida» y como un «cowboy de pacotilla» que hablaba un «vergonzoso español de escuela».

Asimismo, el autor criticaba a Estados Unidos por haberse erigido «en juez, jurado y policía del mundo» después de los atentados del 11-S.

Los aciertos del gobierno de Vicente Fox.

Es evidente que como ha dicho Fox, este país ha cambiado, para los muy jóvenes no es fácil apreciarlo, pero los que hemos recorrido más de medio siglo de historia mexicana, apenas hoy hemos podido apreciar la Democracia.

Control de la Inflación.

Quizá el mayor éxito económico del gobierno actual fue el excelente resultado obtenido en su lucha contra la Inflación. De una u otra forma todos hemos logrado percibirlo en los precios de los artículos que consumimos, en su mayoría han mantenido precios estables y que en algunos casos incluso han bajado. Eso ni en sueños era posible en sexenios anteriores. Desde 1968 no se había logrado una inflación anual de 3.3%, que fue la cifra final del año 2005.

El promedio sexenal anualizado de la Inflación logrado por Fox fue de 4.45%. Niveles menores solo se lograron en los sexenios de López Mateos y Díaz Ordaz en los años 60.

Desde 1935, en que se iniciaron los períodos sexenales y salvo los de López Mateos y Díaz Ordaz, ningún otro presidente logró mantener la inflación de un dígito en todos los años de su mandato, como lo hizo Vicente Fox.

Libre flotación del Tipo de Cambio Peso/Dólar. Este es otro gran logro sexenal, pero a la vez histórico. Se puede afirmar que es la primera vez que el tipo de cambio se mantiene en libre flotación durante todo un sexenio, aun retrocediendo hasta 1935 en que iniciaron los períodos sexenales, pues incluso en los sexenios de López Mateos, Díaz Ordaz y Ávila Camacho que mantuvieron el tipo de cambio fijo y sin cambio en todo su sexenio. El control de la paridad se fijaba como premisa sexenal. En México el tipo de cambio se ajusta al alza y a la baja ¡y a nadie le importa! ¿Cuál es la razón fundamental? que la inflación está controlada.

Disminución de la Deuda Pública Exterior

Este es otro logro de la administración del gobierno de Vicente Fox, la Deuda Externa pública neta del gobierno federal pasó de 70,000 millones de dólares en el año 2000 a 49,900 millones de dólares para fines del 2006, es decir hablamos de una importante reducción de la Deuda Externa Pública. Desde 1942 en que se firmaron los acuerdos Suárez-Lamont, la deuda externa subió y subió sexenio tras sexenio, excepto en los dos últimos, el de Ernesto Zedillo y el de Vicente Fox.

El porcentaje de la Deuda Externa Neta con respecto al PIB corriente fue de 5.61% para fines de 2006, el más bajo desde 1958. Tan sólo baste recordar que, durante el sexenio populista de López Portillo, representó el 90% del PIB. Por otra parte, el valor de las Reservas Internacionales es suficiente para cubrir la totalidad de la Deuda Externa Pública.

Control del Déficit Público

Este siempre ha sido un anhelo de todos los gobiernos en funciones, excepto los de corte populista, pero no es fácil de lograr. Durante el año 2005, el gobierno de Fox obtuvo un buen resultado reduciendo el déficit fiscal a 0.09% del PIB. Las cifras de 2006 resultaron aún mejores reportando un Superávit Fiscal de 0.11%. El promedio anual del sexenio fue un Déficit Fiscal de 0.4% del PIB.

Incremento de las Reservas Internacionales

Al final de muchos sexenios anteriores, Echeverría 1976, López Portillo 1982 y Salinas 1994, las arcas nacionales quedaron en la ruina y prácticamente vacías. Al final de este sexenio y por el contrario de los mencionados, las Reservas Internacionales se mantuvieron en un nivel de 67,600 millones de dólares, las más altas de la historia del Banco de México para un fin de sexenio, aun haciendo los ajustes por inflación del dólar. El ascenso de las Reservas entre 2000 y 2006 fue de más de 90.19%, o sea un promedio anual de crecimiento del 11.31%

Incremento del Gasto en Desarrollo Social

Un repaso de los porcentajes sexenales desde 1935, reflejan que el sexenio de Vicente Fox, promedió el porcentaje más alto en Gasto de Desarrollo Social, calculado como porcentaje del Gasto Programable. Dicho porcentaje promedio anual se ubicó en 61.5% para fines de 2006. La peor crisis económica de la historia mexicana moderna, que se dio a fines 1994 y principios de 1995, provocó pérdidas catastróficas en todos los niveles, pero su peor efecto se reflejó en el incremento de la pobreza extrema, que pasó de 21 por ciento de la población en 1994 a 37 por ciento en 1996.

Uno de los más sonados triunfos del gobierno de Fox, fue el

reconocimiento tácito del Banco Mundial en cuanto a que los programas sociales que se aplican en México, han permitido disminuir el porcentaje de la pobreza extrema en 17 puntos porcentuales. Sin embargo, esta reducción apenas es 1% menor del porcentaje que teníamos en 1994, antes de la crisis provocada por Salinas de Gortari

Construcción récord de Vivienda Popular

El gobierno de Vicente Fox calcula que al final del sexenio se habrán otorgado un total de 3 millones de créditos para la construcción de vivienda popular, lo cual representa una cifra récord. Tan sólo en el año 2004 se otorgaron un total de 575,000 créditos, de los cuales 325,000 fueron del ISSSTE. Una de las transformaciones radicales, ha sido la forma en que las familias tienen acceso a los créditos, sin tantos trámites e intervencionismo de terceros.

Transparencia y Acceso a la Información

El Instituto Federal de Transparencia y Acceso a la Información, es una de las más importantes aportaciones del gobierno del presidente Fox, mediante el cual se establecen y garantizan los procedimientos para que más de 256 dependencias y entidades de gobierno federal, tengan la obligación de atender las solicitudes ciudadanas de información y además mantenerla actualizada y completa en los portales de internet de cada una de ellas. Este es otro de los grandes avances de la democracia mexicana.
Tan solo baste recordar de qué manera se ocultaba la información económica, al grado de que un dato como las Reservas Internacionales del Banco de México, solamente podíamos conocerlo de manera indirecta 3 veces al año.

Apertura Democrática, División de los Poderes.

Independientemente de todo lo arriba descrito, es mi opinión que lo más valioso del sexenio de Vicente Fox, ha sido su total apertura democrática. Hablar de democracia de los 11 sexenios del PRI que muchos tuvimos que vivir, resultaría un absurdo; pero si pudiéramos hablar al menos de la semi democracia. ¿Que era la semi democracia?, bueno al menos la opción que teníamos todos los ciudadanos de libre tránsito, libre decisión en las profesiones, en el trabajo, en los negocios; libre opción de compra de bienes y servicios y en general el derecho a expresarse, asociarse y opinar... mientras no fueras en contra del gobierno. Este país ha cambiado, antes había muchos límites, no se podía hacer propaganda política por radio y televisión, las noticias en dichos medios tenían que cumplir con la autocensura.

Los periódicos que eran los más dispuestos a la crítica gubernamental, estaban expuestos al cierre mediante las limitaciones en el suministro de papel, que era un monopolio del estado. Pero hay algo más, hablar mal del presidente en turno estaba completamente vedado y se castigaba de las más diversas formas, que más vale no tener que recordar. Hoy por el contrario Vicente Fox nos ha enseñado, que se puede llevar la investidura presidencial y seguir siendo un hombre común y corriente, que como todos tiene aciertos y que comete errores.

Hoy no solamente se habla mal del presidente en público, se le critica, se le satiriza, aparece en las caricaturas más ridículas imaginables, se le imita a él y a su esposa y se transmiten los programas en red nacional.

A veces se exceden y se pierde el buen gusto y el respeto a la investidura presidencial, sin embargo, Fox continúa sonriente y jamás ha ejercido el exagerado poder que tuvieron sus antecesores. ¡Vaya que si hemos cambiado!

Pero hay muchas cosas más, se ha permitido que el Congreso plural pueda ejercer su poder tal como lo fijan nuestras leyes constitucionales y el presidente ha tenido que aceptar sus decisiones. De igual manera, por primera vez en mi vida he podido ver a la Suprema Corte de Justicia tomando decisiones autónomas que exigen el respeto de la ley y que se cumpla.

Hoy se generan, gracias a la gran libertad de expresión que tenemos, una enorme cantidad de informaciones y noticias, de las cuales muchas de ellas son contradictorias entre sí. Así es la libertad de expresión y tenemos que acostumbrarnos a ello, ahora es más importante analizar y comprobar los contenidos de la información que nos entregan antes de darla por cierta.

Aquí hemos tratado de presentar un conjunto de datos apoyados con cifras oficiales, que nos muestran las luces y las sombras de Vicente Fox. Como ser humano resulta razonable que en su sexenio tengamos una mezcla de aciertos y de fallas, pero aun así y tan solo por el hecho de habernos permitido conocer de qué manera se debe ejercer la verdadera democracia, el cambio habrá valido la pena.

Es evidente que la mayoría de los ciudadanos esperábamos con impaciencia la llegada de un gobernante libremente elegido por el pueblo y que una vez que esto fuese posible, el buen desempeño del nuevo gobierno hiciera crecer nuevamente a este gran país y resolviera de inmediato todos los problemas. Como hemos podido ver, esto no fue del todo así, sin embargo, queda muy claro que el balance final es positivo. No todas las variables macroeconómicas lograron mejoría y una de las más importantes que fue el crecimiento del PIB se quedó muy atrás de lo prometido.

Sin embargo, debemos reconocer que aún con las fallas inherentes del gobierno de Fox, no toda la responsabilidad fue suya. Dos factores influyeron de manera especial: la desaceleración de la economía de Estados Unidos a partir del segundo semestre del año 2000, que redujo de manera importante el flujo de exportaciones mexicanas y por otra parte la obstrucción permanente y sistemática del Congreso a la aprobación de los proyectos de ley del Ejecutivo.

La lucha contra el narcotráfico

La llegada de Fox rompió varias inercias de corrupción por omisión entre el gobierno mexicano y el narcotráfico, lo cual se reflejó en una política del gobierno de Fox de mayor confrontación. Ella da como resultado el arresto de varios líderes del narcotráfico como Osiel Cárdenas, del cártel del Golfo, Benjamín Arellano Félix, del cártel de Tijuana, Adán Amezcua, del cártel de Colima y otros líderes importantes como Gilberto García Mena, alias el June, del cártel del Golfo.

Al mismo tiempo, el gobierno de Vicente Fox continuó con la tendencia de hacer cambios institucionales como respuesta al crecimiento de la delincuencia organizada. Durante su primer año de gobierno realizó dos reformas de gran importancia en materia de seguridad.

Por un lado, estableció una nueva secretaría de Estado, la de Seguridad Pública, a la cual se transfiere la Policía Federal Preventiva.

Por otro lado, desapareció la Policía Judicial Federal dentro de la Procuraduría General de la República y, en su lugar, se creó la Agencia Federal de Investigaciones (AFI) que pretendía ser un FBI a la mexicana, con el uso de técnicas científicas de investigación y tecnología de punta. El gobierno de Fox también buscó regular la actividad de la agencia de inteligencia civil, el Cisen, mediante la Ley de Seguridad Nacional, aprobada en 2005, que establecía controles judiciales para las intervenciones telefónicas realizadas por ese organismo.

Por otro lado, durante el gobierno de Vicente Fox se continuó utilizando al Ejército en el combate al narco e incluso se nombró procurador general de la República a un militar, el general Rafael Macedo de la Concha, lo cual facilitó una coordinación entre la Procuraduría General de la República (PGR) y el Ejército. No obstante, la coordinación de la PGR con la Policía Federal Preventiva y las policías estatales y municipales, por medio del Sistema Nacional de Seguridad Pública, no fue buena, por lo que el gobierno de Fox privilegió a la Procuraduría y a las fuerzas armadas para realizar los operativos de captura de narcos.

A pesar de los esfuerzos del gobierno de Fox para combatir el narcotráfico, los resultados fueron mixtos. Si bien logró la captura de varios capos, los volúmenes de droga traficada a Estados Unidos no disminuyeron y las bandas del narco siguieron operando. Como afirma el procurador general de la República del gobierno de Calderón, Eduardo Medina Mora, si bien se registraron capturas «muy importantes de líderes emblemáticos», lo cierto es que no se provocó la desarticulación de la estructura operacional, de mercadeo y financiera, ni se afectó la logística de esos grupos delictivos (Cisen, 2009: 73). Adicionalmente, el descabezamiento de las organizaciones criminales rompió el equilibrio en el mundo del narcotráfico, lo cual provocó una guerra entre el cártel de Sinaloa y el cártel del Golfo por el control de la plaza de Nuevo Laredo. Ello empujó al gobierno de Fox a instrumentar, en junio de 2005, el operativo policiaco-militar México Seguro, luego de que el jefe de la Policía de Nuevo Laredo, Alejandro Domínguez Coello, fuera asesinado a sólo siete horas de haber tomado posesión del cargo.

A pesar de este operativo, la ola de violencia continuó en Nuevo Laredo y se reprodujo en otros estados del país como Guerrero y Michoacán. El programa fue rebautizado en marzo de 2006 como Proyecto Frontera Norte, pero de todos modos la violencia continuó durante ese año, lo cual provocó serias fricciones con Estados Unidos.

Economía: la falla de Fox

México no tiene una economía sólida y por ello es la economía del subcontinente que más ha resultado afectada por la recesión estadounidense. La sincronía de México con respecto al ciclo de la economía estadounidense no representa una casualidad. La integración del sistema productivo de nuestro país al sistema productivo de la potencia hegemónica responde a un proceso histórico de larga duración, que se reforzó con la entrada en vigor del TLCAN. La elección de un modelo orientado «hacia fuera», donde el sector exportador constituye el eje de la acumulación de capital, así como el desmantelamiento y estancamiento de los sectores y ramas vinculados al mercado interno, convierte el crecimiento económico de México en una variable dependiente de las importaciones estadounidenses.

Durante el tercer trimestre de 2000, la economía estadounidense comenzó a desacelerarse. El crecimiento anualizado del PIB se redujo del 5.7% en el segundo trimestre al 1.3% en el tercero. Con diferencia apenas de un trimestre, la economía mexicana resintió sus efectos.

Si en Estados Unidos pueden surgir dudas sobre si técnicamente existen condiciones recesivas, en México existen plenamente esas condiciones, pues el PIB ha registrado bajas durante tres trimestres consecutivos. La recesión comenzó prácticamente desde el segundo trimestre de 2001 cuando el PIB se estancó; en los siguientes dos trimestres se registró decrecimiento (-1.6% y -1.8%). A lo largo de 2001, el PIB disminuyó 0.3%.

A pesar de la reactivación del PIB en Estados Unidos durante el primer trimestre de 2002, la recesión en México continuó e inclusive se profundizó en México, pues el PIB se contrajo a una tasa anualizada del 2%. La recesión mexicana fue impulsada por una baja pronunciada de las exportaciones y de la tasa de inversión. La inversión ha sido el componente de la demanda agregada que se ha contraído más severamente. La inversión bruta fija disminuyó 5.9% en 2001. Mientras la inversión privada se redujo 5.1%, la inversión pública registro una caída mayor (-9.6%).

El consumo no bajó en la misma proporción que la inversión, aunque si registró una disminución sensible en su tasa de crecimiento, la cual disminuyó de 7.5% en 2000 al 2.8% en 2001.

La recesión en México es generalizada, ya que afecta a la mayoría de las ramas económicas. En 2002, se manifestó de manera más aguda en la industria manufacturera (-3.9%), la construcción (-4.5%), la minería excluyendo al petróleo (-4.3%), el comercio (-1.3%), y en algunos servicios como turismo.

Por su la completa dependencia del sector exportador y de las maquiladoras respecto del mercado estadounidense, han resentido con fuerza la recesión. De hecho, ésta se manifestó primero en el sector exportador y de allí se transmitió al resto del sistema productivo. Las exportaciones de mercancías se han contraído en forma significativa. Durante 2001 las exportaciones totales disminuyeron 4.8%.

La baja en las ventas externas afectó por igual a las exportaciones petroleras (debido a la fuerte caída del precio del crudo registrada el año pasado como consecuencia de la desaceleración de la actividad económica mundial), así como a las exportaciones de las maquiladoras y a las manufactureras. Las exportaciones comenzaron a perder dinamismo a finales de 2000, pero es a partir del primer trimestre de 2001 que comienzan a registrar tasas negativas. La contracción se agudizó durante el último trimestre del año pasado y continúa durante los primeros meses de 2002.

Las importaciones también han resentido los efectos de la recesión, pero han disminuido a un ritmo inferior al de las exportaciones, lo cual comprueba la alta dependencia del sistema productivo respecto de los insumos importados y la existencia de un amplio margen de sobrevaluación del peso. En 2001, las importaciones totales registraron una disminución del 3.5% respecto al año anterior. El comportamiento de las importaciones por destino de los bienes ha sido diferenciado.

A diferencia de lo que sucedía en crisis anteriores, cuando la recesión corregía el desequilibrio de la balanza comercial, en esta ocasión ante la ausencia de depreciación cambiaria, el déficit comercial se ha incrementado. En efecto, este ascendió a 9,792 millones de dólares en 2001, contra 8,003 en 2000. Ello refleja también la gran dependencia de la acumulación de capital, bajo el modelo económico neoliberal, respecto de las importaciones.

México: la restauración autoritaria

El costo de la recesión en materia de desempleo ha sido muy alto. Conservadoramente se estima que la pérdida de empleos, tan solo en 2001, ha sido de alrededor de medio millón de plazas, aunque algunas instituciones, como la Universidad Obrera de México, calculan un total de 818 mil. El número de asegurados permanentes en el IMSS, que es una referencia indirecta del nivel de empleo en el sector formal, registró una disminución de 453,351 plazas entre noviembre de 2000 y diciembre de 2001. Según datos del INEGI tan sólo en las maquiladoras se perdieron 188,704 empleos, una reducción del 17.1% entre noviembre de 2000 y noviembre de 2001. Si al medio millón de empleos perdidos agregamos un millón 300 mil plazas que deben crearse anualmente para absorber al incremento natural de la fuerza de trabajo, significa que alrededor de dos millones de compatriotas vieron esfumarse la oportunidad de conseguir un empleo remunerado el año pasado.

Recesión y neoliberalismo

A la vieja usanza de los gobiernos priístas, las autoridades de la administración foxista no encuentran otra explicación de la presente recesión que no sea los efectos adversos de la recesión estadounidense y ninguna salida que no sea esperar con la paciencia de Job, a que el ciclo económico cambie de dirección en el Norte.

Así, en el Informe 2001 del Banco de México (2002, p. 19) se explica la recesión de la siguiente manera: «En 2001 – afirman – la evolución de la actividad económica en México estuvo determinada fundamentalmente por la situación cíclica de desaceleración económica que caracterizó a la economía mundial y en particular, por la que atravesó el principal socio comercial del país, los Estados Unidos. La desaceleración de la economía mundial se vio agudizada por las repercusiones económicas de los atentados terroristas del 11 de septiembre en los Estados Unidos. Dichos eventos acentuaron la pérdida de fortaleza de la actividad económica en México, sobre todo en aquellos sectores asociados a la exportación, el transporte aéreo y al turismo» Banco de México (2002). Informe Anual 2001. México, Banxico, p. 19.

Nada menos, pero nada más. En realidad, la recesión que agobia a México y que está por cumplir su primer aniversario, no sólo es un reflejo pasivo de las dificultades de la economía estadounidense. Es también el precio de aferrarse a la política neoliberal aplicada en el país desde 1983.

Durante su campaña, Vicente Fox había ofrecido cambiar el modelo económico neoliberal y poner el crecimiento económico y la creación de empleos en el centro de sus objetivos planteando una tasa de crecimiento del PIB del 7% anual y crear un millón 300 mil empleos anuales durante su gestión. Dichos objetivos fueron abandonados o en el mejor de los casos aplazados, ante la desaceleración de la economía estadounidense.

En materia económica, en vez de cambio y de búsqueda de nuevas estrategias de desarrollo que los reveses de la globalización neoliberal señalaban como una necesidad urgente, ha habido una mera continuación de las políticas económicas restrictivas y de las «reformas estructurales» aconsejadas por Wall Street e impuestas e instrumentadas por los estados nacionales y el FMI. Fox se ha manifestado en diversas oportunidades por mantener el modelo económico y por continuar con la aplicación de políticas ortodoxas.

A finales ese año, ya en plena recesión, afirmó que su gobierno mantendría la estabilidad monetaria, el control efectivo de la inflación, la reducción de las tasas de interés y la responsabilidad fiscal. Se declaró partidario de continuar con el cambio estructural, pues, según él, llegó la hora de «sacar adelante» las reformas hacendarias, energética, de telecomunicaciones, laboral y rural.

«Nuestra estrategia – afirmó - ha demostrado su viabilidad y eficacia y no responde a una moda, ni a una creencia ideológica ni a un capricho personal. El modelo se mantendrá porque es sencillamente una condición indispensable para el desarrollo».

Y apenas hace unos días en una entrevista concedida a un diario alemán, si bien se manifestó por «construir una globalización humanizada», afirmó: Yo no creo que la globalización no tiene la culpa de lo que suceda a favor o en contra de determinado país (...).
En particular como país, vemos la globalización como un reto, y a nosotros, a México, nos ha permitido avanzar y crecer hasta el nivel que hoy tenemos. Difícil encontrar mejor apología del neoliberalismo. El programa económico de Fox es neoliberal no sólo en sus propósitos, sino también en las acciones emprendidas durante su primer año de gobierno.

En los siguientes cuatro años Fox mantendría inalterable sus políticas económicas. Estas han mantenido inalterables los parámetros del modelo de economía de mercado abierta impulsado por sus antecesores. Entre otras cosas:
• Se conserva sin cambios la política de apertura comercial y sigue sin existir una política industrial que promueva la articulación de las cadenas productivas.
• Se considera que el Tratado de Libre Comercio de América del Norte (TLCAN) no debe revisarse en su contenido actual. Se plantea sí un TLCAN plus, lo que implica abrir la discusión con Estados Unidos de los flujos migratorios, pero a cambio de efectuar concesiones en materia energética, en función de la estrategia trazada por las transnacionales del petróleo estadounidenses y el clan Bush- Cheney.
• La apertura irrestricta de la cuenta de capital sigue sin alteraciones. Los flujos privados de capital siguen siendo el principal mecanismo de

financiamiento de los desequilibrios presupuestal y de la balanza de pagos. Salvo algunos cambios fiscales incipientes introducidos por el Congreso en el paquete fiscal, se rehúye cualquier intento de gravar o regular dichos flujos.

• Se mantiene una política de flexibilidad total a la inversión extranjera directa.

• Se mantienen las políticas privatizadoras y de apertura al capital privado en los sectores estratégicos en manos del Estado: generación y comercialización de energía eléctrica, producción y distribución de gas natural, petroquímica, seguridad social, pensiones, etc.

• Se promueve una reforma laboral que, bajo el criterio de elevar la competitividad y la necesidad de adaptarse a la globalización, tiene por objetivos principales flexibilizar la contratación de la fuerza de trabajo y reducir los derechos y prestaciones de los trabajadores.

• Se siguen aplicando topes salariales y los incrementos de salario se establecen, como se ha hecho durante las últimas dos décadas, en función de la inflación esperada y no de la inflación pasada, lo que impide la recuperación de los salarios reales.

• La política cambiaria es la misma del zedillismo, es decir una «flotación sucia» que provoca la apreciación permanente y peligrosa del peso.

Ante la desaceleración de la economía, se decidió aplicar una política económica procíclica en vez de una política anticíclica que contrarrestara los efectos recesionistas provenientes del centro hegemónico estadounidense.

El Banco de México, no sólo mantuvo la política monetaria restrictiva aplicada a lo largo del sexenio anterior, sino que la profundizó a través de la política de «cortos», lo que impidió la reactivación del crédito bancario y restringió el gasto.

Curiosa manera de «consolidar el desarrollo económico sostenido» privilegiando el uso de políticas restrictivas de corte ortodoxo. La ortodoxia no se limitó a la esfera monetaria, sino que se extendió al manejo de la política fiscal. La doctrina de austeridad y déficit presupuestal cero se ha mantenido incólume.

Se aplica una especie de consejo monetario en el terreno fiscal, al limitar el gasto público a la captación efectiva de recursos fiscales. Para enfrentar la baja de estos provocada por la recesión, se han aplicado diversos recortes al gasto público, dejando de lado el presupuesto autorizado por el Congreso.

Resulta difícil imaginar cómo crecer al 7%, crear 1,300,000 empleos y reducir la pobreza sin abandonar el mito del equilibrio fiscal y sin incrementar el gasto público, principalmente el gasto de inversión. Todo ello en aras de erradicar la inflación y acercarla a la de nuestros socios comerciales del norte, como si la inflación fuera el problema económico principal en la actualidad y, no como parece ser el caso, las tendencias recesivas y a la deflación, no sólo en México sino en la economía mundial.

Lo que no se dice es que ambos, restricción monetaria y política de «déficit cero» - análoga a la aplicada infructuosamente por Cavallo en Argentina – tienen como principal objetivo mantener tasas de interés reales altas para atraer el ingreso de flujos externos de capital especulativo, los que vienen a obtener altos rendimientos y a apropiarse de lo que queda de la riqueza nacional, no a ampliar la capacidad productiva de la economía. La entrada de esos capitales permite, de paso, sostener la estabilidad artificial del tipo de cambio.

Perspectivas y conclusiones

El discurso oficial del gobierno de Fox sobre el curso de la recesión y sobre su salida, es color de rosa. En su opinión, la economía mexicana enfrenta un problema de origen externo, inevitable en los tiempos actuales de globalización.

Consideran, además, que la respuesta de la economía mexicana ha sido ejemplar, pues por primera vez en la historia la baja en la actividad económica se ha presentado en un marco de estabilidad financiera y política y sin devaluación de la moneda, a diferencia de otros países, que, como Argentina, enfrentan una situación caótica. El presidente Fox afirmaba:

«Tenemos, pues, una economía que descansa sobre bases sólidas. Una economía que, además de garantizar que no enfrentamos crisis como las que por desgracia están ocurriendo en otros países hermanos, nos permitirá reiniciar el crecimiento en cuanto se superen las actuales turbulencias y dificultades internacionales». No sólo eso, sino que, quizás respondiendo a las críticas sobre el incumplimiento de sus promesas de campaña, aseguró que: «Enfocaremos nuestros esfuerzos en lograr una recuperación sostenida del ingreso y del nivel de vida de la población; especialmente a los más desprotegidos, a los que han permanecido al margen del desarrollo».

Para apoyar su visión optimista sobre el futuro de la economía, los responsables de la política económica mencionan, entre otros indicadores la baja inflación, el descenso de las tasas de interés, la fortaleza del peso, y la existencia de altas reservas monetarias internacionales.

La recuperación, según nuestras autoridades, ya comenzó o el peor de los casos está a la vuelta de la esquina. Se considera que la recesión estadounidense ya terminó y que la economía de nuestros vecinos y socios volverá crecer, lo que redundará en una reactivación automática de nuestras exportaciones y de nuestra economía.

Las cosas no parecen, por desgracia, tan sencillas. La recuperación estadounidense, de consolidarse, lo cual no es seguro pues cabe la posibilidad de una recesión de doble zambullida, no será un proceso suave ni sencillo. La actual recesión no es una pausa cíclica típica, sino está inscrita en una larga expansión plagada de endeudamiento y excesos financieros y basada en un régimen de acumulación con dominación financiera altamente inestable. En ese entorno complicado la economía mexicana creció de 2000 al 2006 a un decepcionante promedio de 2.3 por ciento anual a pesar de terminar el sexenio con un alto crecimiento de 5% (2001: -0.61%; 2002:0.13%; 2003:1.42%; 2004:4.30%; 2005:3.03%; 2006:5.0%).

Por desgracia hasta 2006 la economía norteamericana no supero sus niveles de desestabilidad y en 2007 sería la causa de la crisis más grande desde la gran depresión.

EL SEXENIO DE FELIPE CALDERON (2006 – 2012)

Los mexicanos enfrentamos numerosos retos y un profundo estancamiento en la construcción de nuestra democracia y de un Estado en donde los derechos humanos sean respetados por gobernantes y gobernados, en donde encontremos la verdad y la solución al pasado autoritario y en el que los nuevos retos son la violencia homicida, el crimen organizado, el narcotráfico y la impunidad.

Los nuevos retos de una gobernanza democrática obligan a reformular las estrategias de seguridad interior y nacional; asignar nuevas funciones y controles a los actores y a las instituciones responsables de sendas políticas, a las policías, al Ejército y a los servicios de inteligencia. La violencia se ha incrementado de una manera inédita en la historia contemporánea.
Los términos crimen organizado, narcotráfico, militarización, violación de los derechos humanos, políticas públicas inefectivas, militarización, politización de la procuración de justicia, corrupción e impunidad son comunes en la opinión pública y en los análisis contemporáneos.
¿Cómo reorientar las políticas de seguridad nacional y de seguridad interior? ¿Cómo cambiar las vetustas ideas del régimen autoritario sobre los enemigos o «amenazas» internos y externos del Estado? ¿Cómo reubicar la función de las fuerzas armadas en la democracia? El primer reto de la seguridad es reducir la violencia y la violación persistente de los derechos humanos de la población, causada por las autoridades gubernamentales, el narcotráfico y el crimen organizado.

El contexto internacional presenta numerosos desafíos. El problema persistente del narcotráfico y las políticas estadounidenses han doblegado a los gobiernos; éstos han claudicado en su propia política de producción, consumo y comercio de drogas ilegales. La nueva seguridad nacional de Estados Unidos y su lucha contra el terrorismo han tenido desastrosas consecuencias

Derivado del paso de tan solo dos años del final del periodo del presidente Calderón, queda claro que estamos preocupados por la cercanía temporal respecto al periodo estudiado. En ese sentido —hay que decirlo— el análisis es una empresa audaz tanto por las dificultades propias de la investigación de horizonte temporal tan cercano como por el hecho de tratarse —como cualquier evaluación— de una visión crítica del gobierno aludido.

Generalmente aquellos trabajos que tratan de dar cuenta de periodos de gobierno completos —valoraciones sexenales— suelen centrarse en un gran tema específico: la disputa política; ello puede abarcar la economía y/o algunas acciones específicas de gobierno.

Sin embargo, como lo muestran trabajos como la colección Historia de la revolución mexicana de El Colegio de México, las obras de Fowler sobre presidentes mexicanos (2004), e incluso los trabajos especializados en historia económica como los de Ayala (2000), Cárdenas (1996) y Tello (2009), las evaluaciones de los periodos sexenales están marcadas por el presidente como protagonista. Esta visión panorámica en el estudio de los sexenios es resultado de lo complejo tener información detallada. También quizá por una natural tendencia en la cultura política mexicana —que por supuesto permea en el ámbito académico— a identificar con la figura presidencial algo así como el desempeño agregado del gobierno nacional.

Además, una constante de trabajos como los citados es la lejanía temporal de las investigaciones respecto a los gobiernos estudiados; y también, por tratarse de lecturas tan generales no alcanzaban a especificar las fallas u omisiones cometidas durante la gestión analizada.

Sin embargo, la realidad política ha cambiado y a la rama administrativa se le suman ahora nuevos actores políticos que adquieren un carácter fundamental para entender las coyunturas críticas y los procesos de cambio político de largo aliento; incluso dentro del propio poder ejecutivo muchos organismos y sus altos mandos representan políticas y gestiones que —para bien y para mal— deben estudiarse paralelamente a la gestión presidencial. En ese sentido lo que sigue es una contribución que entiende la nueva pluralidad de actores y determinantes del gobierno. En concordancia con lo anterior, la estrategia es agrupar seguir tres grandes líneas o temas generales: conflictos y cooperación política; políticas sectoriales; y grandes problemas nacionales. En el primer grupo se incluyen análisis de política exterior, la relación con el Congreso de la Unión, y la alianza del gobierno con el Sindicato Nacional de Trabajadores de la Educación (SNTE).

En el segundo grupo se abordan las políticas de salud; sobre radiodifusión y telecomunicaciones. En el rubro de grandes problemas nacionales se presentan los de seguridad y narcotráfico. Debido a que abordamos el periodo contemporáneo se basan en indagaciones concienzudas en diarios y fuentes oficiales; por ello se erigen como un referente para los interesados en cualquiera de las materias mencionadas o bien en el estudio del gobierno calderonista.

En segundo lugar, a diferencia de una investigación periodística, el tratamiento de la información no se queda en la crónica ni en la mera descripción, sino que cada trabajo plantea una problemática por analizar. En tercer lugar, y en relación con el punto anterior, cabe destacar el perfil de los autores de las fuentes, todos ellos profesores versados en la problemática que abordan en la obra, hecho que da pie para realizar algunas lecturas sobre la empresa académica que subyace en la publicación del libro.

Al trabajar en un periodo de manera simultánea, son capaces de perfilar exitosamente la situación política y gubernamental del momento. No obstante, la debilidad de esta posibilidad es por supuesto que la selección de temas abordados pareciera hecha más en función de los investigadores disponibles para participar en el proyecto que a partir de una definición propia de la problemática. Por ejemplo, en una evaluación general del sexenio calderonista destacan por su ausencia el tema de las finanzas públicas federales y la relación con otros actores centrales en el nuevo contexto político del país como los partidos políticos —especialmente el propio—, el poder judicial, el conjunto de sindicatos y los gobiernos estatales; también está ausente un análisis sobre la figura presidencial en sí misma. En cuanto a políticas sectoriales quedan fuera del trabajo áreas como la política industrial y/o la relación con los principales grupos empresariales, la política energética y la política en materia de ciencia y tecnología.

Por otro lado, puede distinguirse como característica constante a lo largo de la obra una clara intención evaluativa; de hecho, desde el inicio se reconoce explícitamente una lectura crítica en las preguntas que de acuerdo con la introducción de la obra guiaron el proyecto: ¿Cómo va a pasar a la historia Felipe Calderón Hinojosa? ¿Qué hizo durante su gobierno? ¿Cómo le fue a México bajo su mandato?

Tales son las preguntas que se tratan de responder a lo largo de este capítulo. Cabe decir que esta vocación crítica de ninguna manera demerita la obra; sin embargo, sí evidencia la complicación que suele tener la realización de trabajos que están inmersos en la impronta de la coyuntura, pero cuyos objetivos de conocimiento son de mayor horizonte.

LA HERENCIA DEL PASADO

Cuando Felipe Calderón asumió la Presidencia en diciembre de 2006 heredó una situación en materia de seguridad caracterizada por lo siguiente: a) control del narcotráfico de diversos territorios del país; b) una guerra entre cárteles de la droga causante de altos niveles de violencia; c) renuencia del gobierno de Fox para usar la fuerza pública; d) conflictos con Estados Unidos por la narcoviolencia en la frontera; e) flujo estable de drogas hacia Estados Unidos, que no se vio afectado por las políticas antinarco de Fox; f) aumento considerable del consumo de drogas ilícitas en México, sobre todo a partir de la década de los noventa.

Los operativos policiaco-militares

Frente a este panorama, y en un contexto de crisis de legitimidad interna por su triunfo apretado en la elección de 2006, el gobierno de Calderón decide lanzar una campaña de combate directo al narco con el apoyo del Ejército. A sólo 11 días de su llegada se realiza el primero de una serie de operativos territoriales contra el narcotráfico en el estado de Michoacán. El objetivo de este operativo, según el secretario de la Defensa, Guillermo Galván Galván, era «proporcionar los niveles de seguridad que hagan viable la vida ciudadana» (Chabat, 2007). El propio procurador Medina Mora señaló en una entrevista en 2008 que el objetivo de esta guerra no era «terminar con el narcotráfico sino convertirlo en un problema de seguridad pública» (Medina, 2008) en lugar del problema de seguridad nacional en el que se había convertido.

En esta lógica, durante 2007 el gobierno de Calderón continuó con los operativos policiaco-militares en varios estados del país como Baja California, Sinaloa, Durango, Nuevo León, Chihuahua y Guerrero. Estos operativos, si bien lograron reducir de manera inmediata la presencia del narcotráfico en las entidades mencionadas, provocaron lo que algunos medios de información llamaron el «efecto cucaracha», el cual consistía en el desplazamiento de la narcoviolencia de un estado a otro. De hecho, a raíz del operativo en Michoacán comenzó a crecer la violencia en estados que no presentaban tal fenómeno de manera importante como Sonora, Nuevo León, Veracruz y Tabasco.

Paralelamente, los enfrentamientos entre las bandas del narco crecieron, lo cual confirmó la tendencia al alza en el número de personas ejecutadas por el crimen organizado. De acuerdo con un informe de la Comisión de Seguridad Pública de la Cámara de Diputados, tan sólo en 2007 el número de muertes vinculadas con el narcotráfico fue de alrededor de 2 700 (Agencia Efe, 2008), 600 más que en 2006 y más del doble de las registradas en 2005 (Merlos, 2007). Cabe destacar, sin embargo, que la tendencia creciente en la narcoviolencia disminuyó a mediados de 2007, según algunas versiones periodísticas debido a un pacto entre las bandas de narcotraficantes (Ravelo, 2007). Sin embargo, las narcoejecuciones volvieron a crecer de manera alarmante en 2008 a causa de que se intensificó el ataque a las bandas delictivas por parte del gobierno mexicano, y las víctimas aumentaron a más de 5 000 en ese año, el doble de las ocurridas en 2007 (Agencia Efe, 2008). Lo que llama la atención es que, a pesar de los altos índices de violencia asociada con el narco, las encuestas mostraron en esos años un alto apoyo de la población a esta guerra.

Las reformas legales

La estrategia de Calderón de combate al narcotráfico contenía otros elementos además de los operativos policiaco-militares. Algunos de éstos fueron las reformas legales propuestas por el gobierno en 2007 y 2008. En marzo de 2007 el presidente envió al Congreso una iniciativa de reforma a varios artículos constitucionales en materia de justicia penal (Poder Ejecutivo Federal, 2007a).

Las principales propuestas de esta iniciativa eran: a) la inclusión del arraigo en el texto constitucional como una medida cautelar para los delitos graves y la delincuencia organizada, con un límite de 30 días en los primeros y el doble de plazo en la segunda; b) la autorización para que la policía pueda ingresar en un domicilio particular, sin orden de cateo, en caso de un delito flagrante; c) la aprobación para que, en caso de delitos de delincuencia organizada, el Ministerio Público pueda ordenar arraigos, cateos e intervención de comunicaciones privadas, cuya validez estará a revisión judicial posterior de acuerdo con lo que establezca la ley; d) el permiso para que los sentenciados del fuero común puedan purgar sus penas en prisiones federales y los del fuero federal en prisiones del orden común, así como la posibilidad de que los sentenciados puedan compurgar su pena en las prisiones más cercanas a su domicilio, salvo en el caso de delitos de delincuencia organizada en los que deberán hacerlo en prisiones de máxima seguridad; e) la autorización para que en caso de delincuencia organizada, se pueda mantener en reserva el nombre y los datos del acusador; f) la posibilidad de que la víctima de un delito también pueda solicitar directamente la reparación del daño; g) establecer que los menores de edad no estarán obligados a carearse con el inculpado; h) la autorización para que el Estado pueda incautar bienes que son instrumento, objeto o producto de actividades de delincuencia organizada; i) el establecimiento de la autonomía técnica de la policía para realizar labores de investigación, aunque sigue dependiendo del Ministerio Público; j) el establecimiento de un código penal único para todo el país que sería emitido por el congreso nacional y no por los congresos esfuerzo del gobierno en el combate al narco (Egremy, 2009).

En una encuesta de salida el día de las elecciones legislativas el 5 de julio de 2009, 47% pensaba que el narco le iba ganando la batalla al gobierno, en tanto que sólo 39% consideraba que era el gobierno quien estaba a la delantera. Sin embargo, en dicha encuesta 51% estimaba que al final ganaría el gobierno contra 31% que creía que era el narco el que triunfaría (Parametría, 2009).

Paralelamente, Calderón envió otra iniciativa de reforma al Código Penal Federal a fin de establecer la prisión vitalicia para el delito del secuestro (Poder Ejecutivo Federal, 2007b). Estas propuestas se aprobaron en marzo de 2008 excepto la que se refiere a los cateos sin orden judicial, la remoción libre de los agentes del Ministerio Público y de los policías, así como el establecimiento del código penal único (Arriaga Valenzuela, 2008).

Quedaron pendientes de aprobación el establecimiento de un sistema nacional de desarrollo policial, que se incluyó hasta fines de 2008 en la Ley General del Sistema Nacional de Seguridad Pública (CDDHCU, 2009a), y la incautación de bienes asociados a la delincuencia organizada que fue aprobada en la Ley Federal de Extinción de Dominio, promulgada el 29 de mayo de 2009 (CDDHCU, 2009b).

Hay que mencionar que en las reformas aprobadas en marzo de 2008 también se incluyó una transformación profunda del sistema de justicia penal que sustituye el sistema inquisitorio por uno acusatorio, conocido popularmente como juicios orales. Esta había sido una de las propuestas de campaña de Calderón, pero él no la había incluido en la iniciativa de reformas que envió al Congreso en marzo de 2007. Esta última reforma implica un cambio de gran calado al sistema judicial y tiene un plazo de ocho años para instrumentarse a partir de su aprobación. Mejora de las capacidades institucionales: profesionalización de la Policía Federal e Iniciativa Mérida

Una de las prioridades en materia de seguridad de Felipe Calderón desde su campaña fue profesionalizar la Policía Federal Preventiva, así como la creación del Sistema Único de Información Criminal. Ello con el fin de desarrollar una base de datos «con inventarios y registros de armas y automóviles, archivos de casquillos percutidos, nombres de delincuentes, modos de operación, fotografías, huellas dactilares, perfiles criminológicos» y «consolidar una infraestructura de comunicación que permita la interrelación inmediata entre cuerpos policiales y sus respectivos mandos» (Calderón, 2006: 20). En este sentido, desde el principio del sexenio se lanzó el proyecto llamado Plataforma México, que «consiste en la interconexión de redes de dependencias e instituciones vinculadas directamente al ámbito de la seguridad pública, que propicien y faciliten el intercambio de información de sus diferentes bases de datos a fin de optimizar la eficacia de estrategias y operativos para enfrentar a la criminalidad» (Presidencia de la República, 2008). Este proyecto contiene tres etapas: a) red de datos encriptada; b) Sistema Único de Información Criminal, y c) equipamiento de estaciones de policía.

Es difícil tener una evaluación concluyente sobre su política de combate al narcotráfico. No obstante, una primera aproximación sugiere que la estrategia ha estado marcada por la urgencia. Como ya hemos señalado, cuando Calderón asume la Presidencia, el narco tenía ya una presencia territorial que amenazaba la gobernabilidad del país de una manera muy directa. En este sentido, el margen de maniobra que tenía el gobierno mexicano era muy reducido. Ciertamente, se pudo haber optado por regresar a la política de tolerancia del pasado, pero esto no era viable por varias razones. En primer lugar, la tolerancia se podía mantener en un régimen autoritario en el cual la información era controlada por el Estado.

Esta posibilidad está cancelada en un régimen democrático en el cual la información fluye con facilidad. Cualquier intento del gobierno de Calderón de llegar a un arreglo con el narco podría tener consecuencias políticas muy graves para su gobierno. En segundo lugar, el crecimiento del fenómeno del narco ponía al Estado en una situación de debilidad para una eventual negociación con las bandas de narcotraficantes.

En tercer lugar, existía una fuerte presión de la opinión pública mexicana para que el gobierno enfrentara de una manera más decidida el problema, dada la renuencia del gobierno de Fox para utilizar la fuerza pública. En cuarto lugar, era difícil para Felipe Calderón eludir la confrontación con el narcotráfico, dado su discurso constante de fortalecimiento del Estado de derecho y su creencia personal en la aplicación de la ley. Finalmente, el combate al narco parecía una buena apuesta política que podría ayudar al presidente a superar la crisis de legitimidad que enfrentó al principio de su gestión debido al triunfo apretado sobre el candidato de la izquierda. Evidentemente, la política de confrontación contra el narco ha generado altos costos en términos de violencia que el Estado mexicano no ha podido contener.

Ello se explica, fundamentalmente, por la debilidad del gobierno mexicano para aplicar las leyes que definen al narcotráfico como delito. Desde luego, este problema no es nuevo y constituye la razón por Jorge Carpizo, quien fue procurador general de la República durante el gobierno de Salinas de Gortari, reconoció las debilidades del Estado mexicano para enfrentar el narcotráfico al referirse a los motivos por los cuales no intentó arrestar a los líderes del cártel de Tijuana, los hermanos Arellano Félix, cuando se entrevistaron con el nuncio apostólico, el cardenal Gerónimo Prigione, en la sede de la Nunciatura: Era fácilmente visible que los gobiernos del pasado tenían una política de tolerancia frente al narco. En este sentido, cuando un Estado no tiene la capacidad de aplicar sus propias leyes, existen básicamente dos opciones a corto plazo: o se toleran los delitos o se les confronta de manera ineficiente Evidentemente, ambas opciones parecen ser muy malas: Las dos tienen altos costos: corrupción o violencia.

No obstante, a largo plazo pueden existir otras opciones. Si el Estado no tiene la capacidad de aplicar la ley, existen dos posibilidades: o se cambia al Estado, dándole mayores capacidades para esta tarea, o se modifica la ley.

La primera de estas opciones, la de fortalecer al Estado, es la que ha seguido el presidente Calderón, con la esperanza de que funcione a la larga.

Con esta opción la corrupción y la violencia no desaparecerían, pero se mantendrían en niveles que no afectarían la gobernabilidad. No obstante, no está claro que esta opción sea posible. La otra posibilidad, la de cambiar la ley, implicaría básicamente moverse en la dirección de la legalización de las drogas, lo cual es actualmente imposible en términos políticos por la oposición de Estados Unidos para discutir el tema. Esta opción resolvería los problemas de la corrupción y la violencia que genera el narco, aunque ciertamente no solucionaría el problema del consumo y seguramente lo agravaría, al menos a corto plazo.

Idealmente, lo que resolvería tanto los problemas de corrupción y violencia como el del consumo es la desaparición de las drogas. Sin embargo, esto es una utopía y no va a ocurrir.

Concluyendo, como hemos visto, el fortalecimiento del narcotráfico durante los sexenios anteriores a la llegada de Felipe Calderón a la Presidencia de la Republica había generado ya una seria amenaza a la gobernabilidad del país que difícilmente podría ignorarse. Por ello y dada la formación personal del nuevo presidente, aunada al hecho de que existía una preocupación real de la población que hacía políticamente rentable lanzar un combate frontal al narco con la ayuda del Ejército, Calderón decidió hacer de la seguridad el eje de sus políticas de gobierno.

La opción del combate frontal al narco ciertamente ha generado altos costos para la sociedad en términos de violencia, pero la información disponible sugiere que, durante la primera mitad del sexenio, esta política goza todavía de apoyo entre la mayoría de la población. Ello le ha dado un cierto margen de maniobra al gobierno mexicano para realizar una serie de reformas en materia de seguridad que, en principio, buscan fortalecer las capacidades del Estado para enfrentar al narcotráfico.

No obstante, persisten dudas sobre la duración del apoyo popular y sobre la efectividad de las reformas aprobadas para lograr la meta del gobierno de transformar al narco en un problema de seguridad pública, principalmente por la corrupción que no ha sido erradicada y por los abusos contra los derechos humanos que esta guerra comienza a generar. Por otro lado, si el incremento de la narcoviolencia en el gobierno de Calderón se debe a que las acciones gubernamentales han roto los equilibrios entre las bandas del narco.

Ello supondría que la única manera de reducir estos niveles de violencia es que el Estado no rompa estos equilibrios, lo que básicamente implicaría regresar a una política de tolerancia hacia el narcotráfico. Si esto es cierto, la opción de combatir al narco y fortalecer las instituciones del Estado al mismo tiempo, no parece tener posibilidades de éxito, pues la violencia sería un resultado automático de la política de confrontación con el narco. En otras palabras, si este supuesto es válido, el gobierno de Calderón y cualquiera que llegue después de él estarían en un callejón sin salida: o seguir una política de tolerancia frente al narco lo que no resuelve el problema y más bien lo agrava a largo plazo, o seguir una política de confrontación, la cual, por definición, va a generar violencia.

Evidentemente, la única manera de escapar a este dilema es «salirse de la caja» y plantear la legalización de las drogas, lo cual sólo ocurrirá si Estados Unidos acepta apoyar tal opción. Y para que esto ocurra, los costos de la política de confrontación deben presentarse en territorio estadounidense, como ocurrió en los años treinta cuando, ante la violencia incontrolable de una mafia que había crecido al amparo de la prohibición del alcohol, el gobierno decide legalizar la producción y el consumo de este tipo de bebidas. Mientras eso ocurre, si es posible, es evidente que el gobierno mexicano tendrá que elegir entre lo malo y lo peor: combatir al narco o tolerarlo.

Eficacia del gobierno

La pregunta que guía esta sección se enfoca en cuáles son las rutas para obtener rentabilidad social y electoral. El gobierno federal durante el sexenio de Vicente Fox se enfrentó a tres problemas (aunque es claro que hay más): la capacidad de convertirse en un gobierno eficaz, la falta de cuadros y oficio políticos. Estos problemas convirtieron a su administración en incapaz para dar respuesta a los efectos secundarios del cambio político y la alternancia. La exigencia de la ciudadanía en la coyuntura política del 2000 no se limitaba a quitar al PRI de los Pinos, sino la opción de una democracia social. Esta exigencia incluía aspectos de corporativismo renovado como una forma alternativa de representación social (Anderson, 2004). El gobierno de Calderón trató de recuperar relaciones con Cuba y en menor medida con Venezuela, dos países con los cuales Vicente Fox mantuvo un ambiente de confrontación, sobre todo por la presión de los Estados Unidos de América, aunque el caso de la francesa Florence Cassez también ha debilitado la relación diplomática México-Francia.

En tales situaciones, la aparición de conflictos interinstitucionales entre el Poder Legislativo y el Ejecutivo fue relativamente frecuente, manifestándose dichos conflictos a través de múltiples formas: bloqueo de la aprobación de los presupuestos, leyes de mayoría en contra del Ejecutivo, sistemático rechazo de los proyectos de ley redimidos por éste, imposición legislativa al Ejecutivo de ciertas actuaciones. (García y Pérez, 1998: p. 11).

El autor ha estudiado las reacciones naturales de los partidos de oposición y de las organizaciones para presionar al Poder Ejecutivo, las cuales obstaculizan el ejercicio público del presidente. Después de los resultados electorales de 2000, el PRI intentó fungir como contrapeso al gobierno de Vicente Fox. En 2006 el principal opositor al gobierno de Calderón fue el PRD, pero es un efecto frecuente entre gobiernos divididos y compartidos. Desde 2006 el gobierno de Felipe Calderón ha atravesado un contexto menos adverso ante los demás Poderes.

En términos de acciones de inconstitucionalidad, a comienzos del 2006-2007, el número fue cerca 173, mientras que en 2011 sólo fueron 23. Respecto de las controversias constitucionales, el periodo 2000-2005 de Vicente Fox presentó en total 727, mientras que en el periodo de Calderón 2006-2009 sólo se presentaron 511. Se ha propiciado una menor tensión entre los Poderes del Estado y esto ha repercutido en el fortalecimiento de la democracia. «El planteamiento de un conflicto interinstitucional obedece, sin duda, al deseo de un determinado órgano, que siente invadidas sus competencias» (García y Pérez, 1998: p. 11). En este aspecto, la Cámara de Diputados, mediante los partidos de oposición (PRI-PRD), fue el principal contendiente de Vicente Fox.

No obstante, los problemas entre Poderes no se limitan al Ejecutivo-Legislativo, también incluyen la tensión entre el ámbito municipal y los estados de República.

Los problemas del gobierno en ocasiones se orientan hacia dificultades personales de sus colaboradores, Por tanto, «diversos escándalos dieron mayor publicidad a la percepción de un buen gobierno» (Andrés et al, 2004: p. 4). El gobierno del presidente Felipe Calderón ha enfrentado situaciones personales de sus colaboradores, entre ellas, el cuestionamiento en su momento hacia el secretario de gobernación, Juan Camilo Mouriño, cuando se vincularon empresas familiares en contratos con Petróleos Mexicanos (PEMEX). Tiempo después, estas disputas terminaron por el fallecimiento en un accidente del secretario. Nuevamente, el gabinete sufrió una pérdida en noviembre de 2011 cuando el secretario de gobernación, José Francisco Blake Mora, perdió la vida en otro accidente. Las acciones del gobierno también se delimitan porque se «determina quiénes son los responsables en las instituciones» (Andrés et al, 2004: p. 5).

Los partidos de oposición durante los sexenios de Vicente Fox y Felipe Calderón han estado renuentes hacia la aprobación de ciertas iniciativas, sobre todo porque el PRI no ha querido cargar costos políticos. Es paradójico que la preocupación principal del gobierno y de los partidos no sea una rendición de cuentas en términos jurídicos, sino ganar o perder posibles votantes en los procesos electorales.

Los retos son ahora más difíciles para cualquier gobierno, pues es necesaria la capacidad para dar respuesta a viejos problemas como la pobreza, la corrupción y la procuración de justicia (Mota, 2002).

Durante el gobierno de Vicente Fox, las altas expectativas no fueron suficientes para que la ciudadanía aprobara la actuación gubernamental. El presidente Calderón también se enfrenta a los mismos problemas. Sin embargo, la capacidad de respuesta y la interlocución es más efectiva, por lo menos durante la primera mitad de su gestión (2006-2009), aunque después de 2009 la actitud del presidente se nota más coloquial que institucional en sus discursos políticos.

El gobierno del presidente Calderón ha sido más flexible en la modificación de las políticas aplicadas. En 2008 se enfrentó a un contexto financiero mundial adverso, lo cual repercutió en poco crecimiento económico en 2008, y el escenario en 2009 tampoco fue alentador. En 2010, el contexto se presentó más complejo por el incremento de los índices de violencia. En 2011, la mayor preocupación fue de índole económica: la estabilidad como carta de presentación para darle continuidad al PAN en la presidencia. En 2012, el discurso se enfoca en la estabilidad política y de la economía, aunque «la incompetencia gubernamental se ha levantado como el obstáculo más difícil de vencer para solventar las crecientes dificultades económicas del país» (Ornelas, 2004: p. 120).

El reto para el gobierno es mantener niveles aceptables en cuestión económica, aunque el manejo estricto no fue suficiente para obtener una mayoría en las elecciones intermedias de 2009 y tampoco podría serlo en la elección presidencial de 2012.

En una elección no basta con la inversión en publicidad y propaganda, es necesario comprender al votante como agente racional, capaz de evaluar costos y beneficios en términos de rentabilidad electoral. En el siguiente apartado examinaré la capacidad del liderazgo administrativo del presidente con otros actores políticos.

Las reformas

Aunque el gobierno de Vicente Fox (2001-2006) no logró poner en práctica ninguna nueva reforma, el de Calderón consolidó cinco en el terreno económico, no todas trascendentales: la fiscal (2007), la del sistema público de pensiones (2007), la energética (2008), la de competencia (2010) y la laboral (2012). Empero quedó claro, al final de su administración, cuando se cumplían 30 años de aplicación del modelo de orientación hacia el exterior, y luego de que México llegó a convertirse, a principios del siglo XXI, en la nación que más acuerdos comerciales tenía firmados con otros países, que el crecimiento económico de largo plazo había bajado a menos de la mitad del que experimentó durante el «milagro mexicano» (1940-1981). Dado que este problema era manifiesto desde 2007, pero se acrecentó a partir de la crisis financiera internacional de 2008-2009 (Gutiérrez, 2013), la administración Calderón propuso una nueva generación de reformas económicas, a las que ordenó en cinco áreas: fiscal, energética, laboral, regulatoria y de telecomunicaciones (Calderón, 2009).

Su propuesta evidenció la existencia de tres dudas generalizadas por parte de la sociedad mexicana: en caso de que el Congreso las aprobara ¿estaría dispuesto el Ejecutivo a acatarlas o le parecerían insuficientes, como sucedió con la energética de 2008? ¿Condicionaría su aplicación a que fueran suficientemente liberales y con ello pudieran incidir –de acuerdo con la posición doctrinaria de él y su partido- en el crecimiento económico y el empleo? Y ¿aseguraría que los recursos involucrados volvieran a tener orientación productiva? A la decepción generada tras la aprobación de la reforma energética de 2008 deben sumarse los magros alcances de la reforma fiscal de 2007, completamente insuficiente para las necesidades de financiamiento del gasto público e incapaz de elevar el coeficiente de tributación.

Una lección importante de esto es que, para que las reformas estructurales sean capaces de devolver viabilidad a los países e impulsar su crecimiento de largo plazo, como sucedió con Chile, España e Irlanda entre los años ochenta y noventa, también deben tomar en cuenta a los consumidores.

Entre mayor sea la capacidad de gasto de la población y más se incorpore ésta al mercado, más contribuirá a las ventas y los impuestos. Lo mismo es válido para los ingresos que reciben los trabajadores cuando alcanzan la jubilación, estrato de la población que crece muy rápido.

Empero, las reformas al sistema de pensiones del IMSS (1997) y del ISSSTE (2007) fueron concebidas de tal forma que apenas garantizan una tasa de reemplazo (porcentaje de las remuneraciones del último año laborado que recibe un trabajador al momento de jubilarse) de 32%, el nivel más bajo de los países miembros de la OCDE (2011). A esta debilidad hay que agregar otros inconvenientes. El primero es que los salarios promedio han caído persistentemente en términos reales desde 1981, para ubicarse en 2012 45% abajo del nivel alcanzado 30 años antes.

El segundo es que la masa salarial al cierre de dicho año pesaba apenas 27% en el PIB, mientras en países como Estados Unidos ascendía a 65%, lo que por una parte indica un gran desequilibrio en la distribución del ingreso y por otra manda a los trabajadores el mensaje de que el mercado interno dejó de interesar al gobierno y a los patrones por lo menos desde que se iniciaron las reformas estructurales, en 1983.

El tercero es que, dadas las constantes entradas y salidas de los trabajadores al mercado formal (el único que cuenta para alcanzar la jubilación) junto con el incremento en el número de años y edad requeridos para jubilarse que establecen las reformas a las leyes del IMSS y el ISSSTE, así como la creación del seguro popular, la proporción de trabajadores que lograrán jubilarse disminuirá con el tiempo.

En estas condiciones, los trabajadores no sólo no apoyaron la reforma laboral aprobada por el Congreso en noviembre de 2012, sino que sus líderes reunieron firmas para tratar de revertirla, junto con otras reformas estructurales.

Un punto adicional es que el éxito de las reformas no sólo depende de transformaciones jurídicas, sino de que el sector público se comprometa con la inversión productiva. Si se transfiere la propiedad de las empresas paraestatales a la iniciativa privada, incluyendo bancos, hospitales, servicios de limpieza, hidrocarburos, electricidad, y en el futuro posiblemente servicios de agua y carcelarios, y se desregulan completamente los mercados con la idea de que ello será suficiente para atraer al inversionista, se pasa por alto la necesidad de infraestructura, sin la que ninguna inversión privada progresa, como corrobora el modelo asiático (Stiglitz, 1996).

Si algún correlato existiera en la historia de México, ese sería el periodo del milagro mexicano cuando el Estado tomó la iniciativa en inversiones cruciales para el desarrollo: industrias pesadas (extractiva, siderúrgica, química y petroquímica); de apoyo a la agricultura (sobre todo fertilizantes); energéticos (petróleo y electricidad); transportes (ferrocarriles, carreteras, puertos y aeropuertos); educación, salud, centros de investigación y, por supuesto, banca de desarrollo, cuyo apalancamiento incidió en el desarrollo industrial, agropecuario y del pequeño comercio (Ortiz Mena, 1998). Hoy día la política social y la seguridad pública absorben muchos de esos recursos, pero también la corrupción ha aumentado, como evidencia la industria petrolera; de modo que hay posibilidades de eficientar las erogaciones.

Son numerosas las áreas en que se requiere la inversión pública para estimular a la privada: puertos marítimos, aeropuertos, carreteras, ferrocarriles, irrigación, escuelas tecnológicas, educación a distancia, centros de salud, potabilización de agua, crédito para el desarrollo, energía. Esta inversión se debe complementar con medidas regulatorias severas en sectores privatizados, particularmente el financiero, responsable de la recesión de 1995 en México y 2008 en Estados Unidos; el minero, donde el otorgamiento de concesiones ha resultado lesivo para el país; el energético, por lo menos en las áreas ya liberalizadas, como gas natural, tendido y operación de poliductos, y prestación de servicios de exploración y producción, y el de tecnologías de la información y la comunicación (satélites, internet, telecomunicaciones, telefonía), que inciden en toda la economía.

Concretamente, frente a las reformas estructurales, se requieren esfuerzos excepcionales en materia de inversión de infraestructura, medidas regulatorias estrictas y ampliación del mercado interno.

Si no se promueve esto, no sólo se tirarán por la borda las posibilidades de desarrollo del país, sino que la oposición social a las reformas irá en aumento lo que incidirá tanto en su aprobación como en su instrumentación.

El desempeño económico con Calderón

La evolución que registró el entorno internacional no generó un ambiente propicio para empezar a resolver los grandes problemas que heredó el gobierno de Calderón. Dos eventos externos incidieron negativamente en la posibilidad de alcanzar un mayor bienestar. En primer lugar, el incesante aumento en la demanda internacional por alimentos y el uso de granos para la producción de etanol condujeron a que el precio internacional de los cereales, aceites, grasas y azúcar subieran en promedio –según la FAO– más de 80% durante el período 2006-2011. Un segundo factor es la crisis económica que se desató en los países desarrollados a mediados de 2008 y que aún no se resuelve.

Iniciada como una crisis estrictamente financiera, la respuesta de los gobiernos y la reacción del sector privado condujeron a que muchos países europeos tengan bancos débiles y gobiernos con graves problemas fiscales, características poco propicias para generar un contexto poco propicio para el crecimiento. El mundo desarrollado está en problemas y las soluciones que se plantean son dolorosas económicamente y difíciles políticamente. Una combinación que ayuda a explicar por qué el Fondo Monetario Internacional considera en la actualidad que «los riesgos de una grave desaceleración mundial son alarmantemente altos». Estos dos factores han tenido importantes secuelas en la economía mexicana.

Por un lado, el fuerte incremento en el precio de los alimentos empobreció aún más a los jornaleros agrícolas y a los pobres urbanos, y es uno de los factores explicativos del incremento en la pobreza que se registró entre 2006 y 2011. Por otro lado, la crisis internacional, ha llevado a que el dinamismo de nuestro sector exportador se haya reducido, a que las inversiones extranjeras haya seguido similar curso y que incluso, la entrada de remesas y turistas también haya menguado.

Sin embargo, la continua búsqueda de nuestras autoridades por contar con un sistema financiero bien capitalizado y debidamente regulado, y unas finanzas públicas que no fueran una fuente de inestabilidad, pareciera haber rendido algunos frutos. Así, a diferencia de lo que acontece en países como Estados Unidos, Japón o Grecia en los que la tasa acumulada de crecimiento del producto interno bruto –en los últimos cuatro años– es de 0.6% y -3.0 y -25% respectivamente, o en España donde la tasa de desempleo se triplicó en tres años –para alcanzar 25%– y la deuda pública –como porcentaje del PIB– se duplicó en cuatro años, la economía mexicana ha experimentado un importante repunte.

Luego de una paulatina reducción en el crecimiento económico del país entre los años 2007 y 2008 (3.3% y 1.2% respectivamente), y una severa contracción económica en 2009 (-6.9%) debido a las primeras manifestaciones de la crisis internacional y a la aparición del virus AH1N1, durante los siguientes tres años la economía mexicana ha crecido a una tasa anual promedio de 4%. Esta cifra es relativamente alta para los estándares de nuestro país y sorprende porque se da en un contexto en el que no hubo una política monetaria ni fiscal relativamente expansiva, porque supone un relativo divorcio –por lo menos en el corto plazo– del ciclo económico de Estados Unidos y porque sucede en un contexto de mucha inseguridad pública como consecuencia de la batalla que se libra contra el narcotráfico.

A este respecto, una banca bien capitalizada, unas finanzas públicas que no son fuente de inestabilidad y unas autoridades monetarias listas para usar las ingentes reservas internacionales en caso de problemas de liquidez, contribuyeron a sembrar un terreno fértil para alcanzar tal crecimiento económico. Además de ello, el relativo encarecimiento de la mano de obra china elevó –en términos relativos– la competitividad de nuestra economía.

Aun cuando en la segunda mitad del gobierno del presidente Calderón se ha reportado una tasa de crecimiento económica muy superior a la registrada en los últimos tres sexenios, quedan sin embargo muchos pendientes por resolver que dificultan la posibilidad de continuar creciendo a tasas del orden de 4%. Por una restricción de espacio sólo nos referimos a tres. En primer lugar, la menor migración a Estados Unidos –fruto de los mayores costos de migrar y la menor probabilidad de conseguir un buen empleo– y un crecimiento económico esperado para México en los siguientes años del orden de 3% (que implicaría que en 25 años tendríamos un producto per cápita similar al que tiene hoy Chile) sugieren que el empleo en el sector informal no perderá importancia.

Ello implica que continuará la merma a los derechos de propiedad, la evasión tributaria y una productividad menguante. Un contexto poco propicio para un crecimiento alto y estable y poco compatible para alcanzar una reducción sostenida de la pobreza.

En segundo lugar, contamos con una estructura productiva y financiera sumamente concentrada que acarrea altos costos para los consumidores y que limita la aparición de nuevos productores, factores poco propicios para generar una economía que posibilite la movilidad económica. La competencia es uno de los factores que más potencian a una economía y tal faceta dista de ser propia de nuestra economía.

En tercer lugar, tenemos un sector público que recibe ingentes recursos pero que peca muchas veces de opacidad, corrupción y simple ineficiencia en el diseño y operación de sus múltiples programas públicos. Estas características difícilmente permiten que el gasto público tenga un efecto dinamizador en la economía y sean una pieza para reducir la pobreza y combatir la desigualdad Los mares en que navegó la política económica de la segunda mitad del sexenio fueron turbulentos y aun cuando se cometieron errores en la travesía, parece haberse llegado a buen puerto.

Sin embargo, el navío sigue siendo igual de endeble y sus pasajeros sujetos a prácticamente los mismos riesgos que un sexenio atrás. Ciertamente, la falta de resolución de los grandes problemas que caracteriza a nuestra estructura económica es responsabilidad de la actual administración, pero también es de los diputados y senadores del Poder Legislativo y de la dirigencia de los principales partidos políticos. En este sentido, nuestras autoridades se van debiéndonos mucho a los ciudadanos.

Podemos resumir que el sexenio del presidente Felipe Calderón (2006-2012) será el de menor crecimiento económico en el país desde hace 24 años, cuando gobernó Miguel de la Madrid (1982-1988), de acuerdo con estadísticas de la Comisión Económica para América Latina y el Caribe (Cepal) y de la SHCP.

De acuerdo con las cifras del organismo regional con sede en Santiago de Chile, con cifras del INEGI el crecimiento de México en los primeros cinco años de gobierno de Calderón acumuló 7.8 puntos porcentuales y en 2012 suma otros 4.0 puntos, lo que arroja un 12.84% al concluir el sexenio, un promedio de 2.14% por año (2007: 3.15%; 2008: 1.40%; 2009: -4.70%; 2010: 5.07%; 2011: 3.98; 2012: 3.94%).

La baja expansión que acumula la economía mexicana en los seis años de gobierno de Calderón no se observaba desde la gestión de De la Madrid, cuando en medio de la crisis latinoamericana de la deuda y del devastador terremoto que azotó a la capital en septiembre de 1985 el país creció 1.30% durante el sexenio, sólo 0.21 puntos por año en promedio.

Los sexenios de Calderón y de De la Madrid son los de más bajo crecimiento económico en México desde que se iniciaron los periodos de gobierno de seis años, con el presidente Lázaro Cárdenas, en 1934, según indicaron las cifras del «Informe macroeconómico de América Latina y el Caribe-Junio de 2012» de la Cepal, presentado el en Santiago de Chile y que abarca el periodo 2007-2011 y las proyecciones para 2012; de las Bases de Datos y Publicaciones Estadísticas de la Cepal, que abarcan de 1952 al año 2006, y de la serie «Estadísticas históricas de México» del Instituto Nacional de Estadística, Geografía e Informática (Inegi), que fueron consideradas para el periodo 1934-1952.

Con Calderón, la economía mexicana ha perdido peso en América Latina ya que en 2006 el Producto Interno Bruto (PIB) del país representaba el 29.94% del total regional y en 2010 el porcentaje bajó a 20.72 puntos, según datos de la Cepal.

Las estadísticas del organismo de Naciones Unidas, que están basadas en cifras oficiales de los gobiernos de la región, señalaron que mientras México crecerá a un promedio anual de 1.96% entre 2006 y 2012, AL en su conjunto lo hará a un ritmo de 3.61 puntos porcentuales por año, casi el doble.

Las cifras y proyecciones de la Cepal precisaron que en el periodo 2007-2012, México será el segundo país latinoamericano con menor expansión económica, después de El Salvador, que aparecerá al fondo de la tabla con una tasa anual promedio de 1.15%. Incluso Haití -cuya economía decreció 5.4 puntos porcentuales en 2010 por el terremoto de enero ese año- habrá crecido más que México (2.20% al año en el lapso analizado).

Modelo agotado

México vive el agotamiento del modelo exportador aplicado desde fines de los ochenta y que cobró forma en 1994 con el Tratado de Libre Comercio de América del Norte. El bajo incremento de la economía «está hablando de las dificultades con el modelo de desarrollo mexicano» y de un país que se «está quedando un poco atrás» respecto al resto de Latinoamérica.

Otro factor que explica el fenómeno es que una parte importante del crecimiento mexicano se basaba en la producción de petróleo, que era más o menos un 20% de la economía, y este sector también está teniendo problemas por la merma en la producción.

México debe diversificar su estructura de comercio exterior en términos de socios comerciales, y necesita profundizar más la incorporación de valor agregado en la producción de mercancías de exportación.

Atrás de Sudamérica

Una particularidad del sexenio de Calderón, que enfrentó la severa crisis económica global de 2008-2009, es el desacople que ha sufrido México con respecto a otros países latinoamericanos que han crecido a altas tasas impulsados por la venta de materias primas a Asia, a China, y el fortalecimiento de sus mercados internos, como Argentina, Brasil, Chile y Perú.

Entre 2006 y 2010, Brasil, por ejemplo, logró incrementar su PIB en dólares corrientes en un 91.75%, al pasar de 1.08 billones de dólares a 2.08 billones en ese lapso, mientras que el de Argentina creció en 72.80%, de 214 mil a 370 mil millones de dólares.

México, en el mismo periodo, registro una expansión de sólo 9.04% en su PIB, que en esos cuatro años pasó de 949 mil millones de dólares a 1.03 billones en dólares corrientes, según el «Estudio Económico de América Latina y el Caribe 2010-2011» de la Cepal. De acuerdo con estas cifras, México recuperará hasta este año (2012) el PIB de 1.09 billones de dólares de 2008.

CONSIDERACIONES FINALES

La transición a la a democracia fue producto de una larga ruta de reformas graduales al régimen político. La democracia se reforzó en el poder presidencial con la salida del PRI del Poder Ejecutivo, no obstante, sólo fue el comienzo de una serie de defectos constitucionales que se evidenciaron al ocurrir gobiernos divididos entre el presidente y el Congreso.

Esto afectó de manera directa la gobernabilidad del sistema político y exigió al presidente Vicente Fox y a Felipe Calderón utilizar al máximo su capacidad de negociación e interlocución. El primero mantuvo un margen de acción limitado, mientras que el segundo ha logrado mantener mayor estabilidad política. El próximo presidente en diciembre de 2012 podría enfrentar los mismos problemas.

El gobierno del Partido Acción Nacional, durante 12 años, se ha enfrentado a problemas de diseño institucional que han frenado la aprobación de reformas estructurales.

En el contexto actual, es pertinente la inclusión de instrumentos que revitalicen la distribución del poder y que éstos posibiliten construir gobiernos de coalición, aun cuando el presidente no posea la mayoría en el Congreso. El sistema de partidos origina una concentración de tres partidos fuertes, lo cual divide el poder y dificulta conseguir acuerdos legislativos, sobre todo porque no existen incentivos constitucionales que animen a los partidos de oposición a negociar.

La democracia ha resuelto la alternancia en la presidencia, es decir, no existe un riesgo de regresar a un sistema autoritario. No obstante, la competencia electoral arroja nuevos desafíos, sobre todo a partir de la reforma de 2007, la cual limita las precampañas y el tiempo de exposición mediática de los candidatos. La crítica de esta reforma es que cuestiona la libertad de expresión y restringe a los ciudadanos para evaluar las propuestas de los candidatos presidenciales. Políticamente, el gobierno de Felipe Calderón contó con mayores posibilidades de negociar que su antecesor Vicente Fox. Los resultados poco competitivos después de 2006 aceleraron el cambio de dirigente nacional en varias ocasiones: Manuel Espino, Germán Martínez, Cesar Nava y recientemente Gustavo Madero.

El liderazgo del presidente Felipe Calderón se ubica como administrativo intermedio, categoría ideal para explicar el funcionamiento y alcance de su gobierno. Esta categoría es diferente al liderazgo carismático que arrastra masas. La debilidad de su administración es que presenta un limitado margen de acción que provoca asumir un gobierno dividido. El gobierno dividido ofrece competencia cerrada, por el contrario, la categoría de gobierno compartido es una perspectiva positiva del mismo proceso.

En esta última, el gobierno establece puentes de interlocución para aprobar reformas importantes, se concibe como parte de las decisiones y no como un todo. Es decir que el gobierno dividido se limita a sí mismo, mientras el gobierno compartido establece negociaciones en todos los niveles y ámbitos de gobierno, formal e informal.

El gobierno del PAN, durante 12 años, ha mantenido la democracia vigente. Los principales logros han sido la estabilidad económica, niveles de inflación estables, implementación de estrategias sociales generalizadas como el seguro popular, entre otros programas públicos. Los compromisos del gobierno de Felipe Calderón han sido avances sustanciales, como el empleo y la lucha frontal contra el crimen organizado (narcotráfico).

El partido en el gobierno necesita de la interacción con otros actores vitales como el Legislativo y el Poder Judicial, además de grupos sociales y organizaciones no gubernamentales. El poder político debe ser compartido y no dividido. Este dilema sería determinante en la recta final de la administración del presidente Felipe Calderón. El 2012, sería también un indicador de la salida del Partido Acción Nacional del poder presidencial.

UNA VISIÓN FALLIDA DE VICENTE FOX Y DE FELIPE CALDERÓN.

Durante los gobiernos de Vicente Fox y de Calderón, se estableció una estrategia no sólo para abatir el rezago de vivienda, sino también como un esquema bien organizado de corrupción, para ello, México se embarcó en una campaña monumental para elevar el nivel de vida de los trabajadores marginados a través de la construcción de viviendas en masa. El gobierno en ambos sexenios se asoció con desarrolladores privados para construir viviendas asequibles a gran escala y en la mayoría de los estados. Los inversionistas globales fueron convencidos de las bondades del proyecto – como el Banco Mundial, las grandes las empresas financieras de Wall Street- y las grandes constructoras se asociaron en la inversión de miles de millones de dólares en este proyecto.

A lo largo y ancho de todo el país, lejos de los centros urbanos y sin la adecuada infraestructura, miles de conjuntos habitacionales surgieron entre pastizales de vacas, sembradíos, lomas áridas, granjas y viejas haciendas. Fue tal la magnitud del proyecto que de 2001 a 2012, se estima que 20 millones de personas -una sexta parte de la población de México- abandonaron las ciudades, barrios marginales y zonas rurales por la promesa de una vida mejor que incluía vivienda trabajo y transporte en los nuevos desarrollos habitacionales. Fue un momento clave para México y sus aspiraciones -una prueba para esta cada vez más próspera nación, con ambiciones de primer mundo podía salir adelante llevando el progreso a los marginados. Pero México se quedó desastrosamente corto en planeación de los servicios, de la infraestructura vial, del servicio de transporte y de los servicios básicos como el agua y la luz, el resultado fue que no se pudo crear unos suburbios ordenados tal como se hubiera deseado.

El programa de construcción de vivienda barata se ha convertido en una catástrofe social y financiera en cámara lenta, con grandes áreas de corrupción en todos los niveles de gobierno y de las empresas infligiendo dificultades diarias y peligros a millones de personas que viven en complejos habitacionales plagados de problemas por todo el país. De acuerdo con una investigación de Los Angeles Times sobre las empresas que cotizan en la bolsa norteamericana, que fueron las primeras contratadas por el gobierno mexicano, existió un esquema planeado de fraude con la participación de funcionarios gubernamentales. Además, heredó un grave problema a la administración de Peña Nieto que no quiso proceder legalmente sobre los participantes en el fraude, dejando un panorama desolador con millones de casas abandonadas, créditos incobrables y hoyos negros de corrupción extrema.

En la mayoría de los asentamientos, construidos lejos de las zonas urbanas, donde el terreno es mucho más barato y las utilidades se incrementan abismalmente, los propietarios que no han abandonado sus viviendas viven todos los días con un sinnúmero de problemas y tienen que salir con sus cubetas en mano para buscar agua en los camiones repartidores. En los arroyos de las calles pueden verse las aguas residuales sin tratar, procedentes de tuberías rotas. Las calles se hunden, las aceras se desmoronan y las plantas de tratamiento de agua no sirven. En algunos desarrollos, los apagones pueden durar varios días.

Dentro de muchas casas, los techos se gotean, las paredes tienen grietas y el cableado eléctrico hace cortos circuitos, descomponiendo los aparatos electrodomésticos y en algunos casos, provocando incendios que hacen que las familias tengan que salir huyendo.

Los ejemplos son muchos, la mano de obra de mala calidad causó el colapso de calles después de unas fuertes lluvias, creando un grave peligro para los residentes del desarrollo de Puerto Azul en Ensenada, México. La planta de tratamiento de agua en Colinas de Santa Fe en Veracruz, México, se rompió poco después de que se inaugurara en 2007. Aguas residuales no tratadas desembocan en un arroyo fuera del desarrollo. Desarrollos en Acapulco, Chilpancingo e Iguala lucen semi abandonados y destruidos. En el estado de Guanajuato, la tierra del presidente Fox, los complejos habitacionales en Celaya, Irapuato, Silao, San Francisco del Rincón y León han debido ser rematados en precios ridículos que implican una gran corrupción.

El programa tuvo un costo total de más de 100 mil millones de dólares, y algunos inversionistas y ejecutivos de la construcción, obtuvieron enormes ganancias, lo mismo que funcionarios del gobierno, proclamándose a sí mismos como «constructores de naciones» al tiempo que se unieron a las listas de los ciudadanos más ricos de México.

Mientras tanto, trabajadores de fábricas, propietarios de pequeños negocios, jubilados y servidores públicos que compraron las casas, se quedaron atrapados con préstamos hipotecarios complejos y con pagos que aumentan a medida que sus hogares y vecindarios van decayendo.

Los Angeles Times e investigadores de la UNAM visitaron más de 50 desarrollos de viviendas económicas desde Tijuana hasta el Golfo de México. También revisaron miles de páginas de documentos gubernamentales y de la industria de la construcción, y entrevistaron a cientos de propietarios, líderes municipales, expertos en vivienda, ingenieros civiles, trabajadores de la construcción y funcionarios del gobierno.

El programa, plagado de corrupción y falta de supervisión desde el inicio, ha alcanzado niveles de crisis en medio de la indiferencia y la impunidad del gobierno. Las autoridades rara vez han investigado las denuncias generalizadas de fraude. Y los desarrolladores, en algunos casos, han intentado obstaculizar los esfuerzos de los propietarios para solucionar los problemas.

Si bien la gravedad de los problemas varía, y algunos desarrollos habitacionales cumplen con los estándares básicos, el rápido deterioro es evidente en muchos de los complejos habitacionales cerca o dentro de cada ciudad grande: Sistemas de agua que no sirven, redes eléctricas incompletas, deficientes sistemas de aguas residuales. Parques y escuelas que se prometieron pero que nunca se materializaron.

Muchos desarrollos se construyeron lejos de los centros de empleo en tierras marginales -humedales, márgenes de ríos y laderas inestables- con escaso acceso al agua corriente. Muchos funcionarios locales reescribieron las leyes de zonificación y aprobaron los desarrollos con poca o ninguna revisión.

La hierba ha crecido entre los medidores eléctricos en una polvorienta calle de Huehuetoca, México. Muchas casas en el desarrollo de Santa Teresa están abandonadas. No ha habido agua corriente por más de un año.

Los desarrolladores redujeron el tamaño de las casas, construyendo alrededor de 1 millón de unidades de apenas 325 pies cuadrados, (30.18 metros cuadrados) que es más pequeño que un garaje típico de dos automóviles en Estados Unidos. Muchas familias de seis, siete o más personas viven en estas mini viviendas, durmiendo a un lado de la lavadora o en los pasillos. Los desarrolladores han abandonado cientos de estos complejos sin completar la infraestructura, provocando una permanente escasez de servicios.

Hay desarrollos no terminados por todo el país. Se estima que 300,000 personas viven en más de 40 complejos habitacionales inconclusos en las ciudades de Tijuana y Ensenada.

En el Estado de México, que rodea a la Ciudad de México, los desarrolladores han completado solo 36 de los 235 desarrollos iniciados entre 2005 y 2012, dejando entre 200,000 y 500,000 personas en el limbo, de acuerdo con los archivos del estado.

«Era un mundo de corrupción», dijo Alberto Uribe, alcalde de Tlajomulco, un suburbio de Guadalajara. Sus predecesores aprobaron desarrollos donde los mantos acuíferos se han secado afectando a unas 300,000 personas. Ahora el agua es racionada, y muchas familias reciben agua cada dos días.

En septiembre, miles de hogares y calles en desarrollos mal planificados se inundaron en el Estado de México. Cientos de hogares en Ciudad Juárez se han inundado con tanta frecuencia, que se ha decidido ya su demolición. En el área de Cabo San Lucas, en agosto del 2017, una tormenta derribó dos edificios de cuatro pisos que se construyeron hace apenas ocho años.

El esquema vigente con créditos en UDIS dejo a muchos propietarios atrapados con préstamos hipotecarios que están vinculados al índice inflacionario. Debido a que los pagos mensuales –típicamente alrededor del 25% del salario de un trabajador- se deducen directamente de sus cheques, la única forma para muchos mexicanos para escapar de la creciente deuda es renunciando a sus trabajos y emplearse en la economía informal.

La Comisión de Valores de Estados Unidos acusó en marzo de 2017 a Homex, -que una vez fue el mayor desarrollador de México-, de reportar ventas «falsas» de 100,000 casas, lo que infló sus ingresos en 3,300 millones de dólares para obtener fondos de la bolsa. Se calcula que por la magnitud de dinero involucrado es el mayor fraude en la historia de México.

Eventualmente, la SEC llegó a un acuerdo con Homex, sin aplicar ninguna multa, y presentó cargos civiles similares contra ex ejecutivos de Homex, los cuales permanecen pendientes. (Homex se negó a comentar sobre las alegaciones de SEC).

En un comunicado en Nov. 23, 2017, Homex dijo que «ha fortalecido los mecanismos de control interno para mejorar sus prácticas corporativas», pero no comentó directamente sobre el caso con la SEC. La Comisión Nacional de Banca y Valores de México aplicó a Homex una multa de 1.2 millones de dólares. No hay evidencia de que las autoridades mexicanas estén investigando ningún delito criminal. En cambio, las autoridades han seguido casos contra activistas que acusan a los desarrolladores de engañar a los propietarios para aumentar sus ganancias.

El líder de propietarios más prominente del país ha estado encarcelado durante dos años sin juicio, con cargos de robo a mano armada, que varios jueces han desestimado. Otros líderes de propietarios que buscan reparaciones en sus desarrollos dicen que han sido hostigados, amenazados e incluso sobornados para que abandonen sus protestas.

El fraude afecta a millones de propietarios que adquirieron una vivienda por primera vez, como Lucía López, de 66 años. Cuando recorrió las casas modelo en un nuevo desarrollo llamado Colinas de Santa Fe, cerca de la histórica ciudad de Veracruz, ella apreció los toques modernos: los grifos brillantes, el agua corriente, enchufes eléctricos en cada habitación. No tenía ahorros. Sin embargo, en virtud del programa de vivienda, pudo comprar una pequeña casa de dos dormitorios por 20,000 dólares con un préstamo respaldado por el gobierno.

Su entusiasmo duró poco. El techo de su nuevo hogar se empezó a filtrar. Los frecuentes cortes de energía sumergieron al vecindario en la oscuridad. Los grifos se quedaban sin por varios días seguidos. «Lloro cada vez que me acuerdo», dijo.

El objetivo era sacar a millones de mexicanos de viviendas precarias y sobrepobladas y cumplir la garantía de la Constitución de México de «una vivienda digna y decente para todos».

En 2001, el presidente Vicente Fox se dispuso a abordar el problema creando una enorme sociedad entre el gobierno y la iniciativa privada. Entonces, giró instrucciones para que el Instituto Nacional del Fondo de Vivienda para los Trabajadores, o Infonavit, aumentara considerablemente sus préstamos hipotecarios. Bajo la administración de Fox y de su sucesor, Felipe Calderón, los préstamos del Infonavit aumentaron de 205,000 emitidos en 2001 a 494,073 en 2008. Los nuevos préstamos estaban dirigidos a compradores que adquirirían por primera vez una vivienda, que tenían ingresos modestos y poco o ningún ahorro.

Para aumentar los esfuerzos gubernamentales, el Banco Mundial y el Banco Interamericano de Desarrollo invirtieron 2,800 millones de dólares en el sector de vivienda de México. El torrente de dinero hipotecario creó un escenario soñado para desarrolladores grandes y pequeños. Con una cartera de clientes precalificados, podrían vender casas tan rápido como pudieran construirlas. Los precios variaron de 15,000 a 35,000 dólares.

Los inversionistas extranjeros buscaron capitalizar el boom, comprando acciones en las pocas compañías constructoras mexicanas que construyeron una gran parte de los hogares, entre las que se encontraban las más grandes del país: Casas Geo, Urbi y Homex, una empresa familiar del estado de Sinaloa que creció hasta convertirse en una de las mayores constructoras de casas de América del Norte.

Casi de la noche a la mañana surgieron desarrollos de viviendas, y casi de inmediato surgieron serios problemas. Los complejos habitacionales con problemas fueron hechos por constructores regionales y nacionales, pero los más problemáticos fueron construidos por las compañías de construcción más grandes de la industria.

Un desarrollo de Homex está casi escondido en las orillas de la ciudad de Huehuetoca, a 40 millas al norte de Ciudad de México. Su nombre oficial es Santa Teresa, aunque sus residentes le llaman Santa Pobreza.

Homex no calculó adecuadamente la cantidad de gente que iba a servir y siguieron construyendo viviendas y sobre explotaron la capacidad del pozo de agua. Para el verano de 2016, el pozo se había secado por completo. El agua ahora se reparte en un camión, dos veces por semana, a veces menos. A medida que docenas de nuevos desarrollos surgieron en las ciudades cercanas a la Ciudad de México, la población de Huehuetoca se triplicó, a 130,000 personas.

El fracaso de la supervisión se repitió en desarrollos problemáticos en todo el país, dijo Marco López Silva, un ingeniero civil que ha investigado la industria de la vivienda en México para el Banco Interamericano de Desarrollo.

«El gobierno federal asumió que los funcionarios harían su trabajo a nivel municipal. Que tendrían abogados para revisar las fianzas de construcción. Supusieron que la gente tomaría buenas decisiones. Todo eso falló», dijo Silva. Los constructores deben hacer calles, aceras y el resto de la infraestructura. Una vez terminadas esas obras, pasan a ser propiedad de las municipalidades. Pero, en Huehuetoca, Homex no concluyó el complejo habitacional de Santa Teresa, por lo que la ciudad se negó a asumir la responsabilidad.

«No hay manera de que yo pueda aceptar esto», dijo Merin, el coordinador del sistema de agua. «La ciudad no tiene dinero suficiente para arreglar este desastre».

A diez millas de distancia, en el suburbio de Zumpango, en la Ciudad de México, los residentes de un conjunto habitacional de Homex llamado La Esmeralda, dependen de unos generadores diésel para la electricidad, porque la compañía no conectó grandes partes del desarrollo a la red eléctrica. Las máquinas arrojan humo y a menudo se descomponen o se quedan sin combustible.

Cuando las calles se inundan debido a una inadecuada nivelación -un problema común en el verano-, los cables del generador quedan sumergidos en el agua, enviando corrientes eléctricas a través de agua que en algunas ocasiones llega hasta las rodillas.

Pablo Rodríguez Méndez, un alto funcionario de la ciudad de Zumpango, compara la crisis de la vivienda con un desastre natural.

En Colinas de Santa Fe, parcialmente construida en un área de humedales en las afueras del norte de Veracruz, el agua de lluvia y las aguas residuales regresan a las calles y a las casas durante la temporada de lluvias. El sistema de drenaje subterráneo colapsó hace años, dejando las calles llenas de enormes baches. La planta de tratamiento de agua también se descompuso, agravando los peligros para la salud.

Homex construyó el desarrollo de Colinas de Santa Fe en Veracruz, México. La mala calidad de la construcción provocó escasez de agua, cortes de energía y un sistema de drenaje colapsado que permite que las aguas residuales se desborden en las calles. (Brian van der Brug / Los Angeles Times).

Cesar Salazar, el líder de los propietarios en el Barrio de la Solidaridad en Monterrey, dijo que los representantes de Homex le ofrecieron pagar su hipoteca. Sergio Losoya, presidente de la asociación de propietarios en el vecindario de Chula Vista en Cabo San Lucas, dijo que un representante de la compañía ofreció pagar por la terapia para su hijo con necesidades especiales. Los líderes de los propietarios dijeron que rechazaron las ofertas. Tomar un soborno, dijo Barrientos, hubiera significado traicionar a los residentes que no han tenido agua corriente durante cinco años.

Un movimiento de propietarios en el desarrollo de Vistas de Palmillas en Tijuana se vino abajo después de que sus líderes aceptaran las ofertas de Homex de casas nuevas en diferentes vecindarios a mediados de la década de 2000, comentaron los residentes. Homex declinó hacer comentarios sobre las denuncias de sobornos. Hoy en día, los problemas relacionados con las condiciones inestables del suelo persisten en Vistas de Palmillas. Algunos residentes viven en casas marcadas con carteles que las declaran «de alto riesgo».

En 2011, el gobierno comenzó a reducir el flujo de hipotecas. Para 2014, los mayores constructores de casas, Homex, Casas Geo y Urbi, se habían declarado en bancarrota. Los defensores del programa dicen que, aunque imperfecto, fue un esfuerzo justificable el construir viviendas para las personas que lo necesitaban desesperadamente. El entonces presidente Felipe Calderón grabó un video promocional en 2011, dando la bienvenida a las familias a un nuevo desarrollo llamado Paseos de la Pradera, en el estado de Hidalgo.

Para 2014, los residentes habían tenido que utilizar el agua de lluvia para satisfacer sus necesidades. Organizaron protestas y bloquearon una autopista durante varias horas. Los problemas en el desarrollo, construido por una compañía local, todavía persisten. Homex declinó comentar sobre las condiciones en sus aproximadamente 150 desarrollos.

Un estudio integral encargado por la INFONAVIT en 2015 describió las condiciones como «graves» en los 36 conjuntos habitacionales inspeccionados, según el autor, Alfonso Iracheta, profesor de desarrollo urbano en El Colegio Mexiquense, un instituto de investigación cercano a la Ciudad de México. En entrevista, Iracheta dijo que el reporte solo puede ser dado a conocer por el Infonavit. La agencia no respondió a la petición de Los Angeles Times de proporcionárselo. El presidente mexicano Enrique Peña Nieto, en un discurso el año pasado, intentó dejar de lado las políticas de vivienda anteriores, y calificó el incremento de la construcción y la forma como se llevó a cabo como algo «absurdo».

Peña Nieto ha promovido su política de vivienda, la cual prohíbe las casas de una recamara y ha puesto el énfasis en el desarrollo de las áreas urbanas.

En un discurso el año de 2016 Rosario Robles, secretaria de Secretaría de Desarrollo Agrario Territorial y Urbano notó la paradoja de un gran número de hogares abandonados en un país con una grave escasez de viviendas. «Tenemos viviendas sin gente» dijo, «y gente que no tiene vivienda». Homex, que ya había salido de la protección por bancarrota, se había asegurado 240 millones de dólares en nuevo financiamiento.

La investigadora Cecilia Sánchez en Ciudad de México ha contribuido a este informe, y Richard Marosi | Ciudad de México

LAS CONSTRUCTORAS

La historia de Homex tocó tanto las billeteras como las fibras del corazón: los inversionistas podían obtener grandes ganancias mientras ayudaban a resolver la escasez global de viviendas. El Banco Mundial, los bancos de inversión de Wall Street, los fondos universitarios, las fundaciones y los fondos de pensiones de Estados Unidos invirtieron miles de millones de dólares en la empresa.

El valor de Homex, de 100 millones de dólares cuando se hizo pública en 2004, se disparó a 3 mil millones de dólares. ¡Los ejecutivos de la compañía fueron a la Bolsa de Valores de Nueva York para tocar la campana de cierre y gritaron «Homex! Homex! ¡Homex!». Los hermanos De Nicolas viajaron por el mundo como embajadores del empresariado mexicano.

En 2014, seis años después de que el fondo de Zell vendiera sus acciones, Homex cayó en bancarrota.

Hoy, con sus desarrollos desmantelados, en ruinas y a medio terminar en la mayoría de las ciudades de México, Homex es una de las empresas más despreciadas del país. Conocida como «Robex» por algunos, la compañía es objeto de burlas en blogs y vallas publicitarias, en canciones de punk rock y en una parodia de internet de Hitler en su búnker

Equity International Fund I se concentró en México y apuntó a una tasa de rendimiento anual del 20% para sus inversores estadounidenses, según un perfil de fondos de Preqin, una compañía de datos que rastrea los fondos de capital privado. Entre los inversionistas se encontraba General Motors Investment Management Corporation y la Fundación John D. y Catherine T. MacArthur. El fondo recaudó 368 millones de dólares.

Con 32 millones de dólares de ese capital, Zell compró en 2002 una participación en Homex que representaba aproximadamente el 26.5% de la compañía. Los ejecutivos de Equity International 'embellecieron' la compañía mexicana para la oferta pública inicial en la Bolsa de Nueva York. Homex adoptó los estándares de contabilidad de EE. UU. y sus ejecutivos perfeccionaron su inglés.

Equity International, que afirma en su material promocional que se involucra de una manera «proactiva en las decisiones comerciales clave» de su cartera de compañías, aumentó su papel en Homex.

El director ejecutivo del fondo, Gary Garrabrant, se convirtió en el vicepresidente de Homex. Zell viajó a Boston y Nueva York para presentar Homex a los inversionistas, de acuerdo con un artículo del Wall Street Journal publicado en el 2005 en el Wall Street Journal.

Las viviendas construidas por Homex empezaron a aumentar a un ritmo acelerado, pasando de 7.000 en 2002 a 13.000 un año después. Los ingresos se triplicaron a 260 millones de dólares. El 29 de junio de 2004, Homex se hizo público, y recaudó 141 millones de dólares. La explosión de construcción fue impresionante. Aunque ya trabajaban en proyectos en 16 ciudades, Homex comenzó a construir 17 más en los siguientes años.

En 2004, Fox asistió a una ceremonia para celebrar la construcción de la casa número 9,000 en el desarrollo de Hacienda de Santa Fe, cerca de Guadalajara.

Paul Wolfowitz, entonces presidente del Banco Mundial, elogió a Homex en 2006 después de que ejecutivos de la compañía lo llevaron a hacer un recorrido por el desarrollo de 4,212 viviendas en las afueras de Monterrey. El banco había invertido más de mil millones de dólares en viviendas mexicanas, proporcionando fondos para el banco de desarrollo del país y tomando participaciones accionarias en compañías de prestamistas hipotecarios y compañías de construcción, incluyendo Homex.

«Vi muchos ejemplos convincentes de la importancia de que el sector privado ofrezca oportunidades para que los pobres transformen sus vidas y les den a sus hijos un futuro mejor», dijo Wolfowitz en el informe anual del banco en 2006. Para 2009, se estima que 1 millón de personas vivían en viviendas de Homex.

En 2010, dos años después de que el fondo dejó de invertir en Homex, Zell escribió en una revista inmobiliaria mexicana que había traído los estándares de transparencia de Estados Unidos a la empresa mexicana con su inversión, «y nos pagaron por ello».

Ese año la compañía comenzó a trabajar en el desarrollo de Las Almeras en Ciudad Juárez. Consistía en 1.303 viviendas ubicadas en el lecho de un lago seco, un sitio que los geólogos habían advertido que era propenso a las inundaciones. Un año después, Homex inició el desarrollo de 4.000 viviendas en Costa Dorada en un área de humedales de Acapulco, ignorando las advertencias de los geólogos. Ambos desarrollos se inundaron repetidamente.

En 2007, la Agencia Federal de Protección al Consumidor de México criticó a Homex por fallas en la construcción de un desarrollo en Monterrey llamado Barrio de la Industria.

Expertos en vivienda y los funcionarios locales dijeron que Homex, con el respaldo de Wall Street y una misión social apoyada por el presidente de México, fue capaz de pasar por alto las regulaciones y a los funcionarios locales.

A pesar de que los problemas en los desarrollos de Homex eran evidentes, la compañía continuó recibiendo aprobaciones aceleradas. Los proyectos existentes fueron dejados de lado para que la compañía pudiera comenzar a trabajar en otros nuevos.

Un informe de 2015 de la Organización para la Cooperación y el Desarrollo Económico con sede en París estimó que unas 500,000 casas construidas por Homex en México y otros desarrolladores entre 2006 y 2010 estaban vacantes.

En respuesta, el sucesor de Fox, el presidente Felipe Calderón, comenzó a canalizar los préstamos del Infonavit hacia proyectos en las grandes ciudades. El cambio suscitó preocupación en Wall Street porque los desarrollos urbanos exigían edificios altos, que requieren más tiempo y dinero para completarse.

Poco después de que el presidente Enrique Peña Nieto asumiera el cargo a fines de 2012, los problemas de Homex aumentaron. El presidente anunció que casi todos los futuros préstamos gubernamentales para vivienda serían destinados para rascacielos urbanos. «Trabajando juntos podemos construir ciudades dignas, casas con suficiente espacio y con infraestructura básica que eleve la calidad de vida de todos los mexicanos», dijo Peña Nieto, en un evidente cambio de dirección de las políticas de sus predecesores.

El cambio fue devastador para Homex. Los ingresos cayeron un 46% en el primer trimestre de 2013 y un 84% el siguiente.

A través de las cortes de bancarrota de la ciudad los inversionistas globales que compraron bonos de Homex y que extendieron líneas de crédito por más de 1,000 millones de dólares, exigieron el pago. Entre ellos estaban Pacific Investment Management Co., la compañía de bonos de Newport Beach comúnmente conocida como Pimco, que prestó a Homex y a otras constructoras mexicanas decenas de millones de dólares; el Banco Mundial, que invirtió más de mil millones de dólares en el sector de la vivienda en México; y el Banco de America, de acuerdo con los documentos de bancarrota presentados por Homex en la corte federal mexicana.

A fines de 2015, Homex salió de la bancarrota con lo que dijo era un nuevo enfoque «diseñado para cumplir con sus obligaciones y generar valor a sus accionistas». El nuevo Homex construiría viviendas exclusivas para compradores de clase media.

En marzo de este año, la empresa fue sacudida por los reguladores estadounidenses, quienes abofetearon a la compañía con una queja por fraude de valores. La evidencia llegó desde muy arriba. La SEC, anunciando la conclusión de su investigación, mostró una imagen satelital de un desarrollo de Homex en el estado de Guanajuato. El desarrollo Benevento fue considerado como uno de los proyectos de mayor ganancia de la compañía. Homex dijo en sus presentaciones anuales ante la SEC que cientos de unidades habían sido vendidas allí en 2010 y 2011.

Pero la imagen satelital, tomada en 2012, mostró un parche vacío de calles de tierra.

La SEC dijo que la artimaña era parte de un «fraude masivo» por parte de Homex para inflar los ingresos en 3,300 millones de dólares de 2010 a 2012. Altos ejecutivos, incluyendo al CEO De Nicolas, presuntamente mantuvieron dos conjuntos de registros financieros e informaron ingresos falsos mientras Homex cotizaba en la Bolsa de Nueva York y recaudó 400 millones de dólares de los inversores, de acuerdo con la denuncia de la SEC

En octubre de 2016, la SEC presentó cargos civiles por fraude de valores contra cuatro ex ejecutivos de Homex. «Homex informó de forma sistemática y fraudulenta los ingresos por la venta de decenas de miles de viviendas al año que no se habían construido ni vendido», dice la queja de la SEC. La SEC dijo que Homex también había defraudado a los bancos mexicanos con hasta 7,700 millones de pesos.

Sin admitir ni negar los cargos, Homex resolvió el caso en marzo de 2017 con la SEC, acordando una prohibición de cinco años en los mercados bursátiles de los EE. UU. La Comisión Nacional Bancaria y de Valores de México multó a la compañía con 1.2 millones de dólares.

Al igual que Homex, Urbi y las demás constructoras involucradas en el gran fraude han ido recuperando sus actividades de construcción de vivienda.

LOS NEGOCIOS DE FOX

Cuando Vicente Fox inició su sexenio estaba en quiebra. Una vez en el poder utilizó sus influencias para rescatar a las empresas de su hermano, más tarde fue tejiendo una red de empresas que le darían a valor del 2018 de más de mil millones de pesos. Para muchos es legal hacer negocios aprovechando el poder presidencial debido a los hoyos negros en la legislación que legalizan la corrupción.

En su primera declaración de bienes como presidente inscribió una vaca, una estufa y un préstamo de 70 mil pesos. Pasar de ese estado económico al actual es como sacarse la lotería. La mayor parte de su fortuna está asociada a las «donaciones» recibidas en la Fundación México y las utilidades que les dejaron la compra de casas deshabitadas y vendidas a otros compradores a través de los hijos de su esposa.

Martha Sahagún y Vicente Fox han participado en al menos 32 empresas en las cuales se hacen triangulaciones, para ver la magnitud de estos la esposa de Fox recibió más de medio millón de dólares el 14 de julio de 2006, en dos traspasos realizados a la cuenta 00177617256 de Banorte (Reporte de la Comisión Bancaria y de Valores). Entre 2005 y 2006 esa cuenta recibió más de 12 millones de pesos provenientes del Grupo Estrella Blanca que la presidencia había favorecido con jugosos contratos. La Secretaría de la Función Pública detectó en 2007 una discrepancia de más de 27 millones de pesos entre los ingresos y los depósitos en cinco cuentas de Vicente Fox y su esposa. La averiguación de la PGR sobre enriquecimiento inexplicable seguía abierta hasta el 14 de enero del 2017. Sus hijastros se hicieron millonarios al comprar lotes de casas en supuesta subasta a precios risibles, por ejemplo, un lote de 163 casas abandonadas en menos de un millón de pesos. (copias de los documentos pueden encontrarse en: Raúl Olmos, Fox Negocios a la sombra del poder, Grijalbo, 2017).

11 EL SEXENIO DE ENRIQUE PEÑA NIETO

PREÁMBULO

Realizar un análisis de un sexenio que recién termina acarrea dos dificultades: la primera es que la cercanía de los eventos puede distorsionar la objetividad de los juicios, y la segunda, los programas y reformas estructurales del presidente Enrique Peña Nieto son de largo plazo, los beneficios no se verán antes de 10 años. Va a ocurrir en el sentir general lo que pasó con el presidente Salinas de Gortari, fue el presidente más repudiado en su momento por la firma del Tratado de Libre Comercio de América de Norte (TLCAN). Se le acusó de entreguista de la soberanía nacional al abrir los mercados mexicanos a Estados Unidos y a Canadá. La ironía es que hoy nadie quiere que el TLCAN termine pues los beneficios 23 años después son obvios.

El sexenio inicia con la toma de posesión de Enrique Peña Nieto, se hizo de tal manera que recordó los tiempos del viejo régimen, cuando se realizaban discursos grandilocuentes y anuncios rimbombantes sobre las acciones de gobierno, en el marco del naciente Pacto por México, y con un discurso en el que las palabras democracia y cambio se convirtieron en el hilo conductor del mensaje que exponía el presidente de la república a todos los mexicanos. Era importante hacerlo así, las tomas de posesión de los dos anteriores presidentes estaban ensombrecidas, la de Fox por el descubrimiento de recursos financieros ilegales a través de la agrupación «los amigos de Fox»; y la de Calderón por un acto en que tuvo que entrar por la puerta trasera y escondido para tomar posesión, por la acusación de fraude electoral contra el candidato del PRD, López Obrador. Era el regreso del PRI desde la oposición lo que legitimaba a Peña Nieto por encima de Calderón. Por paradójico que resulte, luego de 12 años de gobiernos federales panistas, el Partido Revolucionario Institucional (PRI) regresaba al poder, enarbolando las banderas del cambio y de la transformación del país en un régimen democrático.

Es necesario señalar que Peña Nieto llega a la presidencia en medio de un proceso electoral cuestionado por la izquierda, con fuertes señalamientos de ser un candidato hecho por los medios, principalmente Televisa. Además, las redes sociales de los llamados «tontos útiles» venía insistiendo en las movilizaciones sociales organizadas por el movimiento social #YoSoy132, que nunca puso en entredicho la legitimidad del sistema político mexicano, pues sus líderes rápidamente recibieron trabajos en las empresas que cuestionaban. Los saldos de estos hechos es que el candidato del PRI tomó la titularidad del Ejecutivo federal con la suficiente legitimidad política y que, por lo tanto, un objetivo central para el inicio de su gobierno era utilizarla para hacer una gran convocatoria a los grandes partidos políticos para realizar reformas estructurales que redefinieran al país y lo modernizaran. Todo el discurso de los primeros dos años tuvo el propósito fundamental la aprobación y la implementación de las llamadas «reformas estructurales»; que para muchos son políticas de corte neoliberal que piden los grandes capitales en función de desregular los derechos laborales y permitir la inversión privada en sectores estratégicos de la vida nacional.

REFORMAS ESTRUCTURALES

La implementación de las grandes políticas, que algunos llamaron de ajuste estructural, otros como neoliberales y algunos más como capitalismo financiero global, viene gestándose en el país desde principios de la década de los ochenta del siglo XX. Sucesivamente los gobiernos de Miguel de la Madrid (1982–1988), Carlos Salinas de Gortari (1988–994), Ernesto Zedillo (1994–2000), Vicente Fox (2000–2006), Felipe Calderón (2006–2012) y ahora Enrique Peña Nieto (2012–2018) han hecho modificaciones legales y de políticas públicas que han desmantelado algunas áreas del estado, fruto de la revolución mexicana, y han construido el andamiaje institucional y legal para transformar a México en un país de corte eminentemente moderno y de una tendencia neoliberal. Algunos autores afirman que a diferencia de otras naciones como Brasil y Argentina, los gobiernos mexicanos han seguido a pie juntillas los dictados y planteamientos de los organismos económicos mundiales como la Organización para la Cooperación y el Desarrollo Económicos (OCDE) y el Fondo Monetario Internacional (FMI), que exhortan a cambiar las funciones del estado para convertirlo en una institución que genere certeza jurídica a la inversión capitalista, y a liberalizar y mercantilizar la economía lo más posible.

Las reformas estructurales en temas sustantivos como el trabajo, la energía y las telecomunicaciones, es una forma de impulsar la competitividad que el país ha ido perdiendo, pues la competitividad del país, su crecimiento y desarrollo requieren de políticas públicas responsables y a tono con la carencia de recursos para no seguir subsidiando a las clases medias y los ricos.

En 2013 y 2014 las reformas impulsadas por el Ejecutivo federal fueron: educativa, en telecomunicaciones, financiera, hacendaria, político electoral y energética; a estas se puede agregar la reforma laboral, que se aprobó en la última semana del gobierno de Felipe Calderón, pero que fue promovida por Enrique Peña Nieto y aprobada en la actual legislatura.

En lo referente a la reforma hacendaria, se anticipó que Enrique Peña Nieto se plegaría a las recomendaciones de la OCDE que planteaban que México debería incrementar el impuesto al valor agregado (Iva) de 16% a 19%, y que como también lo propuso la Confederación Patronal Mexicana (Coparmex), se aplicara el IVA a alimentos y medicinas de 5%. No fue así. El presidente mantuvo el IVA en 16% y la exención a alimentos y medicinas. Lo cual es un error que más tarde que temprano el gobierno deberá corregir pues con ello se sigue subsidiando a quien no lo necesita: la clase media y la clase alta.

Es cierto que hubiera resultado muy conflictivo para el actual gobierno hacer una reforma hacendaria desde una perspectiva claramente neoliberal, ya que esta se aprobó cuando las movilizaciones magisteriales en contra de la reforma educativa estaban en su clímax y en el PRI existía un amplio rechazo a esas medidas. La reforma educativa, en realidad, fue una modificación a la relación laboral de los docentes con el estado, y el retomar por parte del estado las riendas de la educación que Calderón terminó por entregar al magisterio en su pacto con Elba Esther Gordillo a cambio del voto de este que le dio el apretado triunfo al panista. Esta situación provocó múltiples movilizaciones sociales. En este contexto, proponer el aumento al IVA hubiera resultado un suicidio político; por ello, Peña Nieto y su equipo optaron por proponer una reforma hacendaria con otro rumbo.

Ahora bien, es cierto que México recauda muy poco (13% del producto interno bruto), que entre 32% y 40% del presupuesto del estado es financiado por los impuestos que se cobran a Pemex, y que los grandes consorcios no contribuyen al erario; por ejemplo, a Televisa le condonaron 3,334 millones de pesos de impuestos en 2013. En este escenario tampoco era una opción dejar las cosas como estaban y, por lo menos en la propuesta, Peña Nieto optó por recaudar impuestos a los que más ingresos tienen; esta decisión hizo que el Ejecutivo obtuviera el respaldo del Partido de la Revolución Democrática (PRD) y la crítica de Acción Nacional (PAN).

Los puntos más importantes de la reforma hacendaria son:

- Mantener el IVA en 16% y la exención en alimentos y medicinas.
- Crear la pensión universal y el seguro de desempleo por seis meses.
- Eliminar, parcialmente, los regímenes especiales de sectores no estratégicos, es decir, los llamados esquemas de consolidación fiscal.
- Aumentar, de manera progresiva, el impuesto sobre la renta (ISR) para aquellas personas que ganan más de 750 mil pesos al año (32%).
- Igualar el IVA a 16% en zonas fronterizas (donde el IVA era de 11%).
- Poner impuestos a productos que no representan un alimento como los refrescos o las gomas de mascar.
- Cobrar impuestos (10%) a las ganancias obtenidas en la especulación en la bolsa de valores (la llamada tasa Tobin) que permite gravar los ingresos bursátiles.
- Cobrar un impuesto de 7.5% a las ganancias por la extracción minera.

La mayor parte de las medidas mencionadas habían sido recomendadas por académicos y especialistas que demandan una mayor regulación de los capitales y, por lo tanto, la posibilidad de generar medidas más redistributivas. Además, la presión social logró que no se aprobara la propuesta de quitar la exención de impuestos al pago de colegiaturas, a la renta de viviendas y a las transacciones de casas con un costo menor a un millón y medio de pesos.

La fragilidad de las reformas

Los más críticos de esta reforma plantean tres riesgos: que termine castigando solo a las exiguas clases medias del país, que los números no «cuadren» y que las promesas de gasto social no puedan ser cubiertas por los nuevos ingresos, y que no se haya presentado una propuesta clara y precisa de trasparencia en el ejercicio fiscal y compromisos para evitar el despilfarro y la corrupción. Estos argumentos fueron propalados por el PAN realizando una serie de movilizaciones que fueron apagándose poco a poco.

La reforma político electoral también fue aprobada casi al final de 2013, de forma fast track. Esta reforma tuvo dos problemas de origen. El primero es que para resolver las fallas y las graves deficiencias del sistema político mexicano era necesario hacer una reforma del estado. Este tema fue manejado en el proceso de alternancia política que llevó a Vicente Fox a la presidencia; sin embargo, la iniciativa fracasó y quedó como uno de los grandes saldos del panismo. En 2012, nuevamente, hubo alternancia en el poder político y, como en 2000, el mensaje central de la campaña del ahora presidente era el cambio. Tampoco esta vez sucedió y la necesaria reforma del estado se quedó en una insuficiente reforma político electoral.

El segundo problema de origen es que la aprobación de la reforma política se encadenó a la aprobación de la reforma energética; es decir, no se le dio su propio espacio, su propio tiempo y el necesario proceso de discusión y deliberación social que requería. Recordemos que una modificación de reglas en el sistema político requiere el consenso y la aceptación de todos los actores sociales y políticos; derivado del anterior, la poca discusión en la opinión pública sobre la reforma se centró en la creación del Instituto Nacional Electoral (INE), dejando de lado el resto de los componentes de la reforma que también resultaban muy importantes. Dicho de otra forma, las modificaciones legales al sistema político son estructuralmente insuficientes y no cuentan con el soporte de legitimidad y consenso que requieren. En las elecciones del 2016 y del 2017 se comprobó el fracaso de esta reforma. Obviamente se realizó la contentillo de los perdedores poniendo candados imposibles de aplicar al modelo de comunicación y al control y fiscalización de los gastos en las campañas electorales.

En este marco de interpretación más amplio vale la pena analizar por separado cada uno de los cambios más importantes planteados por el Poder Legislativo. La reelección de diputados federales, diputados locales, senadores y presidentes municipales, en principio, parece una buena medida, ya que se convertirá en un incentivo para fomentar las carreras parlamentarias o para que los gobiernos municipales puedan proyectar gestiones a mediano plazo. Esto, posiblemente, impacte en el descenso del «chapulineo» de funcionarios y provoque que los legisladores y los alcaldes realicen una mejor labor frente a la ciudadanía, de la cual buscarán el voto. Sin entrar en la posibilidad de que las leyes secundarias perviertan las bondades de estas modificaciones (en México y con la clase política existente siempre es posible), una ausencia grave de la reforma es la revocación del mandato, que sería la figura que ayudaría a generar los contrapesos institucionales más importantes frente a la reelección. Esta ausencia pone en entredicho las bondades de estas modificaciones y si no se acompaña la reelección con figuras de participación ciudadana, controles y candados, el riesgo de profundizar la partidocracia es muy alto.

Tres aspectos que parecen lo más positivos en esta reforma político electoral son: la determinación de que 50% de las candidaturas a diputados federales y senadores serán para mujeres; que se puede anular una elección cuando se rebase en 5% los topes de campaña y la diferencia entre el primero y el segundo lugar sea menor a 5% de la votación, así como que se incrementa desde 2% a 3% el umbral para que un partido político mantenga el registro. Como siempre, existe la posibilidad de pervertir estas mejoras, y una es que la nulidad por el rebase de topes de campaña, condicionada a un porcentaje de diferencia entre el primero y el segundo lugar, puede provocar que los partidos busquen a toda costa los «carros completos» en las elecciones, es decir, que basen sus estrategias en generar una diferencia mayor a 5% y luego pagar las multas correspondientes.

Finalmente, el asunto más controversial de la reforma política es la creación del INE, que sustituye al Instituto Federal Electoral (IFE). Las componendas políticas y las presiones propiciaron que la nueva figura no convenza a nadie, que deje buena parte de los asuntos más trascendentes en la incertidumbre y que no se construya una institución que resuelva, efectivamente, los fuertes problemas que aquejaron al IFE. Una de las deficiencias del debate en este tema es que los críticos a la reforma no asumieron que el IFE estaba pasando por una crisis de legitimidad y que sí se necesitaban cambios.

Inmediatamente después de la aprobación de la reforma político electoral, tanto la cámara baja como la alta aprobaron, en menos de una semana, la reforma energética. PRI, PAN, Partido Verde y Nueva Alianza conformaron un bloque para lograr los cambios de los artículos 27 y 28 de la Constitución. Primero hay que señalar que esta reforma no plantea una política energética de estado, no retoma de manera objetiva el impulso a las energías alternativas (solar y eólica) y el tema de la sustentabilidad está ausente. La reforma aprobada se centra en permitir la inversión privada en todos los sectores de Pemex y de la Comisión Federal de Electricidad (CFE). Podemos señalar, sin temor a equivocarnos, que es el mayor proceso de privatización en México después de las reformas al artículo 27 en el mundo rural, durante la presidencia de Carlos Salinas de Gortari.

Uno de los asuntos más preocupantes de esta reforma es que hasta el día de su primera aprobación solo se hablaba de los contratos de utilidad compartida, es decir, de alianzas comerciales entre empresas y el gobierno que se repartían las ganancias obtenidas luego de la extracción de petróleo. En el último momento apareció la figura de producción compartida y las licencias, donde no solo se comparten ganancias sino que las empresas se pueden adueñar del petróleo extraído; es decir, se les puede pagar en especie. Junto con estos cambios, ahora podremos ver, en el mercado energético nacional, a empresas extranjeras. El argumento mediático que utilizó el gobierno es que los usuarios tendrán mejores servicios y precios.

ECONOMÍA Y SEGURIDAD

Deuda creciente, bajo crecimiento y recortes al gasto han caracterizado la política económica de México durante la administración del presidente Enrique Peña Nieto, lo que ha opacado el impacto de las reformas estructurales.

La situación se complicó en 2016. De entrada, la decisión del Reino

Unido de abandonar la Unión Europea llevó a la Secretaría de Hacienda, entonces liderada por Luis Videgaray, a realizar un recorte al gasto por 31,715 millones de pesos (mdp), mientras que el Banco de México (Banxico) aumentó su tasa referencial en 50 puntos base. A esto se sumó el golpe por el triunfo de Donald Trump en la elección por la presidencia de Estados Unidos.

La aprobación de las reformas estructurales se vio como un éxito, pero ahora que se enfrentan a la realidad, vimos que no tenían previsto un impacto de mediano plazo y no han incidido en los índices de aprobación de Peña Nieto porque la gente no ve reflejado nada en su vivir cotidiano, Como lo hemos señalado anteriormente, la mejoría en los bolsillos de las mayorías poder tardar al menos 10 años en hacerse realidad.

Mientras tanto, Trump ha amenazado con frenar las inversiones de empresas estadounidenses en México además de renegociar el Tratado de Libre Comercio de América del Norte (TLCAN), lo cual ha exacerbado las vulnerabilidades de la economía mexicana.

En estos últimos cinco años, la medición más amplia de la deuda, es decir, el Saldo Histórico de los Requerimientos Financieros del Sector Público (SHRFSP), aumentó 11.6 puntos porcentuales a 48% del Producto Interno Bruto (PIB). Este aumento es reflejo de la autorización que en 2013 el Congreso otorgó al Gobierno federal para implementar una política de mayor contratación de deuda para tratar de impulsar el crecimiento de la economía. Sin embargo, en el sexenio de Enrique Peña, la economía solo ha crecido en promedio 2.1% anual.

No cumplió con el crecimiento, independientemente de que el entorno mundial se complicó. Este año con mucho trabajo llegará al 2,5% cuando tendríamos que estar creciendo muy por arriba del 3%, los criterios de política económica para este año era crecer en 3.8%. Si no crecemos no hay generación de empleos bien pagados y no se resuelve la desigualdad.

En medio de estas debilidades internas, el panorama externo también se ha encargado de aletargar a la economía y generar volatilidad en los mercados financieros de México, en donde los especuladores han aprovechado las vulnerabilidades para apostar en contra del peso.

La moneda mexicana registra una caída de 37.89% ante el dólar desde diciembre de 2014, no obstante, la tenencia de deuda gubernamental en manos de extranjeros ha aumentado en 541,496 mdp, a 1.997 billones de pesos (bdp) al 23 de noviembre de 2016, pero lejos del máximo de 2.180 bdp que alcanzó en febrero de 2015.

Por otro lado, en la administración se ha creado un máximo de tres millones de empleos, lo que ha permitido que el consumo privado mantenga a flote la economía y se alcance un mínimo histórico en la tasa del desempleo. Nunca, desde que se mide el desempleo éste había sido tan bajo como en este 2017.

Por lo pronto, las agencias calificadoras Moody's y Standard & Poor's seguirán con lupa el desempeño de las finanzas públicas de México y el avance en la revisión del TLCAN, ya incrementaron la calificación crediticia del país, por lo anterior y por lograr frenar el crecimiento de la deuda pública.

El entorno externo todavía va a ser muy complicado, se tiene que dar un vuelco si quiere mejora la situación económica, tal vez una reforma fiscal que incentive la inversión y el mercado interno.

Al cierre del sexenio del presidente Enrique Peña Nieto la economía habrá crecido en promedio un poco más 2.1 por ciento por año, el desempeño similar a los últimos dos sexenios.

La Secretaría de Hacienda y Crédito Público (SHCP) dio a conocer los Pre-Criterios Generales de Política Económica, donde informó sobre sus expectativas de crecimiento en 2017 y 2018. Para este año se prevé que la economía crecerá 1.8 por ciento, que es la media del rango establecido, de 1.3 a 1.8 por ciento. Para 2018 la estimación es de 2.5 por ciento.

Aunque la tasa de crecimiento es más baja de lo prometido, en el presente sexenio se dieron los cambios estructurales más fuertes que ha tenido la economía mexicana desde los ochenta con Salinas de Gortari. Si bien este 2.1 por ciento está por debajo del PIB potencial, realmente se sacrificó crecimiento a corto plazo para poder generar un mayor crecimiento potencial en el largo plazo.

El problema de la baja popularidad de Peña Nieto es que el gobierno generó mucha expectativa con las reformas estructurales y de alguna manera se pensó que los beneficios serían en el corto plazo debido a una falla enorme en la comunicación del gobierno. Fue decepcionando por dos razones, una es el complicado entorno externo y otra por algunos malos manejos de comunicación internos.

No ha sido bien aprovechada la implementación de las reformas. Se prometió crecimiento arriba de cuatro por ciento y luego disminuyó hasta un dos por ciento actualmente. Y es que la pesada herencia que tiene la actual administración fue que Calderón movió y asustó el «avispero» del narcotráfico y del crimen. Ha sido un pesado legado, después de las reformas y el entorno económico externo, es el principal obstáculo para el crecimiento de la economía mexicana: la inseguridad, la impunidad y la corrupción.

Remesas y cuenta corriente

El sexenio también se está caracterizando por el milagro de las remesas, que cae como maná de Estados Unidos, y que está resultando crucial para contrarrestar, al menos de forma parcial, el retroceso de la entrada de divisas del petróleo junto con los ingresos por turismo. De enero a junio del 2017, el monto en dólares de las divisas por remesas alcanzó una cifra récord de 13,156 millones de dólares (mdd), y el de ingresos por viajeros internacionales de 10,063 mdd, muy por encima de las exportaciones petroleras (8,103 mdd).

Aun así, el desplome de las exportaciones petroleras y la reciente contracción en las exportaciones manufactureras ha desembocado en un deterioro sustancial del déficit por cuenta corriente. En el primer trimestre de 2015, el déficit corriente se elevó al 3% del PIB y ha permanecido en torno a esos niveles durante el último año y medio.

Los capitales de largo plazo han seguido afluyendo hacia México. En el 2013, gracias a la compra del Grupo Modelo por la belga AB InBev, alcanzó una cifra récord de 46,902 mdd. Pero más allá de esa operación excepcional, el flujo de IED ha permanecido vigoroso durante lo que llevamos de sexenio seducidos por la atracción del sector automotriz, el de telecomunicaciones y el petrolero, con Estados Unidos como principal país inversionistas. Dicho esto, el deterioro del déficit corriente ha provocado que el país cada vez sea más dependiente de los capitales de carácter más inestable y efímeros para financiar sus necesidades externas.

Esa mayor dependencia se ha dejado sentir sobre el peso mexicano. La expectativa de subidas de tasas en Estados Unidos ha significado la salida de inversiones de cartera de México, lo que se ha traducido en una depreciación del peso mexicano, lo que ha forzado al Banco de México (Banxico) a subir las tasas con el objetivo de retener los capitales y frenar la caída de la divisa. Al inicio del sexenio, la tasa se ubicaba en 4.5%, pero durante 2013 y 2014 se recortó a 3.0%. Ahora bien, la reciente presión sobre el peso forzó al Banxico a incrementar la tasa en 1.25 puntos porcentuales desde diciembre del año pasado al actual nivel de 4.25%. En lo que llevamos de sexenio, el peso se ha depreciado un 31.8% contra el dólar. Peor le fue al peso argentino (-67.1%), al rublo ruso (-53.4%), al rand sudafricano (-42.2%) o al real brasileño (-36.8%)

Estados peligrosos

Durante el sexenio de Felipe Calderón, de las 83 mil 191 ejecuciones el Estado de Chihuahua fue el más sangriento, con 16 mil 467. Actualmente, en la administración de Enrique Peña Nieto, el Estado de México se erige como el más cruento, superando incluso a Guerrero y Chihuahua:

Estado de México, en primer lugar: 8 mil 845 ejecuciones en tres años, del 1 de diciembre de 2012 al 30 de noviembre de 2015.

Le sigue, en segundo lugar, Guerrero, con 6 mil 040; en tercer escaño se ubica Chihuahua con 5 mil 176; en cuarto, Jalisco, con 3 mil 946; y Michoacán en quinto sitio, con 3 mil 629.

Después, entre el sexto y décimo lugar como los Estados más

sangrientos se ubican, en ese orden: Sinaloa en sexto sitio con 3 mil 514; en séptimo, la Ciudad de México con 3 mil 212; Tamaulipas con 2 mil 660; Veracruz registra 2 mil 600 asesinatos y Baja California, en décimo lugar todavía, con 2 mil 547.

En el final del sexenio de Enrique Peña Nieto, Guanajuato, Colima, Veracruz y Oaxaca son los nuevos focos rojos. Mientras en la administración de Felipe Calderón, Guanajuato registró mil 999 homicidios dolosos en los seis años, solo en los primeros tres años de administración peñista se documentaron 2 mil 448, escalando del lugar número 14 en el mandato calderonista, al onceavo sitio en la gestión peñista.

Y Oaxaca es evidentemente otro foco rojo: Mientras en todo el sexenio calderonista se registraron mil 246 homicidios dolosos, en el primer trienio de Peña Nieto suman ya 2 mil 348, subiendo del lugar número 20 al sitio número 12 entre el sexenio anterior y el actual.

Ahora bien, en cuanto al problema de la inseguridad en el país, los índices delictivos no bajan, se mantienen las tendencias en las cifras de personas muertas, desapariciones y desplazamientos, e incluso hay zonas de México que muestran un franco vacío de la presencia del estado; por ejemplo, algunos territorios del estado de Michoacán donde el control por parte de bandas delictivas es casi total. Esto ha propiciado la multiplicación de las llamadas autodefensas (distintas de las policías comunitarias), que ante las situaciones de conflicto social e ingobernabilidad optan por la vía armada para defenderse. Más allá del origen de estos grupos y de los problemas legales y éticos que puede implicar, lo cierto es que surgen porque hay problemas que el estado no resuelve; dicho de otra forma, en algunas regiones de México pasamos del estado fallido al estado vacío.

De acuerdo con las cifras oficiales, los homicidios dolosos en el país descendieron en 10%; sin embargo, los secuestros se dispararon por arriba de 30% y las extorsiones también registraron un aumento considerable. Frente a estos problemas, hay declaraciones de parte de los responsables de la seguridad del país y algunas modificaciones, como la creación del mando único policial en los estados, pero hasta ahora no se vislumbran virajes que muestren un verdadero cambio de ruta en la estrategia para enfrentar el problema de la delincuencia organizada.

EL FINAL DEL SEXENIO

A continuación, se presenta un repaso de los principales hechos y acontecimientos que han marcado el derrotero de la gestión del actual presidente de México. Nunca en la historia se había intentado realizar reformas de gran calado. Por ello, el discurso del presidente Peña Nieto y de sus aliados políticos que estos cambios legales llevarían al país a resolver problemas nodales de la vida pública mexicana en el lago plazo, más allá de los veinte años. Las reconocimiento internacional -al grado que el presidente de Francia dijo que él no podría lograr tales cambios en su país- y muchos aplausos y reconocimientos en la escena nacional para el mexiquense.

No se puede dejar de recordar los premios que otorgaron organismos internacionales al novel presidente y a algunos de sus colaboradores, que incluso llevaron a la publicación de aquella portada en la revista Time donde llamaron a Peña Nieto «el salvador» del país.

Sin embargo, el triunfo de ese comienzo se fue difuminando poco a poco y el mandatario de México ve decrecer su popularidad debido al incremento en la violencia y a varios casos de corrupción de gobernadores del PRI.

María Marván Laborde afirma que es necesario reconocer que el Pacto por México fue un fracaso, a pesar de su eficiencia para reformar la Constitución. Las llamadas reformas estructurales logradas a través del acuerdo de los presidentes del PAN y del PRD con Peña Nieto están lejos de haber concretado las transformaciones esperadas, principalmente porque fueron diseñadas para el largo plazo.

Todos sabemos que es más sencillo cambiar la ley que convencer a la sociedad de las ventajas de caminar en una dirección distinta. Las reformas económicas y sociales requieren algo más que el acuerdo entre tres personas que, en su momento, despreciaron la necesidad de hacer política o bien, consideraron que podían hacer política viéndose al espejo.

El nivel de conflictividad social alcanzado en las últimas semanas del final de sexenio habla de una profunda descomposición social y revela, cada día con mayor crudeza, la falta de acuerdos entre la clase política, pero sobre todo entre la sociedad y los partidos políticos.

El Pacto por México fue un acuerdo cupular que ni siquiera incluyó a sectores o fracciones importantes del PAN, del PRI o del PRD, mucho menos a sus electores. Las reformas constitucionales pudieron concretarse gracias a trueques evidentes e intercambios inconfesables. La Reforma Política a cambio de la Energética, etcétera.

El centro de la negociación siempre estuvo lejos de San Lázaro o el Senado; los líderes, literalmente, se impusieron a sus fracciones parlamentarias. La debilidad actual de Madero y Zambrano al interior de sus propios partidos es el costo que han tenido que pagar por la forma en la que se procesaron dichas reformas.

La Reforma Educativa se hizo de espaldas a los maestros y a la sociedad. La beligerancia de la CNTE está por derribar los planteamientos esenciales de la reforma; ya se reinstaló a los faltistas y no falta mucho para que se esfume la evaluación. El conflicto con los maestros no terminó en vacaciones como se esperaba, llevamos tres meses de movilizaciones y los profesores que se oponen a la evaluación están considerando no regresar a clases a fin de mes. Nochixtlán les dio los muertos necesarios para radicalizarse.

Los bloqueos y el vandalismo a los comercios han tenido un altísimo costo económico y, como si hiciera falta, le han dado motivo a los empresarios para organizarse y exigir al gobierno que demuestre su capacidad de gobernar.

Los organismos empresariales amenazaron con dejar de pagar impuestos, cuotas del Seguro Social e Infonavit. El gobierno prometió responder con mano dura a quien se atreva. Para suavizar la amenaza, Osorio Chong prometió otra mesa de negociación. El enojo empresarial sería inexplicable sin la irritación que se viene arrastrando desde la Reforma Fiscal. No se puede minimizar el éxito del paro de 24 horas del sector productivo en Oaxaca.

Por su parte, cada vez será más difícil para el gobierno convencernos del éxito de la Reforma Energética, cuando las inversiones extranjeras millonarias no han llegado y los precios de la gasolina suben, a pesar de que el petróleo ha bajado y cuando la CFE anunció el encarecimiento de la electricidad, especialmente la utilizada en los procesos de producción. Otro golpe al empresariado.

Al ver el fracaso de la política al momento de legislar, no podemos dejar de pensar en el magnífico discurso de Edmund Burke a los electores de Bristol cuando acababan de elegirlo miembro del Parlamento. Dijo entonces que un representante no podía votar por los intereses de su distrito, que debía tener altura de miras y velar por el Bien Común, entender los grandes intereses y hacer suyas las preocupaciones de la sociedad. Creo que los pactistas mexicanos entendieron que la sociedad es prescindible para gobernar y que, tomadas las decisiones, todo es cuestión de mercadotecnia.

Los tropiezos de Peña Nieto en la arena política

La reforma educativa impulsada por el presidente de México generó el modelo educativo que puede cambiar la historia del país. Si bien es cierto que la reforma tiene muchas virtudes, es evidente que la forma de procesarla en la primera etapa causó más problemas que soluciones y las supuestas bondades de estas modificaciones legales no han logrado mejorar de fondo la calidad educativa, más bien se ha convertido en una fuente permanente de conflicto con la Coordinadora Nacional de Trabajadores de la Educación y con algunas secciones del Sindicato Nacional de Trabajadores de la Educación (SNTE).

Sin duda alguna uno de los hechos que hasta este momento ha marcado el sexenio de Enrique Peña Nieto es la desaparición de 43 normalistas de la Escuela Normal Rural Isidro Burgos de Ayotzinapa en el por no haber sabido manejar la crisis y dejar en claro que era un problema del gobierno local y no tenía por qué adjudicarse al gobierno federal. Este asunto puso en evidencia, entre otras cosas, el problema corrupción en el partido político del PRD, la incapacidad del sistema de justicia para procesar este tipo de casos y refleja los altos y preocupantes niveles de corrupción e impunidad en el país, además de que mostró la grave crisis de derechos humanos por la que atraviesa México.

Siguiendo con el tema de los derechos humanos, en el periodo de Enrique Peña Nieto la relación del gobierno federal con los organismos internacionales más bien ha sido ríspida y de conflicto. Entre abril y mayo de 2015 el relator Juan Méndez, visitó México, sus conclusiones fueron que en nuestro país se practica la tortura de forma sistemática y generalizada, desde el momento de la detención hasta que se pone a disposición de los jueces a los detenidos. Esta práctica se hace fundamentalmente con fines de investigación y castigo, ante la incapacidad de contar con otros instrumentos. La respuesta del gobierno de Peña Nieto fue minimizar los resultados del informe, criticar públicamente los hallazgos de Juan Méndez y presionar al relator a que matizara sus conclusiones. Los voceros del gobierno federal acusaron al relator de violar el código de conducta del Consejo de Derechos Humanos, por lo que desestimaron sus resultados.

El segundo desencuentro del estado mexicano con los organismos internacionales de derechos humanos fue a propósito del caso de los 43 estudiantes desaparecidos de la normal rural de Ayotzinapa. El gobierno de Peña Nieto dio a conocer la llamada «verdad histórica» que construyó la Procuraduría General de la República (PGR) de que los jóvenes habían sido incinerados en el basurero del municipio de Cocula, Guerrero, por parte del grupo delincuencial Guerreros Unidos, y que por la magnitud del evento no se pudieron obtener restos humanos que corroboraran científicamente esta versión, pero que estaba basada en testimonios de los presuntos perpetradores. La versión resultó poco creíble y el Grupo Interdisciplinar de Expertos Independientes (GIEI) de la (CIDH) analizó Comisión Interamericana de Derechos Humanos el proceso de investigación de la PGR. Este resultado puso en entredicho la versión gubernamental y orilló al gobierno federal a realizar nuevos peritajes para subsanar algunos de los problemas de la controvertida investigación.

El tercer conflicto del gobierno de Enrique Peña Nieto con este tipo de organizaciones se generó a propósito de la visita in loco que realizaron los miembros de la CIDH a nuestro país, a finales del mes de septiembre y principios de octubre de 2015. Nuevamente los resultados del informe incomodaron al estado mexicano, ya que se corroboró que en nuestro país prevalece una grave crisis de derechos humanos que se traduce en violencia, inseguridad, desaparición forzada, ejecuciones extrajudiciales, persistencia de la tortura y de una enorme impunidad. No se hicieron esperar las respuestas de incomodidad del gobierno de México ante las aseveraciones de la Comisión y se acusó al secretario de la CIDH, Emilio Álvarez Icaza, de impulsar a que el informe fuera muy crítico hacia el estado mexicano.

La herencia de inseguridad que le dejó Felipe Calderón al presidente Peña Nieto implica que tenemos son estados donde la inseguridad prevalece (Tamaulipas, Michoacán, Estado de México, Jalisco, Guerrero, Veracruz) o hechos tan lamentables como el proceso de aprehensión y la huida de Joaquín Guzmán Loera, alias el «Chapo», líder histórico del llamado Cartel de Sinaloa, que burló las fuertes medidas de seguridad de uno de los mejores penales del país.

Sin duda alguna, otro de los casos que le generó al presidente una grave crisis política fue el de una vivienda muy costosa de su esposa donde, de acuerdo con diversas investigaciones periodísticas, había un claro conflicto de interés, ya que el Grupo Higa, que había sido beneficiado en varias ocasiones con obra pública en el Estado de México, y luego en el proyecto de tren rápido entre Querétaro y la Ciudad de México, fue el proveedor de esa casa. A pesar de los esfuerzos de resolver esta crisis, el presidente no logró generar una percepción distinta en la opinión pública.

La economía en la administración de Peña Nieto

Las apuestas fundamentales del presidente de México están en la arena económica y la reforma energética a su vez está en el centro de esta apuesta. Esa reforma fue anunciada como la «madre de todas las reformas» y se dijo que se convertiría en la palanca del desarrollo nacional y que sacaría a Petróleos Mexicanos (Pemex) y a la Comisión Federal de Electricidad (CFE) de la crisis en la que están. Hasta este momento esa reforma ha sido un éxito moderado ya que pocas de sus metas se han cumplido debido, principalmente, que los resultados son de largo plazo. Por ejemplo, contamos con mejores empresas públicas, se han detonado procesos de desarrollo sustentables y armónicos, también se comenzaron los procesos de transición a la generación de energías limpias y, sin embargo, la baja en los precios internacionales del petróleo empezó a impactar en la disminución del presupuesto público federal para proyectos de infraestructura. Este rubro es donde el presidente ha tenido mayores problemas, ya que su principal apuesta política y económica no ha tenido todos los resultados esperados hasta ahora.

Para analizar de mejor manera la situación de la pobreza en el país en el periodo de Peña Nieto es necesario observar el desempeño de los estados que mejores resultados obtuvieron en el combate a la pobreza en el periodo entre 2012 y 2017 que fueron Nayarit, Durango, Nuevo León, Jalisco, Aguascalientes y Querétaro. Las entidades donde la pobreza creció más en este bienio fueron Morelos, Estado de México, Veracruz, Coahuila,

Michoacán y Sinaloa.

Los avances que tuvieron algunos estados del país no pudieron compensar el crecimiento de la pobreza en otras regiones.

En cuanto al problema de la desigualdad en el país, en un valioso trabajo de Gerardo Esquivel auspiciado por la organización internacional Oxfam, se expone que en México 1% de las personas más ricas tienen un ingreso que corresponde a 21% de los ingresos de todo el país. Dicho de otra forma, este grupo minoritario recibe uno de cada cinco pesos que ganan los trabajadores de México. Por otro lado, este autor indica que, según el Global Wealth Report 2014, el 10% de las personas más ricas de México concentra 64.4% de la riqueza nacional, es decir, uno de cada diez tiene como patrimonio dos terceras partes de la riqueza de la nación.

FINAL DE SEXENIO Y SUCESIÓN PRESIDENCIAL

Enrique Peña Nieto termina su gobierno y deja al país con cifras de récord de violencia pues si bien tuvo un descenso durante dos años, en el último hubo un repunte importante, un aumento de la deuda pública que fue canalizado principalmente a infraestructura, de la población en situación de pobreza y de la corrupción, según índices nacionales e internacionales.

Antes de dejar el mando federal, Peña Nieto ha defendido que mantuvo la estabilidad económica del país, y que buscó modernizar a México con las llamadas reformas estructurales, aunque ONGs en diferentes reportes señalaron las deficiencias de su administración. El 29 de noviembre escribió su despedida:

> Las responsabilidades son pasajeras, el amor por nuestro país es permanente. ¡Gracias, México!
> Enrique Peña Nieto (@EPN) 29 de noviembre de 2018

Peña Nieto se dijo insatisfecho por el problema de la inseguridad, en sus últimos meses en el poder Ejecutivo, reconoció que los resultados en seguridad en su administración no habían sido satisfactorios.

«El primer eje de mi gobierno es lograr un México en paz», dijo Peña Nieto en su primer discurso como presidente. Sin embargo, al cerrar su administración, 2018 se convirtió en el año con el mayor número de homicidios dolosos del que haya registro oficial en México, con una cifra superior a la de 28 mil 500 víctimas.

La estadística de incidencia delictiva del Secretariado Ejecutivo del Sistema Nacional de Seguridad Pública (SESNSP) arrojó que este año hubo un promedio de casi 4 víctimas por hora. Un nivel que no se alcanzó ni siquiera en los años 2011 y 2012, superando los registros del sexenio de Felipe Calderón.

«Se agudizaron las problemáticas de las desapariciones, de las fosas clandestinas, del feminicidio, de la trata de personas y éste fue el sexenio donde aparecieron las autodefensas en Michoacán y Guerrero principalmente», según un estudio México Evalúa.

En el tema de libertad de expresión, la organización Artículo 19 e instancias internacionales alertaron sobre la violencia en contra de los periodistas en el país, durante el gobierno de Peña Nieto pues en el 2018 fueron asesinados 8 periodistas, y durante el sexenio fueron 47; en el sexenio de Felipe Calderón, la cifra fue de 46.

Como hemos comentado, un caso que marcó a este gobierno fue el de la desaparición de 43 normalistas de Ayotzinapa, tras ser atacados la noche del 26 de septiembre de 2014. Organismos nacionales, como la CNDH, e internacionales como la representación de la ONU en México, acusaron que en la investigación de la PGR hubo diversas fallas, entre ellas tortura contra varios detenidos.

Con el comienzo del último año de la gestión del presidente Peña Nieto también se abre la disputa por las candidaturas presidenciales del año 2018. En el caso del Partido Acción Nacional (PAN) y el PRD y MC van con Ricardo Anaya. En las opciones de izquierda, Andrés Manuel López Obrador contiende por el Movimiento Regeneración Nacional (Morena), mientras que en el Partido Revolucionario institucional y sus aliado va José Antonio Meade, Otro de los apuntados al baile de los precandidatos es el gobernador de Nuevo León, Jaime Rodríguez «el Bronco», quien eventualmente puede contender como candidato independiente.

Evaluación final

Una vez concluido el mandato del presidente Enrique Peña Nieto los aciertos y desaciertos logrados en materia económica durante su sexenio serán materia de debate.

De acuerdo con especialistas, la actual administración será recordada por el impulso de reformas estructurales, por el incremento de la deuda pública, la depreciación de la moneda mexicana y por un estable, aunque bajo crecimiento económico, pero también por sortear graves eventos internacionales como el Brexit, el triunfo electoral de Donald Trump, la guerra comercial China-Estados Unidos (EU) y la renegociación del ahora llamado acuerdo comercial entre México, Estados Unidos y Canadá (T-MEC).

Crecimiento económico

A pesar de las reformas estructurales impulsadas, la economía no prosperó como se esperaba, cierra el sexenio con un crecimiento promedio de 2.5%; lejos de 5% prometido, pero por arriba de 1.8% de Felipe Calderón. Si bien se esperaba un incremento en el Producto Interno Bruto (PIB), este se mantuvo estable y sostenido lo que ayudó a la llegada de mayor inversión al país que supondrá un mayor crecimiento en el futuro. Esta estabilidad permitió el flujo de la Inversión Extranjera Directa que estuvo en alrededor de 192,000 millones de dólares en el 2018 y esto también ayudó a que se tuviera mayor inversión y disminuyera el desempleo, dejando al país con la tasa más baja de desempleo desde 1997. Aunque fueron factores internacionales los que también abonaron a que el país no lograra el avance esperado, están sembradas las semillas para un cambio fundamental y exitoso.

Inseguridad y corrupción

Finalmente, el gran pendiente de la administración saliente y que no logró mejorar fueron los altos índices de inseguridad y corrupción en el país, lo cual afectó en la llegada de más inversión, la inseguridad es un limitante importante para México para temas de inversiones. También la corrupción que al final de cuentas tiene implicaciones en el desarrollo económico del país, estos factores que no se pudieron combatir de forma puntual.

Aunque el gobierno de Enrique Peña Nieto tuvo avances importantes en diversas áreas, como la implementación de las reformas estructurales, persistieron graves problemas que las autoridades no lograron resolver en los que hay mucho por hacer porque, aunque se dieron resultados en la solución de las disparidades económicas y sociales, estas no fueron suficientes para alcanzar un México más justo y equitativo.

Los líderes empresariales aplaudieron la disminución de los subsidios a las gasolinas, calificando esta acción de realismo económico, que favorece las finanzas públicas.

La joya de la corona de logros sociales

Uno de los logros importantes obtenidos por la presente administración es la generación de 4 millones de nuevos empleos, aunque aún se necesita un mayor esfuerzo para crear los trabajos requeridos por un millón 300 mil jóvenes que se agregan anualmente a la Población Económicamente Activa. El sector turismo fue uno de los que presentaron mayores avances en el presente sexenio, llegando a captar 21 mil millones de dólares en 2017 de paseantes extranjeros, y al término de esta administración representará alrededor del 10 por ciento del Producto Interno Bruto con una generación importante de empleos seis destinos (Ciudad de México, Riviera Maya, Cancún, Acapulco, Los Cabos y Puerto Vallarta), que reciben a la mayor parte de los visitantes.

La intención de mantener la participación de México en el Tratado de Libre Comercio de América del Norte, ratificada en las últimas negociaciones realizadas en Washington y su pertenencia al Tratado Integral y Progresista de Asociación Transpacífico (TPP-11) y al Tratado de Libre Comercio Unión Europea-México, vinculan al país a un mercado de consumidores de mil 500 millones de personas en esas zonas, es una estrategia positiva, pues potencia a la economía nacional y genera empleos en el sector exportador. Con la generación de empleos y la aplicación de programas sociales más de 2 millones de personas superaron la pobreza, pero es inaceptable que sigan en esta condición 53 millones de mexicanos.

¿Por qué no funcionan las reformas de Peña Nieto a corto plazo?

Porque están diseñadas para cambiar el país, y sólo en largo plazo se puede lograr lo que se requiere:

a)   Cambios culturales e ideológicos que se correspondan con la nueva base tecno-productiva que se conformó desde finales de los años ochenta del siglo pasado las telecomunicaciones, donde el neoliberalismo se contrapone a los nuevos requerimientos estructurales de esa nueva base.

b)   Es urgente el mantenimiento de la infraestructura avejentada que se creó en el marco de la etapa fordista-keynesiana en transportes y comunicaciones, servicios urbanos, vivienda, etc., donde se necesitan entre 70 y 80 mil millones de dólares anuales en los próximos diez años, con base en estimaciones del CEESP.

c)   Se requieren arriba de 200 mil millones de dólares anuales para destinarlos a la creación de la infraestructura en telecomunicaciones para hacer que toda la tecnología de la informática y los dispositivos móviles sean funcionales a la economía actual, así como introducir la banca ancha de internet, comunicar a todos los municipios del país mediante esta nueva vía de comunicación y permitir el desarrollo virtual de los negocios, los servicios públicos y privados.

d)   Inversión del 2 por ciento del PIB en investigación y desarrollo para adaptar al país en la producción de las nuevas tecnologías de la información.

12 EL SEXENIO DE LÓPEZ OBRADOR (5 años)

La tercera ola de Huntington, en los 80s y 90s, fue el retorno a la democracia de regímenes autoritarios o dictatoriales. Desde el inicio del siglo, otra ola recorre el mundo, la ola del populismo. Los populistas enfrentan a los gobiernos de corte neoliberal en los países insertos en la globalización. Eventualmente los gobiernos populistas se convierten en autoritarios o dictatoriales.

Está de moda elegir al que se dice «independiente», al disruptivo, al «no político metido a política», al «externo recién llegado», a los «que enfrentan la globalización y retornan al nacionalismo» o «al que lucha por los pobres y marginados» y al que ofrece un paraíso. Son muchos los calificativos con que se trata de definir a los políticos que están moviendo las masas. Así, «Populista» se convirtió casi en un epíteto.

El triunfo electoral el 1 de julio de 2018 de Andrés Manuel López Obrador (López a partir de ahora) fue visto como la gran victoria del populismo en América latina y el mundo. Y desde la misma noche electoral, su victoria fue saludada como un modelo por otros movimientos adscritos a esta estrategia política del Foro de Sao Paulo, que ven en el sismo político causado por López el primero de muchas réplicas, especialmente en el continente americano.

Lo que pasó el primero de julio no es el fin del mundo. Es el inicio del fin de un mundo para México, una consecuencia de elegir a quien se sabía era un peligro para México, hoy tenemos el gobierno más inepto y corrupto de la historia, así, con López será el fin por lo menos para el México que conocimos. La destrucción de su economía, de su entramado social y político, y de las instituciones, configuran un país que tardará décadas en volver a reconfigurarse en sus instituciones democráticas. Hoy México, Argentina, Perú, El Salvador y Brasil, ayer Estados Unidos, España, Grecia, Francia, Bolivia y Ecuador. Las victorias de López Obrador, Fernández, Bukele, Castillo y Bolsonaro y, anteriormente, la de Trump parecieron anunciar una nueva era en el mundo. La era de los presidentes payasos, farsantes, absolutistas, mentirosos, corruptos, autócratas, ineptos y destructores de la sociedad y de la democracia.

El éxito electoral de López Obrador y de los presidentes de otros países, es la expresión de una serie de movimientos populistas que en Estados Unidos y Europa vienen de lejos y que se fueron fortaleciendo en los últimos años.

La campaña a favor del Brexit, en Francia el peso creciente del Frente Nacional, también en Holanda, con el Partido para la Libertad en segunda posición y en Austria, Norbert Hofer, y el ultraderechista Partido de la Libertad, hacen ver que esta cuarta ola seguirá creciendo. pero ¿qué es el populismo? Y, ¿por qué está en auge en el mundo occidental?

Carlos de la Torre, profesor de ciencias políticas en la Universidad de Kentucky dice que populismo «Es un discurso que presenta la relación entre pueblo y las élites como antagónicas, de modo que la relación del pueblo con las élites no se puede resolver sin romper con las estructuras institucionales de una sociedad. Por tanto, el populismo no es necesariamente de izquierdas o de derechas, dependerá de cómo se construyan las categorías de pueblo y de élite».

En el caso norteamericano y de Europa, como en el Brexit en Reino Unido, El Salvador, Argentina, Perú, México, Venezuela, Austria o Francia, la categoría de pueblo se construye en términos nacionales y creando la categoría del otro como el opositor a vencer.

Esa categoría pueblo se puede construir como la construyeron los populistas latinoamericanos de izquierda: como las gentes desposeídas, los marginados, los frustrados, los resentidos y los pobres que son manipulados por los populistas para lanzarlos como carne de cañón en contra, dicen ellos, de la oligarquía, del neoliberalismo y de la globalización. De alguna manera ese tipo de construcción es también la que ha tenido Podemos en España o Syriza en Grecia donde surgió el término que los describe: todos ellos son «los indignados».

El populismo no es una ideología. Es más bien un modo de identificación. Crea identidades. Crea el pueblo como actor político en antagonismo al orden establecido, a la clase gobernante. Las razones de este ascenso hay que buscarlas en los cambios sociales ocurridos en las últimas décadas en el mundo occidental.

Puede haber causas específicas en cada una de estas sociedades, pero también hay una causa común: más y más gente no se siente representada por el sistema político. Podríamos hablar de una crisis de representación, un sentimiento de injusticia entre mucha gente que pensó que los gobiernos salvaban a los bancos o las grandes empresas a costa de la población o que emprendían grandes proyectos que sólo benefician a las élites. Eso deslegitimó mucho el orden político y económico y la visión de la globalización donde subyace, justamente, el auge del populismo y su ataque a ciertas instituciones muestra que esas instituciones tienen problemas muy profundos y fundamentales.

Si bien el populismo tiene algo que ver con los cambios económicos, generalmente es más fuerte entre los jóvenes y generaciones más viejas, hombres, intelectuales seudo marxistas, con bajos niveles de educación y en la pobreza. En este contexto, la vinculación entre clase social y tendencia en el voto fue perdiendo fuerza en México y los países latinoamericanos en la medida que las posiciones entre izquierda y derecha se fueron acercando en lo económico. Desde los extremos, el populismo viene a romper la creciente homogeneidad de los discursos políticos.

López Obrador está destruyendo al país completo en lo social, lo económico, lo político, lo institucional y, lo peor, en lo Constitucional, porque se siente un mesías que está por arriba de la ley y de la Constitución. López está en vías de convertirse en un dictador. Hoy ya se ha convertido en un presidente autoritario y pondrá las peligrosas bases de un totalitarismo sin regreso. Todo el poder del estado se enfoca a destruir todo lo que se oponga a su proyecto de totalitarismo.

Hoy tenemos un narco Estado por la complicidad creciente de autoridades federales y del presidente con los distintos grupos del crimen organizado. Fuentes de la Agencia de Seguridad de Estados Unidos afirma que el 40 por ciento del territorio mexicano está dominado por el crimen organizado y ven a un presidente que no hace absolutamente nada para combatirlos. Tres candidatos a la gubernatura tienen nexos probados con el crimen organizados, dos de ellos ganaron uno en Sinaloa y el otro en San Luís Potosí.

Es común que se afirme que, por casi siete décadas, México fue el reino inverosímil de la Presidencia Imperial. Sin usar, sino por excepción, la coerción física o ideológica, comprando obediencia o buena voluntad con puestos y dineros públicos, el «sistema» o «pan y palo» (como también se le conocía) dio al país cierta estabilidad, orden y crecimiento a costa de su madurez política. México era un país tutelado por el PRI, que funcionaba como una bien aceitada maquinaria de movilidad social y control electoral. Hoy, aquella imagen queda rebasada en los hechos por las acciones y pretensiones de López Obrador, ya no tenemos la presidencia imperial, ahora tenemos al caudillo imperial, el inepto y corrupto emperador de Macuspana, el encumbramiento de López Obrador equivale a llevar al lobo al corral democrático de las gallinas.

Para terminar, podemos preguntarnos ¿Por qué los palestinos tiran rocas? ¿Para atraer la atención? ¿Para mejorar sus vidas? ¿Para hacer progreso rumbo a la creación de un estado palestino? No. Ellos tiran rocas porque quieren que otros sepan que ya es demasiado lo que han soportado, que han sido ignorados y que quieren cambiar las cosas. Como no pueden hacer cambios, lo único que les queda es tirar rocas. De la misma manera, los ecuatorianos, colombianos, chilenos, rusos, franceses, nicaragüenses, bolivianos y mexicanos marchan por las calles clamando cambios, exigiendo reconocimiento a sus demandas.

En ese sentido, habrá pronto palestinos o latinoamericanos en todo el mundo. López Obrador le promete a esa multitud de centroamericanos y cubanos que llegan a México lo que muchos mexicanos no tienen: casa, becas, educación y salud. Esa afrenta se la vamos a cobrar en las calles y en las urnas.

Sus promesas imposibles de cumplir son sacadas del manual del populismo, manipular desesperanza y frustración y llenar las mentes con esperanza. Los populistas saben cómo llegar a las personas necesitadas, sólo requieren frases cortas que puedan ser entendidas y todas ella deben estar contra la globalización y las élites que supuestamente esta genera. Se trata de crear una nueva narrativa, «ellos» ricos, blancos, educados, trabajadores, con gustos para las buenas cosas, de clase media, etc. contra «nosotros» - los desempleados, los no educados, los pobres, los marginados, los indignados, los incultos, en pocas palabras, el pueblo-. Hay que luchar contra los que les roban las oportunidades o concentran la riqueza a través de los negocios. El enojo crece y se hace más obvio. López ha logrado polarizar la sociedad mexicana entre buenos (nosotros) y malos (ellos).

¿Están los empresarios y los globalistas asustados? Por supuesto que no. Existe tanta falsedad en los supuestos y argumentos del populista López, que cada día surge más descontento por la falsedad de sus promesas y de sus dichos.

LA LLEGADA DEL POPULISTA LÓPEZ AL PODER

Todo poder viene del pueblo. Pero ¿a dónde va?

Bertolt Brecht

La mayoría de los populistas de Europa son de derecha, todos los de América latina en este siglo son o han sido de izquierda, Rafael Correa, Andrés Manuel López, Evo Morales, Hugo Chávez y Maduro, excepto Bolsonaro de Brasil.

Los populistas comparten algunas características que, de acuerdo con Hannah Arendt es el juicio político que se aplica para mover a las masas, al pueblo. Tanto se ha extendido el populismo que el analista y político búlgaro, Ivan Krastev (2017), ha llamado a nuestro tiempo «la era del populismo».

Para el populista López, hay una ecuación que siempre le da resultado con sus seguidores, cualquier crítica a su programa de gobierno, proviene de conservadores que no tienen la calidad moral para criticarlo, con ello contribuye a formar una identidad política con sus seguidores. Lo anterior es un peligro para la democracia pues ésta requiere del pluralismo de visiones y del reconocimiento que necesitamos formas pacificas e inclusivas de convivencia social.

La idea de López de un pueblo único, homogéneo y autentico es una fantasía, como lo dijo el filósofo Jürgen Habermas, eso es una ilusión. Los populistas son expertos en crear realidades paralelas que están terriblemente equivocadas y son falsas, pero que sus seguidores no lo ven o no lo creen así. Hemos afirmado en otros espacios (El fracaso de la reforma electoral, CreateSpace, 2017) que después del año 2000 vivimos una "borrachera democrática" y que la resaca vendría muy pronto. Y así fue. El desencanto con Vicente Fox quien no pudo o no quiso hacer cambios extremos a pesar de contar con el bono democrático; y, adicionalmente, el retroceso democrático con Felipe Calderón, condujeron a la frustración y a un ambiente electoral de crispación en el año 2012.

Es cierto que la globalización y sus promesas incumplidas han hecho renacer la ideología del populismo como lo muestran Kurzweil, (2006) y Harari (2017) ya que las nuevas tecnologías en el trabajo están creando una nueva revolución de conciencia de como los seres se conciben a sí mismo y en relación con su entorno.

El populismo contemporáneo busca su configuración dentro de ese entorno caótico, impredecible y difícil de llevar para las masas trabajadoras. Por ello, el populismo actual puede ser concebido como "un indicador de las dislocaciones, reformas y desenvolvimientos de la existencia social y política de las circunstancias ocurriendo actualmente que marcan la continuidad o discontinuidad con el populismo del pasado" (Kapferer, 2019).

Dependiendo de donde se ubique López Obrador, presente o pasado, sus acciones y discurso siempre serán contradictorios.

Populismo, la subversión de la democracia

Los populistas como López prometen reconfigurar -favorablemente para el pueblo – el bienestar social, la justicia, los privilegios y la relación con la ciudadanía conduciendo a niveles de paz y moralidad social. Ello es seguir las reglas que otros populistas han seguido en el pasado, como lo explican Narotzky, 2014; Fassin, 2011; Lambek, 2010; y Robbins, 2013.

De este modo, el populismo del siglo XXI sostiene que contra la hegemonía neoliberal un nuevo proyecto contrahegemónico de la izquierda en América latina debe articular las diferentes luchas democráticas y poder así profundizar la revolución democrática. En este sentido, se puede decir que el populismo que se ha instalado en el siglo XXI, inicialmente con Chávez/Maduro en Venezuela, los gobiernos de los Kirchner en Argentina,

Lula da Silva en Brasil, Correa en Ecuador, Morales en Bolivia, López Obrador en México y Ortega en Nicaragua, se ha presentado como una alternativa a las promesas incumplidas de la democracia representativa y de la globalización neoliberal.

López es un bufón que gana fuerza en los medios por las mañaneras, con una retórica y un estilo que es una caricatura de presidente: autocrático, la figura central de un movimiento y país, el engrandecimiento del yo y las mentiras múltiples acerca de los logros. Aquí yacen las raíces del totalitarismo de la dictadura.

Las elecciones sin la izquierda

López y su séquito argumentan que la pobreza, la pauperización, el precarismo, la desigualdad, el desempleo y el consumismo son producto del neoliberalismo y la globalización, entonces la izquierda debe establecer las bases de la recomposición del tejido social, caminando hacia un nacionalismo extremo. Una vez que existe la identificación del enemigo —la organización económica neoliberal—, el cual actúa como un actor político excluyente que niega por principio las demandas, la solución es el nacionalismo donde la frontera de exclusión que produce el neoliberalismo genera la división de la sociedad en dos campos y por tanto el antagonismo, el enfrentamiento amigo-enemigo.

La izquierda real, la de las luchas sociales, la idealista, la que buscaba la igualdad, la participación de los marginados y la inclusión social, la de Heberto Castillo, la de Cárdenas, la de Verdugo, incluso la de Poniatowska: la izquierda de la gente que se atrevió a pensar en un mundo distinto, en un mundo igualitario, ahora se ve obligada a desaparecer y difuminarse en un frente donde no existen las propuestas progresistas y liberales. Morena se dice ser la izquierda progresista y en la realidad es una masa amorfa de conservadores.

Morena es una marca única, a final de cuentas. Una marca que prometía lo que sus directivos jamás estuvieron dispuestos a cumplir, pero en la que sus seguidores decidieron creer; una marca que ha estado dispuesta a recibir a cualquiera que quiera brindarle su apoyo: desde quien les tiró el sistema en el 88; la que secuestró a sus compañeros de clase; el que robó un fideicomiso de 50 millones de dólares; los que se robaron 11 mil millones de pesos de la línea 12 del metro; hasta quienes estuvieron implicados en la masacre de Iguala; el crimen organizado en Jalisco y Michoacán y un sinnúmero de impresentables que difícilmente saben algo de ser de izquierda. Una marca que no tiene más sustento que el de quien la abandera; un partido que no tiene más sentido que lo que su líder decida. Un partido que hoy, a menos de un año de la elección que podría llevarlo al poder, decide realizar la alianza más irracional de la historia política moderna.

Qué lejos queda el CIDE, que lejos queda el Colmex, qué lejos queda el ITAM, qué lejos queda la cordura: qué lejos queda, también, el sentimentalismo ramplón con el que Epigmenio Ibarra se empeña en describir a un sujeto cuyos hechos no coinciden con sus palabras. Unas palabras que, por otro lado, sus seguidores han decidido tragarse como vengan: "Vamos a seguir con esta postura, que nadie tenga dudas, desconfianza, y, que quede claro, para todos, y de manera especial para la comunidad gay: no somos oportunistas, no luchamos sólo por los votos, luchamos por principios, luchamos por ideales, y no tienen nada que temer: vamos a respetar la diversidad sexual". Palabras, sólo palabras. Toda la campaña y el inicio de gobierno, López repartió cantidades industriales de atole con el dedo.

EL PRESIDENTE MÁS INEPTO Y CORRUPTO DE LA HISTORIA

El populismo es un concepto lleno de contradicciones. Un lugar común de toda esta teorización sobre el «giro a la izquierda» es la distinción entre una «izquierda seria y racional» y la otra, despreciativamente calificada según los diversos autores como «radical» demagógica o populista. La primera incluye como ejemplos paradigmáticos los casos de la Concertación chilena (herida de muerte luego del triunfo de Sebastián Piñera) y el gobierno de Lula en Brasil, si bien hay otros en la región que también podrían encuadrarse en este modelo, como el del Frente Amplio en Uruguay y Alan García en Perú. Ejemplos rotundos e irrecuperables de la segunda serían Cuba y Venezuela, a los que luego se sumaron Evo Morales en Bolivia y el Ecuador de Rafael Correa. Pero la confusión es la nota predominante en estas diversas interpretaciones sobre la reorientación de la política latinoamericana. Valga como elocuente muestran la afirmación de Giuseppe Cocco y Antonio Negri quienes sostienen sin mayores miramientos que «(e)l modelo cubano, o sea el intento de cerrar las diferencias del movimiento y los proyectos revolucionarios dentro de un esquema ideológico, parece haber quedado relegado al pasado» (Cocco y Negri, 2006a, p. 232).3

Volveremos más adelante sobre este tema. Digamos, por ahora, que en el pasado el gobierno de Néstor Kirchner y el de su sucesora, Cristina Fernández de Kirchner, provoca reacciones encontradas entre los teóricos del «giro a la izquierda». El gobierno de hoy, de Alberto Fernández cae en el mismo análisis. Una pléyade de publicistas de la derecha (dentro y fuera de Argentina) no vacila en caracterizarlo como ambivalente, pero, según ellos, con una manifiesta e irresistible tendencia a desplazarse hacia el polo «radical-populista»: su retórica, su estilo de gobernar y algunas de sus ideas evocan inequívocamente las estridencias de los años sesenta y setenta y, tarde o temprano, aseguran, los Kirchner y los Fernández irán a encontrar su lugar junto a Fidel, Chávez, Evo y Correa. Esta es la tesis de la visión más conservadora, representada por Castañeda y Oppenheimer.

Las figuras de Kirchner y Fernández aparecen como la de unos líderes políticos de izquierda que están implementando un proyecto de radicalización democrática para Argentina del cual los ciudadanos de ese país, hombres y mujeres por igual parecen no tener la menor noticia.

López Obrador opera de la misma manera con enormes transferencias en efectivo hacia los pobres, inyecta sumas desproporcionadas a sus proyectos faraónicos donde tanto empresas nacionales como extranjeras se llevan enormes sumas de utilidades sin control alguno. Sería preciso disponer de una concepción sumamente dúctil de las ideologías para poder considerar a gobiernos que logran semejantes hazañas como de «izquierda».

Ser de izquierda, dice Bobbio, es plantear la radical inadmisibilidad –ética, política y social– de la desigualdad. En consecuencia, una izquierda genuina solo puede ser aquella que, sobre la base de un diagnóstico certero respecto de los «orígenes de la desigualdad entre los hombres» –parafraseando el conocido título del *Segundo Discurso* de Rousseau–, proponga una solución radical para poner fin a la injusticia inherente e insanable de la sociedad capitalista

Pero, entonces, ¿qué ocurrió en nuestros países? Lo que ocurrió, y que se encuentra en el origen de toda esta discusión, ha sido el fracaso económico y político del neoliberalismo: si antes se ganaban elecciones haciendo flamear sus banderas –como lo hicieran Menem, Cardoso, Fujimori y Salinas de Gortari–, hoy solo se puede triunfar a partir de una crítica a las políticas inspiradas en el Consenso de Washington. Las causas de este descrédito son concretas y profundas: el neoliberalismo no cumplió con sus promesas de recuperar altas tasas de crecimiento económico, redistribuir la riqueza (vía el mágico «efecto derrame») y mejorar la inserción de nuestros países en la economía mundial, disminuyendo su tradicional vulnerabilidad externa.

Después de más de veinte años de cruentas aplicaciones los problemas de nuestra América no solo perduran, sino que se agravaron. Y, como era de esperar, el «efecto derrame», que distribuiría las nuevas riquezas generadas por las políticas neoliberales entre las masas de pobres y hambrientos, demostró ser una engañifa para consumo de tontos e ingenuos. Y también son un engaño las propuestas de los populistas que disfrazan proyectos neoliberales como de izquierda. El más espurio de todos es el de López Obrador en México.

Con esa bandera explícitamente postneoliberal triunfaron Lula, los Kirchner, Bachelet, Vázquez y Mujica en Uruguay, Mauricio Funes primero y Ayub Nekely en El Salvador, Castillo en Perú, Martín Torrijos en Panamá, Daniel Ortega en Nicaragua y algunos otros, pese a que, como se demostró poco después, ninguno parecía tener serias intenciones de llevar a la práctica lo que había prometido en su respectiva campaña electoral.

Con esa misma bandera también triunfaron Chávez, Morales y Correa, pero con una significativa diferencia: iniciaron cumpliendo con lo prometido y terminaron destruyendo sus países en lo económico y en lo social.

En todo caso, y, para resumir: el fracaso del neoliberalismo y las formidables resistencias populares desatadas en la región precipitaron el advenimiento de nuevos gobiernos con un compromiso, al menos discursivo, de abandonar las políticas que habían sumido nuestros países en una crisis cada vez más profunda.

La "segunda vida" del populismo

En estos tiempos de populismo y populistas, la democracia liberal no tiene asegurada su continuidad. De ahí que en años recientes hayamos visto la proliferación de numerosos libros sobre el tema. Para citar sólo ejemplos ya traducidos al español, podemos referirnos a *Vida y muerte de la democracia*, de John Kean; *Cómo mueren las democracias*, de Steven Levitsky y Daniel Ziblatt o *¿Qué es el populismo?*, de Jan-Werner Müller. En el idioma inglés dos libros que ya son una referencia mundial para entender estos tiempos caóticos. Uno de ellos es, *¿Can democracy survive global capitalism?* de Robert Kuttner, otro es *Why Nations Fail* de Daron Acemoglu y James A Robinson. Ambos analizan el proceso de la prosperidad, la pobreza, el poder y la democracia, presentando evidencias y haciendo propuestas frescas para enfrentar con datos y argumentos las mentiras de los populistas.

Incluso, en México, la revista Configuraciones, dirigida por Rolando Cordera, publicó un número dedicado al populismo que incluye la traducción al español del epílogo del libro *Me the People: How Populism Transforms Democracy*, de la politóloga Nadia Urbinati. Todos estos textos comparten una inquietud por la vigencia y sobrevivencia de las instituciones democráticas.

El prestigiado historiador Timothy Snyder en sus libros: *Sobre la tiranía* y *El camino hacia la no libertad*. Snyder es un especialista en Europa central y del Este (habla inglés, francés, alemán, polaco y ucraniano) y uno de los mayores expertos internacionales en el Holocausto.

En *El Camino hacia la no libertad*, Snyder describe la trayectoria de retorno del autoritarismo a la escena internacional, entre otros factores, como consecuencia de la adopción por Vladimir Putin de una serie de ideas neofascistas que le inspiraron para intervenir en procesos electorales del Reino Unido y Estados Unidos.

Una de las conclusiones más inquietantes de Snyder es que quienes heredaron un orden ya construido, suelen menospreciar los riesgos de su destrucción, aun cuando haya abundantes señales que la anuncian. López ha enviado todas las señales y ha emprendido las acciones fascistas que deberían ya haber sido atendidas.

López Obrador es un convencido de sus visiones, y actúa en consecuencia. Doscientos diez mil millones de dólares a la basura, literalmente, por su capricho de cancelar al Nuevo Aeropuerto Internacional de México (NAIM) en Texcoco. Sin más base que los interesados consejos de sus amigos constructores, optó por el proyecto inútil de Santa Lucía. A seguir tirando dinero, porque ocurre que los aviones no se repelen, y por ende el trío del AICM, Santa Lucía y Toluca no solucionarán el problema que habría desaparecido con el NAIM. Porque para AMLO, se sabe, nada es ciencia. Que expertos en ingeniería y aeronáutica avalasen el NAIM, y no Santa Lucía, no fue importante.

A López le puede pasar lo que sucedió en Argentina, donde llevan cerca de 40 años manejando mal las cosas, el gobierno de Macri enfrentaba una situación similar a la que dejará López: había que corregir a fondo. Macri no quiso hacerlo porque, su base política es escasa, y la de sus enemigos considerable. Por no hacer el ajuste, la economía no pudo mejorar, y ahora está a semanas de perder la reelección y devolver el poder justo a quienes pusieron al país al borde de la crisis. López puede perder el poder en 2021 si no es capaz de mantener mayoría en la Cámara de diputados.

En donde no hay un marco institucional que soporte la democracia, los gobiernos pueden mantenerse décadas, hasta destruir por completo al país. Es el caso de Cuba, Venezuela, Nicaragua y, ahora, Bolivia. En Brasil no les dio tiempo. En México, que parecía haber dejado atrás ese ciclo, y llega López. Parece que sólo Chile había logrado romper con esa tradición latinoamericana.

Para que la corrupción se ejerza sin obstáculos, se destruyen las instituciones aduciendo que será para combatirla. Nada de contrapesos o supervisiones, de cuestionamientos a la sabiduría suprema de López. El Poder Legislativo, y crecientemente el Judicial, están para avalar y aplaudir. Porque el Iluminado considera que su luz, tras la oscura era neoliberal, llevará a una (cuarta) transformación de la República. La Historia (con mayúscula) tiene como imperativo remover los obstáculos que representan los conservadores fifís y sus cacareadas instituciones. Como dijo hace años, al diablo con ellas.

Los mesiánicos construyen una secta en torno suyo, condenando como herejes a todos aquellos que no se unen en la adoración. El que hoy encabeza a México está llevando a una pérdida astronómica de recursos que tanto hacen falta para millones de pobres. Será un sexenio dominado, y recordado, por el paroxismo de la corrupción y de la destrucción del país.

Y al que el dolor brutal que el narco imprime sobre miles de familias a quienes amenaza, secuestra, asesina y extorsiona en total impunidad, le pareciera irrelevante. De ahí la gran paradoja que llevará al fracaso a este proyecto autoritario. La gente quiere paz, con seguridad y justicia. Y desea un gobierno que no abuse, pero que sea valeroso y rinda cuentas. No uno que se arrodille, dejando a su gente indefensa.

LOGROS DE LÓPEZ OBRADOR EN CINCO AÑOS.

NINGUNO.

Se cumplen casi cinco años de la gestión de López Obrador. Un gobierno fallido por donde se quiera ver y cuyo mayor logro es la implantación del cinismo como política pública.

Una administración que hizo más pobres a los pobres, más ricos a los ricos; más poderosos a los criminales organizados; que sumó más muertes violentas que ningún otro gobierno, más feminicidios que nunca; que elevó a niveles de tragedia el desempleo, que destruyó la economía, la educación y el sistema de salud y que hasta hoy es el gobierno más corrupto de la historia.

Aún así, cinco de cada diez mexicanos aprueban a López, lo que confirma que los ciudadanos no estamos exentos a la degradación del Estado mexicano y que tambіén nos hemos convertido en una sociedad de cínicos.

Si sumamos solo 50 de los fracasos más mencionaos del gobierno fallido tendremos los siguientes:

1.- Prometió defender la democracia y a cuatro años es el más eficiente destructor del entramado institucional que requiere la democracia, entre ellos el INE y la SCJN a los que ha atacado con todo el poder del estado.

2.- Prometió no mentir y es un mitómano consumado, con mas de 100 mil mentiras en sus mañaneras.

3.- Prometió no robar y es una de las familias políticas más ladronas y corruptas de toda a historia.

4.- Prometió que no sería diferente a los gobiernos del PRI y del PAN y resultó el peor gobierno de todos.

5.- Prometió que su gobierno licitaría el cien por ciento del gasto y ha ocultado el 99% del gasto.

6.- Prometió austeridad franciscana y vive en un Palacio impensable para una austeridad republicana, el aumento al gasto en la presidencia se incrementó de manera inusitada.

7.- Fracasó la promesa de que primeros serían los pobres. Hoy los pobres son más y, sobre todo, son pobres extremos.

8.- Fracasó su manejo económico y la inflación es la más alta en décadas: 11%, lo que condena a los pobres a no alcanzar la canasta básica, el crecimiento de la economía que fue su principal promesa lo coloca como el peor sexenio desde Miguel de la Madrid en los 80s.

9.- Fracasó en su promesa de que el crecimiento económico en su g gobierno sería de 6 por ciento. Hoy el crecimiento es cercano a cero.

10.- Fracasó en la creación de empleos formales.

11.- Fracasó estrepitosamente en el control de la inflación.

12.- Fracaso en el endeudamiento externo, hoy es el mayor de la historia.

13.- Fracaso en la promesa de bajar el precio de la gasolina a 10 pesos. Hoy es más cara que en Estados Unidos.

14.- Fracasó en bajar el precio de energía eléctrica y hay más apagones.

15.- Fracasó en su promesa de bajar el precio del gas doméstico.

16.- fracasó en su promesa de bajar el precio del Diésel.

17.- Fracaso en su promesa de acabar con la corrupción. Hoy México es uno de los cinco países más corruptos del mundo.

18.- Fracaso en su promesa de acabar con el desabasto de medicinas.

19.- Fracasó en su promesa de que el sistema de salud mexicano sería igual al de Dinamarca. Hoy es uno de los peores sistemas del mundo.

20.- Fracasó en la atención de la pandemia y México ocupa uno de los cuatro peores lugares del mundo.

21.- Fracasó el presidente mexicano en la atención a muertes en exceso; superan las 500 mil vidas perdidas.

22.- Fracasó en atender a trabajadores de la salud; México ocupó el primer lugar mundial en muerte médicos y enfermeras por Covid-19.

23.- Fracasó en rehabilitar el IMSS, el ISSSTE y los servicios de salud pública, los cuales están peor que nunca.

24.- Fracasó en la construcción de cien universidades. Hoy no existe una sola exitosa de esas cien. Ahora anuncia que son 200 las que se construyeron

25.- Fracasó en la contención de la violencia y el crimen.

26.- Fracasó la promesa de que acabaría con las muertes violentas; se aproxima a 165 mil vidas perdidas.

27.- Fracasó al prometer que acabaría con las masacres.

28. Prometió y fracasó en la lucha contra el feminicidio.

29.- Fracasó en la promesa de que ni un periodista muerto más. En México han muerto 67 periodistas en cinco años.

30.- Tampoco se redujo el número de desplazados y otra vez México está entre las naciones con más desplazados por la violencia.

31.- El secuestro es otro delito sin freno; estamos peor que nunca.

32.- Los mexicanos desaparecidos suman la cifra escandalosa de 120 mil.

33.- El avance de las bandas criminales llega a sus máximos históricos.

34.- La impunidad de mafias criminales llegó a extremos intolerables

35.- La incautación de droga es la más baja de la historia en México

36.- Como nunca se ha probado la alianza del Estado con el narco.

37.- Mintió al prometer el regreso de los militares a sus cuarteles.

38.- Hoy la militarización es la peor amenaza para la democracia.

39.- Fracasó rotundamente la estrategia de abrazos y no balazos.

40.- Como nunca el gobierno de AMLO solapa a las bandas criminales.

41.- Creció a más del 50% el territorio nacional en manos del crimen.

42.- Fracasó el programa estrella "sembrando vida".

43.- Es un total fracaso el Aeropuerto de Santa Lucía.

44.- Fracasó la promesa de que garantizaría la libertad de expresión.

45.- Fracasó la obligación legal de que no violaría la Constitución.

46.- Fracasó en la defensa de libertades básicas al destruir la CNDH.

47.- Destruyó la división de poderes y capturó a los contrapesos.

48.- Fracasó en el respeto a los órganos autónomos.

49.- fracasó en la promesa de que las mujeres serían su prioridad.

50.- Fracasó la promesa de que habría más financiamiento para el cine.

La lista de fracasos del gobierno de López Obrador aún puede seguir. Sin embargo, obliga preguntar: ¿Qué más necesitamos, como sociedad, para entender el gravísimo error que cometimos a votar por un impostor, mitómano y farsante como López Obrador?

¿Qué más fracasos necesitamos para reaccionar y no repetir el error de votar por Morena y por su pandilla criminal?

LÓPEZ OBRADOR EN SUS PRIMEROS CUATRO AÑOS

En un ambiente polarizado por el odio, la polarización y la infame calumnia que como estrategia pregona desde el pulpito mañanero, el país fue a las urnas, el domingo 6 de junio, partido por la mitad, la mayor parte de los que odian a López Obrador y los pocos que aún lo idolatran como su mesías, y lo que se esperaba del 6 de junio, fue un ejercicio plebiscitario sin precedente donde el presidente fue reprobado y le arrebataron el bastión símbolo de la supuesta izquierda: la ciudad de México. La polarización produjo una participación inédita para comicios intermedios, de alrededor de 53 por ciento que nunca se había logrado en una elección intermedia. Fue una campaña donde las narrativas se balancearon entre la épica y el cataclismo en torno al presidente Andrés Manuel López Obrador, en un péndulo absolutista de amor y odio. La personalidad del Presidente, construida sobre frustraciones, revanchismos y beligerancia, ha disimulado el temperamento radical de actores y electores los que decidieron: ¿qué tipo de país queremos? Y la decisión fue quitarle la mayoría simple en la Cámara de diputados para establecer contrapesos a su poder imperial.

Y es que el estilo del Presidente alienta a sus seguidores e indigna a sus opositores, pero la retórica incendiaria opaca el camino del largo plazo. Dos personajes antagónicos resumen la lucha primitiva. Santiago Creel, una de las figuras del PAN, que urgió a votar contra el resentimiento y las revanchas de Morena, y Epigmenio Ibarra, el principal propagandista de López Obrador, que llamó a mantener el rumbo para evitar que el viejo régimen destruya a México y sobre las cenizas se construya la Cuarta Transformación, cualquier cosa que eso signifique. Abundan los lugares comunes que aplastan la discusión toral para la elección que definirá el futuro del ánimo del mesías.

El tema toral de la discusión sobre su gobierno se centra en la llamada Cuarta transformación emprendida por el presidente López Obrador que se asemeja –guardando las proporciones– al espíritu que alentó la Revolución Cultural de Mao Zedong, un movimiento político, social y cultural asentado en una profunda educación e ideologización desde el estado encaminado a erradicar de la sociedad china las «influencias capitalistas» y su «pensamiento burgués», neutralizando a «contrarrevolucionarios» y «revisionistas», al tiempo de ir construyendo una «persona nueva». López Obrador a través de Morena y su gobierno instala programas directos a los jóvenes donde se imparten clases de ideología, lo hacen desde los canales oficiales el canal de TV 11, el 22 y a través también de sus canales digitales con una gran cantidad de personas trabajando en su granjas de bots con un costo de casi 50 millones de pesos mensuales (Mexicanos contra la corrupción, mayo 2021), desde esa avalancha de anuncios, programas y mensajes quiere erradicar -según él- todo el pensamiento neoliberal y sus políticas antisociales que «lastimaron» a quienes menos tenían en beneficio de una minoría, por lo que se ha propuesto desmantelar a los heraldos de ese modelo demoliendo el edificio institucional que construyeron. La paradoja es que se apoya en el símbolo más neoliberal que existe en México, el Tratado de Libre Comercio con Estados Unidos y Canadá de donde abreva la esperanza para la recuperación de la economía mexicana y que ha sido y es el pilar fundamental de la estabilidad macroeconómica y de la generación de empleos.

Como Mao, López Obrador quiere volver todo cenizas para reconstruir una nueva patria, borrando el pensamiento «neoliberal» y su cultura, que dice se concentraba en los privilegios y la corrupción, restableciendo las costumbres y las tradiciones que, afirma, fueron traicionadas por los gobiernos anteriores a los que -aun después de tres años de que gobierna- culpa de todos sus fracasos. No hay el mínimo pensamiento de autocrítica, los supuestos éxitos son de su gobierno y todos los fracasos son de sus antecesores. Para alcanzar su objetivo, Mao ordenó el aniquilamiento físico de sus opositores, mientras que López Obrador ha dispuesto el aniquilamiento social de quienes se le enfrentan o lo critican en el patíbulo de las redes sociales, de la difamación o de los usos facciosos de la justicia. Lo de Mao era una dictadura; lo de López Obrador es el autoritarismo populista que ha avanzado en el mundo en los últimos tres lustros. Es la restauración del autoritarismo que dice combatir.

El Presidente quiere un país que abandone la globalización y se vea a sí mismo con un modelo de producción primario sin dependencia del exterior. No cree en el sector privado ni en las inversiones extranjeras como motores de la economía. El gobierno, piensa, debe ser el rector de la economía, y sus empresas paraestatales los pilares del crecimiento. Esa forma de pensamiento no existe hoy en el mundo, donde regímenes de todo tipo e ideologías entienden que la interdependencia es una realidad sin fecha de caducidad.

El modelo lopezobradorista provocó decrecimiento y pauperización desde antes de la pandemia del coronavirus, y trasladó 10 millones de mexicanos a la pobreza en dos años, con niveles de desarrollo que no había, en algunos casos, desde hace 25 años. López Obrador sostiene que México está en el rumbo correcto, pero que necesita una vez más la mayoría calificada en el Congreso para que no haya resistencia que impida su cuarta transformación.

El pensamiento de López Obrador mira al ombligo. No quiere inglés en las escuelas, sino náhuatl. No quiere elevar los niveles educativos, sino masificarla a costa de todo. Le basta que sepan leer y escribir porque su modelo económico se ancla en los sectores agrícolas y manufactureros. No le importa el equilibrio entre poderes, porque en lo político, lo reflejan sus altos niveles de aprobación, tiene un cheque en blanco para hacer lo que quiera.

Hay quienes piensan que su proyecto de nación regresará a México 40 años, pero muchos más lo han apoyado por el énfasis puesto en una política social solidaria. Es un Presidente voluntarista, pero de mano dura con quienes dice representan el viejo régimen. Pero quienes encabezan a la oposición tampoco han presentado una alternativa, buscando la suma de fuerzas electorales no para reconstruir lo que creen destruido, sino sólo para impedir que mantenga el poder omnipresente. No ven nada más en el futuro salvo minar a López Obrador.

Por quién votar no es una recomendación para apoyar a un partido en específico, sino una apelación para silenciar el ruido y pensar qué país se quiere en el futuro. La disyuntiva obliga a una reflexión profunda, acotando lo emocional. No es por quién voten, sino que elijan con conciencia de lo que deseen.

México retrocede 42% en cuatro años de gobierno.

López Obrador se pasó 17 años diciendo que la corrupción era asignar contratos directamente, tener familiares en el gobierno, no castigar a los culpables de corrupción y despilfarrar el presupuesto. Hoy hace todo eso que para él es símbolo de corrupción. Y lo hace a manos llenas, en su definición López obrador y su gobierno son los más ineptos y corruptos de la historia del país. La destrucción que ha hecho del país tiene al eje de bienestar como el más afectado, con un retroceso promedio del 50% en sus indicadores. En dos años hay un retroceso mayor que en el mismo periodo de sexenios anteriores. De acuerdo con el análisis de los 43 indicadores que la actual administración definió en el Plan Nacional de Desarrollo (PND), se observa que solamente se tiene un avance de 6% de los indicadores, mientras que en casi la mitad (42%) existe un retroceso; en 14% no hay mejora y aunque en el 38% restante existen progresos, no son suficientes para cumplir con las metas.

Cuando se comparan los resultados con los de gobiernos anteriores, destaca que el actual ha sido menos efectivo para cumplir sus propias metas en los primeros dos años (Gráfica 1). Por ejemplo, en el mismo lapso, el gobierno de Fox llevaba un 16% de cumplimiento, el de Calderón 15% y el de Peña Nieto 18%. Pero la comparación más dramática se da cuando se contrastan los retrocesos. El 42% del gobierno actual es diametralmente mayor a los porcentajes de retroceso de 9%, 12% y 7% de los gobiernos anteriores.

CONCLUSIONES

Extraña escritura, la historia de México. Después de haber vivido las calamidades populistas de los setenta, López Obrador las reedita y las amplía. Es cierto que la vida de todos los pueblos corresponde, hasta cierto punto, a un libreto; pero en muy pocos, quizá la historia pesa e influye tanto como en México: López de Santa Ana, López Portillo, López Obrador. Pareciera que para la historia del país López es un apellido maldito y destructor. Tal vez el origen de esta fuerza de gravitación está en la antigüedad misma del país, o en el hecho de ser el lugar histórico de un encuentro -no sólo el choque- de una vertiente de la cultura occidental y un haz de culturas indígenas que no murieron del todo, que Transformaron a la cultura conquistadora y se transformaron en el proceso. Nunca quedaría clara la herencia resultante; tal vez por eso los mexicanos de todas las épocas han vuelto incesantemente la mirada hacia el pasado. Tal vez por eso 30 millones de mexicanos votaron por la restauración autoritaria con este López, el mesías tropical, el emperador de Macuspana, el más inepto y corrupto de todos los presidentes de la historia.

Una de las formas de esa gravitación es la teatralidad, a veces deliberada, inconsciente otras, manifiesta sobre todo en una suerte de estética de la muerte. También en la teatralidad de un escenario mañanero en el que se convierte en el púlpito desde donde se acusa, se señala o se perdona según sean considerados amigos o enemigos. Los héroes de la Independencia y sus sucesores, los caudillos criollos, morían por la patria, daban su sangre como Cuauhtémoc. El López que quiere y dice ser uno de esos héroes intenta con saliva convencer a los mexicanos que es diferente, que quiere transformar al país, mientras, a diferencia de Nerón que tocaba la Lira mientras Roma se incendiaba, el destructor, el López del siglo XXI derrama palabras y posa un día sí y otro también deleitándose con manjares en los distintos restaurantes del país, mientras el país se desangra por los 100 mil muertos por el crimen organizado y la pandemia mata a más de medio millón de mexicanos. Ninguna referencia a ellos, ni a los dos millones de desempleados por la caída brutal de la economía porque el Nerón López decidió no apoyar a las empresas para que sobrevivieran. En la biografía del poder que escribe la historia de los mexicanos, hay pocos actores en el papel de Cortés.

Sin ser conquistadores, Juárez y Díaz revirtieron la tendencia. No emulaban una raíz cultural indígena que naturalmente les pertenecía, y aunque recurrieron a formas arcaicas de dominación, rechazaban la gravitación del pasado, querían que el país saliera de su ensimismamiento -como ellos habían salido- y escapara al futuro próspero y libre de la civilización occidental. Así, el pueblo mexicano espera con ansias a Un Juárez que en el año de 2024 saque al país de ese ensimismamiento. Y como siempre en la historia, sabemos que vendrá y barrera de la historia todo lo que huela al Nerón López. Aquellos héroes no pensaban en la muerte heroica, sino en la vida; quizá por ello instruyeron tanto y murieron en su cama, no «a la mexicana», frente a un pelotón de fusilamiento. Este seudo héroe, López, morirá indignamente de un ataque al corazón en 2024, o de lo mismo, pero en una prisión.

En 1910, el orden liberal construido por Juárez, Díaz y sus respectivas generaciones llegó al extremo de sus posibilidades y estalló. La marcha hacia el futuro había hecho avanzar la posición histórica de México, pero pagando un alto costo. Muchos antiguos problemas sociales permanecieron ocultos o rezagados, siempre latentes. Al llegar al parteaguas, estos conflictos brotaron a superficie. El país no soporta más, estamos en otro parteaguas más difícil por la polarización y el odio vertido desde palacio por la serpiente agazapada y traidora. El pasado impuso una corrección histórica al proyecto liberal. Esta corrección fue la Revolución mexicana. Con la Revolución volvió también la estética de la muerte: vivir por un ideal significaba, irremisiblemente, morir a traición, como Madero, Zapata, Villa, Ángeles, Carranza. En cambio, Calles y Cárdenas -como Juárez y Díaz- se salieron del libreto. No eran actores de un drama que los escribía: ellos eran los escritores. Tal vez por eso construyeron tanto y murieron en su cama. López no tendrá la suerte de escapar a su libreto. Pagará todo lo que hizo, no solamente con el olvido de la historia, sino en vida con el repudio de todos los mexicanos y de los círculos internacionales.

En 1940 el orden revolucionario construido por Calles, Cárdenas y sus respectivas generaciones alcanzó un nuevo límite. Todos los rasgos de la antigua cultura política mexicana -teocrática, tutelar, misional, orgánica, corporativa, estética, patrimonialista- se habían actualizado en un edificio institucional que anudaba creativamente estas corrientes tradicionales con la legitimidad carismática de los caudillos revolucionarios. Pero en un mundo en guerra México no podía seguir ensimismado. Había que abrirse y cambiar. En términos políticos, el mundo ofrecía a México al menos tres caminos: encauzar el orden revolucionario hacia sus tendencias socialistas y estatistas, dirigirlo hacia un modelo autoritario fascista, o moverlo hacia la alternativa republicana, democrática y federal soñada por los liberales puros del siglo XIX y por Madero. La solución fue un híbrido o, más bien, un arbitrio histórico tan corrupto y perverso como eficaz y original: el sistema político mexicano coronado por una presidencia imperial. La solución a otro período liberal es el nacionalismo rancio y un populismo rampante de un López más corrupto y más perverso y tan ineficaz como los otros López que se corona como el emperador de la restauración corrupta y autoritaria.

A partir de 1946 la teatralidad tomó un nuevo rumbo. Hasta entonces, la Revolución había sido un proceso errado y errático muchas veces, pero genuino y deliberado: una historia escrita por los mexicanos. Con Alemán se transformó en una empresa político-teatral, en un acto permanente de simulación colectiva. Los políticos enriquecidos hablaban de sí mismos como impecables «revolucionarios», y para referirse a México utilizaban con naturalidad palabras como república, federalismo, representación, democracia.

A partir de 2018 la teatralidad también tomo otro rumbo: se armó el tinglado de la farsa y el circo y fue un período más errático, falso y escrita por los corifeos cercanos al emperador de Macuspana, pocos, unas pocas decenas de serviles. Hoy los políticos, siempre son los amigos de López, enriquecidos hablan de sí mismos como impecables «transformadores», y para referirse a México utilizan palabras como la cuarta transformación, primero los pobres, centralización y cero corrupciones.

En el pasado el país progresó, no cabe duda, pero las palabras perdieron su sentido. Había cinismo y demagogia en el proceso, pero también autoengaño, porque no se trataba de una dictadura desembozada sino de un sistema que, para legitimarse, se apoderaba de la verdad, la volvía oficial. En el presente la economía está destruida, también lo está el sistema social y político y, al igual que ayer, hay cinismo, demagogia y autoengaño, está es una dictadura sin máscara, corrompe la verdad y crea realidades alternas para convertirlas en las verdades oficiales.

En el pasado como ahora, ahí estaba y está la clave de la corrupción, que no era, ni es, un defecto connatural a los mexicanos: era y es un producto natural de la mentira vuelta verdad institucional. Para que la corrupción desapareciera, debía desaparecer la mentira. Sólo un público maduro y democrático podría desenmascararla, abrir el paso a la verdad, presionar a los actores soberanos a que cerrasen su teatro y salieran a la plaza pública de la democracia donde no «encarnarían» o «personificarían» a sus conciudadanos; los representarían, en todo caso, con un mandato revocable.

Por desgracia no sucedió, ni sucede. Los actores en el escenario se posesionaron de manera creciente de su papel. La máscara se fundió con la cara. Algunos fingían, pero muchos otros se sentían de verdad, angustiosamente a veces, herederos de la Revolución o de Juárez y Madero, garantes de la historia, padres y benefactores del pueblo.

Además, y, sobre todo, tenían la pistola. Cuando en 1968 un sector juvenil del público comenzó a abuchear, el protagonista en turno (Gustavo Díaz Ordaz) sacó la pistola y los mató. Hoy, López de Macuspana manda a sus esbirros a torcer la ley y perseguir o difamar a quien lo critica. El mejor ejemplo es Rosario Robles, la primera presa política de este pandemónium de sexenio.

Sin embargo, la gente empezó a abandonar el teatro. La empresa lo intentó todo: bloquear las salidas, regalar boletos y golosinas, revitalizar su demagogia, hacer campaña por el mundo (Luis Echeverría), pedir prestado sobre los bienes de la familia o vender su patrimonio (José López Portillo), un súbito intermedio (Miguel de la Madrid). Como recurso final discurrió contratar a un nuevo empresario (Salinas de Gortari). Salir a dicharachear con botas rancheras para matar las víboras pintas, alicantes, las tepocatas y cuanto animal rastrero se le atravesara (Fox). Regalar dinero a costales para los jóvenes, los viejitos, sembrar árboles, construir vidas, etc., pasarse dos horas diarias encantando con la flauta a sus ratones para que lo siguieran al matadero (López de Macuspana). Este último tendría tanto éxito, que intentaría quedarse con el teatro. Pero el rechazo del público no cesaba. De pronto, fuera del teatro se escucharon gritos. «¡Ya basta!», gritaban los amotinados que amenazaban con tomar el teatro. Eran indígenas, no hablaban siguiera el idioma, pero acaso entendían mejor el significado verdadero de las palabras de los propios actores. Eran mujeres empoderadas que tampoco entendían porque no las dejaban entrar al teatro, eran agricultores que habían sido estafados con semillas infestadas de gorgojos, era la clase media que había sido vejada, insultada, desposeída de sus derechos, era el verdadero pueblo, no ese al que se refería en sus mañaneras. La confusión en el escenario fue general. Aunque la toma del teatro se produjo -era, en sí misma, un acto teatral-, los actores comenzaron a luchar entre sí. Alguien en el escenario sacó la pistola, otros las metralletas, y mató al joven que iba a ser el siguiente protagonista (Luis Donaldo Colosio, en el pasado, y 163 actores políticos en el presente, incluyendo el asesinato que incendio el Páramo: el candidato a la alcaldía de Cajeme) de la obra.

También en el levantamiento zapatista de Chiapas había teatro, no por casualidad lo dirigía un actor consumado. En julio de 1994, Marcos escribió varias cartas a intelectuales para invitarlos a una Convención Nacional Democrática que tendría lugar en agosto en el poblado de «Aguascalientes». Una de esas cartas contenía una reflexión sobre la historia de México. Marcos asumía como suya la pregunta sobre si esta historia es una Sagrada Escritura que los mexicanos escriben, o si es un libreto que los escribe, y contestó: Las dos cosas, digo yo. La escribimos y nos escribe. Si sólo nos escribe, se condena y nos condena a repetir la historia, tal vez más grotescamente, pero a repetirla. Si sólo la escribimos, no podremos distinguir (como decía Lucas Alamán) "lo que es cierto de lo fingido", y nos otorgaremos por decreto lo que la realidad nos negará con esa terquedad que suele tener la realidad: el poder de pintar una historia sólo del falso color del heroísmo.»

Marcos había querido hacer historia —es decir, escribirla— mediante una gravitación no natural ni inconsciente, sino deliberada de la Sagrada Escritura de la historia mexicana. El drama del zapatismo era real, su raíz y razón estaban genuinamente en México, pero también en el zapatismo había actores que, sin cinismo, a veces sin conciencia plena, personificaban, encarnaban un papel: los indios de las cañadas eran indios de verdad, pero «representaban una obra.

Vendría otro tinglado, otros actores a representar la obra de la apertura democrática, el director (Ernesto Zedillo) la implementó de maravillas. Se habla de la muerte de la revolución, de la muerte del PRI. Pero, sólo fue un intermedio. Vino la farsa con el señor de las botas, las tepocatas y las víboras prietas. El pueblo aplaudiría la obra, ellos eran los actores de la comedia. La comedia se convirtió en tragedia, las cabezas rodaban en el escenario, la sangre cubría el teatro y los actores se cansaron y le dieron otra oportunidad al PRI.

Vino la gran obra que podría transformar al país y sus escenarios. Le falto difundir las bondades del futuro que se prometía y el director (Enrique Peña Nieto) y su compañía fueron cesados.

Pero el pueblo quería circo…y circo les dieron. Llegó al palacio un payaso inepto, corrupto, ignorante y simplón que todas las mañanas les daba atole con el dedo. Desapareció -a medias- el palo, pero, el pan desapareció por completo. Ahora se busca un buen guionista que escriba una mejor obra. Aunque el pueblo no se lo merece.

BIBLIOGRAFIA

Datos biográficos de los presidentes: Krauze, la Presidencia imperial.

Ahluwalia, Montek S. Redistribución con crecimiento. Tecnos, Madrid, 1976.

Aguilera Gómez, Manuel. La desnacionalización de la economía mexicana. FCE, México, 1975.

Ayala, José. Estado y desarrollo, México, UNAM. 2000.

Baca, E. An interpretation of unequal exchange from Prebish-Singer- to Emmanuel. Journal of Development Economics. 5, 1978:319-330.

Barkin, David y Esteva, Gustavo. Inflación y democracia: el caso de México. Siglo XXI, México 1976.

Balassa, Bela. The structure of protection in developing Countries. Baltimore, John Hopkins University Press, 1989.

Balassa, Bela. Policy Choices for the 1990s. Washington, New York University Press, 1994.

Balassa, Bela. Futuro comercial de los países en desarrollo. México, Fondo de Cultura Económica, 1987.

Bazdresch, Carlos y Santiago Levy «El populismo y la política Económica de México, 1970-1982», en Dornbusch y Edwards El Trimestre económico No. 75, México, FCE, 1992.

Bhagwati, Jagdish. El proteccionismo. Alianza Universidad. España, 1991.

Bhagwati, Jagdish y T.N. Srinivasan. Lectures on International Trade. Cambridge, MIT Press,1983.

Bowles, Samuel et al. Tras la economía del despilfarro. Alianza Universidad. España, 1992.

Cárdenas, Jaime. La política económica en México (1950-1994), México, Fondo de Cultura Económica, 1996.

Carmona, Fernando. El milagro mexicano. Nuestro Tiempo, México, 1978.

Chabat, J.» La respuesta del gobierno de Calderón al desafío del narcotráfico: entre lo malo y lo peor», Documentos de trabajo, CIDE, no. 196. 2010.

Chenery, Hollis. Cambio estructural y política de desarrollo. Ed. Tecnos, Madrid, 1980

Clark, Reynolds. La economía mexicana: su estructura y crecimiento en el siglo XX. F.C.E., México, 1973.

Emmerich, G. «Las elecciones de 2006 y su impacto sobre la democracia en México», El Cotidiano, UAM-Azcapotzalco, no. 145, septiembre-octubre, año/vol. 22. 2007.

Findlay, R. The terms of trade and equilibrium growth in the world economy. American Economic Review, 70,1980:291-99.

Fowler, Will, coord. Presidentes mexicanos, México, Fondo de Cultura Económica, 2004.

Hansen, Royer D., La política de desarrollo mexicano 5a. edición, México, Siglo XXI Editores, 1974.

Hayek, F. Ideologies of a Social Order. Oxford U.P.,1975.

Hayek, F. ¿Inflación o pleno empleo? Diana, México, 1979.

Harrod, Roy, F. Hacia una economía dinámica. Ed. Tecnos, Madrid, 1979.

Heller, H. Robert. Comercio internacional. Ed. Tecnos, Madrid, 1978

Hicks, J.R. Ensayos sobre economía mundial. Ed. Tecnos, Madrid, 1976

J.S. Mill. On Liberty. Collins,1962.

J.S. Mill. Considerations on Representative Government. Oxford U. P. 1912.

Kaldor, Nicholas. Ensayos sobre estabilidad y desarrollo económicos. Ed. Tecnos, Madrid, 1979.

Klamer, Arjo. Conversations with economist. Rowman & Litlefield, 1983.

Krugman, Paul R. Strategic Trade Policy in the New International Economics. Cambridge, MIT Press, 1986.

Krugman, Paul R. Monopolistic Competition and the International Economics. Oxford University Press, 1984.

Krugman, Paul R. Una política comercial estratégica para la nueva economía internacional. Fondo de Cultura económica. México, 1991.

Leal, G. «México: el gobierno derechista de Calderón. Reforma sin consenso», Gaceta Laboral, Universidad del Zulia, no. 02, mayo-agosto, vol. 13. 2007.

Levine, D y Molina, J 2007, «La calidad de la democracia en América Latina: una visión comparada», Revista América Latina Hoy, Universidad de Salamanca, vol. 45

Leyva, M y Pichardo, S. «Conflictos y la lucha de los trabajadores durante el gobierno de Calderón», El Cotidiano, UAM-A, no. 154, vol. 24, marzo-abril. 2009.

Losada, A. «Entre la ciencia política básica y la ciencia política aplicada; de la política a las políticas, del análisis a la gestión», Revista de Investigaciones Políticas y Sociológicas, Universidad de Santiago de Compostela, no. 1-2, vol. 2. 2003.

Lujambio, A 2000, El poder compartido: un ensayo sobre la democratización mexicana, Océano, México.

Lucas, Robert. Econometric Policy Evaluation: A Critique. Journal of Monetary Economics. 1976

Medin, Tzvi, 1973. Ideología y praxis política de Lázaro Cárdenas, México, Editorial ERA.

Medin, Tzvi, 1990. El sexenio alemanista, México, Editorial ERA.

Moreno-Brid, Juan Carlos y Jaime Ros (2009). Development and growth in the Mexican economy, Nueva York, Oxford University Press

Molina, J y Pereira, V «La democracia en América Latina: ¿Éxito o fracaso?», Cuestiones Políticas, Universidad de Zulia, no. 37, diciembre. 2006.

Mota, L «La política social del gobierno del cambio», Convergencia, Universidad Autónoma del Estado de México, no. 30, septiembre-diciembre. 2002.

Navarrete, J. «Liderazgo partidista en el sistema de partidos en México», Confines, Instituto Tecnológico de Estudios Superiores de Monterrey, no. 10. 2009.

Nozic, R. Anarchy, State and Utopia. Blackwell, 1974

Nurske, R. Equilibrium and Growth in the World Economy. Cambridge, Harvard University Press, 1961.

Nurske, R. Economic Development for Latin America. London, McMillan, 1966.

Olson, M. The Logic of Collective Action. Schocken, 1971.

Ornelas, C 2008, «El SNTE, Elba Esther Gordillo y el gobierno de Calderón», Revista Mexicana de Investigación Educativa, no. 37, abril-junio, vol. 13.

Ortiz Mena, Antonio (1998), El desarrollo estabilizador: Reflexiones sobre una época, México, FCE/Colmex.

Piore, J. Michael y Charles F. Sabel. La segunda ruptura industrial. Alianza Universidad. España, 1992.

Poot, E «Las dificultades del primer gobierno de la era de la alternancia en México: el PAN en el gobierno Federal», El Cotidiano, Universidad Autónoma Metropolitana-Azcapotzalco, no. 133, septiembre-octubre, vol. 21, 2005.

Ravelo, R. La herencia maldita: el reto de Calderón y el nuevo mapa del narcotráfico, Ediciones de Bolsillo, México, 2008.

Reynoso, D. «Alianzas electorales y contingentes legislativos en los estados mexicanos (1988-2006)», en Revista Mexicana de Sociología, UNAM, no. 1, enero 2010.

Reveles, F. «El PAN y sus alianzas en el 2010», en El Cotidiano, UAM-A, no. 165, enero-febrero 2011.

Robinson, Joan. Aspectos del desarrollo y el subdesarrollo. México, Fondo de Cultura Económica, 1987.

Seers, Dudley y Leonard Joy. El desarrollo en un mundo dividido. México, Fondo de Cultura Económica, 1985.

Tello, Carlos, Estado y desarrollo económico: México 1920-2006, México, UNAM. 2009.

Tinbergen, Jan. Ensayos de teoría económica. Madrid, Ed. Tecnos, S.A.,

1985

Waterson, Albert. Development Planning. Baltimore, The John Hopkins University Press, 1994.

☐

SOBRE POLITICA

BIBLIOGRAFÍA

1.	Althusser, Louis. Ideología y los aparatos ideológicos del estado. México: 1970

2.	Amin, A. y Thrift, N. Globalization, Institutions and Regional Development in Europe. Oxford University Press, 1994.

3.	Bailey, D., Harte, G., y Sugden, R. Making transnational Accountable. London, Routledge, 1994.

4.	Bakunin, Mijail. Escritos de filosofía política, I.G.P. Maximoff, comp. Alianza Editorial. 1978.

5.	Barnet, Richard. J. Global Dreams: Imperial Corporations and the New World Order. Touchstone, 1995.

6.	Bhagwati, Jagdish. In Defense of Globalization. Oxford University Press, 2004.

7.	Benjamin, Roger y S.L. Elkin. The Democratic State. University of Kansas. 1985

8.	Berlin, Isaiah. Cuatro ensayos sobre la libertad, Madrid. Alianza Universidad, 1988.

9.	Bigellow, Bill. Rethinking Globalization: Teaching for Justice in an Unjust World. Rethinking School Publishing, 2004.

10.	Barón, Enrique. Europa en el alba del milenio. Acento editorial. Madrid, 1999.

11.	Boyer, R. y Drache, D. (editores). States Against Markets: The Limits of Globalization. Routledge Press, 1996.

12.	Benetti, Carlo. La Acumulación en los Países Capitalistas Subdesarrollados. FCE/ Economía Contemporánea, México, 1987.

13.	Camilleri, J.A., y Falk, J. The End of Sovereignty. Aldershot: Edward Elgar. London, 1992.

14.	Castells, M. (2000): La era de la información. La sociedad red. Segunda edición. Madrid: Alianza Editorial.

15.	Castells, Manuel. 1998. La era de la información. Economía, sociedad y cultura. Vol. 3. Fin de Milenio. Madrid. España Alianza Editorial.

16.	Cannon, Tom. Welcome to the Revolution. Pitman Publishing, London, 1996.

17.	CEPAL Transformación Productiva con Equidad: Un Enfoque

Integrado. Chile. 1992.

18. Chatelet, Francois y E. Pisier-Kouchner. Las concepciones políticas del siglo XX. Espasa Universidad, España 1996.

19. Collins, Susan M. (Editor). Brookings Trade Forum, 2004: Globalization, Poverty, and Inequality. Brookings Institution Press. 2005.

20. Cox, Austin. Why you should vote for Donald Trump in 2020. Whitman Publishing; 2017

21. Christopher Hall, Brandon. Donald Trump: 45th President of the United States. Melville House; 2017

22. Debreu, Gerard. Theory of Value: An Axiomatic Analysis of Economic Equilibrium. Yale University Press, 1972.

23. Dervis, Kemal y Ceren Ozer. A Better Globalization: Legitimacy, Governance, and Reform. Center for Global Development, 2005.

24. Dicken, Peter. Global Shift. Guilford. 2003.

25. Dobb, Maurice, Teorías del Valor y de la Distribución desde Adam Smith, Ideología y Teoría Económica. Siglo XXI, 1982.

26. Featherston, M. (ed.) (1990): Global culture: nationalism, globalization and modernity. London: Sage.

27. Friedman, Milton y Rose Friedman. Libertad de elegir. Grijalbo 1980.

28. Friedman, Thomas L. Tradición versus innovación. Atlántida, 1999.

29. Friedman, Thomas L. The World Is Flat: A Brief History of the Twenty-first Century. Farrar, Straus and Giroux, 2003.

30. Fukuyama, Francis. La gran ruptura. Atlántida, 1999.

31. Gereffi, Gary (Editor). Commodity Chains and Global Capitalism. Praeger, 2003.

32. Giddens, A. (1999): Consecuencias de la modernidad. Madrid: Alianza Editorial (versión de Ana Lizón Ramón).

33. -, (2001): «Introduction». En Giddens, A. (ed.). The Global Third Way Debate. Cambridge: Polity Press.

34. Giménez, Gilberto. «Globalización y cultura». Estudios Sociológicos del Colegio de México, vol. XX, No. 58, enero-abril, 2002, pp. 18-19.

35. Greenspan, Alan. La era de las turbulencias. Ediciones B, 2008.

36. Gwynne, Robert (Editor). Latin America Transformed: Globalization and Modernity. Arnold Publishers, 2004.

37. Habbermas, J. et all. La posmodernidad. Kairós. 2002.

38. Hamel, Gary. Leading the Revolution. Harvard Business School Press, 2000.

39. Heal, G.M. Planning, Prices and Increasing Returns. Review of Economic Studies 38; 281-94, 1971.

40. Held, David. Political Theory and the Modern State. Stanford

University Press, 1999

41. Held, D. y McGrew; A. (2000): The Global Transformation Reader. Cambridge: Polity Press.

42. Held, David y Anthony McGrew. Globalization / Anti-Globalization. Polity Press, 2002.

43. Henderson, Jeffrey. The Globalizations of High Technology Production. Routledge, London. 1999.

44. Hinsley, F. H. Power and the Pursuit of Peace: Theory and Practice in the History of Relations Between States. Cambridge University Press, 1986.

45. Hirst, P. Globalization in Question: The International Economy and the Possibilities of Governance. Polity Press, 1999.

46. Hitt, Michael A. et al. Strategic Management: Competitiveness and Globalization, Concepts. South-Western College Publishing, 2004.

47. Hoffman, K. y R. Kaplinsky. Driving Force: the global restructuring of technology, labor and investment in the automobile and components industries. Westview Press, Boulder, Co., 1988.

48. Hobsbawm, Eric. Age of Extremes: The short Twentieth Century. Vintage, 1996.

49. Horowitz, David. Big Agenda: President Trump's Plan to Save America.: Humanim Books; 2017.

50. Huerta, Arturo. Riesgos del Modelo Neoliberal Mexicano. Ed. Diana. México. 1992.

51. Huntington, Samuel P. El orden político en las sociedades en cambio. Editorial Paidós. Barcelona, 1996.

52. Huntington, Samuel P. The Third Wave. University of Oklahoma Press. 1991.

53. Johnston, David Cay. The Making of Donald Trump. Skyhorse Publishing; 2016

54. Julius, A. Global Companies and Public Policy. RIIA, London, 1990.

55. Julius, A. Imagining the World Economy. RINTER, IDC, Washington, 1994.

56. Kapstein, Ethan. Governing the Global Economy: International Finance and the State. Harvard University Press, 1996.

57. Kitson, Michael y Mitchie Jonathan. Political Economy of Competitiveness: Essays on Employment, Public Policy and Corporate Performance. Routledge, 2005.

58. Krugman, P. Development, Geography and Economic Theory. MIT Press, 1995.

59. Krugman, P. Pop Internationalism. MIT Press, 1996.

60. Krugman, P. y Krugman Paul R. The Great Unraveling: Losing Our Way in the New Century. W. W. Norton & Company, 2004.

61. Laswell D. Harold. La orientación hacia las políticas en Antología de Políticas Públicas. Coordinador Luis F. Aguilar. Ed. Miguel Porrúa Editores de México.

62. Lele, Uma. Addressing the Challenges of Globalization: An Independent Evaluation of the World Bank" » »s Approach to Global Programs. World Bank Publications. 2005.

63. Lichtman, Allan J. The case for Impeachment. DEY ST, 2017.

64. Lichtensztejn, Samuel y Baer, Mónica. Políticas Globales en el Sistema económico de libre mercado: El Banco Mundial. Ed. CIDE. México. 1986.

65. Malmberg, A. y Maskell, P. European Planning Studies. Vol. 5, 1997.

66. Martin, H.P. y H. Schuman. La trampa de la globalización. Taurus. 2000.

67. Martin, R. Money, Power and Space. Blackwell, 1994.

68. Milanovic, Branko. Global Inequality: A New Approach for the Age of Globalization. Belknap Press, 2016.

69. Ramonet, Ignacio (1998) «Introducción» en le Monde Diplomatique, Edición Española. «El pensamiento único Pensamiento crítico vs. pensamiento único». Madrid: Editorial Debate.

70. Sassen, S. (1996): Losing control? Sovereignty in an Age of Globalization New York: Columbia University Press.

71. -, (1998): In Globalization and Its Discontents. Essays on the new mobility of people and money. New York: The New Press

72. -, (2000): Cities in a World Economy, 2.ª ed. Thousand Oaks: Pine Forges Press.

73. Schumpeter, J.A. Capitalism, socialism and democracy. Harper & Bros. 1947.

74. Stone, Roger. The Making of the President 2016: How Donald Trump Orchestrated a Revolution. 2017

75. Storper, M. The Regional world, Territorial Development in a Global Economy. Guilford Press, 1997.

76. Modis, Theodore. Conquering Uncertainty. McGraw Hill, 1998.

77. Naisbitt, John. Megatrends 2000. Avon books, 1996.

78. Mathews, Jessica, "» »Power Shift' » », Foreign Affairs, vol. 76, numb. 1, 1997.

79. McGrew, Anthony and Paul Lewis. Globalization and the Nations Sates. Cambridge, Polity Press, 1992.

80. Mohrman, Susan A. And Associates. Tomorrow" » »s Organization. Josey-Blass Publishers, 1998.

81. North, Douglass. Institutions, Institutional Change and Economic Performance. Cambridge University Press, New York, 1990.

82.   Ohmae, K. Triad Power: the coming shape of global competition. Free Press, New York, 1985.

83.   Ohmae, K. The borderless World. Collins. London, 1990.

84.   Ohmae, K. The rise of the region state. Foreign affairs. Spring, pp. 119-25, 1995.

85.   Ohmae, K.   El fin del estado-nación. Edit. Andrés Bello. Chile, 1997.

86.   Ohmae, K. The Borderless World, rev ed: Power and Strategy in the Interlinked Economy. Harper Business, 1999.

87.   Ostry, Sylvia. Governments & Corporations in a Shrinking World: Trade and Innovation Policies in the Unites States, Europe and Japan. Council on Foreign Relations Press, New York, 1990.

88.   Patching, Alan and Dennis Waitley. The Future Proof Corporation. KHL Printing. Singapore, 1998.

89.   Posner, Richard A.   The Economics of Justice. Harvard University Press. 1983.

90.   Robertson, R. Religion and Global Order. Paragon House, 1991.

91.   Rodrik, Dani. The Globalization Paradox: Democracy and the Future of the World Economy. W. W. Norton & Company, 2012.

92. Rowntree, Lester et all. Diversity amid Globalization: World Regions, Environment, Development. Prentice Hall, 2005.

93a.   Rowntree, Lester et all. Globalization and Diversity: Geography of a Changing World. Prentice Hall, 2004.

94.   Rubli K., Federico y Benito Solís M. (Comps.) México Hacia la Globalización. Diana. México, 1992.

95.   Schaeffer, Robert K. Understanding Globalization: The Social Consequences of Political, Economic, and Environmental Change. Rowman & Littlefield Publishers, Inc., 2002.

96.   Slaughter, Anne-Marie, "» »The Real New World Order" », Foreign Affairs, vol. 76, núm. 5.

97.   Stiglitz, Joseph E. Globalization and Its Discontents.   Norton, 2003.

98.   Storper, Michael. The Regional World: Territorial Development in a Global Economy. The Guilford Press, 1997.

99. Trump, Donald J. Trump: The Art of the Deal. Ballantine Books; 2015

100. Trump, Donald J. Great Again: How to Fix Our Crippled America. Threshold Editions; 2016

101. Trump, Donald J. and Bill Zanker. Think Big: Make It Happen in Business and Life. Harper Business; 2008

102.   Stubbs, Richard y Underhill, Geoffrey. Political Economy and the Changing Global Order. Oxford University Press, 1999.

103.   Ulrich, Beck, ¿Qué es la globalización? Falacias del globalismo,

respuestas a la globalización. Paidós, Barcelona, 1998

104. Wallerstein, I. M. El moderno sistema mundial (1984) (5ª edición). México (Distrito Federal): Siglo XXI

105. -, (1992): Geopolitics and geoculture: Essays on the changing world system. Cambridge: Cambridge University Press

106. Weinstein, Michael M. Globalization: What" » »s New? Columbia University Press, 2005.

107. Wallerstein, I. A cultura como campo ideológico do sistema mundial moderno, en M. Featherstone, Cultura global, Petrópolis, 1994,

108. Wolf, Martin. Why Globalization Works. Yale University Press, 2004

Bibliografía sobre el período 1910 a 1940

Barrón, Luis. 2004 Historias de la Revolución mexicana, México, editorial FCE-CIDE.

Basurto, Jorge. 1983 Cárdenas y el Poder Sindical, México, editorial Era.

Cárdenas, Lázaro. 1976 Ideario Político, México, Serie Popular Era.

Cárdenas, Nicolás. 1992 La reconstrucción del Estado Mexicano. Los años sonorenses (1929-1935), México, UAM, Breviarios de investigación.

Córdova, Arnaldo. 1976 La Política de Masas del Cardenismo, México, Serie Popular Era.

Garcíadiego, Javier. 2008 «1910, del viejo al nuevo Estado mexicano» en Relatos e historias en México, año 1, número 2, octubre, México, El Colegio de México.

Gramsci, Antonio. 1980a «Algunos problemas para el estudio de la filosofía de la praxis», en Obras de Antonio Gramsci, «El materialismo histórico y la filosofía de B. Croce», Cuadernos de la Cárcel, tomo 3,

Hamilton, Nora. 1983 México: Los Límites de la Autonomía del Estado, México, Editorial Era.

Knight, Alan. 2001, «La última fase de la Revolución: Cárdenas» en Historia de México, Anna, Timothy y Jan Bazant, et al., Barcelona, Crítica.

Medin, Tzvi. 1982, Lázaro Cárdenas: Ideología y Praxis Política, México, Siglo XXI.

Meyer, Jean. 2001 «La reconstrucción de los años veinte: Obregón y Calles» en Anna, Timothy y Jan Bazant, et al. Historia de México, Barcelona, Crítica.

Ordoñez Sergio y Montiel. 2010 «La revolución mexicana. Una lectura desde Gramsci», México, en Revista Cuadrivio, noviembre 3, fecha de consulta 5 de agosto de 2016, http://cuadrivio.net/dossier/la-revolucion-mexicana-una-lectura-desde-gramsci/

Portelli, Huges. 1973 Gramsci y el «bloque histórico», 4a edición, México, Siglo XXI.

Shulgovski, Anatoli. 1980 México en la Encrucijada de su Historia, 7a.

reimpresión, México, Ediciones de Cultura Popular.

CERCA DEL AUTOR

Nació en Guanajuato, México. Realizó estudios de licenciatura y dos maestrías en la Universidad de Guanajuato. Obtuvo la maestría en Ciencias Sociales por la Southern Oregon University, de OR, USA. Estudió el Doctorado en Psicología Organizacional en España y obtuvo el PHD en UK. Ha escrito más de 500 artículos de fondo. Ha escrito más de 30 libros.

Por la edición anterior
Copyright © 2018 por Emeterio Guevara Ramos

ISBN-13:978-1975710811

ISBN-10:1975710819